Roggenbrot	6,0	0,8	54	225	1,0	1,2	37	—	—	w	—	—	—
Vollkornbrot	7,8/3,5	1,1	46	210	1,6	1,5	42	—	w	v	w	m	w
Reis	8/6,5	0,5	77	340	0,5	1,0	13	—	—	v	w	w	—
Eierteigwaren	14/13	2,5	69	360	0,5	1,0	13	—	v	m	v	—	—
b) Früchte													
Äpfel, Birnen	0,4	—	14	43	1,2	0,4	84	—	w	w	v	—	—
Apfelsinen	0,8	—	14	57	0,7	0,5	84	—	w	v	v	—	w
Zitronen	1,0/0,2	—	12	50	16,5	0,5	70	—	w	v	v	—	—
Haselnüsse	17	63	7,0	670	1,0	2,0	10	—	m	m	m	—	—
c) Gemüse, Pilze													
Kartoffeln	1,6	0,1	21	74	1,2	1,1	75	—	w	m	v	—	—
Bohnenkerne	25,7/17	2,0	47	260	8,3	3,0	14	—	w	v	m	—	w
grüne Bohnen	3/2	Spur	6,0	30	1,3	0,7	89	—	v	m	v	—	—
Linsen	37/18	0,5	45	263	3,2	2,3	12	—	w	w	w	—	—
Spinat	2,0/1,6	Spur	2,0	15	1,0	2,0	93	—	v	m	v	—	—
Kopfsalat	2/1,5	Spur	2,5	20	0,5	1,0	94	—	v	m	v	—	—
Grünkohl	5/3,0	0,5	10	30	1,9	1,6	81	—	v	m	v	—	—
Steinpilze	5,6/2,5	0,4	5,0	36	1,0	1,0	87	—	—	m	—	m	—
Tomaten	Spur	Spur	4,0	17	0,8	0,6	94,6	—	v	v	v	—	w
Sauerkraut	3,0	1,0	5,0	42	1,0	1,0	89	—	—	v	w	—	—
Möhren (gelbe Rüben)	1/0,5	Spur	9,0	30	0,8	0,7	88	—	v	v	[illegible]	[illegible]	[illegible]
d) Sonstiges													
Kakaopulver	22/15	28	33	400	5,7	5,3	6,0	—	—	—	[illegible]	[illegible]	[illegible]
Schokolade	7,5/5,2	22	65	450	1,8	1,7	2,0	—	—	—	[illegible]	[illegible]	[illegible]
Margarine	3,0	80	0,5	740	—	5,5	11	—	mit	wechsel[illegible]	[illegible]	[illegible]	[illegible]
Palmin	3,0	95	—	900	—	2,0	—	—	—	—	[illegible]	[illegible]	[illegible]
Zucker	—	—	98	402	—	—	2,0	—	—	—	[illegible]	[illegible]	[illegible]
Bier	0,5	—	4,7	22	—	0,2	94,6	3,5	—	—	[illegible]	[illegible]	[illegible]
Branntwein	—	—	—	—	—	—	60	40	—	—	[illegible]	[illegible]	[illegible]

* Wo 2 Zahlen angegeben sind, nennt die erste die Roh-Eiweißmenge, die zweite die vom Menschen verwertbare Eiweißmenge.

DER MENSCH UND SEINE UMWELT

von

Karl Haug

Professor an der Pädagogischen Hochschule Eßlingen

unter Mitarbeit von

Dr. Friedrich Pfahler und Oberregierungsrat Gottfried Weimer †

Mit 113 farbigen Abbildungen und Fotos

MUNDUS-VERLAG STUTTGART

Bestell-Nr. 64 00032

BILDQUELLENNACHWEIS

Bundeszentrale für gesundheitliche Aufklärung, Köln; Prof. Dr. G. Heberer, Göttingen; G. Heberer: „Homo — unsere Ab- und Zukunft“, Deutsche Verlags-Anstalt, Stuttgart; Alfred Kühn: „Grundriß der allgemeinen Zoologie“, Thieme Verlag, Stuttgart; Linder: „Biologie“, Metzlersche Verlagsbuchhandlung, Stuttgart; Dr. A. Möbius, Köln; Walter Moog, Kettwig; Museum für Naturkunde der Humboldt-Universität, Berlin; Lennart Nilsson: „Ein Kind entsteht“, Bertelsmann Verlag, Gütersloh; Prof. Dr. D. Peters, Tropeninstitut Hamburg.

Textzeichnungen: Erich Haferkorn

Das Umschlagbild zeigt den „Gläsernen Menschen“ und die Aufnahme einer luftverschmutzten Stadt im Ruhrgebiet.

ISBN 3 920 671 02 3
202/7-75-74-73-72
Satz: A. Götz, Stuttgart
Druck: G. Kaiser, Essen

INHALT

Ihr Jungen und Mädchen!

Ihr habt seither gelernt, den Lebensvorgängen bei Pflanzen und Tieren nachzuspüren. Dabei habt Ihr erfahren, daß man genau beobachten und gründlich untersuchen muß, wenn man beim Erforschen der Natur äußere und innere Bereicherung finden will.

Nun interessiert es Euch sicher sehr, Euren eigenen Körper und die lebenswichtigen Aufgaben seiner Organe kennenzulernen. Das vorliegende Arbeitsbuch will Euch den Weg dazu weisen. Es stellt hohe Anforderungen an Eure Ausdauer. Das muß so sein; denn Oberflächlichkeit wäre gerade in Menschenkunde am allerwenigsten angebracht. Manches, was Ihr zunächst nicht so ganz verstehen könnt, wird sich beim zweiten oder dritten Anlauf klären; und manch wichtige Einsicht wird erst rückblickend in Euch aufblitzen, wenn Ihr das ganze Buch durchgearbeitet habt. Eure Ausdauer und Gewissenhaftigkeit – glaubt es – wird Euch hohen Gewinn bringen.

Ein hohes irdisches Gut ist die Gesundheit. Gesund zu bleiben oder wieder gesund zu werden, dazu muß jeder das, was in seinen Kräften steht, selber tun durch eine naturgemäße Lebensweise. Das werdet Ihr immer besser verstehen, je mehr Ihr Euch mit diesen Fragen beschäftigt.

Mit dem Barfußlaufen fängt es an, mit dem Kampf gegen die Umweltgefahren hört es auf. Dazwischen liegt eine Fülle von Einsichten und Ratschlägen. Sie wollen Euch die Augen öffnen für all das, was – in immer steigendem Maße – unser aller Gesundheit und Leben bedroht, aber auch für das, was Ihr dazu beitragen könnt, um diese Gefahren abzuwehren oder doch zu mildern.

Besonders wichtig ist der Abschnitt, der von dem Erbgut und seiner Übertragung auf die Nachkommen handelt. Er soll Euch zu der Erkenntnis führen, daß keiner von uns allein auf der Welt lebt, sondern daß wir alle Glieder einer Kette sind, die uns mit den Ahnen und Enkeln verbindet. Und so, wie Eure Großeltern und Eltern einen Teil der Verantwortung für Eure Gesundheit trugen, so seid Ihr mitverantwortlich für Eure eigenen Nachkommen, die Ihr haben werdet.

Darüber hinaus sollt Ihr erfahren, wie Euer eigenes Leben entstanden ist, und wie Ihr geworden seid und zur Welt kamt. Manches davon wird Euch erst voll zum Bewußtsein kommen im Laufe der Entwicklung zum Erwachsenen hin. Dazu zählt vor allem der Abschnitt über die Geschlechtlichkeit des Menschen. Er soll in Euch das Bewußtsein wekken, daß ›Lernen‹ und ›Verstehen‹ nicht nur Aufgabe der Schulzeit ist, sondern uns aufgegeben ist ein Leben lang.

Und endlich sollt Ihr wenigstens eine Ahnung bekommen von Euren menschlichen und tierischen Vorfahren, von denen wir abstammen und die vor undenklichen Zeiten lebten. Das Wissen darüber soll Euch mahnen: Ihr seid – wir alle sind – Glieder nicht nur der Kette des Menschengeschlechts, sondern der Lebewesen insgesamt. Wir sind Geschöpfe einer allumfassenden Entwicklung, die vor Jahr-Milliarden begann, und die in eine unabsehbare Zukunft hinein weiterschreitet. Das ›Gesetz‹ dieser Entwicklung aber ward schon als Keim in das allererste, einfachste Lebewesen eingepflanzt. Diese Erkenntnis macht uns bescheiden und dankbar; sie weckt in uns die Ehrfurcht vor den in der Schöpfung waltenden Kräften, und sie verpflichtet uns zugleich zur Verantwortung nicht nur den Menschen, sondern allem Lebendigen gegenüber.

Und nun wünsche ich Eurer Arbeit volles Gelingen. Sie wird Euch nicht mehr loslassen, wenn Ihr erst einmal recht angefangen habt. Hoffentlich stehen Euch die erforderlichen Arbeitsgeräte zur Verfügung. Dann kann es nicht fehlen; Eifer und Geduld möget Ihr von Euch aus mitbringen. Ich bin überzeugt, daß Ihr das Buch auch später noch manchmal aufschlagen werdet, wenn Ihr die Schule längst hinter Euch habt. Ihr werdet vielleicht auch erleben, wie Vater und Mutter oder ältere Geschwister gerade an dieser Arbeit lebhaften Anteil nehmen.

Zeichenerklärung:

 = Giftig! Gesundheitsschädlich!
auch Krankheitserreger!

 = Vorsicht! Versuch genau nach
Vorschrift durchführen, sonst Gefahr!
Reine Chemikalien verwenden!

F = Unterrichtsfilm ohne Ton

FT = Unterrichtsfilm mit Ton

Tb = Tonband

BRD = Bundesrepublik Deutschland

I—IV = Naturkundliches Arbeitsbuch I—IV

E = Einband-Ausgabe —
„Wir erforschen das Leben"

...
... } = schwierig zu bewältigende Stoffe

Ist Barfußgehen gesund?

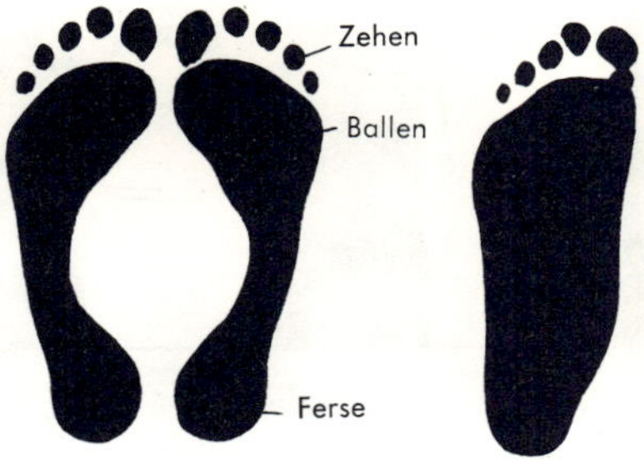

Abb. 1: Trittspur des Normalfußes

Abb. 2: Trittspur des Plattfußes

Arbeitsmittel: Zwei Pappstücke, groß genug zum Abdrücken von je zwei Fußspuren (etwa 35 × 30 cm).

I. Was uns die Trittspur verrät:

Hund und Katze gehen auf den Zehen, Rind und Pferd nur auf den Zehenspitzen. Wir Menschen sind *Sohlengänger*, treten aber nicht mit der ganzen Sohle auf.

Versuch 1: Probiere es aus, indem du mit nassen Füßen auf ein Stück Pappe trittst. Fahre die Trittspur mit dem Bleistift nach. Zeige und benenne an deinem Fuß die Teile, die den Boden berührten. Und dann wiederhole den Versuch, indem du zuvor einen deiner Kameraden auf den Rücken nimmst. Vergleiche die beiden Trittspuren miteinander.

Stellst du den nackten Fuß lose auf einen Schemel, so kannst du von der Innenseite her mit einem Bleistift weit unter die Fußsohle hinunterlangen. Von außen her gelingt es nicht. Du siehst: Die Fußsohle bildet ein Gewölbe. Es kann wohl sein, daß die Trittspur eines deiner Kameraden anders aussieht als die deine. Vielleicht gleicht sie der *Abb. 2.* Wie steht es hier mit dem Fußgewölbe? Einen solchen Fuß nennen wir *Platt-* oder *Senkfuß*. Menschen mit Plattfüßen haben einen schwerfälligen Gang, ermüden rasch und empfinden beim Gehen bald heftige Schmerzen.

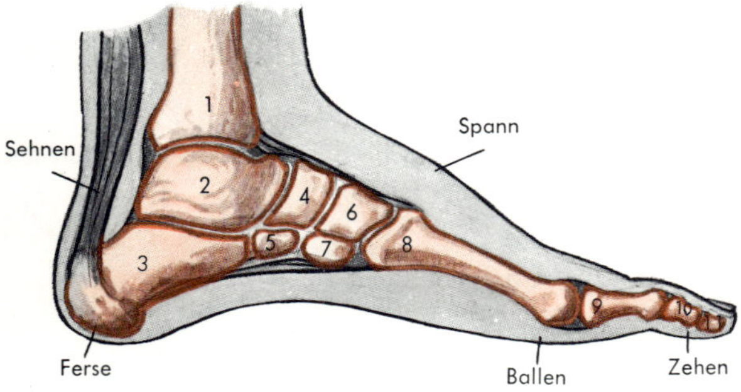

Abb. 3: Skelett eines Fußes

II. Vom Bau des Fußgewölbes

Die Knochen des Fußes sind dir bekannt. Nenne sie nach *Abb. 3.* Es bedeuten: 1 = Schienbein; 2–7 = 6 der insgesamt 7 Fußwurzelknochen, darunter das Fersenbein (3); 8 = einer der 5 Mittelfußknochen; 9–11 = Zehenglieder. Alle Fußknochen sind durch *Gelenke* verbunden. Sie werden von zähen *Bändern* zusammengehalten und von kräftigen *Muskeln* bewegt. Das dickste und zäheste Band ist die *Sehne,* die vom Wadenmuskel zum Fersenbein (3) führt. Taste sie an deinem Fuß ab.

III. Warum Barfußgehen gesund ist

Je zäher die Bänder des Fußgewölbes zusammenhalten und je stärker die Bein- und Fußmuskeln sind, desto federnder und ausdauernder wird der Gang. Und nun überlege: Werden die Muskeln und Bänder mehr beansprucht und gekräftigt, wenn du Schuhe trägst oder wenn du barfuß gehst? Überlege weiter: Werden die Füße besser durchblutet, wenn sie beim Barfußgehen von frischer Luft umspült sind oder wenn sie in Strümpfen und Schuhen stecken? Nicht umsonst empfiehlt der Arzt das Barfußgehen als ein gutes Mittel gegen Fußschweiß. Vielleicht hast du auch schon etwas von Kneipp-Kuren gehört. Bei ihnen spielt das Barfußgehen als Mittel gegen Blutandrang nach dem Kopf eine wichtige Rolle.

Beachte aber: Bei kaltem Wetter ist Barfußgehen nicht gesund. Und in Glasscherben oder in rostige Nägel zu treten ist gefährlich. Es kann zu Blutvergiftung oder zu Wundstarrkrampf, also schweren, ja tödlichen Erkrankungen führen.

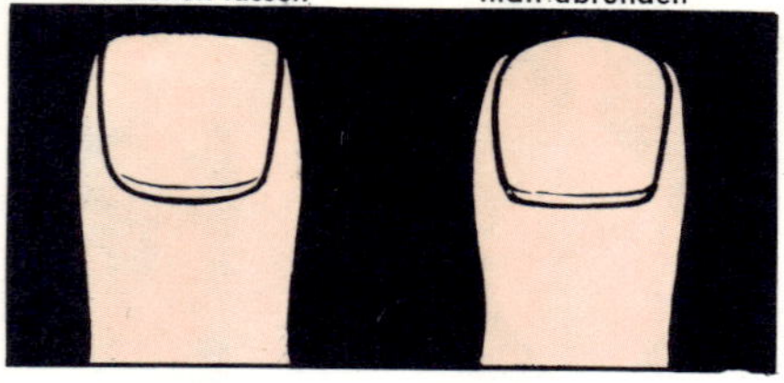

Abb. 4: Richtiges und falsches Beschneiden der Zehennägel

IV. Fußpflege

Bei Plattfüßen braucht man besondere Schuheinlagen, die das Fußgewölbe stützen. Die Anlage zu Plattfüßen ist meist vererbt. Durch Barfußgehen, vor allem auf unebenem Boden, kann man dem Übel entgegenwirken.

Wichtig ist das *Schuhwerk.* Zu enge und zu kurze Schuhe taugen nichts. Sie verursachen schmerzende ›Hühneraugen‹ und verunstalten die Zehen zu ›Hammerzehen‹.

Wenn du barfuß gehst, mußt du noch mehr als sonst auf *Sauberkeit* der Füße achten. Wasche deine Füße täglich und vergiß beim Abtrocknen die Zehenzwischenräume nicht.

Und dann: Die *Fußnägel* wollen gepflegt sein. Besonders an den großen Zehen wachsen sie gerne ein. Das kannst du durch richtiges Schneiden verhindern. Du darfst die Ecken nur so weit zurückschneiden, daß sie den Nagelfalz noch immer überragen *(Abb. 4).*

Du solltest dir merken:

1. Die Fußknochen werden von zähen Bändern so zusammengehalten, daß sie ein elastisches Gewölbe bilden. Bei Belastung gibt das Gewölbe nach. Versagen die Bänder, dann sinkt das Fußgewölbe ein; es entsteht ein Plattfuß (Senkfuß).

2. Barfußgehen stärkt Muskeln und Bänder; es bewirkt ferner eine stärkere Durchblutung der Unterschenkel und Füße und ist deshalb gesund.

3. Die Füße wollen gepflegt sein. Trage keine zu engen oder zu kurzen Schuhe! Wasche deine Füße täglich! Schneide die Zehennägel richtig!

Aufgaben:

1. Zeichne nach *Abb. 3* das Skelett eines gesunden Fußes.
2. Wie wird wohl das Skelett eines Plattfußes aussehen? Zeichne es.
3. Vorbereitung: Beschaffe dir 2 bis 3 Wirbel von Schlachttieren, darunter womöglich die beiden ersten Halswirbel. Halte sie für die nächste Naturkundestunde bereit.

Nur der Mensch hat einen aufrechten Gang

Arbeitsmittel: Einige Wirbel von Schlachttieren; menschliches Skelett, sofern vorhanden.

Der Mensch steht und geht auf zwei Beinen; sein Körper ist aufgerichtet. Dagegen ruht der Körper der Säugetiere in waagrechter Lage auf allen Vieren. Beide Körperhaltungen sind durch den Bau des Knochengerüstes (Skeletts) bestimmt.

I. Das menschliche Skelett

Wenn in der Schule ein ›Knochenmann‹ (menschliches Skelett) vorhanden ist, dann zeige an ihm die Knochen. Taste sie auch an deinem Körper so gut wie möglich ab.

1. Die Gliedmaßen: Schreibe Arm- und Beinknochen übersichtlich nebeneinander. Vergleiche.

2. Das Becken: Die Knochen, an welchen die Beine eingelenkt sind, bilden das Becken. Schreibe sie auf. Warum heißt dieser Teil des Skeletts wohl Becken?

3. Die Wirbelsäule oder das Rückgrat (Abb. 5):

a) Taste sie am Rücken deines Kameraden ab und halte ihren Verlauf, von der Seite her gesehen, in einer Linie fest. Wieviel Halswirbel, wieviel Brustwirbel und wieviel Lendenwirbel zählst du?

b) Die Wirbelsäule ist nicht starr. Probiere an dir selber aus, welche Teile besonders beweglich sind.

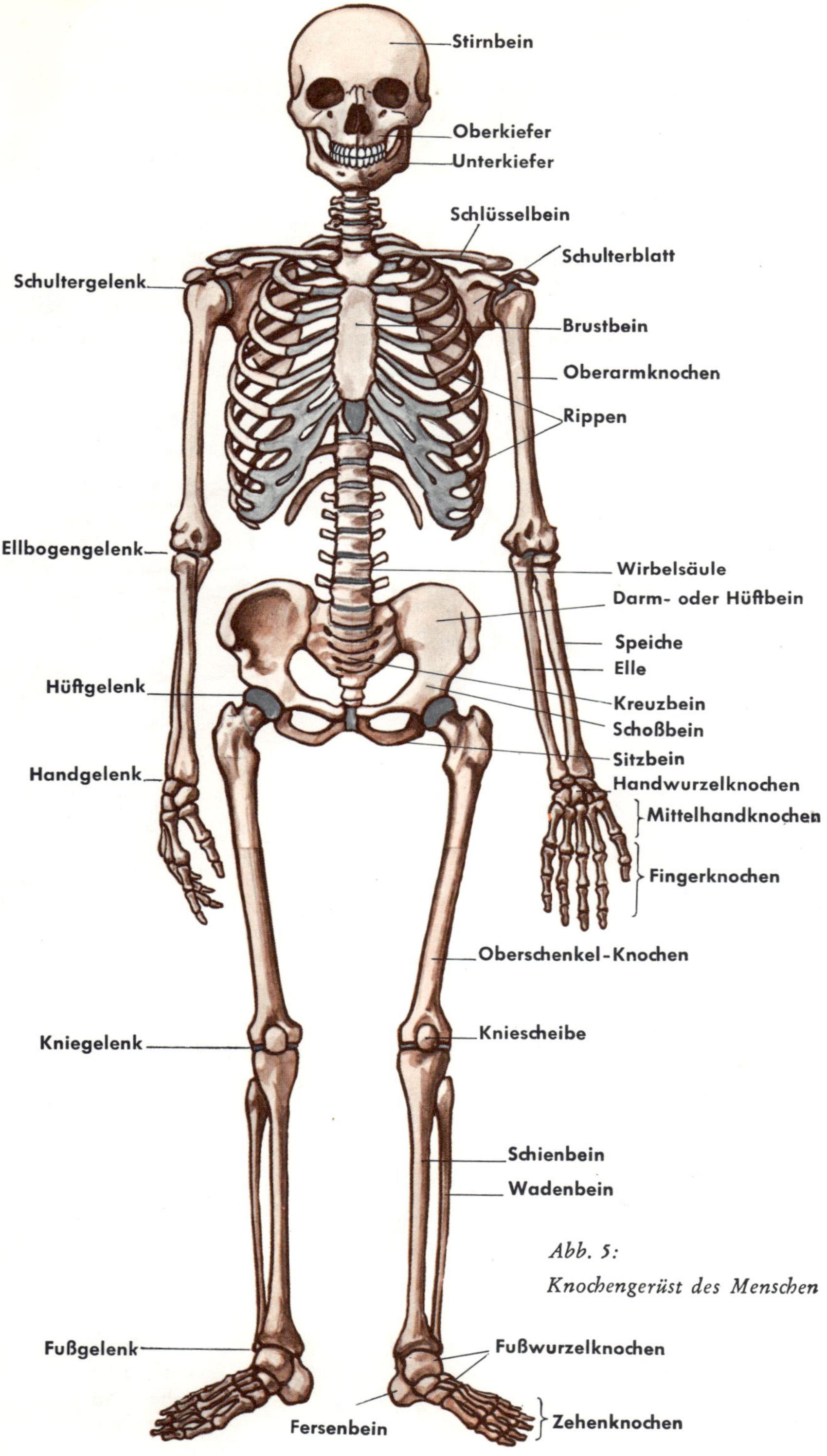

Abb. 5:
Knochengerüst des Menschen

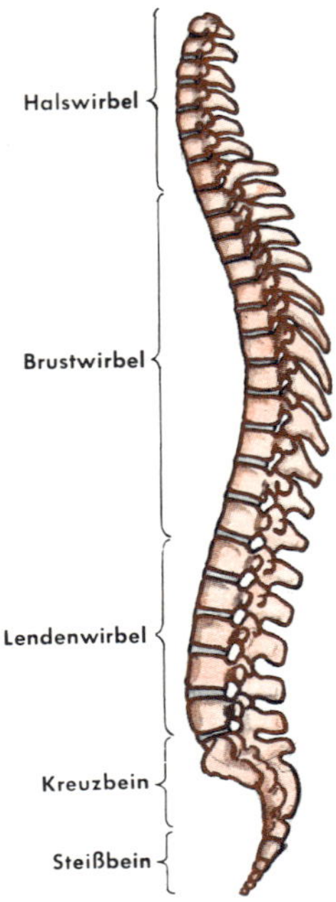

Abb. 6: Wirbelsäule

c) Die Wirbel *(Abb. 7 und 8)* sind merkwürdig gebaut. Sieh dir die mitgebrachten Wirbel eines Schlachttieres genau an. Zeichne. Passe sie zusammen und beachte den durchgehenden Kanal. Durch diesen zieht sich vom Gehirn her das *Rückenmark* hinab.

4. *Die Schultern:* Hier sind die Arme eingelenkt. Wieviel Knochen sind es auf jeder Seite? Du kannst sie leicht abtasten.

5. *Der Brustkorb:* Taste Brustbein und Rippen ab. Wieviel Rippenpaare zählst du? Wieviele davon sind mit dem Brustbein verbunden? Zeichne die *Abb. 9* ab und achte dabei auf die Verbindung beider Rippen mit dem Brustbein und mit dem Brustwirbel. Benütze Farben.

6. *Der Schädel:* Fertige nach *Abb. 10* eine Schädelskizze an und trage

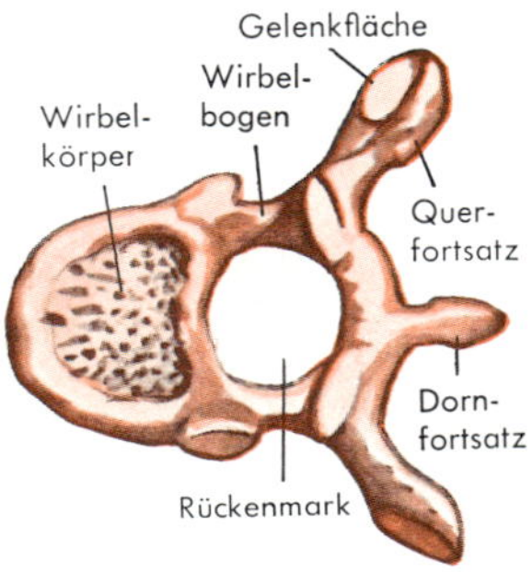

Abb. 7: Einzelwirbel (Draufsicht)

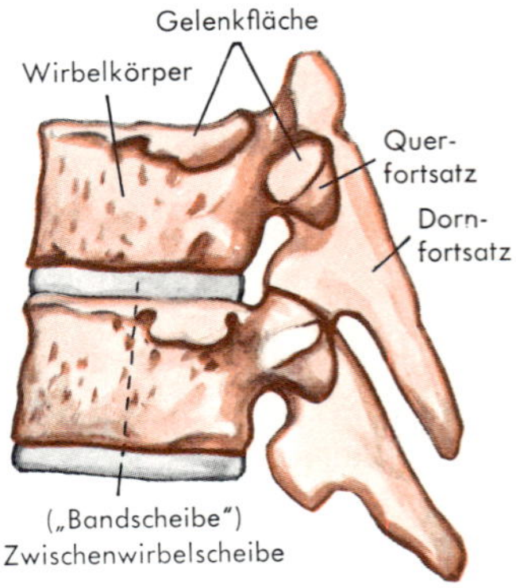

Abb. 8: Zwei Wirbel von der Seite

darauf die Namen der Knochen ein, die du sehen kannst und die du dir darüber hinaus merken möchtest. Vergiß die Nähte nicht. Beim Säugling befinden sich hier Wachstumsstreifen. Hier kann sich der Schädel ausweiten, wie es das Wachstum des Gehirns verlangt. Verknöchern die Nahtstellen zu früh, so führt dies zu Schwachsinn.

7. *Zusammenstellung:* Versuche zusammenzustellen, aus wieviel Knochen das Skelett zusammengesetzt ist. Es müssen mehr als 200 herauskommen.

II. Vergleich mit dem Skelett eines Säugetieres

1. Untersuche den *Bauplan* an Hand der *Abb. 11.* Nenne die Hauptteile beider Skelette. Achte auf Zahl, Gestalt und Ähnlichkeit der Knochen. Ergebnis ...?

2. *Der Mensch auf allen Vieren:* Versuche, ein paar Minuten lang ›auf allen Vieren‹ zu gehen. An welchen Körperstellen wird es dir dabei besonders unbe-

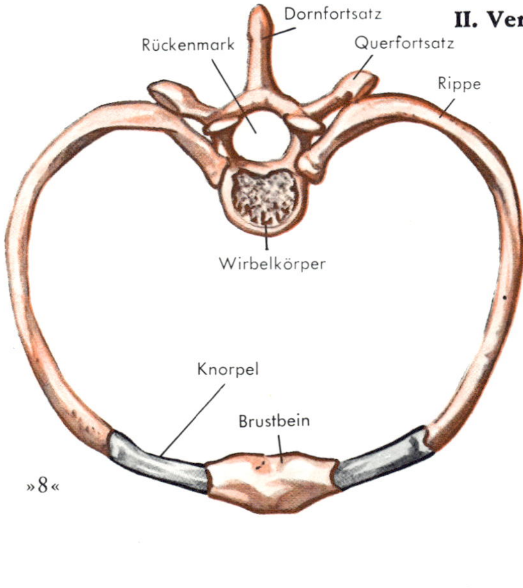

Abb. 9: Querschnitt durch den Brustkorb

quem? Deute auf einer einfachen Strichzeichnung diese Stellen durch Pfeile an.

3. Unterschiede in der Knochengestalt: Stelle aus der *Abb. 12* fest, was beim Hundeskelett an den ›unbequemen‹, mit Punkten bezeichneten Stellen anders ist. Achte besonders auf den Verlauf der Wirbelsäule, auf die Gestalt von Oberarm- und Oberschenkelknochen und auf die Stellung der Mittelhand- und Mittelfußknochen.

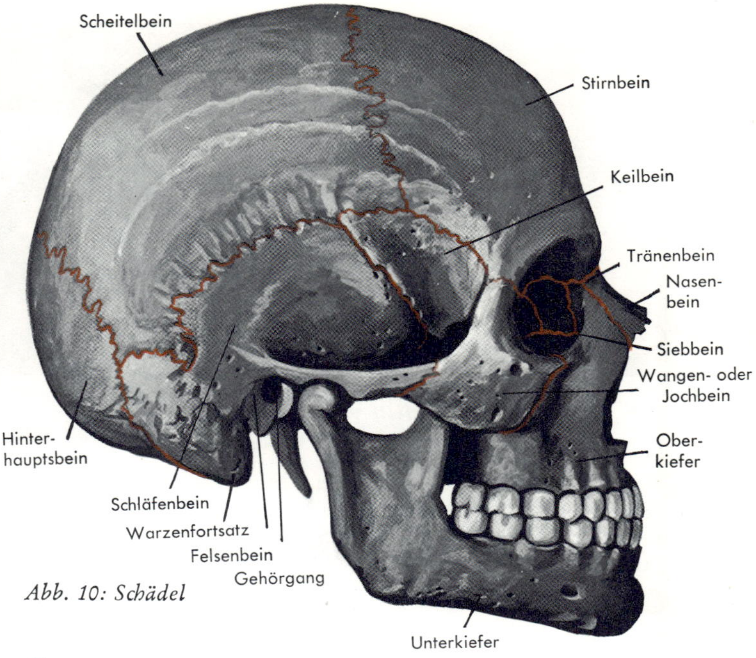

Abb. 10: Schädel

III. Vorzüge des aufrechten Ganges

Der Mensch braucht die vorderen Gliedmaßen nicht mehr zum Gehen und Stehen. Dadurch wurden Arme und Hände für andere Zwecke frei. **Überlege:** Wozu brauchen wir die Hände und Finger? Denke auch an die Musik (Klavier, Violine, Flöte, Harfe), an bildende Künstler, sowie an die Blinden, die mit den Fingerspitzen *lesen.*

Noch bedeutsamer ist die Aufwölbung der Schädelkapsel als Folge der aufrechten Haltung. Das Gehirn bekam Raum für seine Entwicklung. Es ist der Sitz der geistigen Fähigkeiten.

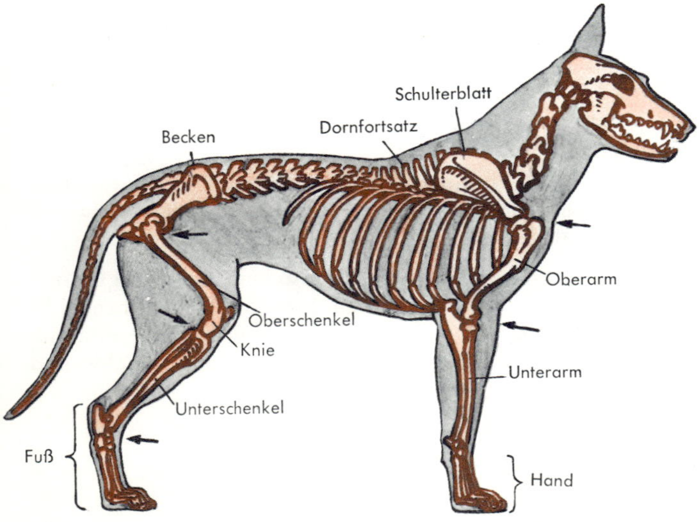

Abb. 11: Hunde-Skelett

Du solltest dir merken:

1 Das Knochengerüst des Menschen besteht in seinen 9 Hauptteilen (4 Gliedmaßen, Schädel, Wirbelsäule, Brustkorb, Schultergürtel und Becken) aus mehr als 200 Knochen.

2 Das Skelett der Säugetiere ist nach dem gleichen Bauplan angelegt wie beim Menschen.

3 Die Wirbelsäule des Menschen verläuft doppelt S-förmig, die des Säugetieres einfach S-förmig; beim Tier sind Oberarm- und Oberschenkelknochen abgewinkelt, beim

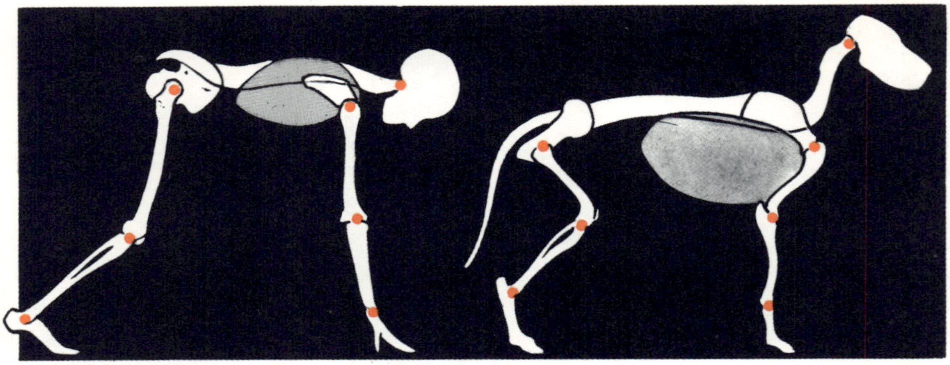

Abb. 12: Vergleich der Skelette von Mensch und Hund

Menschen nicht. Mittelhand- und Mittelfußknochen haben beim Säugetier eine andere Stellung als beim Menschen. Die Unterschiede bewirken, daß der Mensch Zweifüßler mit aufrechter Körperhaltung und Sohlengänger, das Säugetier aber Vierfüßler und Zehengänger ist.

4 Unser Körper ist aufgerichtet. Dadurch wurden die Hände frei; sie entwickelten sich zu feinen Tast- und Greiforganen. Außerdem konnte sich der Schädel aufwölben; das Gehirn vergrößerte sich, und die geistigen Fähigkeiten, die den Menschen weit über das Tier erheben, konnten sich entfalten.

Aufgaben:

1. Versuche, nach den Abbildungen im Buch ein vollständiges Skelett möglichst groß zu zeichnen.
2. Trage in diese Zeichnung die Namen der Knochen ein, die du dir merken willst.
3. *Vorbereitung. Versuch 2:* Beschaffe je einen frischen Rippenteil vom Kalb und vom Rind. Koche beide Knochen 1 Stunde lang, laß sie trocknen, wiege jeden Knochen für sich und schreibe die Gewichte auf. Dann lege beide Knochen in verdünnte Salzsäure (Verdünnung für die Kalbsrippe = 2 Teile Salzsäure und 3 Teile Wasser, für die Rindsrippe = 3 Teile Salzsäure und 2 Teile Wasser). Beobachte von Zeit zu Zeit, was geschieht, insbesondere, ob Bläschen aufsteigen. Laß die Knochen mindestens 2 Tage lang in der Salzsäure liegen.

Warum brechen die Knochen im Alter leichter als in der Jugend?

Arbeitsmittel: 2 Mittelfußknochen vom Kalb, 2 Mittelfußknochen vom Rind, der vorbereitete *Versuch 2*, einige weitere Rippenstücke vom Kalb und vom Rind, Laubsägegerät, Waage, Bunsenbrenner, Dreifuß, Drahtnetz, Abdampfschale, Lupe.

Wenn du bei einem Unglücksfall einen Knochen brechen solltest, so heilt er bei sorgfältiger Behandlung schnell. Alte Leute aber fürchten sich, hinzufallen. Ihre Knochen brechen leicht und heilen schwer. Wie ist das möglich? Du wirst es verstehen, wenn du junge und alte Knochen auf ihre Bestandteile hin untersuchst. Halte bei allen Untersuchungen Kalbs- und Rinderknochen scharf auseinander.

I. Junge und alte Knochen werden durchsägt

Säge je ein Rippenstück vom Kalb und vom Rind mit der Laubsäge durch, ebenso je einen Mittelfußknochen der Länge nach. Untersuche und vergleiche. Du siehst: Beide Mittelfußknochen sind innen hohl. Solche Knochen nennt man *Röhrenknochen.* Sie enthalten das *Knochenmark.* Berühre es. Du bekommst fettige Finger. Es ist lebenswichtig; in ihm werden die roten Blutkörperchen gebildet.

Spüle die Sägeflächen mit kräftigem Wasserstrahl ab und betrachte mit der Lupe den inneren Bau der Knochen. Alle Knochen, die jungen und die alten, besitzen außen eine feste, harte Knochenmasse und innen eine weichere, schwammige Knochenmasse. Diese zeigt ein zierliches Netzwerk faserdünner Stäbchen; versuche, es nachzuzeichnen. Vergleiche Gewicht und Tragfähigkeit

a) schwammiger,

b) fester Knochenmasse.

Du kannst auch feststellen, daß alle Knochen von einer Haut, der *Knochenhaut* überzogen sind. Diese ist äußerst schmerzempfindlich, was du bei einem Schlag gegen das Schienbein zu spüren bekommst. Irgendwelche Unterschiede des inneren Baus lassen sich also zwischen jungen und alten Knochen nicht finden.

II. Junge und alte Knochen werden in Salzsäure gelegt

Nimm jetzt die beiden in Salzsäure gelegten Knochen heraus, wasche sie gut ab und lasse sie trocknen. Stelle fest, wieviel sie wiegen. Vergleiche den Gewichtsverlust der beiden Knochen miteinander. Wieviel Prozent verlor der Kalbs-, wieviel der Rindsknochen? Versuche, den Knochen zu biegen; du staunst. Offenbar hat die Salzsäure das, was den Knochen hart und starr macht, ausgelaugt, und übrig blieb eine biegsame Masse. Wir nennen sie *Knochenknorpel.* Koche ihn mit Wasser. Du erhältst richtigen *Leim.*

III. Junge und alte Knochen werden ausgeglüht

Wiege zwei Knochenstücke, eines vom Kalb und eines vom Rind. Glühe beide auf dem Drahtnetz über einer starken Bunsenflamme aus. Vorsicht, es sprüht! Wenn deine Spiritusflamme nicht ausreicht, dann lege die Knochen in eine alte Konservenbüchse und glühe sie daheim auf dem Gas oder in der Herd- bzw. Ofenglut aus. Nimm die ausgeglühten Knochen vorsichtig aus der Glut und stelle bei beiden die Gewichtsverluste fest. Zerreibe einen zwischen den Fingern. Der ausgeglühte Knochen besteht aus *Knochenerde.* Sie verleiht dem Knochen seine Härte, macht ihn aber brüchig.

Du solltest dir merken:

1. Viele unserer Knochen sind langgestreckt und innen hohl. Es sind Röhrenknochen. Sie enthalten das Knochenmark, in dem die roten Blutkörperchen gebildet werden.

2. Alle Knochen bestehen aus dem biegsamen Knochenknorpel und der brüchigen Knochenerde. Beide Bestandteile durchdringen einander so innig, daß die Form des Knochens erhalten bleibt, auch wenn man den Knochenknorpel ausglüht oder die Knochenerde mit Salzsäure auslaugt.

3. Der Anteil der Knochenerde beträgt in der Jugend 30 bis 40 Prozent, im Alter 80 bis 90 Prozent des Knochengewichtes. Darum brechen bei alten Leuten die Knochen leicht und heilen schwer.

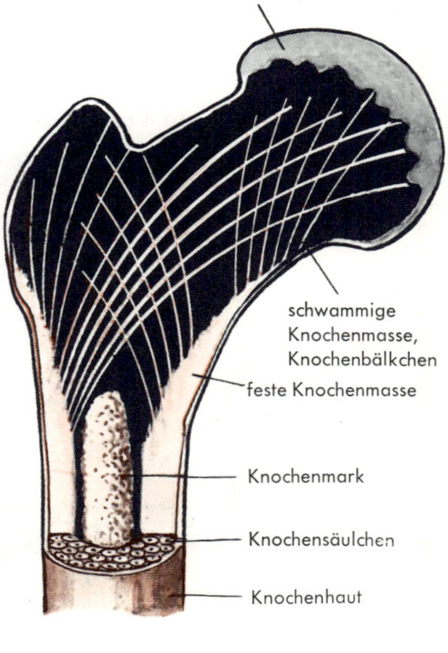

Abb. 13: Längsschnitt durch einen Röhrenknochen

Aufgaben:

1. Versuche, aus alten Knochen Leim herzustellen. Du mußt sie
a) etwa 1 Stunde lang kochen,
b) in Salzsäure legen,
c) den Gelenkknorpel entfernen,
d) den Knochenknorpel mit Wasser aufkochen.
2. Glühe alte Knochen aus und benütze die Knochenerde als Düngemittel für Topfpflanzen. Vergleiche das Wachstum der damit gedüngten mit dem ungedüngter Pflanzen.
3. Stelle die beiden Bestandteile des Knochens in der Jugend und im Alter graphisch dar. Benütze Farben.
4. Beschaffe die Röntgenfilme F 177, 178 u. 179, sowie FT 597 Knochenbrüche.

Erste Hilfe bei Knochenbrüchen und Verrenkungen

Arbeitsmittel: Unverletzte Gelenke von Schlachttieren (Kalbs- oder Schweinsfuß oder Kniegelenk eines Hammels); F 177, 178 u. 179, FT 597.

Trotz ihrer Festigkeit können Knochen brechen. Sie können auch in den Gelenken auseinandergeraten. Bei einem derartigen Unglücksfall soll nur der erste Hilfe leisten, der weiß, wie man es richtig macht. Ein einziger falscher Handgriff ist schlimmer als gar keine Hilfe.

I. Gebrochen, verrenkt oder verstaucht?

Verrenkung oder Verstauchung sitzen stets am Gelenk. Eine *Verrenkung* liegt vor, wenn die Gelenkstelle ungewöhnlich nach einer Seite ausgebuchtet und stark angeschwollen ist. Das Gelenk kann nicht bewegt werden. Auch bei einer *Verstauchung* schwillt das Gelenk an, aber nicht einseitig. Das Gelenk bleibt beweglich, freilich unter heftigen Schmerzen.

Bei einem *Bruch* ist der Knochen nicht nur im Gelenk, sondern auch an der Bruchstelle beweglich. Jede Bewegung, selbst das bloße Betasten der Bruchstelle, verursacht ein knarrendes Geräusch. Hat ein Knochenende die Haut durchstoßen, dann ist besondere Vorsicht geboten, denn eine verunreinigte Knochenwunde ist in jedem Fall eine lebensgefährliche Verletzung.

II. Verstauchung und Verrenkung

1. Wie ist ein Gelenk gebaut? Du weißt, daß in den Gelenken die aufeinanderstoßenden Knochen zusammengehalten und bewegt werden. Die *Abb. 14* zeigt, wie ein Gelenk beschaffen ist. Der Oberarmknochen paßt mit seinem *Gelenkkopf* genau in die *Gelenkpfanne* des Schulterblattes. Sowohl Gelenkkopf als auch Gelenkpfanne sind mit glattem Gelenkknorpel (nicht zu verwechseln mit dem Knochenknorpel) überzogen. Starke Bänder halten die Knochen in dieser Lage zusammen. Ein zähes Band zieht sich wie ein Schlauch von den Enden der Knochen her über das Gelenk hinweg. Es ist die *Gelenkkapsel.* Sie scheidet an ihrer Innenhaut die *Gelenkschmiere* aus; diese macht die Gelenkflächen schlüpfrig. All das

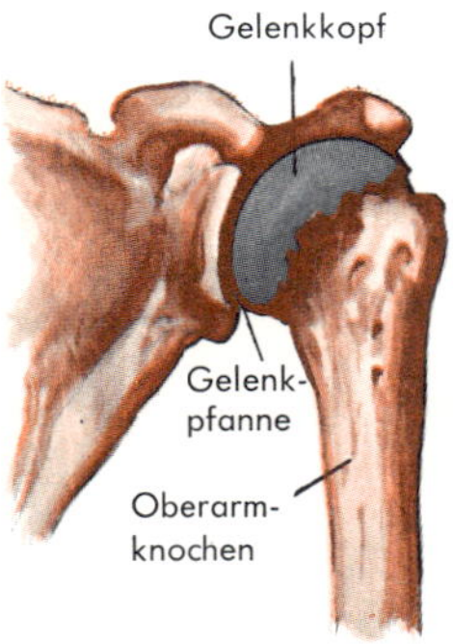

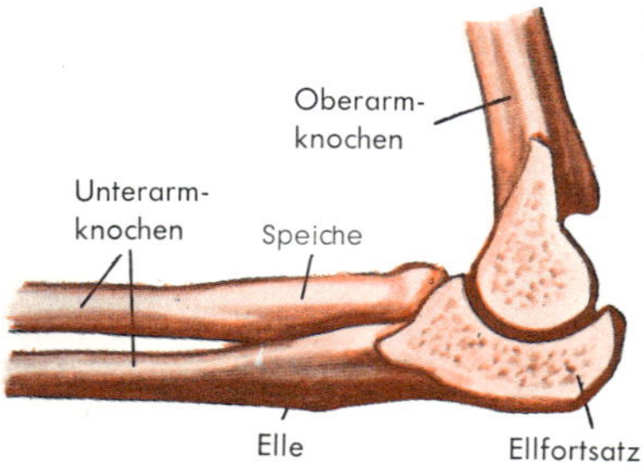

Abb. 14: Schultergelenk *Abb. 15: Ellenbogengelenk*

kannst du am unverletzten Gelenk eines Kalbs- oder Schweinsfußes sehr schön sehen, wenn du es mit der Laubsäge der Länge nach spaltest.

2. *Es gibt mancherlei Gelenke.* Das wird dir klar, wenn du die Gelenke deines Körpers ausprobierst. Sie lassen verschiedenartige Bewegungen zu und müssen demnach in ihrem Bau Besonderheiten aufweisen. Ein Gelenk wie das Schultergelenk nennen wir *Kugelgelenk*. Die *Abb. 15* zeigt dir am Beispiel des Ellbogengelenks ein *Scharniergelenk* (vgl. auch die Röntgenfilme F 177 - Schultergürtel, F 178 - Ellbogengelenk und F 179 - Kniegelenk).

3. *Verstauchung.* Durch Umknicken (Übertreten) des Fußes kann ein Knochen vorübergehend aus dem Gelenk springen. Dabei werden die Bänder gezerrt oder zerrissen. Zeigt die Schwellung blutunterlaufene Stellen, dann ist ein Bluterguß dazugekommen. Ruhe, kühle Salzwasserumschläge und vorsichtiges Massieren beheben das Übel bald.

4. *Verrenkung.* Der aus dem Gelenk gesprungene Knochen verharrt in seiner falschen Lage. Heftige Schmerzen stellen sich ein, und es ist völlig unmöglich, das Gelenk zu bewegen. Es muß wieder ›eingerenkt‹ werden. Das kann nur der Arzt; versuche nie, es selber zu tun.

III. Knochenbrüche

Am häufigsten sind *Arm- und Beinbrüche.* Das gebrochene Glied ist an der Bruchstelle leicht abgewinkelt. Es muß also vom Arzt ›eingerichtet‹ werden, d. h. die Knochenstücke müssen wieder richtig zusammengepaßt werden. Im Gipsverband wachsen die beiden Knochenstücke dann langsam wieder zusammen. Bis zum Eintreffen des Arztes kannst du nichts anderes tun, als dafür zu sorgen, daß das gebrochene Glied völlig ruhig bleibt. Bei einem Armbruch faltet man ein Tuch (z. B. Schürze, Handtuch) zum Dreieck, legt den verletzten Arm hinein und knüpft die langen Zipfel im Nacken zusammen. Der 3. Zipfel wird umgeschlagen und mit einer Sicherheitsnadel angeheftet.

Bei einem *Beinbruch* kann es notwendig werden, das Glied zu schienen. Behelfsmäßig taugen als Schiene Spazierstöcke, Latten, Brettstücke, dicht gerollte Mäntel u. a. Die Schiene muß so lang sein, daß sie mindestens über die beiden benachbarten Gelenke hinausreicht. Du mußt sie mit Kleidungsstücken, Tüchern, Stroh, Heu, Moos, was eben zur Hand ist, polstern, ehe du sie mit breiten Bändern (z. B. Hosenträgern, Lederriemen) festbindest. Oberhalb und unterhalb der Bruchstelle müssen je zwei Bänder sein. Du wirst an behelfsmäßiges Schienen nur dann denken müssen, wenn dein Kamerad weitab von einer Siedlung verunglückte und deshalb auch behelfsmäßig transportiert werden muß. Besser ist es, vom nächsten Krankenhaus den Krankenwagen anzufordern.

Schädel- und Wirbelsäulenbrüche sind lebensgefährliche Verletzungen. Hier kannst du nur dafür sorgen, daß so schnell wie möglich ein Arzt kommt. Bei einem Schädelbruch kann der Kopf des Verletzten etwas erhöht gebettet werden; bei einem Bruch des Rückgrats aber kann jeder auch noch so gut gemeinte Hilfeversuch die schlimmsten Folgen haben.

Nun laß dir FT 597, Erste Hilfe bei Unfällen: Knochenbrüche, zeigen.

Du solltest dir merken:

1. Bei einer **Verstauchung** ist ein Knochen vorübergehend, bei einer Verrenkung dauernd ›aus dem Gelenk gesprungen‹. Die **Verrenkung** erkennt man äußerlich daran, daß die Gelenkstelle nach einer Seite ausgebuchtet und stark angeschwollen ist. Versuche nie, ein verrenktes Glied selber einzurenken. Dagegen kann man sich bei einer Verstauchung durch Ruhe, kühle Umschläge und vorsichtiges Massieren selber helfen.

2. **Bei einfachen Knochenbrüchen** soll man dafür sorgen, daß das verletzte Glied völlig ruhig bleibt und sofort der Arzt herbeigeholt wird.

3. Von einem **offenen Knochenbruch** sprechen wir, wenn der Knochen gesplittert ist und wenn ein Knochensplitter die Haut durchstoßen hat. Hier ist die Wunde durch Auflegen

von sterilem Verbandszeug (z. B. eines frischen, gebügelten Taschentuchs) vor Verunreinigung zu schützen.

4 **Schädel- und Rückgratbrüche** sind lebensgefährliche Verletzungen. Ein einziger, noch so gut gemeinter, aber falscher Handgriff kann die schlimmsten Folgen haben. Du kannst dich nur um ruhiges Liegenbleiben des Verletzten und um schnellste ärztliche Hilfe bemühen.

Aufgaben:

1. Zeichne einen einfachen und einen offenen Bruch des Oberschenkelknochens.
2. Stelle den Unterschied zwischen einer Verstauchung und einer Verrenkung zeichnerisch dar:
   a) das Gelenk während der gewaltsamen Bewegung,
   b) das Gelenk nachher.

Die Muskeln bewegen den Körper

Arbeitsmittel: Gekochtes Kalb- (Kaninchen-) Fleisch, wenn möglich: Lauf eines geschlachteten Huhns oder eine Kaninchenpfote; Lupe, 2 Nadeln, Meßband, Zange.

I. Das Spiel der Muskeln und Sehnen

Die Knochen werden in den Gelenken von den *Muskeln* bewegt. Diese sind durch zähe Bänder, die *Sehnen,* an den Knochen befestigt. Das Spiel der Muskeln und Sehnen kannst du an dir selber beobachten.

1. Armbewegungen.

a) Beuge den Unterarm gegen den Oberarm und betaste dabei den Muskel am Oberarm. Es ist der bekannte *Bizeps* (›zweiköpfiger‹ Muskel, weil er nicht bloß eine, sondern zwei Anwachsstellen am Schulterblatt hat). Miß mit dem Meßband seine Länge und Dicke vor und nach dem Beugen. Betaste auch die Sehne in der Armbeuge.

b) Lege den entblößten Unterarm, Handfläche nach oben, auf den Tisch. Balle die gespreizten Finger wiederholt zur Faust und betrachte das Spiel der Muskeln und Sehnen am Unterarm. Du beobachtest, daß die Muskeln, welche die Finger beugen, am Unterarm sitzen. Die Muskelkraft muß aber bis zu den Fingern übertragen werden. Also müssen die Zugseile (Sehnen) entsprechend lang sein. Ähnlich liegt der Fall bei den Zehen. Sehr schön kannst du das gelegentlich am Lauf eines geschlachteten Huhns sehen, wenn du die hornige Haut bis zu den Zehen herunter entfernst und die Sehnen freilegst. Du kannst auch eine Kaninchenpfote benützen. Fasse die oberen Enden der Sehnen mit einer Zange und ziehe daran.
Damit die langen Sehnen nicht bei jeder Bewegung in Unordnung geraten, verlaufen sie stückweise in Schläuchen aus zäher Haut. Solche Schläuche nennt man *Sehnenscheiden.* Wenn du die Sehnen am Lauf eines Huhnes untersuchst, fallen dir auch die Sehnenscheiden auf.

2. Beinbewegungen. Strecke und beuge im Sitzen das Bein einigemale und betaste dabei am Oberschenkel das Spiel der Muskeln, in der Kniekehle das der Sehnen.

II. Der Muskelmensch

Alle Bewegungen der Glieder, des Rumpfes, des Kopfes, der Brust usw., auch Lidschlag und Mienenspiel, werden von Muskeln bewirkt. Im ganzen sind es mehr als 600. Die *Abb. 16* zeigt nicht alle, weil viele tiefer liegen oder verdeckt sind.

Versuche, ob du aus der *Abb. 16* zu erkennen vermagst, welche Muskeln bei einer Bewegung beteiligt sind, die du gerade ausführen möchtest.

Sieh dir die Namen genau an und überlege, ob dir der eine oder andere Name etwas über die Aufgaben des betreffenden Muskels verrät.

III. Muskeln arbeiten nur auf Befehl

1. Willkürliche und unwillkürliche Muskeln. Muskeln, die unserem Willen gehorchen, heißen willkürliche Muskeln. Sie bestehen aus feinen *Muskelfasern.* Du siehst diese gerade noch mit dem bloßen Auge, wenn du ein Stückchen gekochtes Kalb- oder Kaninchenfleisch mit 2 Nadeln so fein wie möglich zerzupfst. Zu jeder Muskelfaser führt ein Nerv.

Magen und Darm, Herz und Schlagadern arbeiten ohne unser Zutun. Ihre Bewegungen werden von *unwillkürlichen Muskeln* bewerkstelligt. Diese bestehen aus winzigen *Muskelzellen,* die netzartig in den Wänden der Verdauungs-, Blut- und Atemwege liegen.

2. Muskelreize. Befehle über auszuführende Bewegungen werden von den Nerven auf die Muskeln übertragen. Solche Befehle nennt man *Muskelreize.* Bei den willkürlichen Muskeln gehen sie vom Gehirn, bei den unwillkürlichen Muskeln von den Knotenpunkten des Eingeweide-Nervennetzes aus (vgl. S. 78—84). Jede der zahllosen Fasern des Muskels muß besonders gereizt werden. Je mehr Fasern Reize erhalten, desto mehr Kraft entfaltet der Muskel. Alle Fasern eines Muskels gleichzeitig zu betätigen, vermag unser Wille nicht. Dagegen bewirkt dies der Körper von sich aus, z. B. bei plötzlichem Erschrecken oder bei einem Tobsuchtsanfall. Deshalb entfalten Tobsüchtige eine so gewaltige Kraft, daß mehrere stämmige Wärter zugreifen müssen, um einen Tobsüchtigen zu bändigen.

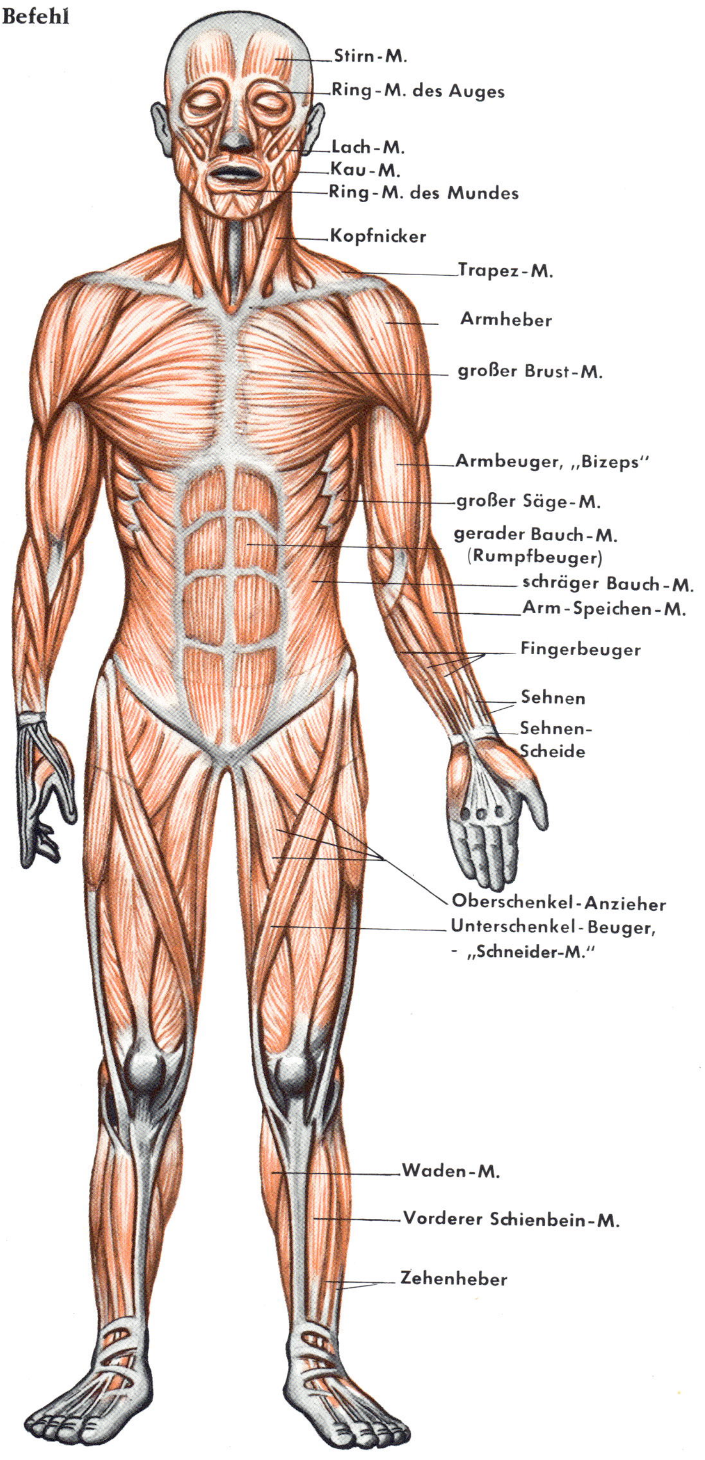

Abb. 16: Muskelmensch

IV. Muskeln brauchen »Betriebsstoff«

Der Muskel gleicht einem Motor. Er braucht Betriebskraft. Diese erzeugt er selber, indem er in seinen Zellen die ihm vom Blut zugeführten Nährstoffe verbrennt. Darüber erfährst du in dem Abschnitt über das Atmen Näheres. Der wichtigste ›Betriebsstoff‹ ist das *Glykogen,* das der Körper aus Traubenzucker herstellt. Verstehst du nun, warum wir bei starker Muskelbeanspruchung Traubenzucker essen?

In einem wichtigen Punkt unterscheidet sich der Muskel vom Motor grundlegend: Der Motor wird abgenützt, der Muskel dagegen wird durch Arbeit nur stärker und leistungsfähiger. Woher das kommt, ist ein Geheimnis des Lebens.

V. Auch Muskeln können Schaden erleiden

1. *Hüte dich vor Überanstrengung.* Der Sportsmann, der sich und damit seinem Herzmuskel zuviel zumutet, überdehnt leicht sein Herz zum ›Sportherz‹. Ein derartiger Schaden kann zu vorzeitigem Tod führen.

Muskelzerrungen oder gar Muskelrisse bei jähen Kraftleistungen (z. B. beim Erschrecken), ferner Muskelkrämpfe (z. B. Schreibkrampf, Wadenkrampf) sind weitere Folgen von Überanstrengung. Vor allem bei der Hand (z. B. bei andauernder Arbeit mit der Sichel u. ä.), können sich die Sehnenscheiden entzünden. Sehnenscheiden-Entzündungen sind äußerst schmerzhaft und heilen nur langsam.

2. *Hüte dich vor Zugluft.* Wenn du dich mit schweißgebadetem Körper der Zugluft aussetzt, dann kannst du außer anderen bösen Erkältungskrankheiten *Muskelrheumatismus* (Muskelreißen) davontragen. Er befällt als Hexenschuß oft ganz plötzlich Hüften oder Nacken, er kann aber im Körper herumziehen und dann gefährlich werden.

Du solltest dir merken:

1. Jede Körperbewegung wird durch Verkürzung eines oder mehrerer zusammenwirkender Muskeln herbeigeführt.
2. Der Mensch besitzt mehr als 600 Muskeln. Sie bilden das Fleisch des Körpers und machen ungefähr $^2/_5$ des Körpergewichts aus.
3. Die Muskeln laufen in **Sehnen** aus, mit denen sie an den Knochen befestigt sind.
4. Die willkürlichen Muskeln gehorchen unserem Willen; die unwillkürlichen Muskeln der inneren Organe arbeiten ohne unser Zutun.
5. Die notwendige ›Betriebskraft‹ erzeugt der Muskel selbst durch Verbrennen von *Glykogen;* dieses stellt der Körper aus Traubenzucker her.
6. Übe und gebrauche deine Muskeln, sie werden davon nur kräftiger und leistungsfähiger.
7. Hüte dich vor Überanstrengung; die Muskeln könnten Schaden erleiden: ›Sportherz‹, Sehnenscheiden-Entzündung, Muskelkrämpfe, Muskelrisse. Schütze den schweißgebadeten Körper vor Zugluft und Kälte; du könntest sonst einen Muskelrheumatismus (Muskelreißen, Hexenschuß) davontragen.

Aufgabe:

Stelle mit Hilfe der *Abb. 16* in einer Strichzeichnung dar, wie du dir denkst, daß der Unterarm a) gebeugt, b) gestreckt wird; beschaffe Röntgenfilme II: F 128.

Der Brustraum birgt die Lunge und das Herz

Arbeitsmittel: Die unverletzte Lunge mit Luftröhre (von Kaninchen oder Zicklein), ein Stück Brustfell, ein unverletztes Kalbs- oder Schweinsherz mit einem Stück Arterie und Vene.
Etwa 10 bis 15 mm weite Glasröhren, Gummischlauch, Trichter, Schere, Rasierklinge, Lupe;
F 128, Herztätigkeit und Atmung beim Menschen.

I. Herz und Lunge sind vom Brustfell überzogen

Wo das Herz liegt, weißt du. Zeige die Stelle, an der es der Arzt bei der Untersuchung ›abhört‹. Der übrige Brustraum wird vom rechten und linken Lungenflügel ausgefüllt. Zur Lunge gehört die *Luftröhre* mit dem *Kehlkopf*.

Zwischen beiden Lungenflügeln zieht sich vom Schlunde her die *Speiseröhre* hinab zum Magen. Sie durchbricht das *Zwerchfell*, das den Brustraum von der Bauchhöhle trennt.

Außerdem befindet sich in der Brusthöhle noch die Thymusdrüse oder das Bries, von der du in dem Abschnitt über die Drüsen Näheres erfahren wirst.

Abb. 17: Lunge

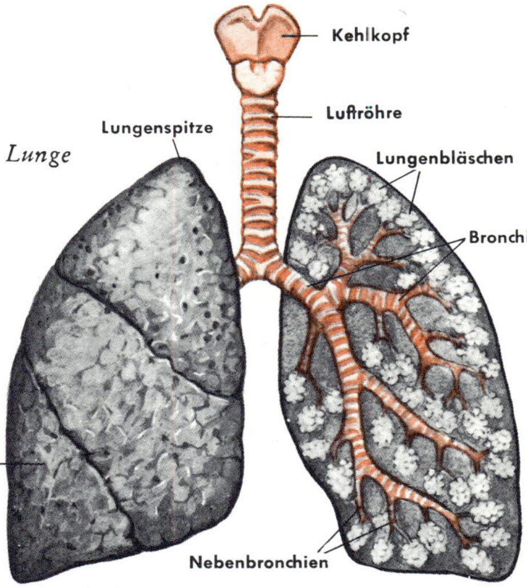

Die ganze Brusthöhle, ebenso die Lunge und das Herz, sind von einer schleimigen, dünnen Haut überzogen, dem *Brustfell*. Ihr äußerer, den Rippen anliegender Teil heißt *Rippenfell*, der die Lunge überziehende Teil *Lungenfell*, und der das Herz umhüllende Teil *Herzbeutel*. Nach schweren Erkältungen kann sich diese Haut entzünden. Es entsteht dann die gefährliche Brust- oder Rippenfellentzündung.

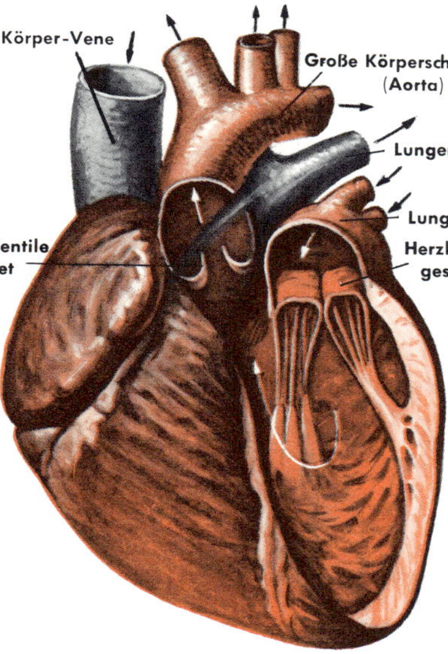

Abb. 18: Herz des Menschen, senkrecht durchschnitten

II. Die Lunge mit der Luftröhre

1. Die Luftröhre. Sie gabelt sich in zwei Äste, die Bronchien. Diese führen in die Lungenflügel und verzweigen sich dort immer weiter. Schneide ein Stück der Luftröhre auf und betaste die Innenseite; sie ist schleimig. Mit dem Mikroskop würdest du feine Härchen, die *Flimmerhärchen*, erkennen. Diese fegen nach oben, was nicht in die Luftröhre gehört, z. B. Schleim, Staub oder gar Brosamen.

2. Bau der Lunge. Beachte die zwei Lappen. Man nennt sie ›Flügel‹. Beide Lungenflügel zusammen bilden die *Lunge*.

Versuch 3: Stecke in das freie Ende der Luftröhre eine Glasröhre und blase hinein. Beobachte. Schneide die Lunge mit der Rasierklinge an. Untersuche den Querschnitt mit der Lupe. Du siehst winzige Hohlräume; man nennt sie *Lungenbläschen*. In beiden Lungenflügeln zusammen besitzt der Mensch 300 bis 400 Millionen solcher Lungenbläschen. Die vereinfachte Zeichnung (rechte Hälfte der *Abb. 17)* soll dir den Bau der Lunge verständlich machen.

III. Das Herz

1. Die vier Hohlräume des Herzens. Betaste alle Teile. Du spürst, daß die Wände Hohlräume umschließen. Die *Abb. 18 und 19* zeigen sie dir. Die starke Mittelwand von oben

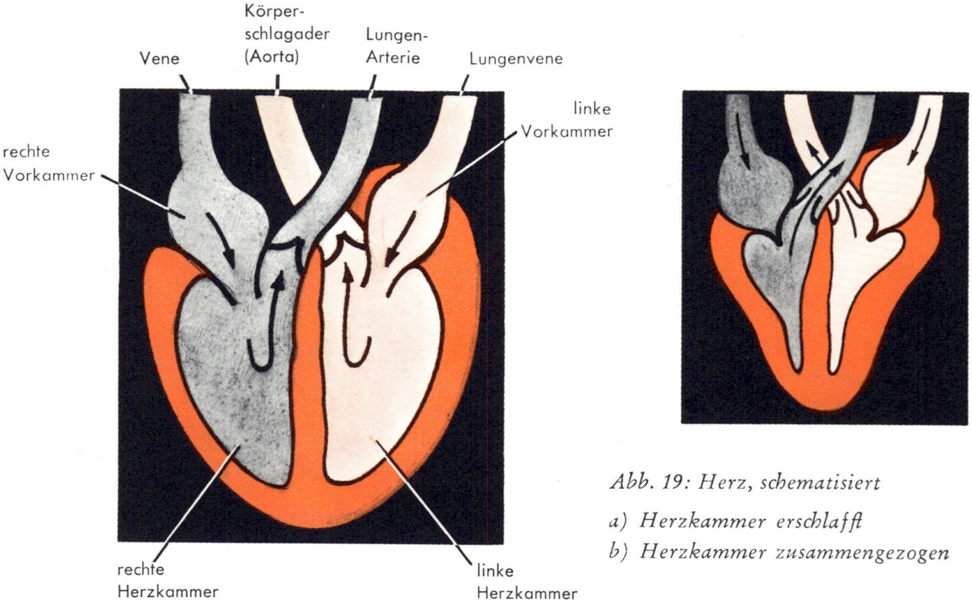

Abb. 19: Herz, schematisiert

a) Herzkammer erschlafft

b) Herzkammer zusammengezogen

bis zur Herzspitze teilt das Herz in eine linke und eine rechte Hälfte. Durch beide Hälften zieht sich eine durchbrochene Querwand, so daß vier Kammern entstehen: linke Vorkammer, linke Herzkammer, rechte Vorkammer, rechte Herzkammer.

2. *Schlagadern und Venen.* Die beiden Schlagadern, Körper- und Lungenschlagader, erkennst du an ihren dicken, elastischen Wänden, die anderen Adern mit schlaffen Wänden sind Venen.

Von der Körperschlagader zweigen zwei Arterien ab, die den Herzmuskel versorgen, die rechte und linke Herzkranzarterie.

3. *Die Ventile*

a) Segelklappen. Die Öffnungen zwischen den Herzkammern und den Vorkammern sind durch Segelklappen verschließbar. Ihre Tätigkeit kannst du untersuchen:

Versuch 4: Die *Abb. 20* zeigt dir, wie du Herz, Glasröhre, Schlauch und Trichter zusammenbauen mußt. Die Glasröhre mußt du einführen, soweit es geht, dann etwa 1/2 cm zurückziehen und mit einer Schnur um das Ende der Ader dicht abbinden. Entferne die Haut der linken Vorkammer mit einer Schere. Fülle nun den Trichter mit Wasser und hebe ihn hoch. Sobald sich die Herzkammer gefüllt hat, siehst du, wie sich die Klappen schließen. Senkst du den Trichter, so öffnen sich die Klappen. Dieses Spiel mit Heben und Senken, Schließen und Öffnen kannst du beliebig lange fortsetzen.

Noch eindrucksvoller ist das Spiel der

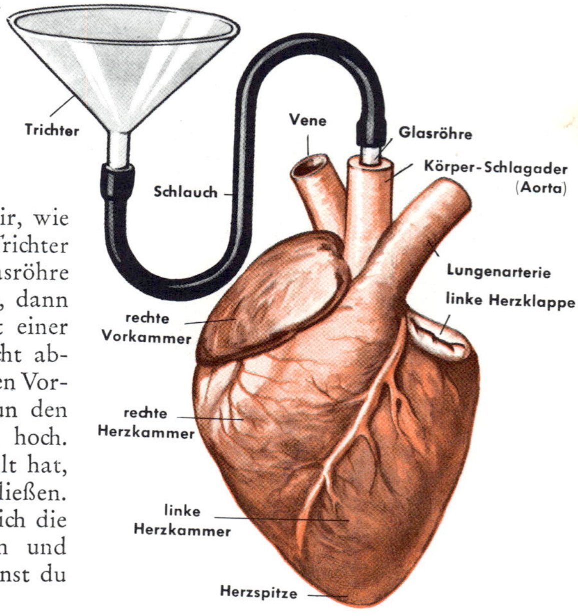

Abb. 20: Zu Versuch 4

Abb. 21: Taschenklappen, geschlossen

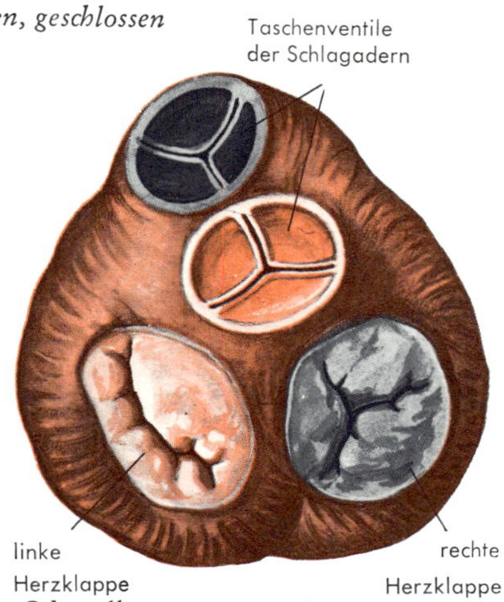

Herzklappen, wenn du, nachdem die Herzkammer mit Wasser gefüllt ist, den Trichter entfernst und abwechselnd durch das freie Schlauchende bläst oder ansaugst. Dann kannst du im Takte deines eigenen Herzschlages saugen oder blasen, d. h. die Herzklappen öffnen oder schließen.

Schneide vorsichtig Fenster in die Herzkammern, dann kannst du die Segelklappen von unten her sehen. Die Sehnenfäden verhindern, daß die ›Segel‹ in die Vorkammern hinein durchgedrückt werden.

b) Taschenklappen. Lasse Wasser durch die beiden Schlagadern einfließen, ebenso durch die Venen. Was geschieht? Warum das Wasser durch die Schlagadern nicht ins Herz strömen kann, das erkennst du, wenn du die Ader mit der Schere stückweise so abschneidest, bis du die drei Häutchen siehst, die wie Schwalbennester an der Innenwand sitzen. *Abb. 21* zeigt sie dir geschlossen.

4. Die Herztöne. Das Zuklappen der Ventile kann man auch hören. Beim Schließen der Segelklappen wird der 1. Herzton, beim Schließen der Taschenklappen der 2. Herzton hörbar. An etwaigen Nebengeräuschen erkennt der Arzt bestimmte Herzklappenfehler. Nun laß dir F 128 zeigen.

5. Herzpflege ist wichtig. Wie jeder Muskel, so wird auch der Herzmuskel durch Beanspruchung gekräftigt, darum ist Sporttreiben gesund. Überanstrengung dagegen, z. B. bei der Jagd nach Rekorden, kann zur Überdehnung führen, so daß die Klappen nicht mehr dicht schließen. Übermäßiger Genuß von Alkohol und Tabak schwächt das Herz und beschleunigt das Sprödewerden der Aderwände. Bei starkem Blutdruck kann dann eine Ader platzen; ein Schlaganfall tritt ein. Je nach der Körperstelle, an der die Arterie platzt, spricht man von Gehirn-, Lungen-, Herzschlag.

Du solltest dir merken:

1 Die Brusthöhle birgt Lunge, Herz und Thymusdrüse. Ihr Inneres sowie ihre Organe sind vom Brustfell überzogen.

2 Die Luftröhre gabelt sich in zwei Äste, die Bronchien. Diese führen in die beiden Lungenflügel, wo sie sich immer weiter verzweigen und mit ihren feinsten Ausläufern in den Lungenbläschen enden.

3 Der Herzmuskel umschließt vier Hohlräume: linke Vorkammer, linke Herzkammer, rechte Vorkammer, rechte Herzkammer.

4 Aus dem Herzen treten die beiden starkwandigen Arterien oder Schlagadern und die dünnwandigen Venen oder Blutadern aus.

5 Die Öffnungen zwischen Vorkammern und Herzkammern sind durch Segelklappen, die Adern durch Taschenklappen verschließbar. Das schlagartige Zuklappen dieser Ventile ruft die Herztöne hervor, an denen der Arzt bestimmte Schäden zu erkennen vermag.

Aufgaben:

1. Zeichne nach *Abb. 17* die Gabelungen beider Bronchien bis zu den Lungenbläschen.
2. Zeichne in eine Darstellung des Brustkorbs nach *Abb. 5* die Lage des Herzens ein.
3. Zeichne die Gestalt des Herzens und der aus ihm austretenden Blutgefäße samt den Herzkranzgefäßen. Nimm Farben dazu.
4. Zeichne in schematische Herzbilder die Stellung der Ventile
   a) beim Zusammenziehen der Herzkammern, b) beim Erschlaffen der Herzkammern.
5. Besorge rechtzeitig die auf S. 20 oben genannten Eingeweideteile von Schlachttieren.

Welche Organe birgt die Bauchhöhle?

Arbeitsmittel: Eingeweideteile eines Schlachttieres: ein Stück Leber, die gefüllte Gallenblase, ein Stück Magenwand mit dem Pförtner, Übergang vom Dünndarm (etwa 20 cm) in den Dickdarm (gleichfalls etwa 20 cm) mit Blinddarm, eine Schweinsniere, ein Stück Zwerchfell; Lupe.

Du weißt, daß die Bauchhöhle wichtige Körperteile birgt. Nenne sie nach *Abb. 22.* Jeder von ihnen hat seine besondere, lebenswichtige Aufgabe zu erfüllen. Solche Körperteile nennen wir *Organe;* liegen sie im Innern des Körpers, dann heißen sie innere Organe.

Wenn deine Schule ein zerlegbares Modell des menschlichen Körpers, einen sog. Torso, besitzt, dann ziehe ihn zu Rate. Und wenn du beim Ausnehmen eines Schlachttieres, z. B. eines Kaninchens oder eines Schweines, dabei sein kannst, dann lasse dir die Eingeweideteile zeigen und betrachte sie genau. Du wirst finden, daß die Säugetiere dieselben inneren Organe haben wie der Mensch.

I. Wo liegen die einzelnen Organe in der Bauchhöhle?

Sicher hast du schon Bauchschmerzen gehabt. Dann war eines deiner Eingeweideorgane erkrankt; welches, das kann mit Sicherheit nur der Arzt sagen. In den meisten Fällen wird jedoch deine Mutter das erkrankte Organ richtig zu nennen wissen, wenn du ihr die schmerzende Körperstelle zeigst.

Schmerzen in der Nabelgegend deuten auf eine Erkrankung im Gedärm.

Schneidende Schmerzen im ganzen Unterleib können eine Entzündung des *Bauchfells* anzeigen. Dieses ist eine schlüpfrige Haut; sie überzieht die ganze Innenwand der Bauchhöhle und die Oberfläche der Eingeweide. Sie hat schwache Stellen, z. B. am Nabel und in den Leisten. Bei Menschen, die dazu veranlagt sind, können sich hier Darmschlingen, umgeben vom Bauchfell, hervordrängen. Wir sprechen dann von einem Nabel- oder Leisten*bruch,* der operiert werden muß. In leichten Fällen genügt auch das Tragen eines Bruchbandes. Ein Bruch kann lebensgefährlich werden, wenn das heraustretende Darmstück im Bruchsack eingeklemmt wird. Ein derartiger ›eingeklemmter‹, äußerst schmerzhafter Bruch muß innerhalb weniger Stunden operiert werden, wenn es nicht zu spät sein soll.

Schmerzen am rechten Rippenbogen deuten auf die *Leber;* treten die Schmerzen kolikartig auf, dann werden wohl Gallensteine vorhanden sein.

Schmerzt die linke Bauchseite hoch oben, dann dürfte der *Magen* nicht in Ordnung sein.

›Seitenstechen‹, das bei herumtollenden Kindern in der linken Hüftseite öfters eintritt, zeigt die Lage der *Milz* an.

Treten in der Leistenbeuge rechts Schmerzen auf, womöglich verbunden mit Erbrechen und Fieber, dann besteht dringender Verdacht auf die gefährliche *Blinddarm*entzündung.

*Nieren*schmerzen machen sich auf beiden Seiten des Rückens in Hüfthöhe bemerkbar.

Alle diese Unterleibsstellen lassen sich abtasten. Nicht abzutasten ist aber die *Bauchspeicheldrüse,* weil sie größtenteils vom Magen bedeckt ist.

II. Magen und Darm

1. Der ganze Verdauungskanal beginnt im Schlund mit der *Speiseröhre.* Diese mündet in den *Magen.* Am Magenausgang (Pförtner) geht der Magen in den *Dünndarm* über, dessen erster Abschnitt *Zwölffingerdarm* heißt, weil er zwölf Fingerbreiten lang ist. Dann kommt der *Dickdarm;* er mündet mit dem End- oder *Mastdarm* im *After* nach außen. Am Übergang vom Dünndarm in den Dickdarm sitzt der *Blinddarm* mit dem *Wurmfortsatz.* Der Darm allein mißt beim lebenden Menschen etwa $2^1/_2$ m. Nach dem Tode erschlafft er und dehnt sich auf über 8 m Länge aus. Damit der Darm in der Bauchhöhle Platz findet,

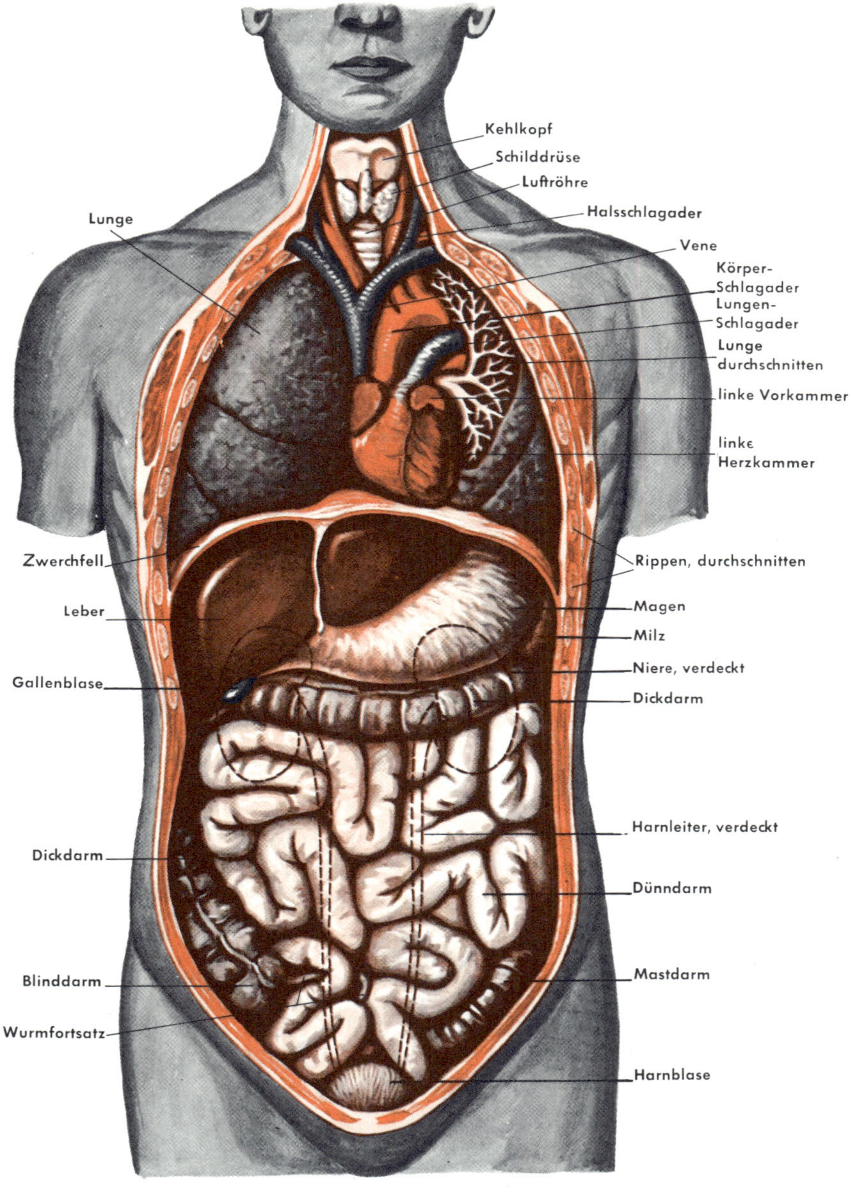

Abb. 22: Eingeweide des Menschen

Brusthöhle = oberhalb des Zwerchfells; Bauchhöhle = unterhalb des Zwerchfells. *Nicht* eingezeichnet ist die *Bauchspeicheldrüse*. Sie liegt der hinteren Magenwand an und verläuft in Höhe der Nieren von der linken Körperseite (im Bilde rechts) bis zum Zwölffingerdarm (Nähe der Gallenblase). Auch Nieren und Harnleiter sind verdeckt. Sie sind in der Abb. gestrichelt, um ihre Lage anzudeuten.

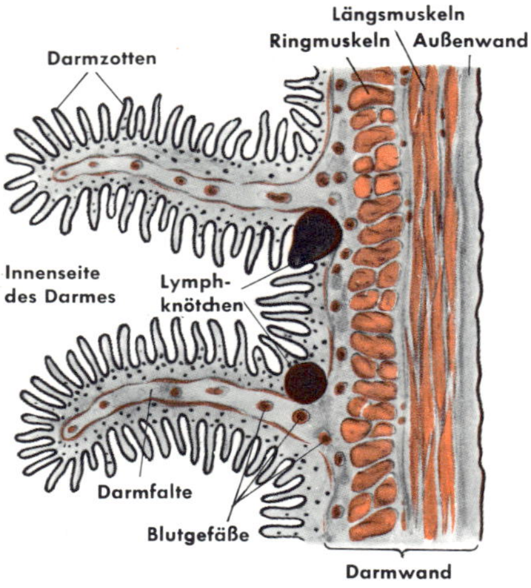

Abb. 23: Dünndarm

muß er *Schlingen* bilden. Diese Darmschlingen hängen in häutigen, faltigen Bändern. Wir nennen sie *Gekröse.* Es verbindet den Darm mit der rückseitigen Bauchwand und führt ihm von dorther Blutgefäße und Nerven zu.

2. *Der Magen.* Untersuche mit der Lupe ein Stück Magenwand. Du siehst auf der Innenseite winzige, schlauchförmige Wärzchen. Sie beherbergen Drüsen, im ganzen ungefähr 5 Millionen, die täglich etwa 2 Liter Magensaft ausscheiden. Die kräftige Muskelschicht des Magens ist fast dauernd in Tätigkeit, um den Speisebrei gründlich durchzukneten.

3. *Der Darm.* Untersuche ein Stück des *Dünndarms.* Die Innenseite zeigt einen samtartigen Überzug. Er besteht aus vielen kleinen Falten, die mit winzigen Zäpfchen, den Darmzotten, besetzt sind (siehe auch *Abb. 23).* Durch ganz feine Löchlein in der Haut dieser Zotten, Poren genannt, treten die Nährstoffe ins Blut über.

Der *Blinddarm* (siehe *Abb. 22)* ist beim Menschen nur etwa 7 cm, beim Kaninchen dagegen 20 bis 30 cm lang. Kannst du dir diesen Unterschied erklären? Das wurmförmige, etwa 5 cm lange Anhängsel heißt *Wurmfortsatz;* es ist der Sitz der gefürchteten Blinddarmentzündung.

In der Wand des *Dickdarms* findest du keine Zotten und keine Drüsen. Der Dickdarm wird also eine andere Aufgabe haben. Darüber erfährst du Näheres in den Abschnitten über die Verdauung.

III. Leber und Bauchspeicheldrüse

Sie sind die beiden größten *Drüsen,* d. h. Organe, die flüssige, lebenswichtige Stoffe erzeugen und absondern. Bei der Leber ist es die Galle, bei der Bauchspeicheldrüse der Bauchspeichel.

Die gekochte oder gebackene Leber von Tieren gilt als sehr nahrhafte Speise, weil die Leber nicht nur als Drüse arbeitet, sondern zugleich ein Speicher für Blut, *Glykogen* und Fett ist. Eine weitere lebenswichtige Aufgabe der Leber ist die, das Blut zu entgiften.

An der Unterseite der Leber liegt die Gallenblase. In ihr wird die Galle gespeichert. Es gibt aber für die Galle auch einen direkten Weg in den Darm, ohne daß die Gallenblase durchlaufen wird. Deshalb kann der Mensch auch ohne Gallenblase gesund weiterleben. Den Gallensaft entleeren wir in ein Prüfglas; wir brauchen ihn später zu einem Verdauungsversuch.

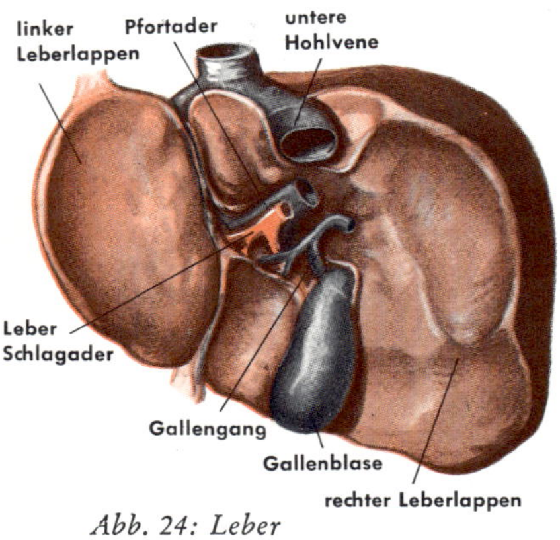

Abb. 24: Leber

Die wurstförmige *Bauchspeicheldrüse* ist aus zweierlei Drüsenzellen aufgebaut. Die einen erzeugen den Bauchspeichel, täglich etwa ³/₄ Liter, die anderen Hormone, darunter das *Insulin.* Dieses bewirkt, daß der überschüssige Zucker in der Leber und in den Muskeln gespeichert wird. Fehlt es, dann wird der Mensch zuckerkrank.

IV. Nieren und Milz

Wir haben zwei Nieren. Eine davon können wir im Notfall entbehren. Auch die Milz kann herausoperiert werden, ohne das Weiterleben zu beeinträchtigen.

1. Die Niere. Halbiere sie mit einem scharfen Messer der Länge nach. Du siehst das weißliche, mit einer Haut überzogene *Nierenbecken* (vergleiche *Abb. 25*). Die Wand desselben weist mehrere große ›Löcher‹ auf, in welche Erhebungen der Niere etwas hineinragen. Diese Erhebungen heißen *Nierenpapillen.* Drückt man eine davon etwas zusammen, so kommt eine wasserhelle Flüssigkeit heraus, der *Harn.* Dieser wird im Nierenbecken gesammelt und von da durch den *Harnleiter* in die *Harnblase* weitergeleitet.

Ähnlich wie bei der Gallenblase können sich auch beim Harn im Nierenbecken *Steine* bilden. Geraten diese in den Harnleiter, dann rufen sie die sehr schmerzhafte Nierenkolik hervor. In schweren Fällen müssen die Steine durch eine Operation entfernt werden.

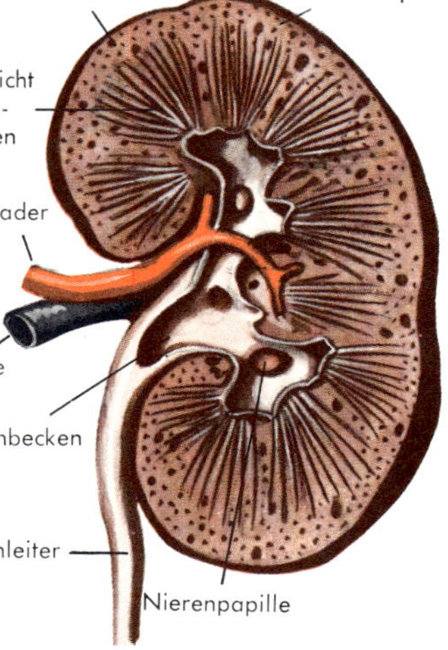

Abb. 25: Niere, Längsschnitt

2. Die Milz. Dieses faustgroße, bohnenförmige Organ dient als Blutspeicher. Wenn sie von ihrem Vorrat an Blut einen Teil durch ruckartiges Zusammenziehen in die Adern preßt, dann spüren wir ›Seitenstechen‹. Die Milz ist aber nicht der einzige Blutspeicher in unserem Körper. Auch ihre sonstigen Aufgaben (Mitwirkung bei der Bildung von weißen Blutkörperchen und bei der Erneuerung der roten Blutkörperchen) können von anderen Organen übernommen werden. Deshalb kann man sie auch, wie du schon weißt, ohne Nachteil herausoperieren, wenn sie gefährlich erkrankt.

V. Zwerchfell

Das Zwerchfell schließt die Bauchhöhle gegen den Brustraum ab. Halte das Stück Zwerchfell gegen das Licht. Betrachte es mit der Lupe. Die feinen Streifen sind Muskelfasern. In welcher Richtung verlaufen sie? Welche wichtige Aufgabe das Zwerchfell hat, erfährst du bei dem Abschnitt über das Atmen.

Du solltest dir merken:

1. In der Bauchhöhle liegen Magen und Darm, die Leber mit der Gallenblase, die Bauchspeicheldrüse, die beiden Nieren mit Harnleitern und Harnblase und die Milz.
2. Die Bauchhöhle ist vom Brustraum durch das Zwerchfell getrennt. Ihre Innenseite und Teile der Eingeweideorgane sind vom Bauchfell überzogen.
3. Magen und Darm dienen der Verdauung. Der ganze Verdauungskanal hat folgende Abschnitte: Mundhöhle, Speiseröhre, Magen, Zwölffingerdarm, übriger Dünndarm, Dickdarm (im Endteil Mastdarm geheißen). Am Übergang vom Dünndarm zum Dickdarm befindet sich der Blinddarm mit dem Wurmfortsatz.
4. An der Innenwand von Magen und Dünndarm sitzen viele Millionen winziger Drüsen, die Verdauungssäfte absondern. Der Dünndarm weist außerdem Millionen von Darmzotten auf, durch deren Poren die Nährstoffe den Weg ins Blut finden.
5. Leber und Bauchspeicheldrüse sind die beiden größten Drüsen unseres Körpers. Sie erzeugen wichtige Verdauungssäfte, die Galle und den Bauchspeichel.
6. Die Nieren sind Ausscheidungsorgane. Durch sie wird der Harn, der gefährliche Giftstoffe enthält, ausgeschieden.
7. Die Milz ist ein Blutspeicher.
8. Im Notfall können ohne Lebensgefährdung durch Operation entfernt werden: Teile des Magens und des Darmes, eine der beiden Nieren, die Gallenblase und die Milz.

Aufgaben:

1. Zeichne nach *Abb. 22* die Eingeweide. Stelle die einzelnen Organe farbig dar und bezeichne sie.
2. Zeichne einen Längsschnitt durch die Niere.

Unser Körper braucht Nährstoffe

Arbeitsmittel: 1. Stärke, Brot, Leberwurst, rohes gehacktes Fleisch, Kartoffel; Traubenzucker, gestoßenen Zucker, Bienenhonig, Apfel, Zitrone, Fruchtsaft, Marmelade; gekochtes Ei, Sonnenblumenkerne, Haselnuß, Apfelkerne, Orangenschalen;
2. Dreifuß, Bunsen- bzw. Spiritusbrenner, Blechstück, Glastrichter, Prüfgläser, Lackmuspapier;
3. Jodlösung, Fehlingsche Lösung (gebrauchsfertig), Ätznatron, Kupfervitriol, Natronlauge.

›Essen und Trinken hält Leib und Seele zusammen‹, sagt ein Sprichwort. Es kommt jedoch sehr darauf an, was man ißt und wie man ißt.

I. Welche Nährstoffe braucht der Mensch?

Die Forscher haben festgestellt, daß in den Nahrungsmitteln außer Wasser und Salzen vier Stoffe wiederkehren: Stärke, Zucker, Fett und Eiweiß. Man nennt sie *Nährstoffe.* Sie sind für unsere Ernährung unentbehrlich.

1. Stärke und Zucker. Beide sind ihrer chemischen Beschaffenheit nach nahe miteinander verwandt. Das ergibt folgender

Versuch 5: a) Fülle einen Teelöffel voll Stärke in ein Prüfglas (siehe *Abb. 26),* verschließe lose mit Watte, halte das Prüfglas waagrecht und erhitze.

b) Mache denselben Versuch mit einem Teelöffel voll gestoßenem Zucker.

Du findest: Sowohl Stärke als auch Zucker geben beim Erhitzen Wasser ab. Es schlägt sich an der Wand des Prüfglases nieder (siehe *Abb. 26*). Übrig bleibt schwarzer Kohlenstoff. Solche Stoffe nennt man *Kohlenhydrate* (griechisch *hydor* = Wasser). Daß Wasser aus den Grundstoffen Wasserstoff und Sauerstoff besteht, weißt du von der Chemie her. Kohlenhydrate bestehen also aus Kohlenstoff, Wasserstoff und Sauerstoff, wobei Wasserstoff und Sauerstoff stets im Verhältnis 2 : 1 vorhanden sein müssen.

2. Fette. Es gibt vielerlei Fette, von Pflanzen und von Tieren. Welche sind flüssig, welche halbfest, welche fest? Alle diese Fette bestehen wie die Kohlenhydrate aus Kohlenstoff, Wasserstoff und Sauerstoff, nur daß bei ihnen Wasserstoff und Sauerstoff nie im Verhältnis 2 : 1 vorkommen. Traubenzucker z. B. ist aufgebaut aus 6 Atomen Kohlenstoff, 12 Atomen Wasserstoff und 6 Atomen Sauerstoff (Wasserstoff : Sauerstoff = 12 : 6 = 2 : 1). Butter dagegen besteht aus 15 Atomen Kohlenstoff, 26 Atomen Wasserstoff und 6 Atomen Sauerstoff (Wasserstoff : Sauerstoff = 26 : 6 = 13 : 3).

3. Eiweiß. Es besteht gleichfalls aus den Grundstoffen Kohlenstoff, Wasserstoff und Sauerstoff; dazu kommen noch der besonders wichtige Stickstoff, ferner Schwefel, manchmal auch Phosphor, Eisen und andere Grundstoffe. So ist z. B. das Eiweiß, das dem Blut die rote Farbe verleiht, aufgebaut aus 758 Teilen Kohlenstoff, 1203 Teilen Wasserstoff, 218 Teilen Sauerstoff, 135 Teilen Stickstoff, 1 (einem!) Teil Eisen und 3 Teilen Schwefel.

Dabei ist wichtig, daß manche Bausteine, die der Körper braucht, in pflanzlichem Eiweiß nur bei der Kartoffel und bei der Sojabohne vorkommen. Wir müssen deshalb unseren Eiweißbedarf zu zwei Dritteln aus tierischem Eiweiß decken.

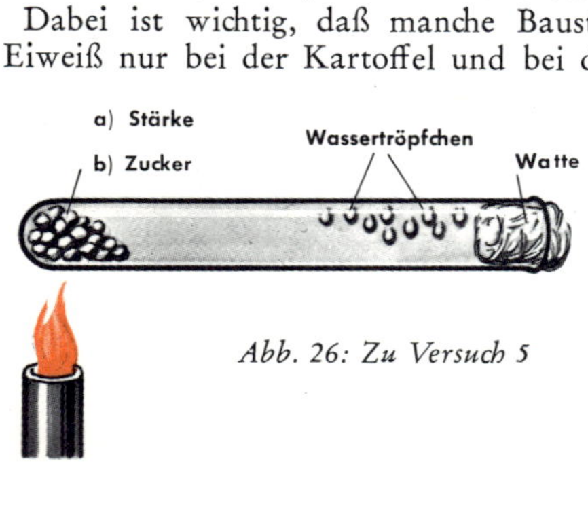

Abb. 26: Zu Versuch 5

II. Wie werden die Nährstoffe nachgewiesen?

1. Stärke. Du kennst die Stärkeprobe mit Jodlösung.

Versuch 6: Untersuche verschiedene Nahrungsmittel (Brot, Fleisch, Leberwurst, Ei) auf Stärke. Sollte Leberwurst Stärke enthalten, so ist sie gefälscht.

2. *Zucker.* Zum Nachweis von Zucker brauchst du Fehlingsche Lösung.

Versuch 7: a) Löse im Prüfglas einige Körnchen Traubenzucker in etwa 5 cm³ Wasser auf; gib 5 bis 10 Tropfen Fehlingsche Lösung dazu. Schüttle um und erwärme, bis die Lösung gerade anfängt, zu sieden, nicht länger. Achte auf die Farbänderung.

b) Mache die Zuckerprobe mit Stärke, Bienenhonig, Fruchtsaft, Obst, Marmelade, Zitrone. Setze die Nahrungsmittel 10 Minuten lang mit Wasser an (gut umrühren, Obst vorher zerreiben), gieße dann die Flüssigkeit ab und mache mit dieser die Zuckerprobe.

c) Untersuche eine Prise gestoßenen Zuckers. Was stellst du fest?

3. *Fett.* Hier ist der Nachweis ganz einfach, weil Fett auf Papier die bekannten Fettflecke hinterläßt. Zerquetsche Sonnenblumenkerne, Hanf- und Leinsamen, Nüsse, Apfelkerne, Orangenschalen zwischen weißem Papier und beobachte.

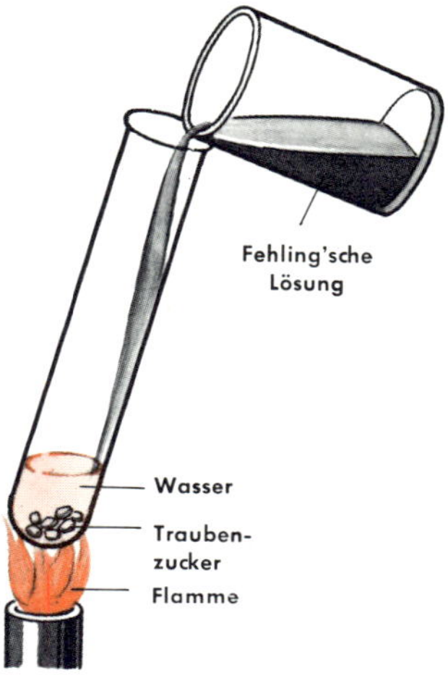

Abb. 27: Zu Versuch 7

4. *Eiweiß.*

Versuch 8: a) Erhitze auf einem Blech ein Stückchen hartgekochtes Hühnereiweiß. Achte auf den Geruch der entweichenden Gase. Halte einen Glastrichter dicht darüber, an dessen Außen- und Innenseite du je ein angefeuchtetes, rotes Lackmuspapier angelegt hast. Vergleiche nach einiger Zeit die Färbung beider Lackmuspapiere. Gibst du vor dem Erhitzen etwas Ätznatron oder Ätzkali zu, so färbt sich das Lackmuspapier rascher und tiefer blau.

b) Verkohle in der gleichen Weise ein Stückchen rohes Fleisch. Gib auch hier zuvor etwas Ätznatron zu. Du findest: Es riecht eigentümlich nach verbranntem Horn. Rotes Lackmuspapier färbt sich blau.

Versuch 9: a) Verdünne in einem Prüfglas r o h e s Hühnereiweiß mit der gleichen Menge Wasser und erhitze zunächst, wie in *Abb. 28,* nur den oberen, dann auch den unteren Teil des Prüfglases. Die herumschwimmenden Flöckchen sind Eiweiß.

b) Löse etwas Kupfersulfat (›Kupfervitriol‹) = $CuSO_4$ in wenig Wasser und gib davon 30 Tropfen in ein Prüfglas mit etwa 10 cm³ Natronlauge. Gieße die Hälfte dieser blauen Lösung zu rohem Hühnereiweiß, das zuvor mit der gleichen Menge Wasser verdünnt wurde. Die Violettfärbung zeigt Eiweiß an.

III. Wie groß ist unser täglicher Bedarf an den einzelnen Nährstoffen?

1. *Aufbaustoffe.* Der Körper des Kindes muß wachsen. Dazu braucht er Baustoffe; der wichtigste davon ist Eiweiß. Aber auch der ›Erwachsene‹ kann auf die Baustoffe nicht verzichten, weil sich die Zellen seines Körpers unaufhörlich erneuern müssen. Eiweißstoffe sind deshalb ganz unentbehrlich. Man braucht davon täglich etwa 2 g je kg Körpergewicht. Danach kannst du deinen Eiweißbedarf selber ausrechnen.

2. *Brennstoffe.* Zur Erhaltung der Körperwärme und zur Erzeugung der Körperkräfte sind Brennstoffe notwendig, vor allem Fette und Kohlenhydrate. Davon verbraucht der ruhende Mensch bedeutend weniger als der Sportler oder gar der Schwerarbeiter. Als G r u n d bedarf, also als Bedarf des Ruhenden, können täglich 45 g Fett und 400 g Kohlenhydrate angesehen werden. Der Z u s a t z - bedarf beträgt bei mittelschwerer Arbeit (Handwerker) etwa 25 g Fett und 230 g Kohlenhydrate täglich; bei schwerster körperlicher Beanspruchung kann er bis zu 70 g Fett und 630 g Kohlenhydrate ansteigen.

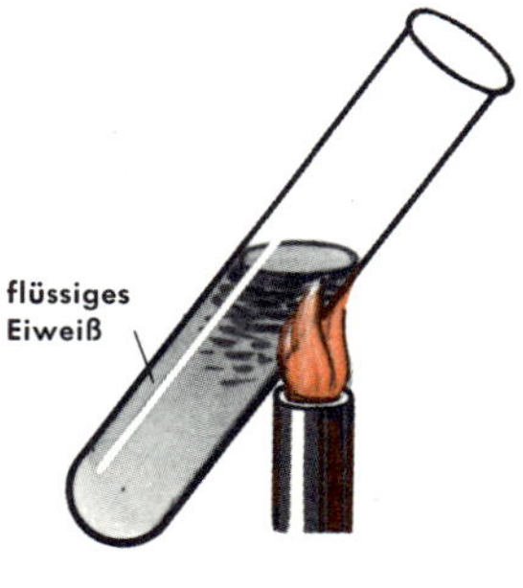

Abb. 28: Zu Versuch 9 a

In einem gewissen Umfang kann Fett durch Kohlenhydrate ersetzt werden, wobei für je 100 g Fett 225 g Kohlenhydrate zu nehmen sind.

3. Überernährung und Unterernährung. Ißt der Mensch mehr als er braucht, dann speichert der Körper den Überschuß als Fett im Untergewebe der Haut und in inneren Organen, einige hundert Gramm Kohlenhydrate als *Glykogen* in den Muskeln und in der Leber auf. Bei Unterernährung baut der Körper zunächst die gespeicherten Nährstoffe ab und greift dann auch die Eiweißstoffe der Muskeln an. Er lebt also ›aus der Substanz‹ und geht so dem Hungertod entgegen. ›Hungerkünstler‹ haben es schon auf 50 und mehr Tage völligen Fastens gebracht; im Durchschnitt tritt der Tod nach 45 Tagen ein.

4. Was die Nahrungsmittel sonst noch enthalten müssen. In dem Abschnitt über *Salze* und *Vitamine* wirst du erfahren, daß diese ›Ergänzungsstoffe‹ eine entscheidende Rolle bei der Ernährung spielen. Du darfst deshalb die Nahrungsmittel nicht nur danach bewerten, wieviel Nährstoffe sie liefern, sondern du mußt auch ihren Gehalt an Salzen und Vitaminen beachten.

IV. Wie groß ist der Nährwert der Lebensmittel?

Darüber unterrichtet dich die Übersicht am Anfang des Buches. In Spalte 1 sind vielfach zwei Zahlen angegeben. Die erste nennt das *Roheiweiß*, die zweite das vom Menschen *verwertbare Eiweiß*.

Diese Übersicht gibt dir auch Aufschluß darüber, ob wir uns o h n e *Fleisch* ausreichend und gesund ernähren können. Das hängt nur davon ab, ob wir das notwendige tierische Eiweiß auch ohne Fleischgenuß haben können. Welche Nahrungsmittel bieten vollen Ersatz? Stelle einige fleischlose Speisefolgen für einen Bedarf von 120 g Eiweiß, 70 g Fett und 650 g Kohlenhydraten zusammen.

Du solltest dir merken:

1 Für unsere Ernährung sind Stärke, Zucker, Fett und Eiweiß unentbehrlich. Hinzu kommen als ›Ergänzungsstoffe‹ Salze und Vitamine.

2 Alle vier Nährstoffe sind aufgebaut aus den Grundstoffen Kohlenstoff, Wasserstoff und Sauerstoff; das Eiweiß enthält außerdem Stickstoff und Schwefel, manchmal auch Phosphor, Eisen und andere Grundstoffe.
Stärke und Zucker werden zusammengefaßt als Kohlenhydrate.

3 Nährstoffe und Ergänzungsstoffe sind in den Nahrungsmitteln enthalten, aus denen sie durch die Verdauung dem Körper zugeführt werden.

4 **Der tägliche Grundbedarf des Ruhenden beträgt bei über 12 Jahre alten Menschen je kg Körpergewicht 2 g Eiweiß, sowie *insgesamt* etwa 55 g Fett und 400 g Kohlenhydrate. Tätige Menschen brauchen zusätzlich noch weiteres Fett und weitere Kohlenhydrate, je nach der Beanspruchung bis zu 70 g Fett und 600 g Kohlenhydrate täglich.**

5 Der Wert eines Nahrungsmittels richtet sich nicht bloß nach den Nährstoffen, die es liefert, sondern auch nach seinem Gehalt an Salzen und Vitaminen.

Aufgaben:

1. Stelle zusammen, welche Nahrungsmittel a) Kohlenhydrate-, b) Fett-, c) Eiweiß-, d) Vitamin- und e) Salzspender sind (vergleiche die Nahrungsmitteltabelle am Anfang des Buches).
2. Fertigt, wie in Abb. 29, eine Zusammenstellung an. Jeder wählt ein anderes Nahrungsmittel. Nehmt aber denselben Maßstab und die gleichen Farben, daß ihr gut vergleichen könnt.
3. Prüfe deine Lieblingsspeisen auf ihren Nährwert hin. Achte dabei auch auf den Gehalt an Vitaminen und Salzen.

Abb. 29: Zusammensetzung der Lebensmittel

Salz und Vitamine

Arbeitsmittel: Prüfgläser, Petrischalen, Reibschale mit Pistill, Gummi-Pipette; je 5 cm^3 frische und abgekochte Milch; folgende pflanzlichen *Nahrungsmittel:* Kartoffeln, Möhre (= Gelbe Rübe), Kohl, Kopfsalat, Apfel, Birne, Zwetschge, Tomate, Weinbeeren, Zitrone, Orange, Honig — alles jeweils frisch (roh) und eingemacht bzw. abgekocht; 1 Gramm *2,6 Di-chlor-phenol-indo-phenol* (Apotheke): Löse es in 50 cm^3 destilliertem Wasser auf (umschütteln); die tiefblaue Lösung kann zum *Nachweis* von Vitamin C benutzt werden: sie wird durch Vitamin C entfärbt (farblos bzw. leicht rötlich).

I. Auch bei Nahrungsüberfluß kann man Hungers sterben

1. Zwei merkwürdige Krankheiten. Im ersten Weltkrieg mußte ein Kriegsschiff einen fremden Hafen anlaufen, weil die ganze Besatzung so erkrankt war, als wäre sie am *Verhungern.* Die Erkrankten magerten ab; ihre Zähne fielen aus; Blut trat aus Zahnfleisch, Haut, Muskeln, Magen und Darm. Dabei gab es Fleisch, Wurst, Käse, Weißbrot und Gemüsekonserven im Überschuß. Der Arzt an Land verordnete den Todkranken Saft von frischem Gemüse und rohen Kartoffeln, und siehe da, schon nach 4 Tagen war ein Teil der Besatzung wieder gesund. Die geheimnisvolle Krankheit heißt *Skorbut.* An ihr starben in früheren Zeiten Hunderttausende von Seefahrern und Kriegsgefangenen.

In Japan, wo Reis ein Hauptnahrungsmittel ist, begann man vor bald 80 Jahren, den Reis zu schälen, d. h. die Haut (die Kleie) zu entfernen. Zur gleichen Zeit nahm eine rätselhafte Krankheit (man nennt sie *Beriberi*) erschreckend zu. Mehr als ein Drittel aller Matrosen erkrankte daran: ihre Haut schwoll an und wurde unempfindlich; die Bein- und Hüftmuskeln versagten den Dienst; es folgten Wassersucht, Herzschwäche und Tod. Als man den Matrosen statt Reis nunmehr Kartoffeln, Obst, Gemüse und Vollkornbrot zu essen gab, verschwand die Krankheit mit einem Schlag.

2. Die Ursachen der beiden Krankheiten haben die Forscher inzwischen aufgezeigt. Sie fanden in frischem Gemüse, in frischem Obst, in der Reiskleie geheimnisvolle Stoffe, ohne die der Mensch nicht leben kann. Man nennt sie *Vitamine.* Sie sind in ganz winzigen Mengen vorhanden. So enthalten z. B. 10 Ztr. Reis nur 1 g davon. Die beiden Krankheiten, Skorbut und Beriberi, werden hervorgerufen durch länger andauernden Mangel an Vitaminen; man nennt sie daher *Mangelkrankheiten.* Zu ihnen gehört auch die *Rachitis* oder ›Englische Krankheit‹. Sie trat um 1900 besonders häufig auf. Damals wurde es Mode, die Milch vor dem Gebrauch längere Zeit zu kochen, um ja gewiß alle Bakterien abzutöten. Zugleich ernährte man die Kleinsten mit Kindermehl (Brei), und man mußte erfahren, daß kleine Kinder, so ernährt, an Rachitis erkrankten. Ihre Knochen wurden weich, dick und kurz und die Zähne schlecht. Die Folge waren Mißbildung der Wirbelsäule, des Brustkorbes und andere Schäden. Den Ausbruch dieser Mangelkrankheit verhindert Luft und Sonne, Genuß von rohem, sauber gewaschenem Gemüse, von Obstsäften, von Lebertran und von roher Milch gesunder Kühe.

3. Wir kennen heute mehr als 20 Vitamine. Man bezeichnet sie mit Buchstaben. Die einen sind in Wasser, die anderen nur in Fett löslich. Die wichtigsten nennt die folgende Übersicht.

Fettlösliche — sie können nur wirken, wenn unsere Nahrung genügend Fett enthält:

Name	Mangelkrankheit	täglicher Bedarf
A	Nachtblindheit, Empfänglichkeit für ansteckende Krankheiten; Wachstumsstörungen	1,5—3 mg
D	Rachitis (= „Englische Krankheit“), daher „antirachitisches Vitamin“	0,025 mg
K	das Blut verliert die Fähigkeit, zu gerinnen	0,001 mg
Wasserlösliche — sie lösen sich beispielsweise im Kochwasser —		
B_1	Beriberi, s. oben	0,5—1 mg
B_2	(= mehrere Wirkstoffe): „Pellagra“ oder „Italienischer Aussatz“ — kann zur Verblödung und zum Tode führen	5,5—9 mg

Name	Mangelkrankheit	täglicher Bedarf
B_6	Haarausfall, nervöse Störungen	1,5 mg
B_{12}	Bösartige Blutarmut (= „perniziöse Anämie") — früher tödlich, kann heute durch Gaben von Vitamin B_{12} geheilt werden	0,001 mg
C	(= Ascorbinsäure): Skorbut (= „Scharbock", „Schiffskrankheit")	75 mg

II. Wie wir unseren Vitaminbedarf decken

1. *Vitamine werden fast nur in Pflanzen erzeugt.* — Das hast du wohl schon erraten; denke daran, wie die an Skorbut und Beriberi Erkrankten geheilt wurden. In der Nahrungsmitteltabelle sind nur 5 Vitamine aufgeführt. Dort findest du aber unter den Vitaminspendern auch tierische Nahrungsmittel. Die in diesen enthaltenen Vitamine sind jedoch nicht von den Tieren selber erzeugt, sondern nur von ihnen gespeichert worden. Deshalb sind Eier, rohe Milch; Butter, Leber und vor allem Lebertran wichtig für unsere Vitaminversorgung. *Nicht* mit der Nahrung aufgenommen werden *Vitamin K* — es wird durch Bakterien, die in unserem *Darme* leben, erzeugt — und *Vitamin D* (mit D_1 bis D_5) — es bildet sich in unserer Haut unter Einwirkung des Sonnenlichts; doch stammen die *Vorstufen* zu dieser Vitamingruppe aus unserer Nahrung. Fertiges Vitamin D ist enthalten im Eidotter, im Lebertran und in der Leber von Schlachttieren.

Im übrigen lassen sich einige Vitamine heute künstlich herstellen, so daß sie der Arzt zum Einnehmen verschreiben kann.

2. *Vitamine sind Wirkstoffe,* von denen winzige Mengen genügen, um Mangelkrankheiten zu verhindern (vgl. Übersicht). Sie sind in den Nahrungsmitteln auch nur in *Spuren* enthalten und schwer festzustellen; deshalb wurden sie erst vor wenigen Jahrzehnten entdeckt. Das Vitamin C ist das einzige, das sich leicht nachweisen läßt. Du solltest es versuchen.

Versuch 10: a) Presse 5 cm^3 Zitronensaft in die Petrischale und gib tropfenweise die blaue Nachweislösung zu, bis diese nicht mehr entfärbt wird. — Du kannst auch umgekehrt verfahren, indem du in 1 cm^3 der Nachweislösung den Zitronensaft tropfen läßt, bis die Lösung farblos ist.

b) Verfahrt entsprechend mit den übrigen Nahrungsmitteln, und zwar getrennt mit frischen und mit eingemachten. Rohe Kartoffeln, Möhren usw. müßt ihr zuvor schaben oder reiben und mit 2 cm^3 Wasser in der Reibschale kneten. Die Zahl der Tropfen der Nachweislösung, die ihr bis zur Entfärbung braucht, sind ein Maß dafür, ob viel, wenig oder kein Vitamin C enthalten ist.

c) Vergleicht die Ergebnisse der Teilversuche. Was könnt ihr aus der Tatsache schließen, daß *Milch* weniger Vitamin C enthält als *pflanzliche* Nahrung, Frischmilch mehr als abgekochte, und rohes Obst weit mehr als eingemachtes?

3. *Unzweckmäßige Speisenzubereitung verdirbt den Vitamingehalt.* Versuch 10 hat dir gezeigt, daß mit dem Kochen und Einmachen der Gehalt an Vitamin C abnimmt. Dies gilt vor allem für Obst, Kartoffeln und Gemüse. Vitamin C wird nämlich durch zu starkes Erhitzen (und langes Lagern) zerstört, und mit dem Kochwasser werden wasserlösliche Vitamine weggeschüttet. Ferner: Beim Schälen der Reiskörner, sowie beim starken Ausmahlen unseres Brotgetreides, wird die *„Kleie"* entfernt und an Tiere verfüttert. In eben dieser Kleie aber sitzen die Vitamine. Darum gilt: Was du an Obst und Gartenerzeugnissen roh oder als Salat essen kannst, das koche nicht, vorausgesetzt, daß der Garten nicht mit Latrine gedüngt wird, was gesetzlich verboten sein sollte. Kartoffeln sollte man in der Schale, Gemüse mit wenig Fett im eigenen Saft dämpfen. Und Vollkornbrot ist vitaminreicher als Weißbrot.

III. Der Körper braucht auch Salze

1. *Welche Salze sind lebenswichtig?* Wir brauchen die Salze zum Aufbau der Knochen und Zähne, zur Bildung des Blutes, zur Regelung der Tätigkeit von Nerven und Muskeln, der Verdauung und der Zellatmung (siehe Seite 47). Dabei genügen geringe Mengen von Kochsalz, Calcium- und Eisensalzen. Für gewöhnlich essen wir viermal mehr Kochsalz als wir brauchen.

2. *Welche Nahrungsmittel enthalten die meisten Salze?* Du kannst das an Hand der Tabelle auf der Umschlagseite selber feststellen. Übersieh den Spinat nicht; er ist Hauptlieferant der so wichtigen Eisensalze. Und vergiß nicht: Auch die Salze der Gemüse gehen verloren, wenn man das Kochwasser wegschüttet. Wie läßt sich das vermeiden?

Salze nehmen wir auch im Trinkwasser zu uns. Manche Mineralquellen enthalten bis zu 50 verschiedene Salze in feinsten Spuren: Kochsalz, Calcium, Natrium, Jod, Schwefel, Eisen, Mangan u. a.

Du solltest dir merken:

1. Vitamine und Salze haben keinen Nährwert, sind aber trotzdem für den Aufbau des Körpers und für den Ablauf der Lebensvorgänge unentbehrlich.

2. Vitamine und Salze spenden uns frisches Obst, Salate, frisches Gemüse, Vollkornbrot, Milch, Butter, Lebertran. Beim Kochen der Gemüse werden Vitamine und Salze mit dem Kochwasser weggeschüttet. Darum iß roh oder als Salat, was dir so schmeckt, und dämpfe Gemüse mit wenig Fett im eigenen Saft.

Aufgabe: 1. Stelle an Hand der Nährstofftabelle fest, welche Nahrungsmittel der Arzt wohl verordnet, um die einzelnen Mangelkrankheiten zu heilen.

2. Beschaffe vom Metzger (Fleischer) 2 Vorderzähne des Rindes. Schleife (viel Wasser!) einen davon so an, daß die Zahnhöhle frei wird. Wir brauchen die Zähne im Unterricht.

Gut gekaut ist halb verdaut

Arbeitsmittel: 1. Handspiegel, Hammer, Tasse; 2. zwei Vorderzähne des Rindes, davon einer angeschliffen; 3. Prüfgläser, Prüfglashalter, Trichter, Filtrierpapier; 4. Stärke, Traubenzucker, Brot; 5. Jodlösung, Fehlingsche Lösung (gebrauchsfertig).

Was man unter ›kauen‹ versteht, ist dir bekannt. Was aber bedeutet ›verdauen‹?

I. Was ist Verdauung?

In dem Abschnitt über die Nährstoffe hast du erfahren, daß die Zellen unseres Körpers Aufbaustoffe und Brennstoffe brauchen. Das Blut bringt sie dorthin. Und woher nimmt das Blut diese Nährstoffe? Lies nach, was auf Seite 22 über die Poren der Darmzotten steht.

Und jetzt laß dir sagen: Durch die feinen Poren der Darmzotten kommen nur solche Stoffe hindurch, die im Wasser löslich sind. Das ist nicht bei allen Nährstoffen der Fall. Du kannst es z. B. bei der Stärke selbst nachprüfen. Dabei mußt du wissen, daß wir an Stelle der Zottenwand mit ihren Poren Filtrierpapier verwenden können.

Versuch 11: Gib in Prüfglas I eine gute Messerspitze Stärkepulver, in Prüfglas II ebensoviel Traubenzucker; fülle beide zur Hälfte mit Wasser, schüttle tüchtig um und vergleiche die Klarheit der beiden Flüssigkeiten. Filtriere nun die Hälfte des Inhalts von Prüfglas I in ein weiteres Prüfglas und mache mit beiden Hälften die Stärkeprobe. Verfahre ebenso mit Prüfglas II und mache die Zuckerprobe.

Du findest: Stärke ist nicht wasserlöslich, dagegen Traubenzucker. Stärke kann infolgedessen auch nicht durch ein Filter hindurchtreten, wohl aber Traubenzucker. So wie die Stärke verhalten sich auch Eiweiß und Fett. Sie wären also für die Ernährung verloren, wenn sie nicht auf dem Wege vom Mund zum Dünndarm in *lösliche Stoffe* umgewandelt würden, und dieses Umwandeln besorgt die *Verdauung.*

II. Die Verdauung beginnt im Mund

1. Zerkleinern der Nahrung durch die Zähne. Das Hinabschlingen großer Brocken (Brot, Kartoffeln, Dotter von Ostereiern) verursacht Schlingbeschwerden und Magendrücken. Manche Nahrungsmittel, z. B. Linsen oder Johannisbeeren, gehen im Stuhlgang völlig

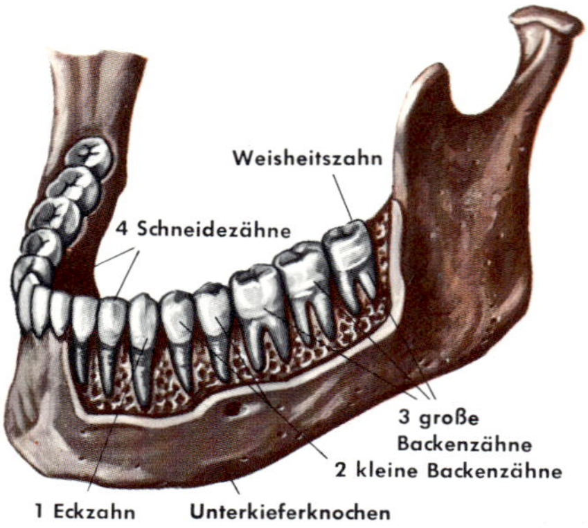

Abb. 30: Gebiß

ungenützt wieder ab, wenn sie nicht zerbissen werden, weil ihre Haut den Verdauungssäften widersteht. Je feiner die Speisen zerkleinert werden, desto besser bekommen sie uns und desto wirksamer können sie von den Verdauungssäften ›bearbeitet‹ werden.

2. Gründliches Kauen verlangt gute Zähne

a) Unser Gebiß. Betrachte im Spiegel dein Gebiß. Achte auf die Zahl und Form der Zähne. Stelle nach *Abb. 30* deine *Gebißformel* auf. Das vollständige Gebiß des Erwachsenen zählt 32 Zähne, seine Gebißformel sieht so aus: $\frac{5\ 1\ 4\ 1\ 5}{5\ 1\ 4\ 1\ 5}$ Der 5. Backen- oder Mahlzahn heißt auch Weisheitszahn und kommt erst um das 18. Lebensjahr herum zum Vorschein. Beiße von einem Stück Brot einen kräftigen Bissen ab. Kaue ihn bei geöffneten Lippen vor dem Spiegel. Stelle fest, in welcher Reihenfolge die Zähne drankommen, was sie zu tun haben und welche Rolle die Zunge dabei spielt.

b) Bau des Zahnes. Der Zahn steckt mit der *Zahnwurzel* in einem Zahnfach des Kieferknochens. Durch die *Wurzelhaut* ist er mit der Wand des Zahnfaches verbunden. Vom Zahnfleisch verdeckt ist der kurze *Zahnhals.* Frei in den Mund hinein ragt die Zahnkrone.

Der Rinderzahn, den du abgeschliffen hast, läßt dich den inneren Bau des Zahnes erkennen. Zeichne und benütze dabei Farben. Zeige an Hand der *Abb. 31* die einzelnen Teile; untersuche sie mit Hilfe von Lupe und Messer auf ihre Härte. Die Zahnhöhle beherbergt ein weiches, trockenes Gewebe, in das die Nerven und Blutgefäße des Zahnes eingebettet sind.

c) Die Zahnfäule oder Karies. Klopfe mit dem Hammer mehrmals auf den Schmelz eines Rinderzahns. Du merkst, der Schmelz ist hart und spröd wie Glas. Er bekommt feine Risse, wenn man harte Zuckerstücke zerbeißt oder Nüsse mit den Zähnen zu knacken versucht oder wenn man nach einer warmen Mahlzeit schnell Eis ißt. Durch die feinen Sprünge dringen Bakterien ein, die das Zahnbein zersetzen und so den Zahn aushöhlen. Der Zahn ist von der Zahnfäule oder Karies befallen und muß vom Arzt ›plombiert‹ werden. Wartest du aber, bis du heftiges Zahnweh bekommst, dann muß der Zahn entweder gezogen oder vom Arzt vor dem Plombieren ›wurzelbehandelt‹ werden. Dabei wird der Zahnnerv abgetötet und herausgeholt. Der Zahn ist ›marktot‹. Keine Schmerzen können dich mehr warnen, wenn an der Zahnwurzel infolge einer Entzündung der Wurzelhaut ein ›Herd‹ entsteht. Werden dessen Giftstoffe vom Blut zu inneren Organen getragen, dann entstehen schwere Krankheiten. Jeder marktote Zahn ist deshalb eine Gefahr für Gesundheit und Leben.

d) Zahnpflege. Die beste Zahnpflege ist herzhaftes Kauen. Je trockener das Brot, je härter der Apfel, je weniger zerkocht die Speise ist, um so besser!

Reinige deine Zähne täglich. Nasche vor dem Schlafengehen keine Süßigkeiten, denn die im Munde verblei-

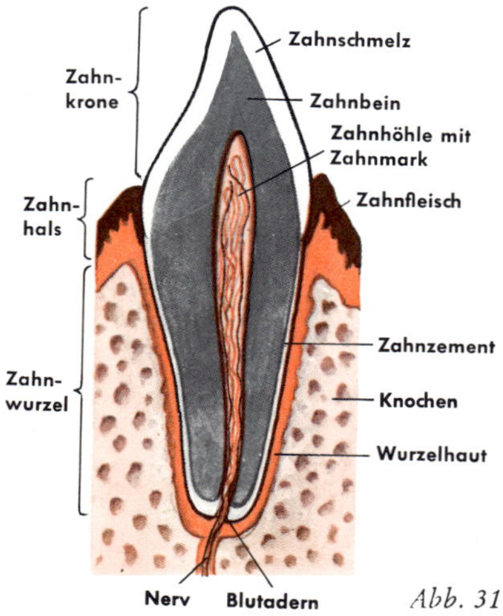

Abb. 31: Innerer Bau des Zahnes

benden Reste zersetzen sich über Nacht und sind dem Zahnbein besonders gefährlich. Vor allem aber: Laß deine Zähne vom Zahnarzt regelmäßig einmal, besser zweimal im Jahr nachsehen, auch wenn du nichts zu klagen hast. Du behältst dann ein Gebiß, tüchtig zum Kauen und erfreulich anzuschauen.

3. Im Mund werden die Speisen eingespeichelt. Du brauchst nur an eine leckere Speise zu denken, und schon ›läuft dir das Wasser im Munde zusammen‹. Dieses ›Wasser‹ ist der *Mundspeichel.* Er wird von 3 Paar Drüsen abgesondert. Von ihnen kennst du die Ohrspeicheldrüsen, sofern du schon einmal an Mumps (Wochendippel, Ziegenpeter) erkrankt warst.

Wunderbar ist, daß der Körper den Speichel nach Menge und Zusammensetzung so ›liefern‹ kann, wie es die gerade genossene Speise braucht. Für trockene Speisen (Brot, Zwieback) ist viel dünnflüssiger Speichel gut. Nach dem Genuß von Milch dagegen ist der Speichel fadenziehend und klebrig.

Welche Aufgabe hat nun der Speichel? Er muß die Speisen so gut wie möglich verdünnen und schlüpfrig machen. Warum? Er muß ferner mit der Verdauung der Stärke beginnen.

Versuch 12: Du weißt, daß Brot viel Stärke enthält. Kaue einen Bissen (ohne Rinde) einige Minuten lang; achte dabei auf die Änderung des Geschmacks. Hast du eine Erklärung dafür? Verdünne den gekauten Brei mit Wasser und verteile die Flüssigkeit auf 2 Prüfgläser. Mit dem Inhalt des Prüfglases I mache die Stärkeprobe, mit der filtrierten Flüssigkeit von Prüfglas II die Zuckerprobe. Du stellst fest: keine Stärke mehr, dafür Zucker! So beginnt also die Verdauung im Mund mit der Umwandlung von Stärke in Traubenzucker durch den Mundspeichel.

Du solltest dir merken:

1. Die Verdauung muß Stärke, Eiweiß und Fett wasserlöslich machen, damit sie durch die Darmwand ins Blut treten und von diesem den Zellen zugeführt werden können.

2. Die Verdauung beginnt im Mund mit dem Zerkleinern und Zermahlen der Speisen durch die Zähne und mit der Umwandlung der Stärke in Traubenzucker durch den Mundspeichel.

3. Gründliches Kauen erfordert gute Zähne. Der Zahnschmelz ist spröde. Er kann durch Beißen auf harte Gegenstände oder durch raschen Wechsel von warm und kalt bei Speisen und Getränken feine Risse bekommen. Hier dringen dann Bakterien ein und rufen die Zahnfäule hervor.

4. Pflege deine Zähne. Reinige sie täglich. Laß dein Gebiß ein-, besser zweimal im Jahr vom Zahnarzt nachsehen, auch wenn du kein Zahnweh hast.

Aufgaben:

1. Stelle die beiden Stufen der Zahnfäule zeichnerisch dar.

2. Wie erklärst du dir, daß Naturvölker, z. B. die Neger, gesunde und starke Zähne haben, obwohl sie von Zahnpflege nichts wissen?

3. Warum ist es gut, wenn man abends vor dem Schlafengehen noch einen rohen Apfel ißt?

4. *Vorbereitung*

Versuch 13a: Fülle Prüfglas I zu $^{3}/_{4}$ mit Wasser, Prüfglas II ebenso mit verdünnter Salzsäure, Prüfglas III mit Galle. Bringe in alle drei gleich viel rohes, geschabtes Fleisch, verschließe mit Watte und stelle die Gläser bis zur nächsten Naturkundestunde, mindestens aber 2 Tage, beiseite.

Versuch 13b: Löse 1 g Pepsinpulver (Apotheke) in 100 cm^3 Wasser, gib 1 cm^3 Salzsäure dazu, und du hast künstlichen Magensaft. Fülle damit 2 Prüfgläser etwa 5 cm hoch, gib zu Prüfglas I gekochtes Hühnereiweiß, zu Glas II Fischfleisch, je etwa erbsengroße Mengen. Laß die Gläser an einem warmen Ort stehen und schaue nach 2 Tagen nach, was mit den Eiweißkörpern geschah.

5. Beschaffe Röntgenfilm I: Das Verdauungssystem — F 127.

Magen und Darm vollenden die Verdauung

Arbeitsmittel: 1. Salatöl, Frischmilch, kleine Stücke Fischfleisch und Bluteiweiß (Fibrin); 2. Galle, Labessenz (Apotheke), 10 g Pepsin (Apotheke); 3. 2 Trichter, Filtrierpapier, Prüfgläser; F 127.

I. Die Verdauungsvorgänge im Magen

Vom Mund aus wird der Speisebrei durch die Speiseröhre hinab in den Magen befördert, und dort wirkt der *Magensaft* auf ihn ein. Du erinnerst dich an die unzähligen winzigen Drüsen, die wir bei der Untersuchung der Magenwand entdeckt haben. Diese Drüsen sondern den Magensaft ab.

1. Der Magensaft verhütet die Fäulnis der Speisen. Er enthält nämlich 0,2 bis 0,5 Prozent Salzsäure. Nur in dieser Verdünnung ist die Salzsäure unschädlich. Wenn es dir ›sauer aufstößt‹, dann ist zuviel Säure vorhanden. Eine solche ›Übersäuerung‹ kann gefährlich werden, weil sie die Magenwand angreift und dann u. U. ein Magengeschwür verursacht.

Wie wichtig die Salzsäure des Magensaftes ist, das wird dir klar, wenn du jetzt die drei Prüfgläser von Versuch 12 mit dem geschabten Fleisch vornimmst. Öffne sie und rieche an dem Inhalt der Gläser. Der üble Geruch, der aus dem Prüfglas ohne Säurezusatz aufsteigt, zeigt an, daß das Fleisch in Fäulnis übergegangen ist. Und Fäulnisgifte sind überaus gefährlich. Schon viele Menschen sind an einer Fisch-, Fleisch- oder Wurstvergiftung gestorben. Der Magensaft verhindert, daß sich solche Gifte im Körper bilden. Auch die Galle hilft dabei mit, wie du dich durch Riechen an Prüfglas III überzeugen kannst. Beachte aber, daß die Galle an sich schon riecht und erst im Dünndarm wirkt (vgl. unten).

2. Der Magensaft leitet die Eiweißverdauung ein. Er enthält zwei Wirkstoffe (auch *Fermente* genannt), das *Lab* und das *Pepsin.*

Versuch 14: Fülle ein Prüfglas zur Hälfte mit Milch, gib etwas Labessenz zu, verschließe mit dem Daumen, mische den Inhalt durch mehrmaliges Umkehren und beobachte. Bei kalter Milch geschieht lange Zeit nichts. Wenn du sie aber auf 37° erwärmst, kannst du nach kurzer Zeit das Prüfglas umkehren, ohne es zu verschließen. Dasselbe geht im Magen vor sich.

Wie künstlicher Magensaft Eiweißkörper verändert, hast du in Versuch 13 festgestellt. Du siehst: Das Ferment *Lab* bringt die Milch zum Gerinnen und macht dadurch das Milcheiweiß für die Verdauung zugänglich. Das Ferment *Pepsin* des Magensaftes macht gewisse Eiweißstoffe flüssig.

II. Die Verdauungsvorgänge im Darm

1. Im Zwölffingerdarm wirken Bauchspeichel und Galle. Der Muskel am Magenausgang (Pförtner) arbeitet so, daß der Speisebrei nur nach und nach in kleinen Schüben in den Dünndarm gelangt. In den ersten Teil des Dünndarms, den Zwölffingerdarm, geben Bauchspeicheldrüse und Leber ihre Verdauungssäfte, Bauchspeichel und Galle, ab; der wichtigste ist der *Bauchspeichel.* Er enthält mehrere Fermente. Eines davon wandelt die Stärke, die dem Mundspeichel entgangen ist, in Einfachzucker um. Ein zweites zerlegt das Eiweiß in seine wasserlöslichen Bestandteile. Das kannst du selbst nachprüfen. Das Fremdwort für Bauchspeichel heißt *Pankreatin.* Es ist, wie Pepsinpulver, in der Apotheke zu haben. Stelle eine einprozentige Lösung Pankreatin her. Wiederhole damit den Versuch 13. Statt des künstlichen Magensaftes nimmst du Pankreatin-Lösung, statt der Salzsäure ein paar Tropfen Natronlauge. Ergebnis?

Ein drittes Ferment des Bauchspeichels zerspaltet Fett in Glyzerin und Fettsäuren. Zuvor muß aber die *Galle* das Fett in feinste Tröpfchen zerteilen. Diese Tröpfchen sind so fein, daß sie sogar durch ein Filter dringen. Das zeigt der

Versuch 15: Tränke ein Papierfilter mit Wasser, ein zweites mit Galle. Träufle in beide Salatöl.

Wenn das Fett aufgespalten ist, muß die Galle noch einmal einspringen. Die Fettsäuren sind nämlich nicht löslich, können also nicht durch die Poren der Darmzotten treten. Das gelingt nur mit Hilfe der Galle, die in ganz besonderer Weise die Fettsäuren durch die Poren geleitet, diesmal aber nicht ins Blut, sondern in die Lymphe.

2. *Der Saft des Dünndarms bringt die Verdauung zum Abschluß.* Er enthält mehrere Fermente für die Eiweißverdauung und für die Zuckerverdauung. Du wunderst dich vielleicht darüber, daß es auch Zucker gibt, der verdaut werden muß. Nun, nicht jeder Zucker schmeckt gleich süß. Vergleiche daraufhin Traubenzucker und Rübenzucker (es ist der Zucker, den deine Mutter täglich verwendet). Wenn dich die Geschmacksunterschiede nicht überzeugen, so mache die Zuckerprobe mit Fehlingscher Lösung. Du erkennst dann, daß ein Zucker nicht wie der andere gebaut sein kann. Wir unterscheiden *Einfach-* und *Doppel*zucker. Einfachzucker sind Trauben- und Fruchtzucker. Zu den Doppelzuckern zählen Rüben- oder Rohrzucker, Malzzucker und Milchzucker. Da nur Einfachzucker durch die Poren der Darmzotten treten kann, müssen alle übrigen Zuckerarten (es gibt außer Doppel- auch Mehrfachzucker) v e r d a u t, d. h. in Einfachzucker umgebaut werden. Für diesen Umbau ist der Darmsaft da.

III. Von der Speiseaufnahme bis zur Stuhlentleerung

Das Schlucken ist ein willkürlicher Vorgang. Es befördert den Speisebrei an den Eingang der Speiseröhre. Von hier an haben wir auf das Weiterbefördern des Speisebreis keinen Einfluß mehr. Die Muskeln der Speiseröhre, des Magens und des Darms arbeiten ohne Zutun unseres Willens. Ihre Tätigkeit zeigt sehr schön der Röntgenfilm F 127.

Wenn wir dem Magen mehr zumuten, als er leisten kann, dann greift im Gehirn ohne unseren Willen das ›Brechzentrum‹ ein. Es schaltet die Magen- und Speiseröhrenmuskeln auf ›Rückwärtsgang‹. Auch die Bauchmuskeln werden zu Hilfe gerufen. Wir müssen uns erbrechen.

Etwa 10 Stunden nach der Nahrungsaufnahme hat der gesamte Speisebrei den Dünndarm verlassen. Seine aufnahmefähigen Nährstoffe sind ins Blut übergetreten. Der Dickdarm mit seinen starken Muskeln schiebt seinen Inhalt ungefähr 8 bis 12 Stunden lang hin und her. Dabei entzieht er ihm einen großen Teil des Wassers. Die Kolibakterien und andere Spaltpilze machen sich hier über die Zellulose und restliches Eiweiß her, wobei sich Gase entwickeln und übelriechende, giftig wirkende Stoffe gebildet werden. Bei Stuhlverstopfung können diese Gifte ins Blut übertreten, Kopfweh verursachen und auch sonst unser Allgemeinbefinden erheblich beeinträchtigen. Deshalb ist es wichtig, daß wir den Körper von Jugend auf an eine bestimmte Zeit der Stuhlentleerung, am besten morgens nach dem Aufstehen, gewöhnen. Erfahrung und Wissenschaft lehren, daß dies möglich ist.

Du solltest dir merken:

1 Die Muskeln der Speiseröhre, des Magens und des Darmes schieben durch eigentümliche Bewegungen, unabhängig von unserem Willen, den Speisebrei weiter und durchkneten ihn, bis schließlich die unverdaulichen Reste durch den Mastdarm entleert werden.

2 Auf dem Verdauungsweg arbeiten die Verdauungssäfte, der Mundspeichel, der Magensaft, der Bauchspeichel, die Galle und der Darmsaft an der Umwandlung der Kohlenhydrate in Einfachzucker und an der Zerlegung von Eiweiß und Fett in ihre löslichen Bestandteile.

3 Die Verdauungssäfte enthalten Fermente. Es sind Wirkstoffe, die nur in verschwindend kleinen Mengen d a zu sein brauchen, um sofort einen ganz bestimmten chemischen Vorgang im Dienste der Verdauung in die Wege zu leiten.

4 Die Dünndarmwand ist eines der großen Wunder unseres Körpers. Sie ist fähig, aus dem Speisebrei diejenigen löslich gemachten Aufbau- und Brennstoffe, die der Körper braucht, auszuwählen, aufzusaugen und ins Blut überzuführen.

5 Zur Vermeidung und Behebung von Verdauungsstörungen kannst du selbst beitragen:

a) Kaue gründlich und wisse: *Gut gekaut ist halb verdaut!*

b) Iß abwechslungsreich und meide Speisen, die dir nicht bekommen.

c) Sorge für geregelten Stuhlgang und gewöhne deinen Körper an die Stuhlentleerung morgens nach dem Aufstehen.

d) Einfache Hausmittel kannst du unbedenklich anwenden, z. B. gut warme Milch, in der einige Kümmelkörner aufgekocht wurden, gegen saures Aufstoßen und Blähungen. Auch Abführtee aus Faulbaumrinde (nicht zu stark und nicht zu oft), Rhabarber oder Schlehdornblüte ist unschädlich.

e) Gehe bei einer hartnäckigen Verdauungsstörung zum Arzt. Es könnte eine ernste Krankheit dahinterstecken.

Aufgaben:

1. Versuche, den ganzen Vorgang der Verdauung in einem netten Bild oder einer Bildfolge darzustellen (vgl. auch Röntgenfilm F 127, Verdauungssystem).

2. Stelle die Aufgaben der Verdauungssäfte in einer Übersicht zusammen. Der Anfang kann so aussehen:

Verdauungsort	Verdauungssaft	Wirkung auf		
		Kohlenhydrate	Eiweiß	Fett
Mund	Mundspeichel	Umwandlung der Stärke in Einfachzucker	–	–

Schmarotzer im Darm

Als Schmarotzer oder Parasiten bezeichnen wir Lebewesen, die auf Kosten anderer ihr Dasein fristen.

I. Welche Schmarotzer leben im Darm?

Du weißt, daß es Würmer sind: Spulwürmer, Madenwürmer und Bandwürmer. Sie verursachen die Wurmkrankheiten.

1. Spulwurm. Er gleicht beinahe dem Regenwurm und wird bis zu 40 cm lang. Ein Weibchen soll täglich bis zu 200 000 Eier in den Darm ausscheiden. Die Wurmeier gelangen mit dem Dung (Latrine) in den Garten, kleben mit ihren schleimigen Schalen an Gemüsepflanzen und Gartenfrüchten, werden mit diesen verzehrt, und die Ansteckung ist vollzogen. Es genügt aber schon, daß die Nachbargrundstücke mit Latrine gedüngt sind. Denn oft genug verschleppen von dort Schnecken (Ackerschnecke, Rote Wegschnecke u. a.) die Wurmeier auf die Gemüsepflanzen und Früchte des Gartens.

2. Madenwurm. Er wird nicht länger als 1 cm und ist vor allem bei Kindern häufig. Die Eier werden im After abgesetzt und verursachen starken Juckreiz. Er hindert die Kinder am Schlafen und macht sie nervös. Sie kratzen sich. Dabei gelangen die Eier unter die Fingernägel und von dort wieder in den Mund oder von Hand zu Hand zu anderen Kindern.

Abb. 32: Rinderbandwurm

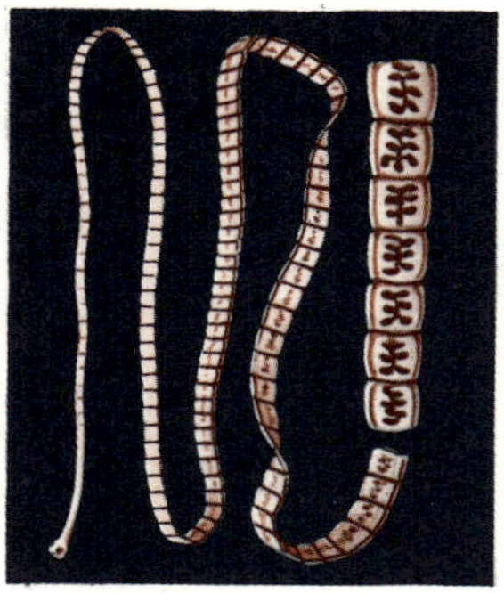

3. Bandwürmer. Der Name besagt, daß sie einem Bande gleichen. Der Körper vieler, nicht aller Bandwürmer, ist nämlich plattgedrückt und lang. Sie haben keine Augen, keinen Mund, keinen Darm, keinen After. All das brauchen sie nicht. Sie saugen ihre Nahrung mit der ganzen Körperoberfläche aus dem fertig verdauten Speisebrei auf. Manche Bandwürmer werden bis zu 30 Jahre alt. Ihr Kopf ist so groß wie der einer Stecknadel und hat Saugnäpfe, mit denen sie sich an der Darmwand festsaugen. Der Leib besteht aus Gliedern. Beim Rinderbandwurm können es 2000 und mehr sein (siehe *Abb. 32*). Diese Glieder werden dicht hinter dem Kopf fortwährend neu gebildet, die Endglieder samt den darin enthaltenen Eiern dagegen abgestoßen. Sie wandern mit dem Kot nach außen. Werden solche Eier von einem Tier verschluckt, dann entwickeln sie sich im Tierkörper, meist in den Muskeln, zu *Finnen.* Gelangt eine lebende Finne in den Magen des Menschen, so bildet sich aus ihr in wenigen Monaten der fertige Bandwurm.

Von den vielen Bandwürmern können dem Menschen gefährlich werden:

a) *Der Rinderbandwurm,* bis 10 m, angeblich sogar bis zu 30 m lang. Die Ansteckung erfolgt durch den Genuß von rohem oder mangelhaft gekochtem Rind-, Schaf- oder Ziegenfleisch.

b) *Der Fischbandwurm,* 9 bis 12 m lang, ist dem Rinderbandwurm vergleichbar. Träger seiner Finnen sind aber Fische. Wer rohes oder schlecht gekochtes Fischfleisch ißt, läuft somit Gefahr, sich anzustecken.

c) *Der Schweinebandwurm;* seine Finnen, die mit nicht gut gekochtem Schweinefleisch in unseren Magen gelangen können, sind besonders gefährlich. Sie wandern ins Gehirn, ins Rückenmark und verursachen schwere Erkrankungen.

d) *Der Hundebandwurm* heißt so, weil er nur im Darm des Hundes oder Fuchses leben kann. Die Übertragung der Eier auf den Menschen erfolgt durch den Speichel von Hunden. Diese Eier sind äußerst gefährlich. Aus ihnen schlüpfen Larven, die im Verlauf ihrer Entwicklung in der Leber oder im Gehirn mächtige, bis zu 30 Pfund schwere Blasen bilden können. 1936 sind in Deutschland 34 Menschen daran gestorben. Wie du weißt, haben Hunde die Angewohnheit, sich selbst und gegenseitig am After zu lecken. Damit gelangen die Bandwurmeier in den Speichel, werden von dort auf das Fell des Tieres und auf den Menschen übertragen, und die Ansteckung ist erfolgt.

4. Trichinen. Im Jahre 1930 erkrankten in Stuttgart nach dem Genuß von ungekochtem Bärenschinken 68 Personen mit Fieber, Schüttelfrost und Atemnot schwer; 8 davon starben nach kurzer Zeit an Herzlähmung oder Ersticken. Das Bärenfleisch hatte *Trichinen* (siehe *Abb. 33*) enthalten. Dies sind kleine weißliche Würmer, die sich zusammengerollt in den Muskeln verkapseln. Sie kommen auch im Fleisch des Schweines vor. Deshalb muß jedes geschlachtete Schwein vom Fleischbeschauer auf Trichinen untersucht werden. Trotzdem ist es ratsam, auf ungekochtes Schweinefleisch zu verzichten.

II. Wie schützen wir uns vor Darmschmarotzern?

An Wurmkrankheit kann nur leiden, wer sich mit Eiern oder Finnen angesteckt hat, und das läßt sich verhüten. Wie, das kannst du selbst sagen. Denke daran, wie die Eier von Spul- und Madenwürmern übertragen werden können. Dabei mußt du beachten, daß diese Eier Frost und Hitze ertragen können und vom Regen nicht fortgeschwemmt werden.

Bandwürmer und Trichinen kann nur bekommen, wer rohes oder mangelhaft gekochtes Fleisch ißt, oder wer sich mit Hunden abgibt

Abb. 33: Trichinen

und sich von ihnen belecken läßt, ohne darnach die Hände *gründlich* zu waschen. Verspürst du Übelkeit, Jucken in der Nase oder des Afters, Mattigkeit, Leibschmerzen u. a., dann gehe zum Arzt. Denn es kann dann sein, daß sich in deinem Darme Schmarotzer festgesetzt haben.

Du solltest dir merken:

1 Im Darm des Menschen können als Schmarotzer Spulwürmer (regenwurmähnlich), Madenwürmer (höchstens 1 cm lang) und Bandwürmer (Rinder- und Fischbandwurm) leben.

2 Vom Schweine- und Hundebandwurm werden dem Menschen die Eier gefährlich. Sie verursachen lebenbedrohende Krankheiten.

3 Todbringende Krankheiten kann auch die Trichine hervorrufen.

4 Vor Ansteckung kann man sich schützen:
a) Iß keine ungewaschenen Garten-Erzeugnisse und kein rohes oder mangelhaft gekochtes Fleisch, ebenso kein ›unbeschautes‹ Schweinefleisch.
b) Wasche deine Hände vor dem Essen gründlich.
c) Laß dich nicht von Hunden belecken und wasche deine Hände nach der Berührung von Hunden.

5 Hast du Beschwerden (Übelkeit, Leibschmerzen, Nasen- und Afterjucken), die auf eine Wurmkrankheit schließen lassen, dann gehe zum Arzt, damit du die lästigen oder gefährlichen Schmarotzer los wirst.

Aufgabe (Vorbereitung):
1. Beschaffe Blut von Schlachttieren, wie bei Versuch 16 und 17 angegeben, sowie Unterrichtsfilm F 162, „Weiße Blutkörperchen“.

Blut ist ein ganz besonderer Saft

Arbeitsmittel: 3 Bechergläser, 2 Prüfgläser, 2 durchbohrte Stopfen, 2 gebogene Glasröhren *(Abb. 35)*, Kaliumchlorat, Braunstein, Marmorstückchen, Salzsäure, Blut, wie bei Versuch 16 und 17 angegeben; Mikroskop; Unterrichtsfilm F 162, „Weiße Blutkörperchen“.

Als einst der sagenhafte Doktor Faust seinen Bund mit dem Teufel schloß, mußte er den Pakt mit seinem Blut unterzeichnen, weil Blut ›ein ganz besonderer Saft‹ sei. So hat es Goethe in seinem Faust-Drama dargestellt. Wer mit Blut unterschreibt, verpfändet Leben und Seligkeit. Das Blut gilt eben als Sinnbild des Lebens. Wenn du dir klar werden willst darüber, warum wir dem Blut diese hohe Bedeutung zumessen, dann mußt du seine Aufgaben kennenlernen.

I. Von den Aufgaben des Blutes

Das Blut hat vieles zu befördern. Du weißt schon, daß es die Nährstoffe vom Darm in die Zellen schaffen muß, wo diese als Aufbau- und Brennstoffe gebraucht werden. Eine Verbrennung findet aber nur statt, wenn außer dem Kohlenstoff der Nährstoffe auch Sauerstoff da ist. Dieser ist aus der Lunge herbeizuholen. Beim Verbrennen entsteht Kohlensäuregas, bei der Erneuerung der Zellen ›Schutt‹. Beides ist wegzubringen, damit es durch die Lunge, die Nieren oder die Haut ausgeschieden wird. Vitamine und Salze, ebenso die von den Drüsen erzeugten Botenstoffe (Hormone) müssen in die verschiedensten Organe gebracht werden. All dieses Hin und Her in unserem Körper besorgt das Blut.

Es befördert auch die Bekämpfer von eingedrungenen Krankheitserregern an den Ort der Gefahr. In erster Linie müssen hier die weißen Blutkörperchen eingreifen, außerdem besondere Abwehrstoffe, die den Körper gegen bestimmte ansteckende Krankheiten unempfänglich *(immun)* machen und die im Blut aufbewahrt sind.

Du siehst: Das Leben müßte erlöschen, wenn das Blut seine Botendienste versagen würde. Natürlich ist es für die Erfüllung seiner Aufgaben auch gut ausgestattet. Das zeigt uns ein Blick auf seine Zusammensetzung.

Abb. 34: Blutwasser und Blutkuchen

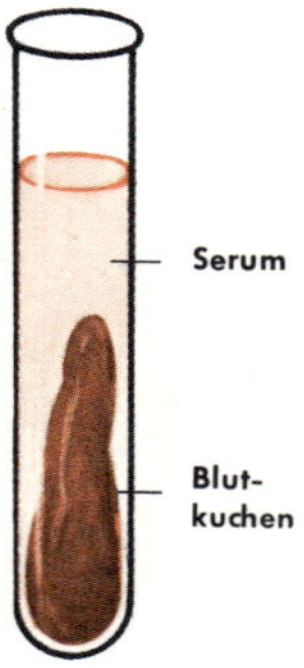

II. Von den Bestandteilen des Blutes

1. Blutmenge. Das Blut muß den ganzen Körper durchströmen. Beim Erwachsenen genügen dafür 5 bis 6 Liter. Verliert der Mensch mehr als die Hälfte davon, dann hat er sich verblutet und muß sterben. Die Gefahr des Verblutens bei Verwundungen und Operationen ist heute nicht mehr so groß wie einst, weil es der ärztlichen Kunst gelungen ist, Blut aus den Adern eines Menschen in die Adern eines anderen Menschen zu übertragen.

Leider kann nicht jeder gesunde Mensch jedem anderen Blut spenden. Bei der Blutübertragung hat es sich gezeigt, daß es verschiedene *Blutgruppen* gibt. Man nennt sie A, B, AB und 0 (Null). Wird Blut eines *Spenders* mit der Blutgruppe A auf einen *Empfänger* mit der Blutgruppe B übertragen, so kann dieser sterben, weil das Spenderblut zu Klumpen verballt. Darum hält man sich heute an die Regel, daß Spender und Empfänger dieselbe Blutgruppe haben sollen. Dann kann das Blut des Spenders niemals verballen.

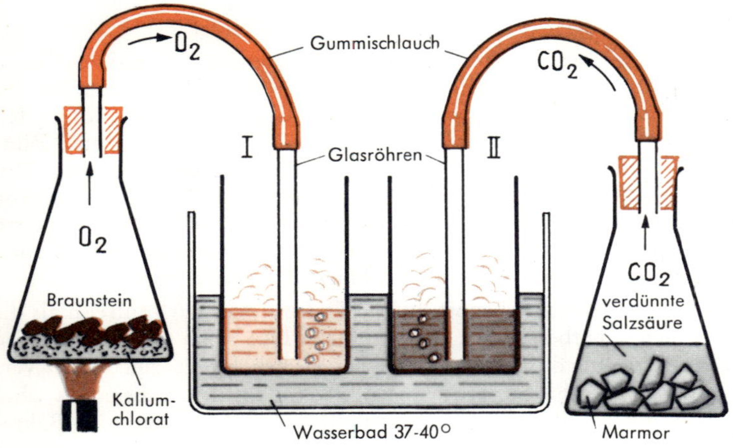

Abb. 35: Zu Versuch 17 a

2. Blutwasser oder Serum.

Versuch 16: Laß dir vom Metzger (Fleischer) ein Prüfglas voll frischen Tierblutes geben. Stelle es kühl. Am anderen Tag hat sich das Blut in eine dunkelrote Masse, den Blutkuchen, und in das Blutwasser geschieden *(Abb. 34)*.

In diesem Blutwasser (Serum) ist alles enthalten, was vom Blut zu befördern ist, die Nährstoffe, die Metallsalze, die Vitamine, die Hormone, die Abwehrstoffe gegen Bakteriengifte, die auszuscheidenden ›Schlacken‹, nicht aber der Sauerstoff.

3. *Warum sich das Blut bald hellrot, bald dunkelrot färbt.* Aus oberflächlichen Wunden fließt dunkelrotes Blut. Bei tieferen Verletzungen kann es vorkommen, daß hellrosafarbenes Blut aus der Wunde quillt. Was hat die unterschiedliche Färbung zu bedeuten? Versuch 17a gibt dir die Antwort: Bitte den Metzger (Fleischer) um ein Becherglas voll Blut, das mit einem Holzstab geschlagen wurde und deshalb nicht mehr gerinnen kann. Verteile es auf zwei Bechergläser, stelle sie ins Wasserbad mit 37° und leite durch Glas I Sauerstoff (= O_2), durch Glas II Kohlensäuregas (Kohlendioxid = CO_2). Die weitere Versuchsanordnung zeigt *Abb. 35:* links = Kaliumchlorat mit Braunstein gibt beim Erhitzen Sauerstoff (O_2) ab; rechts = Marmor- oder Kalkstückchen und verdünnte Salzsäure — wenn beide zusammenkommen, entweicht Kohlendioxid (CO_2).

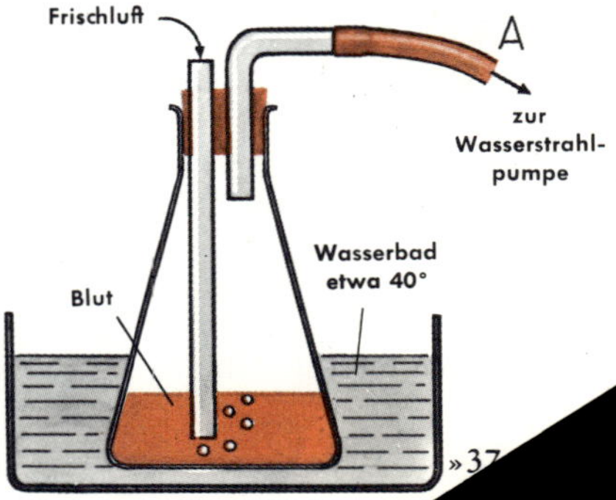

Abb. 36: Zu Versuch 17 b

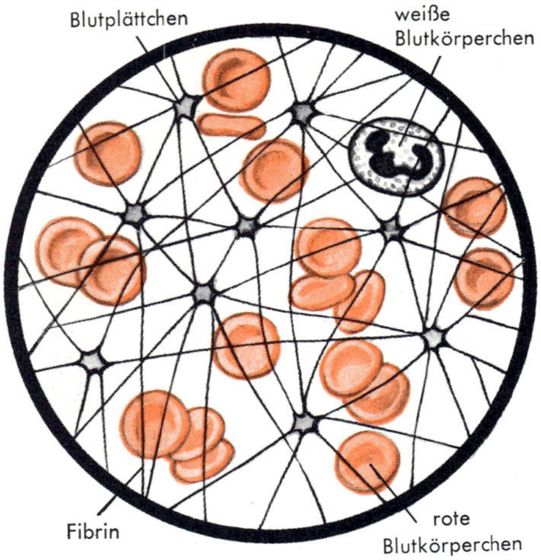

Abb. 37: Geronnenes Blut, stark vergrößert

Um das Blut hellrot zu färben, genügt schon die Frischluft, die etwa zu $^1/_5$ aus Sauerstoff besteht. Das zeigt

Versuch 17b (siehe *Abb. 36*). Statt der Wasserstrahlpumpe kannst du auch bei A Luft ansaugen.

Vergleiche die Farbe des Blutes in den beiden Bechergläsern. Was geschieht, wenn du die beiden Gläser (I und II) miteinander vertauschest und den Versuch wiederholst?

Das Blut kann also offenbar Sauerstoff oder Kohlensäuregas aufnehmen. Hellrotes Blut ist mit Sauerstoff beladen, dunkelrotes Blut enthält Kohlensäuregas. Die Fähigkeit des Blutes, Sauerstoff aufzunehmen, ist an einen Blutfarbstoff gebunden, der den wichtigsten Teil der *roten Blutkörperchen* bildet.

4. *Die roten Blutkörperchen* sind es also, die den für die Verbrennung notwendigen Sauerstoff in der Lunge aufnehmen und zu den Zellen tragen. Von dort übernehmen sie den größeren Teil des bei der Verbrennung entstehenden Kohlensäuregases – der übrige Teil wird im Blutwasser gelöst – und befördern ihn zur Lunge. Du siehst: die roten Blutkörperchen sind ungemein wichtig. Du kannst sie sehen, wenn du ein Tröpfchen Blut unter dem Mikroskop betrachtest (vgl. *Abb. 37*). Nicht weniger als 5 Millionen davon befinden sich in 1 mm^3 Blut. Wieviel macht das bei 6 l aus? Tag für Tag sterben etwa 2 Milliarden rote Blutkörperchen (wieviel in der Sekunde?). Diese müssen deshalb fortlaufend neu gebildet werden. Das geschieht im roten Mark der Röhrenknochen.

5. *Weiße Blutkörperchen.* Ihre Aufgabe kennst du. Sie sind viel weniger zahlreich als die roten Blutkörperchen; 1 mm^3 beherbergt etwa 6000 bis 8000. Nur wenn es für die weißen Blutkörperchen etwas zu tun gibt, d. h. wenn Bakterien zu bekämpfen sind, dann vermehren sie sich bis auf das Zehnfache. Sie werden ebenfalls im roten Knochenmark, aber auch in der Milz und in anderen Teilen des Körpers gebildet. Auf ihrer Jagd nach Bakterien können sie sogar durch die feinen Poren der Blutgefäße die Blutbahn verlassen und die Gewebe des Körpers durchstreifen. Wie sie über die Krankheitserreger herfallen und sie auffressen, zeigt sehr schön der Unterrichtsfilm F 162, ›Weiße Blutkörperchen im Abwehrkampf‹. Sind die Krankheitserreger erledigt, dann bahnen sich die weißen Blutkörperchen durch Einschmelzen der im Wege stehenden Gewebezellen eine Öffnung nach außen; so wird das Ganze als Eiter ausgeschieden.

6. *Blutplättchen.* Außer den roten und weißen Blutkörperchen siehst du unter dem Mikroskop noch kleine Teilchen. Sie gleichen oft winzigen Sternchen und heißen Blutplättchen. Mit ihnen lernst du eine wunderbare Einrichtung kennen. Die Blutplättchen haben nämlich nichts mit den Aufgaben des Blutes zu tun. Vielmehr hat sie der Körper dem Blut als Schutz gegen zu große Verluste beigegeben. Wenn sie nicht da wären, dann müßte das Blut aus jeder kleinsten Wunde unaufhaltsam verrinnen. So aber treten die Blutplättchen in Tätigkeit. Sobald ein Äderchen verletzt wird, platzen sie und geben einen Stoff frei, der das im Blutwasser gelöste *Fibrinogen* in nicht lösliches *Fibrin* verwandelt. Und dieses Fibrin zieht sogleich Fäden, umspinnt damit alle Blutkörperchen und verfilzt sich mit ihnen: das Blut ist ›ge-onnen‹, die Wunde mit ›Schorf‹ geschlossen. Betrachtest du 5 Minuten lang einen ... frischen Blutes ohne Deckglas unter dem Mikroskop, so siehst du, wie sich die ...gsfäden bilden.

...ger (Fleischer) ›schlägt‹ das Blut mit einem Holzstab. Dabei schlingen sich die ...infäden um den rauhen Stab, und das Blut kann nicht mehr gerinnen. Laß dir

Fibrin vom Metzger geben, wasche es gründlich aus, bis es ganz weiß ist, und mache mit ihm die Eiweißprobe. Du kannst es auch zu Verdauungsversuchen (mit Pepsin) verwenden.

Es gibt Menschen, deren Blut nicht gerinnen kann. Sie leiden an der sogenannten Bluterkrankheit und verbluten rettungslos, wenn kein Arzt zur Stelle ist, der eine eingetretene Blutung künstlich stillen kann. Die Blutplättchen, die eine Schutzeinrichtung darstellen, können manchmal auch zu einer Gefahr werden. Bei gewissen Krankheiten, z. B. Krampfadern, kann es sein, daß sie innerhalb der Adern platzen und Blutteile gerinnen lassen. Es bildet sich dann ein *Blutgerinnsel.* Wenn dieses Blutgerinnsel sich loslöst und in die Blutbahn geschwemmt wird, kann es wichtige Adern im Gehirn, am Herzen, in den Lungen verstopfen. Wir sprechen dann von einer *Embolie,* die häufig zum schnellen Tode führt.

III. Was wir für unser Blut tun können

1. Laß Wunden nicht verschmutzen. Durch jede Wunde suchen Bakterien in den Körper einzudringen. Das Blut schwemmt sie aber hinaus und schließt die Wunde durch Verschorfen. Darum laß Wunden ruhig ausbluten. Versuche nicht, sie auszuwaschen. Berühre sie nicht mit den Fingern. Dagegen solltest du auch eine kleine Verletzung verbinden, und sei es auch nur mit einem Pflasterverband, damit sie vor Verunreinigung geschützt ist. Manchmal dringen die Bakterien trotz aller Vorsicht doch in die Wunde ein. Dort vermehren sie sich rasch, zerstören die lebenden Körperteile und scheiden gefährliche Gifte aus. Die Wunde ist entzündet und eitert. Meist gelingt es den weißen Blutkörperchen, der Eindringlinge Herr zu werden und die Eiterung auf ihren Herd zu beschränken. Werden sie aber nicht mit ihnen fertig, dann gelangen die Bakterien und ihre Gifte in die Lymphbahnen, wo der Kampf weitergeht. Man sieht das äußerlich an den roten Streifen. Es droht ernstlich eine *Blutvergiftung.* Der Arzt muß eingreifen. Ihm steht neuerdings ein wirksames Mittel, das Penicillin, zur Verfügung. Es wird eingespritzt und hat schon manchem Blutvergifteten das Leben gerettet. Besonders gefährlich sind die im Erdreich vorkommenden Erreger des *Wundstarrkrampfes.* Gelangen sie in die Wunde, dann bedeutet dies ohne ärztliche Hilfe den Tod. Darum gehe bei Wunden, die mit (gedüngter) Erde verschmutzt sind, sogleich zum Arzt.

2. Halte dein Blut rein. Bei hartnäckiger Verstopfung können Gifte, die sich im Dickdarm durch die Tätigkeit der Darmbakterien bilden, ins Blut übergehen und dieses verseuchen. Das Blut kann auch dadurch verdorben werden, daß die Ausscheidungsorgane (Nieren, Schweißdrüsen, Lungen) versagen und dem Blut nicht alle Abfallstoffe, die es befördert, abnehmen. Wenn du dein Blut also möglichst rein halten willst, dann sorge für geregelten Stuhlgang und für ausgiebige Tätigkeit der Ausscheidungsorgane. Dazu können gelegentlich sogenannte Blutreinigungskuren (Obstkur, Traubenkur, Kräuterkur) beitragen, unterstützt durch Wandern und Schwimmen.

Du solltest dir merken:

1 Das Blut ist lebensnotwendig. Der Erwachsene hat 5 bis 6 Liter Blut (1/13 des Körpergewichts). Verbluten, d. h. der Verlust von mehr als der Hälfte des Blutes, führt zum Tode. Der Gefahr des Verblutens kann durch Blutübertragung begegnet werden. Dabei müssen die Blutgruppen beachtet werden.

2 Das Blut befördert alles hin und her, was die Zellen brauchen oder was auszuscheiden ist. Den Transport des Sauerstoffs übernehmen die roten Blutkörperchen.

3 Auch die Bekämpfer von Krankheitserregern werden vom Blut beherbergt und jeweils an den Ort der Gefahr gebracht. Es sind dies die *weißen Blutkörperchen* und besondere *Abwehrstoffe.*

4 Gegen Blutverluste schützt sich der Körper selbst dadurch, daß ausrinnendes Blut alsbald ›gerinnt‹ und so die Wunde mit ›Schorf‹ verschließt.

5 Laß Wunden ausbluten, berühre sie nicht, und schütze sie vor Verschmutzung, sei es auch nur durch Anlegen eines Pflasterverbandes.

6 Halte dein Blut rein. Überlade es nicht mit Eiweißstoffen und Genußgiften. Laß keine Verstopfung aufkommen und sorge für eine geregelte Tätigkeit der Ausscheidungsorgane (Nieren, Lunge und Haut).

Der Weg des Blutes im Körper

Arbeitsmittel: Die Geräte zu Versuch 18 (siehe dort); FT 596, Erste Hilfe bei Unfällen I: Wunden.

Wir haben festgestellt, daß das Blut den ganzen Körper durchströmt, und du möchtest nun wohl erfahren, wie die Blutbahnen beschaffen sind und wie das Blut ununterbrochen in Fluß erhalten wird.

I. Die Blutbahnen

Du hast schon oft gehört, daß die Kanäle, durch die das Blut geleitet wird, *Adern* heißen. Man sieht sie bläulich durch die Haut schimmern.

1. Der Blutweg ist in sich geschlossen. Das Blut ›fließt‹. Es strömt hin und her, bis zu den Zellen, zurück von den Zellen. Nun kann aber das Blut den Rückweg nicht in den gleichen Adern, in denen es herfloß, zurücklegen, weil unablässig neues Blut nachdrängt. Also gibt es für den Hin- und Rückweg besondere Adern, die zusammen einen *geschlossenen Kreislauf* bilden. Die Adern für den Hinweg heißen Schlagadern oder *Arterien,* die für den Rückweg Blutadern oder *Venen.* Die Arterien gehen vom Herzen aus. Du hast sie gesehen. Sie sind weißlich, haben dicke, elastische Wände und klaffen kreisrund. Die bläulichroten Venen führen zum Herzen zurück. Sie haben dünne und schlaffe Wände. Bei der Untersuchung des Herzens (vgl. Seite 17) hast du festgestellt, wie besondere Ventile dafür sorgen, daß das Blut von der linken Herzkammer aus nur wegströmen kann. Hier beginnt der Hinweg. Ebensolche Ventile lassen umgekehrt in den Venen das Blut nur in die rechte Herzhälfte hineinfließen. Hier endet also der Rückweg. Von der rechten wieder in die linke Herzkammer gelangt das Blut nur, nachdem es vorher die Lunge durchlaufen hat, damit es dort sein Kohlensäuregas los wird und sich neu mit Sauerstoff beladen kann.

2. Die Adern verästeln sich. Vom Herzen geht eine mächtige Ader aus, die *Hauptschlagader* oder *Aorta.* Sie verzweigt sich aber sogleich in Arterien, die zum Herzmuskel, zum Halse, zum Bauch und zu den übrigen Körperteilen führen. Und auch diese Hauptäste verzweigen sich weiter und weiter, bis sie zuletzt in allerfeinsten Äderchen, den *Haargefäßen,* auslaufen, denn nur solche zarteste Blutbahnen können die Zellen erreichen, und nur sie können so dünne Wände haben, daß durch diese hindurch der Stoffaustausch mit den Zellen stattfinden kann. Wenn das Blut die Haargefäße durchlaufen hat, dann sammelt es sich in dicker und dicker werdenden Venen-Verzweigungen, bis es schließlich durch die ›obere‹ und ›untere‹ Hohlvene in die rechte Vorkammer und von da in die rechte Herzkammer gelangt.

Die gleichen Verästelungen zeigen die Blutbahnen, in denen das Blut von der rechten Herzkammer aus durch die Lungen in die linke Vorkammer geleitet wird. Nur allerfeinste Haargefäße können die Wände der Lungenbläschen umspinnen, damit das Kohlensäuregas im Blut gegen Sauerstoff ausgetauscht wird.

II. Wie das Blut unaufhörlich in Fluß erhalten wird

1. Die treibende Kraft ist das Herz. Wenn sich der mächtige Muskel der linken Herzkammer zusammenzieht, dann treibt er damit ungefähr $^1/_{16}$ l Blut in die Aorta. Nach noch nicht ganz 1 Sekunde folgt die nächste Zusammenziehung, und so geht es immer fort. Dadurch wird das Blut in den Arterien weiter und weiter getrieben. Taschenventile sorgen dafür, daß es kein Zurück gibt. Bei diesem Pumpen ohne Unterlaß leistet das Herz eine gewaltige Arbeit. Sie entspricht ungefähr $^1/_{300}$ Pferdestärke.

2. *Der Weg durch die Arterien.* Beim Pumpen muß der Herzmuskel das Blut ja nicht in eine ›leere Röhre‹, sondern in eine volle Ader treiben, so daß alles Blut in den Arterien unter Druck steht. Wir nennen das den *Blutdruck*. Er wird um so kleiner, je weiter die Arterie vom Herzen entfernt ist. Dieser Druck wirkt aber nicht nur auf das Blut, sondern auch auf die Wandungen der Arterien. In diesen pflanzt er sich fort, so daß er an vielen Stellen des Körpers als *Puls* fühlbar wird. Jeder Herzschlag erzeugt einen Pulsschlag.

Das Herz aber pumpt stoßweise, das Blut jedoch strömt gleichmäßig. Wie geht das zu? Mache

Versuch 18: Du brauchst dazu einen mindestens 1 cm weiten, etwa 2 m langen Schlauch mit weicher Gummiwand, sowie eine spitz ausgezogene Glasröhre mit durchbohrtem Stopfen, der in die Schlauchmündung paßt.

a) Schließe den Schlauch (ohne Stopfen und Röhre) an die Wasserleitung an, laß das Wasser laufen, bis er voll ist, schließe und öffne den Wasserhahn im Takt des Herzschlages und achte, wie das Wasser aus dem Schlauch strömt (gleichmäßig? stoßweise?). Dann setze auf das freie Schlauchende den Stopfen mit Röhre, öffne und schließe den Wasserhahn wie zuvor und vergleiche. Warum strömt nun das Wasser gleichmäßig aus der Röhre?

b) Löse nun den mit Wasser gefüllten Schlauch vom Wasserhahn, knicke ihn an

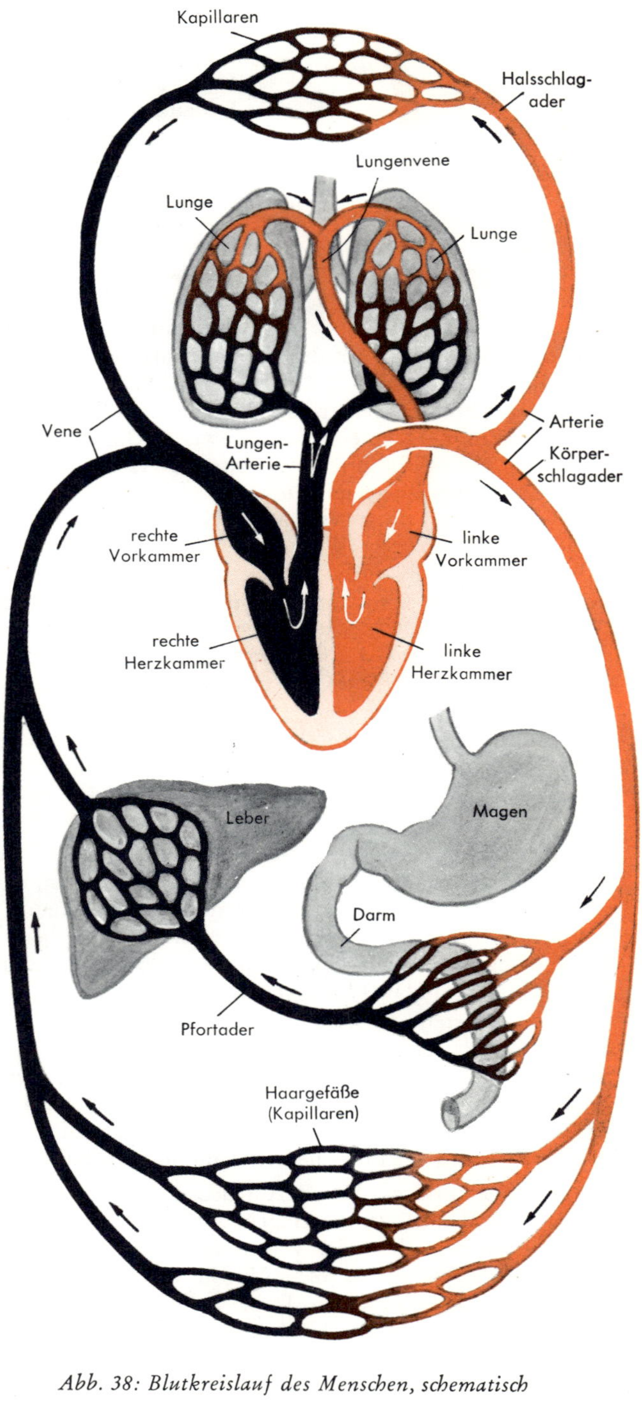

Abb. 38: Blutkreislauf des Menschen, schematisch

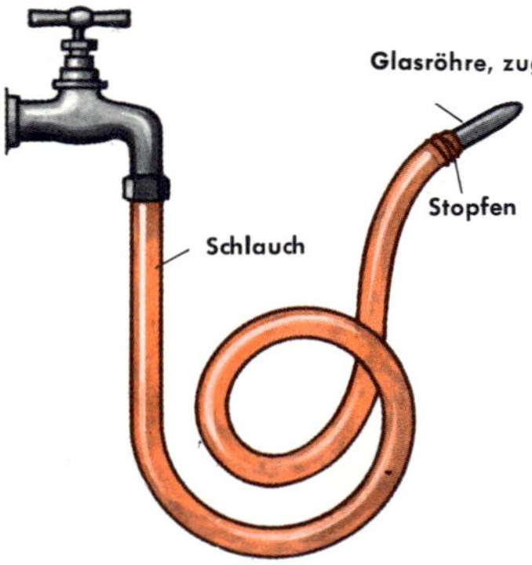

Abb. 39: Zu Versuch 18

beiden Enden um, daß kein Wasser austreten kann, und lege ihn ausgestreckt auf den Tisch. Während nun deine Kameraden den Schlauch an beliebiger Stelle mit der Hand umfassen, drückst du ruckartig das eine Ende des Schlauches zusammen. Du magst es beliebig oft wiederholen – deine Kameraden, auch wenn sie wegsehen, spüren es sogleich, denn die Druckwelle pflanzt sich über den ganzen Schlauch fort. In gleicher Weise pflanzt sich der Schlag des Herzens als Pulsschlag in den Arterien fort.

Du weißt, daß der Arzt dem Kranken den Puls fühlt. Mache es bei dir selber nach. Lege die Spitzen deiner drei mittleren Finger sachte an den Unterarm dicht über dem Handgelenk auf der Verlängerung des Daumens. Stelle die Zahl der Pulsschläge in 1 Minute fest. Mache 10 Kniebeugen und zähle wieder. Vergleiche Zahl und Stärke der Pulsschläge. Probiere ferner aus, an welchen anderen Körperstellen du den Pulsschlag noch abtasten kannst. Dazu ein paar Hinweise: Umfasse mit Daumen und Zeigefinger einer Hand den Hals dicht unter den Unterkieferästen. Taste die Umgebung des Ohrs und der Schläfen mit den Fingerspitzen ab, desgleichen die Ellbogenbeuge, die Kniekehle und den Fußrücken. Wenn du jeweils zuvor 10 Kniebeugen machst, spürst du den Pulsschlag um so deutlicher.

Die Zahl der Pulsschläge beträgt normal beim Kleinkind 130 und mehr. Sie sinkt ab auf 82 beim 14jährigen, auf 72 beim 25- bis 50jährigen und steigt dann mit zunehmendem Alter wieder bis auf 80 an. Aus der Zahl, der Stärke und der Regelmäßigkeit der Herzschläge schließt der Arzt auf bestimmte Krankheiten. – Deine Mutter vermutet bei beschleunigtem Puls *Fieber.* Sie weiß dann, daß irgendwo eine Entzündung im Gang ist.

Je mehr sich das Blut vom Herzen entfernt, auf um so mehr Verzweigungen verteilt es sich, und um so langsamer fließt es. So braucht es bis zu 6 Sekunden, um die nur etwa 3 mm lange Haargefäßstrecke zu durchfließen. Doch ist das gut so, denn so verbleibt genügend Zeit, um die Stoffe auszutauschen. In der Hauptschlagader fließt das Blut 500mal schneller.

In die Wände der Arterie ist eine Muskelschicht eingelagert, damit sich diese Adern verengen oder weiten können, je nachdem das Organ, zu dem sie führen, wenig oder viel Blut braucht. Nach dem Essen beginnt die Verdauung. Der Magen braucht viel Blut, die ihn versorgenden Arterien weiten sich. Reicht bei einer starken Beanspruchung die für gewöhnlich umlaufende Blutmenge nicht aus, dann werden aus den Blutspeichern (Leber, Milz und Haut) Reserven herangeholt.

Wird eine *Arterie verletzt,* dann strömt das Blut in einem mehr als 2 cm hohen Bogen aus der Wunde. Es besteht Lebensgefahr durch Verbluten. Der Arzt muß sogleich gerufen werden. Inzwischen presse die Schlagader zwischen Herz und Wunde kräftig gegen den benachbarten Knochen. Du kannst auch einen festen Gegenstand gegen den Knochen drücken oder binden. Läßt das Bluten nicht nach, dann presse den Finger auf die Wunde und rufe jemand zur Hilfe herbei, denn du wirst bald ermüden (vgl. FT 596).

3. Der Weg durch die Venen. Auf dem Rückweg von den Zellen zum Herzen sind in die Blutbahnen überall Ventile eingebaut, damit das Blut nicht zurückströmen kann. Dort, wo dir beim Betrachten der Venen am Unterarm und auf dem Handrücken knotige Verdickungen auffallen, sind solche Ventile vorhanden. So gelangt das Blut in gleichmäßigem Fließen zurück zum Herzen. Dabei helfen die Muskeln durch ihr Zusammenziehen mit. Bleiben die Muskeln des Unterschenkels längere Zeit untätig, dann gibt das bei dazu veranlagten Menschen Blutstauungen; die Venen erweitern und verlängern sich: es bilden sich Krampfadern. Lokomotivführer haben sie häufig, Briefträger fast nie. Warum?

III. Kreislaufstörungen

Unter allen Leibesübeln, die den Menschen befallen können, stehen die Kreislaufstörungen mit an erster Stelle. Vielleicht arbeitet das Herz unregelmäßig, oder die Adern ziehen sich zu sehr zusammen, oder die Haargefäße öffnen sich zu weit, oder einzelne Körperteile erhalten zu viel, andere zu wenig Blut, oder der Blutdruck ist zu niedrig oder zu hoch. Es kommt zu Herzbeklemmungen, Schwindelanfällen, Ohnmachten, Schlaganfällen.

Die Arterienwände werden manchmal, besonders im Alter, schadhaft. An den schadhaften Stellen bilden sich Kalkablagerungen. Dadurch werden die Arterien brüchig, und der Blutumlauf wird immer mehr behindert. Eine *Arterienverkalkung* hat begonnen; sie schreitet fort, langsam oder rascher, je nach Veranlagung und Umständen; vollständig heilbar ist diese Krankheit nicht.

Du solltest dir merken:

1 Die Adern, in denen das Blut vom Herzen zu den Zellen hinströmt, heißen Schlagadern oder *Arterien,* die Adern für den Rückweg Blutadern oder *Venen.*

2 Die Adern verzweigen sich zu feinsten Haargefäßen, die mit bloßem Auge nicht mehr sichtbar sind. Durch ihre dünnen Wände hindurch findet der Stoffaustausch mit den Zellen statt. Stoffaustausch heißt: Das frische, hellrote, aus der Lunge kommende Blut gibt an die Zellen Sauerstoff und Nährstoffe ab. Es tauscht dafür Abfallstoffe und Kohlensäuregas ein und färbt sich dabei dunkelrot.

3 Das Blut beschreibt im Körper einen Kreislauf. Er beginnt in der linken Herzkammer und führt durch den Körper zurück zur rechten Vor- und Herzkammer. Von der rechten Herzkammer kann das Blut wieder in die linke Vor- und dann Herzkammer nur gelangen, nachdem es vorher die Lungen durchlaufen hat.

4 Die Verletzung einer Schlagader ist lebensgefährlich. Bis zum Einsetzen ärztlicher Hilfe ist die Arterie auf der dem Herzen zugekehrten Seite der Wunde mit dem Finger abzuklammern oder mit einem festen Gegenstand abzubinden.

5 Die treibende Kraft des Blutumlaufs ist das Herz. Seine Druckstöße pflanzen sich in den Adernwänden fort und werden an vielen Stellen des Körpers als Puls fühlbar.

6 Erkrankungen (Krampfadern, Arterienverkalkung) oder Überreizungen der Blutbahnen führen zu Kreislaufstörungen, deren schwere Formen (Schlaganfälle) zum plötzlichen Tode führen können.

Was ist Lymphe? – Noch ein Kreislauf

I. Die Lymphe schließt oberflächliche Wunden

Du hast bestimmt schon einmal die Haut abgeschürft, ohne daß es blutete. Kurz danach war die Wunde von einer wasserhellen, etwas klebrigen Flüssigkeit bedeckt. Diese Flüssigkeit nennt man Lymphe. Nach einiger Zeit bildet sie einen Schorf; sie gerinnt also wie das Blut.

Wenn du vom Holzspalten oder durch eine leichte Verbrennung eine Blase bekommst, dann sagst du, sie habe sich mit Wasser gefüllt. Es ist aber kein gewöhnliches Wasser, sondern dieselbe Flüssigkeit wie bei der Schürfwunde, also Lymphe.

Woher mag sie wohl kommen? Du kannst zuschauen, wie sie bei einer Hautschürfung aus dem Gewebe hervorsickert; du brauchst nur die Lymphe ein paarmal mit einem sauberen Lappen abzuwischen und genau zu beobachten. Unser Körper besteht aus Zellen. Zwischen diesen Zellen sind Lücken und Spalten. Aus diesen Gewebelücken heraus tritt die Lymphe.

II. Lymphe und Blut

1. Bestandteile der Lymphe. Die Tatsache, daß die Lymphe gerinnt, läßt uns vermuten, daß Blut und Lymphe zusammengehören. Blutschorf ist allerdings viel dunkler als Lymphschorf. Das machen die roten Blutkörperchen aus. Genaue Untersuchungen haben dann auch ergeben, daß die Lymphe in ihrer Zusammensetzung dem Blut gleicht, nur daß eben die roten Blutkörperchen fehlen.

2. Aufgaben der Lymphe. Die Lymphe gleicht dem Blut auch in den Aufgaben, die sie zu erfüllen hat.

a) Sie hilft mit bei der Versorgung der Zellen mit Nährstoffen.

b) Sie nimmt den Zellen einen Teil der giftigen Abfallstoffe ab, die bei der Verbrennung und bei der Erneuerung der Zellen entstehen. Diese ›Schlacken‹ gibt die Lymphe an das Blut weiter; von diesem werden sie den Lungen, den Nieren und der Haut zur Ausscheidung – oder der Leber zur Entgiftung zugeführt.

c) Ihre wichtigste Aufgabe aber ist, Krankheitserreger zu bekämpfen. Sie führt nicht nur weiße Blutkörperchen mit sich; sie kann auch die in die Lymphbahnen eingeschalteten *Lymphknoten* zu massenhafter Bildung von zusätzlichen weißen Blutkörperchen anregen, sobald Gefahr droht. Zahlreiche, zum Teil winzig kleine, aber auch bis bohnengroße Lymphknoten sitzen an Hals und Nacken, in Brust- und Bauchhöhle, in Magen und Darm, an der Luftröhre und an den Bronchien; die größten aber in der Achselhöhle und in der Leistenbeuge. Auch die Rachenmandeln sind Lymphknoten. An Oberlippe und Nasenflügel fehlen sie; deshalb sind Wunden und Entzündungen an diesen Körperstellen so gefährlich.

Wenn die weißen Blutkörperchen mit eingedrungenen Krankheitserregern an Ort und Stelle nicht fertig werden, dann geht der Kampf in den Lymphbahnen weiter. Diese entzünden sich und werden als ›rote Streifen‹ sichtbar. Die Lymphknoten schwellen an und schmerzen.

Überrennen die Krankheitserreger auch die Sperren der Lymphknoten, dann gelangen sie in die Blutbahn; eine lebensgefährliche Blutvergiftung ist im Gange.

III. Der Weg der Lymphe durch den Körper

In den Haargefäßen verläßt ein Teil des Blutes ohne rote Blutkörperchen als Lymphe die Blutbahn, füllt die Gewebelücken aus und umspült die Zellen.

Nachdem die Lymphe bei der Ernährung der Zellen und beim Abtransport der Abfallstoffe mitgeholfen hat, wird sie in feinen Lymphgefäßen wieder gesammelt. Diese vereinigen sich zu größeren Röhren und bilden schließlich den *Brustlymphgang.* Dessen wichtigster Ast, der federkielstarke *›Milchbrustgang‹*, verläuft dicht an der Wirbelsäule entlang nach oben. In ihm schwimmen nach einer fettreichen Mahlzeit unzählige, winzige Fetttröpfchen. Sie färben seine Lymphe milchig trübe; daher der Name. Außer dem Milchbrustgang ist noch ein zweiter, etwas kleinerer Lymphgang auf der rechten Brustseite vorhanden. Beide münden in Venen, und damit ist die Lymphe wieder mit dem Blut vereinigt.

Die Lymphe strömt also, wie das Blut, durch den Körper. Es ist aber kein Herz da, welches den Strom in Fluß hält. Die Lymphbahnen müssen vielmehr durch die Arbeit ihrer Muskeln selber für das Weiterfließen sorgen. Damit es kein Zurück gibt, sind ebenso wie in die Blutbahnen auch in die Lymphgänge Taschenventile eingebaut.

Du solltest dir merken:

1. Die Lymphe ist ›Blut ohne rote Blutkörperchen‹. Sie sickert aus den Haargefäßen in die Gewebelücken ein und umspült die Zellen.

2. Die Lymphe hilft mit bei der Ernährung der Zellen und beim Wegschaffen schädlicher Abfallstoffe aus den Zellen.

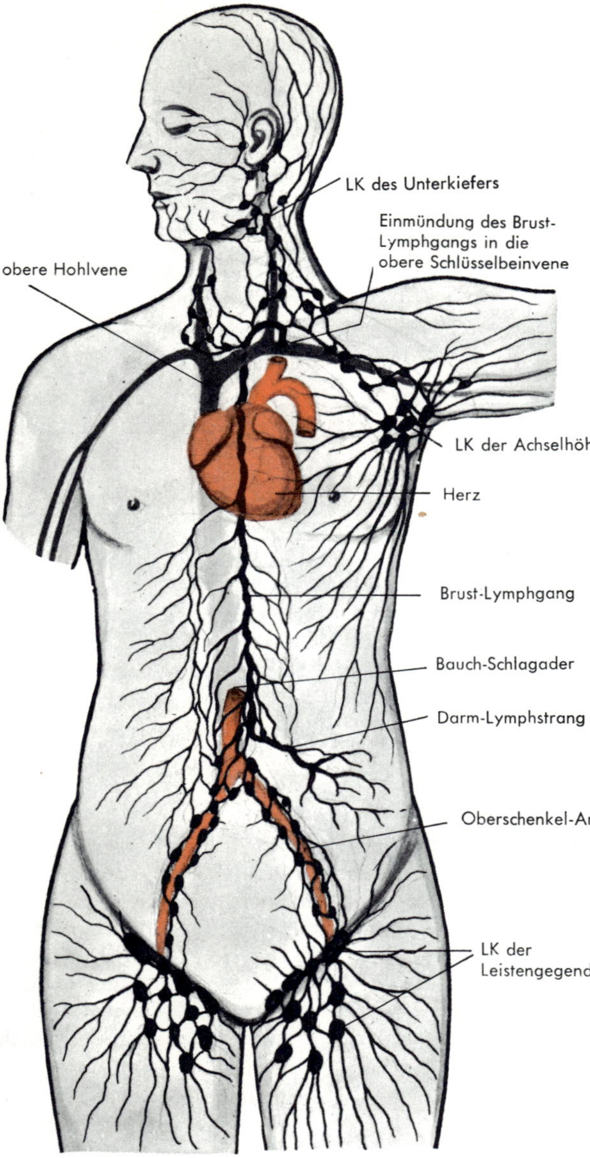

Abb. 40:
Lymphgefäße
mit Lymphknoten

❸ In besonderen Lymphbahnen wird die Lymphe wieder dem Blut zugeführt. In diese Bahnen sind Lymphknoten (z. B. in der Achselhöhle, in der Leistenbeuge, die Rachenmandeln) eingeschaltet. Sie dienen der Entgiftung des Körpers; insbesondere sollen sie gefährliche Krankheitserreger daran hindern, in die Blutbahnen einzudringen und dadurch das Blut zu vergiften.

Aufgabe:

Versuche, in eine schematische Darstellung des Blutkreislaufes (siehe Seite 41) die Lymphbahnen farbig einzuzeichnen. Beschaffe Tb 90, Robert Koch — Arzt und Forscher, sowie FT 421, Wasserwacht — Rettungsschwimmen.

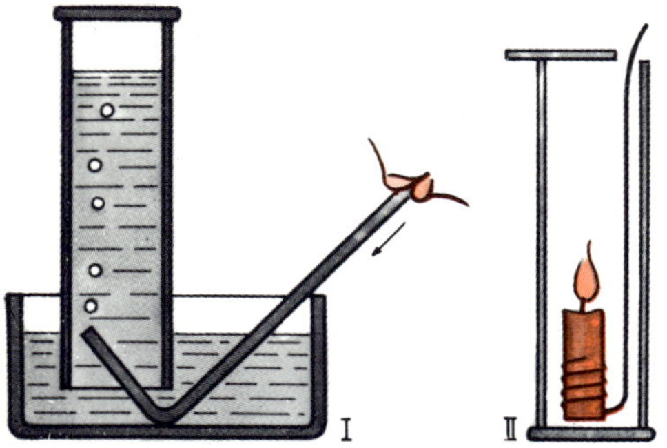

Abb. 41: Zu Versuch 19

Atmen in frischer Luft ist gesund

Arbeitsmittel: Wasserbecken, 2 gleichgroße Standzylinder, 2 Glasscheiben, 2 Erlenmeyerkolben, je mit doppelt durchbohrtem Stopfen (wie in *Abb. 42)*, gabel- oder T-förmige Glasröhre, Gummischläuche, 2 Kerzen, Draht, Kalkwasser; Meßband; Tb 90; FT 421.

Man kann wochenlang fasten, tagelang dürsten, aber ohne zu atmen kann es selbst ein geübter Taucher höchstens 2 oder 3 Minuten lang aushalten. Das zeigt dir, wie wichtig das Atmen für die Erhaltung unseres Lebens ist.

. Worauf es beim Atmen ankommt

Warum kann man wochenlang fasten? Weil der Körper Nährstoffe im Unterhautgewebe, in den Muskeln, in inneren Organen aufspeichert und weil er im äußersten Fall auf das Eiweiß der Muskeln zurückgreifen kann.

Warum kann man tagelang dürsten? Weil der Körper auch einen gewissen Wasservorrat im Unterhautgewebe anlegt und weil er seinen Wasserhaushalt sinnreich regelt. Denke daran, wie er z. B. dem dünnflüssigen Speisebrei im Dickdarm das Wasser entzieht. Immerhin, wenn der Körper durch Harnabgabe, Schwitzen, Atmen (täglich etwa $1/2$ l) und Stuhlgang mehr als 7 bis 8 l Wasser verliert, ohne daß es ersetzt wird, dann erlischt das Leben, und das dauert nicht mehr als ein paar Tage.

Und warum können wir nur Sekunden oder Minuten auf das Atmen verzichten?

Ehe du eine Antwort versuchst, solltest du zuvor die *Ausatmungsluft* untersuchen. Vergleiche sie mit der gewöhnlichen Luft (Frischluft).

Versuch 19: Führe, wie in *Abb. 41* (II), eine brennende Kerze in einen Standzylinder und decke eine Glasscheibe so weit wie möglich darüber. Was geschieht? Warum erlischt die Kerze? Gieße in den Zylinder ein wenig Kalkwasser und schüttle um. Ergebnis? Wie heißt das Gas, welches Kalkwasser trübt?

Versuch 20: Halte bereit: 2 gleichgroße, etwa 1 Liter fassende Standzylinder mit 2 Glasscheiben zum Zudecken, 2 Kerzen mit Draht, 1 Wasserbecken. Zylinder I wird mit Ausatmungsluft gefüllt (Atem lange anhalten, dann ausatmen, die Luft unter Wasser auffangen, vgl. *Abb. 41)*. Zylinder II enthält Frischluft. Stelle die beiden mit der Glasscheibe bedeckten Zylinder nebeneinander, führe zu gleicher Zeit in beide je eine brennende Kerze ein und decke die Scheibe soweit wie möglich darüber. Welche Kerze erlischt zuerst? Was mag die Ursache sein?

Versuch 21: Du brauchst dazu 2 Erlenmeyerkolben (I und II) mit klarem Kalkwasser, 2 doppelt durchbohrte Stopfen, 4 rechtwinklig gebogene Glasröhren, 1 T-förmige Röhre, Schlauchstücke und als Mundstück eine gewöhnliche Glasröhre. Stelle die Geräte wie in *Abb. 42* zusammen. Die beiden Röhren B dürfen das Kalkwasser nicht berühren. Atme nur durch das Mundstück ein und aus. Dabei wird die Luft durch das Kalkwasser hindurchgeleitet, und zwar beim Einatmen durch Kolben I, beim Ausatmen durch Kolben II. Vergleiche.

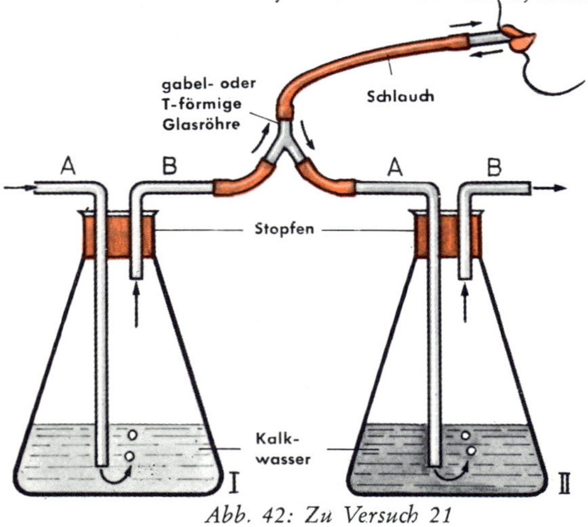

Abb. 42: Zu Versuch 21

Wenn du die Geduld nicht verlierst, trübt sich auch das Kalkwasser in Kolben I, denn auch die Frischluft enthält Spuren von Kohlensäuregas.

Fasse das Ergebnis der Versuche zusammen. Genaue Messungen haben ergeben:

	Sauerstoff	Kohlensäuregas	Stickstoff
Frischluft enthält	rund 21 %	0,03 %	rund 78 %
Ausatmungsluft enthält	16 — 17 %	4 — 5 %	rund 78 %

Den Rest bilden jeweils andere Gase.

Beim Atmen wird demnach Sauerstoff verbraucht und Kohlensäuregas erzeugt. Der Sauerstoff stammt aus der Frischluft. Wo aber kommt das Kohlensäuregas her?

Da mußt du wissen, daß man bei der Atmung zwei Dinge auseinanderhalten muß:

a) Die ›innere Atmung‹; sie findet in allen lebenden Zellen des Körpers statt. Dort werden Nährstoffe, insbesondere Traubenzucker, zu Kohlensäuregas (CO_2) und Wasser (H_2O) verbrannt.

Beide Verbrennungsprodukte, insbesondere das CO_2, müssen sogleich weggeschafft werden. Warum? Denke an Versuch 20. Wie dort die Flamme nach kurzer Zeit erlosch, so erginge es den unzähligen, ohne Flamme brennenden Lebenslichtlein unseres Körpers. Sie würden in dem selbst erzeugten CO_2 ersticken, wenn dieses nicht sofort weggeschafft würde. Sie könnten keinen Sauerstoff mehr erhalten; das CO_2 kann aber in ausreichendem Maße nur durch die Lunge ausgeschieden werden.

b) Die ›äußere Atmung‹; so nennt man den *Gasaustausch* in der Lunge. Dort erfolgt zweierlei:

1. das Blut muß das mitgeführte CO_2 loswerden;
2. das Blut muß sich möglichst reichlich mit Sauerstoff beladen. Je tiefer wir ausatmen, desto vollständiger werden wir das CO_2 los, und je tiefer wir in frischer Luft einatmen, desto besser versorgen wir unser Blut mit dem so wichtigen Sauerstoff. Daß beim Ausatmen auch *Wasser* ausgeschieden wird, erkennst du, wenn du gegen das kalte Fenster hauchst.

So, und nun sage, warum wir nur ein paar Minuten lang auf das Atmen verzichten können.

II. Vom richtigen Ein- und Ausatmen

Überlies und überdenke noch einmal, was Seite 17 über die Atmungsorgane gesagt wurde.

1. Die Brust- oder Rippenatmung. Du meinst vielleicht, der Brustkorb hebe sich, weil wir die Lungen mit Luft füllen. Es ist aber umgekehrt. Wir erweitern durch Heben des Brustbeins und der vorderen Rippenteile den Brustraum, und infolgedessen strömt Luft in die Lungen. Es ist wie bei einem Blasebalg; zieht man ihn auf, dann saugt er Luft ein. Wäre es nicht so, dann gäbe es keine künstliche Atmung. Sie beruht ja darauf, daß wir durch abwechselndes Zusammendrücken und Erweitern des Brustkorbes eines Erstickten die Atmung von außen her in Gang bringen. Nicht alle Menschen haben gleich große Brustkörbe, und nicht alle verfügen über gleich starke Brustmuskeln. Das kannst du selbst feststellen, indem du deinen Brustumfang mit einem Maßband nach tiefer Einatmung und dann wieder nach völliger Ausatmung mißt und die gefundenen Maße mit den Maßen bei anderen vergleichst.

2. Die Bauch- oder Zwerchfellatmung. Der Brustraum kann auch dadurch erweitert werden, daß sich das Zwerchfell senkt. Vermöge seiner Muskeln ist es dazu imstande. Der

Bauch wölbt sich dann vor. Auch so kann man Luft in die Lungen saugen, d. h. einatmen. Jedoch ist die Zwerchfellatmung nur halb so ergiebig wie die Rippenatmung.

3. Atemübungen. Das Ein- und Ausatmen geht mechanisch vor sich; wir achten nicht auf jeden einzelnen Atemzug. Im Schlaf ist das Bewußtsein überhaupt ausgeschaltet; der Atem aber darf so wenig wie das Herz stillstehen. Um so wichtiger ist es, daß der Körper an richtiges Atmen gewöhnt wird. Dazu können wir durch Atemübungen beitragen.

a) Man beginne stets mit dem *Ausatmen,* weil völliges Ausatmen ganz von selbst tiefes Einatmen nach sich zieht. Brustbein und Rippen werden so tief wie möglich gesenkt und dann das Zwerchfell so hoch wie möglich gehoben, bis man das Gefühl hat, daß alle Luft ausgeblasen ist. Nun hält man den Atem an, bis man in Gedanken langsam auf 3, später auf 5 zählt. Dieses Atemanhalten ist wichtig, weil sich der Körper dabei entspannt. Es gibt kein besseres Einschlafmittel als solches Ausatmen mit anschließendem Atemanhalten, während man ruhig im Bett auf dem Rücken liegt.

b) Beim *Einatmen* beginnt man mit der Zwerchfellatmung und läßt diese in die Rippenatmung übergehen. Dabei soll die Luft durch die Nase, nicht durch den Mund einströmen. Während man beim Ausatmen die Luft langsam aus dem Mund ausbläst, soll das Einatmen rascher, so tief wie möglich erfolgen.

c) Am Schlafenden läßt sich am besten feststellen, ob sein Körper an tiefes, ruhiges und gleichmäßiges Atmen gewöhnt ist oder nicht. Durch tägliche Atemübungen kann schlechten Atemgewohnheiten abgeholfen werden.

4. Atme durch die Nase ein. Warum? In der Luft schweben stets Stäubchen und Krankheitskeime. Der Nasenschleim hält vieles davon fest und läßt es nicht in die tieferen Atemwege gelangen. Das kannst du deutlich feststellen, wenn du nach dem Kohlentragen die Nase schneuzt. Außerdem wird an frostigen Tagen die kalte Atemluft auf dem Weg durch die Nase angewärmt, so daß wir uns nicht so leicht erkälten.

III. Von der Atemluft

Es kommt nicht nur darauf an, daß wir richtig einatmen, sondern auch darauf, was wir einatmen. Der Körper will ja Sauerstoff, nicht einfach Luft. Das Atmen ist deshalb um so leichter und ergiebiger, je mehr Sauerstoff in der Luft enthalten ist. Und wo die Luft zu dünn wird, wie in großen Höhen, oder wo bei einem Kranken der Atem zu kurz wird, da muß das Sauerstoffgerät helfen.

1. Wieviel Atemluft brauchen wir? Der den Zellen mit den Nährstoffen zugeführte Kohlenstoff muß verbrannt werden. Dazu braucht der Erwachsene bei mittelschwerer körperlicher Arbeit etwa 750 l Sauerstoff täglich. Diesen entnimmt das Blut in den Lungenbläschen der eingeatmeten Luft. Von den 210 cm^3 Sauerstoff je Liter Luft kann das Blut aber nur 45 cm^3 aufnehmen. Wieviel Liter Luft müssen also täglich veratmet werden? Wieviel macht das auf einen Atemzug aus, wenn du 18 Atemzüge je Minute rechnest?

Stelle fest, wieviel Atemzüge du in einer Minute machst und rechne aus, wieviel Liter Luft durchschnittlich auf einen Atemzug kommen bei einem Bedarf von 600 l Sauerstoff täglich.

2. Verbrauchte Luft. Frischluft enthält je Liter 210 cm^3 Sauerstoff und 0,3 cm^3 Kohlensäuregas. Sinkt der Sauerstoffgehalt auf 170 cm^3, während das Kohlensäuregas auf 40 cm^3 ansteigt, dann sprechen wir von verbrauchter Luft. Die Verbrennung bleibt unvollständig, der Körper ›verschlackt‹, wir ermüden. Deshalb legen wir so großen Wert auf große, gut gelüftete Wohn- und Arbeitsräume. So soll z. B. ein Schulzimmer immer so groß sein, daß auf jeden Schüler 4 bis 7 m^3 Luftraum kommen. Ein 14jähriger verbraucht bei der Schularbeit in einer Stunde etwa 25 l Sauerstoff; in der gleichen Zeit atmet er 20 l Kohlensäuregas aus. Nimm an, es kämen 5 m^3 Luftraum auf ihn und rechne aus, in welchem Maße die Luft bei dicht geschlossenen Fenstern nach einer Stunde verbraucht ist.

3. Unreine Luft. Du hast schon gestaunt darüber, wieviel feine Stäubchen in einem Lichtstrahl tanzen, der durch einen schmalen Spalt in das verdunkelte Zimmer fällt. Man hat diese Staubteilchen gezählt. Es kamen auf 1 Kubikzentimeter Luft im Hochgebirge 240, auf hoher See 400, in einer Großstadt 42000, in London sogar 500000. Feste Staubteilchen können die Lunge verletzen. Deshalb werden Glasschleifer, Steinhauer und Ofensetzer oft lungenkrank, wenn sie bei der Arbeit keine Staubmasken tragen.

Wenn du bei Gelegenheit einmal in einen Lichtstrahl hineinhustest oder noch besser hineinniest, dann wirst du dich wundern, welche Unmengen winziger Speichel- und Wassertröpfchen dabei ausgestoßen werden. Und an diesen Tröpfchen können Krankheitskeime haften. Sie bedeuten für den Nebenmenschen Ansteckungsgefahr. Deshalb halte stets beim Husten oder Niesen das Taschentuch vor den Mund.

IV. Künstliche Atmung

1. Eiserne Lunge. Werden die für die Atmung wichtigen Muskeln gelähmt, z. B. bei Kinderlähmung oder elektrischen Unfällen, dann muß die Atmung künstlich aufrechterhalten werden. Dazu dient die Eiserne Lunge. Der Körper wird in eine metallene Röhre gelegt, die inwendig durch Druck und Sog den Brustkorb im Zeitmaß der Atemzüge verengt und erweitert.

2. Künstliche Atmung bei Erstickten. Gasvergiftete, Ertrunkene oder vom Blitz und Starkstrom Getroffene sind manchmal nur scheintot. Darum soll man bei ihnen die künstliche Atmung durchführen, bis die Verunglückten zu sich kommen oder bis der Arzt den eingetretenen Tod festgestellt hat. Ehe mit der künstlichen Atmung begonnen wird, muß man den Gasvergifteten an die frische Luft bringen und seinen Körper kräftig frottieren. Beim Ertrunkenen mußt du zuerst das in die Lunge eingedrungene Wasser entleeren. Lege den Ertrunkenen auf den Bauch, fasse ihn um die Hüften und hebe ihn so hoch, daß Kopf und Beine nach unten hängen. Dabei soll dein Kamerad mit der Hand gegen die Wirbelsäule des Verunglückten stoßen. Dies beschleunigt den Abfluß des Wasser aus den Luftwegen.

Nun beginne. Die Lagerung des Bewußtlosen (untergelegte Decke oder Jacke) sowie deine eigene Haltung sind aus *Abb. 43* ersichtlich. Beuge dich über den Verunglückten und fasse seine Arme dicht unter den Ellbogen (a). Tempo 1: Führe sie, indem du dich ruckartig aufrichtest, über den Kopf hoch (b). Tempo 2: Drücke sie seitwärts (c), daß sich der Brustkorb weitet. Tempo 3: Führe sie den umgekehrten Weg zurück, kreuze sie über der Brust, beug dich vor und laste mit dem ganzen Körpergewicht darauf. Nach 2 Sekunden

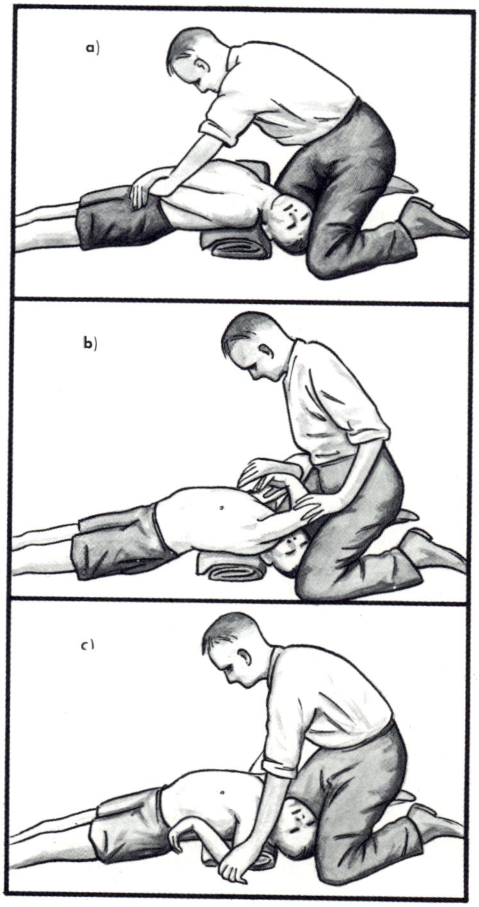

Abb. 43: Künstliche Atmung

Pause folgt Tempo 1 usw. So fährt man fort im Zeitmaß der natürlichen Atmung.

3. Erfolgreicher ist die neu entdeckte *„Mund-zu-Mund-Beatmung“:* Der Helfer kniet seitlich, verschließt mit der Hand die Nase des Verunglückten, holt rasch und tief Atem, stülpt *ohne Pause* seinen Mund über den des Bewußtlosen und atmet kurz und kräftig aus. Diese „Atemspende“ wird alle 4—5 sec. wiederholt. Nach jeder Beatmung schaut der Helfer auf den Brustkorb des Verunglückten; hebt und senkt er sich von selbst, dann endet die Atemspende. Laß dir die „Künstliche Atmung“ und die „Atemspende“ von Helfern des *„Roten Kreuzes“* zeigen. Vergleiche auch FT 421.

Namhafte Ärzte verlangen als Mindestdauer von Wiederbelebungsversuchen 4 bis 5 Stunden; in einem Fall von Gasvergiftung führte sie erst nach 10 Stunden zum Erfolg.

V. Krankheiten der Atemwege

Der Staub enthält auch Bazillen und Viren (Einzahl Virus). Das sind Krankheitserreger. Sie werden den Atemorganen besonders gefährlich.

1. Bronchialkatarrh. Es haben sich Krankheitskeime in der Luftröhre und in den Bronchien festgesetzt und eine Entzündung hervorgerufen. Vermehrte Schleimabsonderung und Husten sind die Folgen. Man kann mit Schwitzen, Lindenblütentee mit Zitrone und Einatmen von Kamillendampf Linderung erzielen. Tritt Fieber hinzu, dann ist der Arzt zu rufen.

2. Lungenentzündung. Sie wird hervorgerufen durch bestimmte Bakterien, wenn die Lunge nach einer Erkältung geschwächt ist. Hohes Fieber, Atemnot und ein schmerzhafter Husten stellen sich ein. Die Krankheit ist lebensgefährlich und erfordert sofortige ärztliche Hilfe.

3. Lungentuberkulose (Tb). Sie ist die gefürchtetste Erkrankung der Lunge, weil sie ansteckend ist, sich schleichend entwickelt und oft zu Siechtum und Tod führt. Erreger ist der Tuberkelbazillus, den der deutsche Arzt Robert KOCH 1882 entdeckte (vgl. Tb 90). In Notzeiten steigen Erkrankungen und Todesfälle infolge Tuberkulose stark an, ein Beweis dafür, daß geschwächte Körper und geschwächte Lungen dem Bazillus leichter erliegen. Neue Heilmittel und Behandlungsweisen bringen in vielen Fällen Heilung. Dazu gehört auch das Herausoperieren des erkrankten Lungenteils. Ein sicher wirkendes Heilmittel gibt es aber noch nicht.

Bei uns wird jeder Tuberkulosekranke, dessen Krankheit erkannt ist, vom staatlichen Gesundheitsamt kostenlos betreut, um ihn erforderlichenfalls einer Heilstättenbehandlung zuzuführen, und um die von ihm ausgehende Gefahr nach Möglichkeit einzudämmen.

4. Vorbeugung. Bei allen Erkrankungen der Atemwege gilt der Satz: *Vorbeugen ist besser als Heilen.* Gekräftigte Körper und gekräftigte Atemorgane machen eingedrungene Krankheitserreger unschädlich. Deshalb müssen vor allem ›anfällige‹ Menschen gesund leben. Zu einer gesunden Lebensführung gehören: Ausreichende Eiweiß- und Fetternährung (Butter), regelmäßige Atemübungen, sportliche Betätigung, Sauberkeit, Meiden von Nikotin, sowie Mäßigkeit. Es gibt keine bessere sportliche Betätigung als Wandern, Bergsteigen und Schwimmen. Ein gelegentlicher Spaziergang ist kein Wandern. Man muß ernst machen mit den 6 km, die man täglich in frischer Luft unterwegs sein soll, und man muß allmählich die Marschleistungen, die man seinem Körper zumutet, steigern, ohne jedoch der Rekordsucht zu verfallen.

Du solltest dir merken:

1. Beim Atmen kommt es darauf an, das schädliche Kohlensäuregas restlos auszublasen und möglichst viel Frischluft in alle Teile der Lunge einzusaugen.

2. Durch planmäßige Atemübungen sowie durch sportliches Wandern und Bergsteigen läßt sich der Körper an tiefes, ruhiges Atmen gewöhnen. Dadurch werden die Atmungsorgane auch gestärkt und widerstandsfähig gegen Ansteckung.

3 Beim bewußten Atmen sollen wir auf vollständiges Ausatmen achten; tiefes Einatmen schließt sich dann von selber an.

4 Bei der Vollatmung wirken Rippen- und Zwerchfellatmung zusammen. Das Einatmen beginnt mit der Zwerchfellatmung und geht in die Rippenatmung über. Dann wird der Atem kurze Zeit angehalten, ehe durch Senken der Rippen und anschließendes Heben des Zwerchfells die Atemluft langsam durch den Mund ausgeblasen wird.

5 Tiefes Atmen hat nur Erfolg in frischer, nicht aber in verbrauchter Luft. Darum sollen wir für gute Durchlüftung unserer Wohn- und Arbeitsräume sorgen.

6 Erstickte (Ertrunkene, Gasvergiftete, vom Starkstrom oder Blitzschlag Betäubte) können u. U. durch stundenlang fortgesetzte künstliche Atmung wiederbelebt werden. Dabei wird der Brustkorb des Verunglückten abwechselnd zusammengepreßt und geweitet.

7 Die Atmungsorgane sind von mancherlei Krankheiten bedroht, hervorgerufen durch Krankheitskeime, die wir mit der Luft einatmen: Nasenkatarrh, Bronchialkatarrh, Lungenentzündung, Lungentuberkulose. Die letztere ist die gefürchtetste, weil sie ansteckend und oft unheilbar ist. Neue Heilmittel und Behandlungsweisen haben ihr viel von ihrem Schrecken genommen. Bei den staatlichen Gesundheitsämtern sind besondere Fürsorgestellen eingerichtet; sie betreuen Tuberkulosekranke und treffen Maßnahmen zur Einschränkung der Ansteckungsgefahr.

8 Vorbeugen ist wichtiger als Heilen. Gekräftigte Körper und gekräftigte Lungen erkranken nicht. Darum sollen wir uns um eine gesunde Lebensführung bemühen, Sport treiben und Genußgifte, insbesondere Nikotin meiden, und vor allem: Schwimmen lernen!

Aufgaben:

1. Stelle in einer Folge einfacher Strichzeichnungen die einzelnen Schritte des richtigen Atemablaufs dar (vgl. auch Röntgenfilm F 128, Herztätigkeit und Atmung).
2. In Berlin starben auf 1000 Einwohner an TB 1900 = 26; 1905 = 25; 1910 = 28; 1914 = 19; 1916 = 23; 1918 = 32; 1925 = 13; 1935 = 5; 1945 = 24; 1950 = 12.
   a) Zeichne ein Schaubild.
   b) Äußere dich darüber, was die Sterblichkeitskurve sagt.

Kann man auch ohne Kehlkopf sprechen?

Arbeitsmittel: Kehlkopf eines Schweines.

Der Kehlkopf eines Schweines ist nicht wesentlich anders gebaut als der des Menschen. Trotzdem kann das Schwein weder sprechen noch singen, sondern nur ›grunzen‹. Zur Bildung von Sprechlauten und Tönen braucht man eben mehr als bloß den Kehlkopf.

I. Wie entstehen Töne und Laute?

1. Der Bau des Kehlkopfs. Betrachte den Kehlkopf des Schweines. Nenne an Hand der *Abb. 44* und *45* seine Teile. Du siehst den Schildknorpel. Du kannst ihn auch an deinem Halse abtasten. Es ist der wohlbekannte ›Adamsapfel‹. Schaue von oben in den Kehlkopf hinein. Du siehst die ›falschen‹ Stimmbänder. Beachte insbesondere den Kehlkopfdeckel. Er ist beweglich.

Versuch 22: a) Drücke auf den Kehlkopfdeckel. Was geschieht? Halte den Kehlkopf senkrecht und drücke ihn gegen die darübergehaltene flache Hand. Ergebnis?

b) Schiebe in die Luftröhre unterhalb des Kehlkopfs eine passende Glasröhre und blase kräftig hinein. Wiederhole dasselbe, drücke dabei den Kehlkopf seitlich etwas zusammen und achte auf die Tonhöhe. Ergebnis? Begründe.

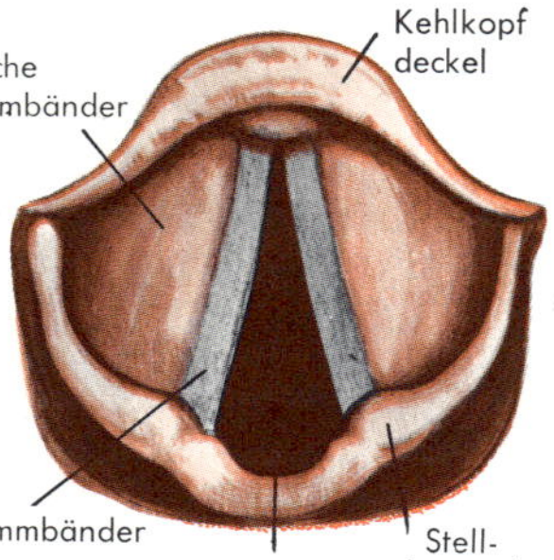

Abb. 44: Kehlkopf von oben gesehen

Nun schneide den Kehlkopf des Schweines der Länge nach auf. Nenne wiederum seine Teile. Suche die Stimmbänder und die *Stellknorpel.* Was besagt der Name? Du kannst sie abtasten und bewegen.

2. *Warum hat der Mann eine tiefere Stimme als die Frau?* Bei ruhigem Atmen sind die Stimmbänder schlaff, die Stimmritze ist weit offen. Sobald wir sprechen oder singen wollen, werden die Stimmbänder durch Muskeln gestrafft und von den Stellknorpeln in die richtige Lage gebracht. Die Stimmritze schließt sich bis auf einen schmalen Spalt. Gegen diesen wird durch Ausatmen ein Luftstrom geblasen. Er bringt die Stimmbandränder zum Schwingen. So entsteht ein Ton. Ob er hoch oder tief ist, hängt von der Länge und Spannung der Stimmbänder ab. Nun sind die Stimmbänder der Männer 1¹/₂mal so lang wie die der Frauen, und deshalb haben die Männer auch eine tiefere Stimme. Bei Kindern ist noch kein Unterschied da, aber zwischen dem 12. und 15. Lebensjahr wächst er sich aus; die Stimme des Jungen bricht. Beim einen werden die Stimmbänder besonders lang; er singt später Baß. Beim anderen bleiben sie kürzer, er singt Tenor.

3. *Wie entstehen die Sprachlaute?* Der Kehlkopf kann hohe und tiefe Töne erzeugen (vgl. Versuch 22). Ob diese laut oder leise sind, hängt von der Kraft des Luftstromes und von der Fülle der mitschwingenden Luft im Nasen-Rachenraum und in der Luftröhre ab. Wie aber entstehen die verschiedenen Laute, Selbst- und Mitlaute? Da müssen die anderen ›Sprechwerkzeuge‹ mithelfen. Nenne sie. Probiere die einzelnen Laute durch und stelle fest, welche Sprechwerkzeuge bei jedem beteiligt sind. Probiere auch aus, ob du Worte und Sätze formen kannst, ohne den Kehlkopf in Anspruch zu nehmen. Du stellst fest, daß bei der *Flüstersprache* der Kehlkopf nicht beteiligt ist.

4. *Stimmpflege.* Zuweilen werden wir heiser. Dann sind die Muskeln der Stellknorpel gestört. Die Ursache ist wahrscheinlich eine Erkältung mit nachfolgendem Katarrh. Vielleicht ist auch die Stimme durch Schreien oder lautes Singen überanstrengt worden.

Wer seine Stimme pflegen will, muß richtig atmen. Er darf nicht lauter und vor allem nicht höher oder tiefer singen, als er es ohne Anstrengung kann. Er muß sich ferner vor Erkältungen hüten und das Rauchen meiden.

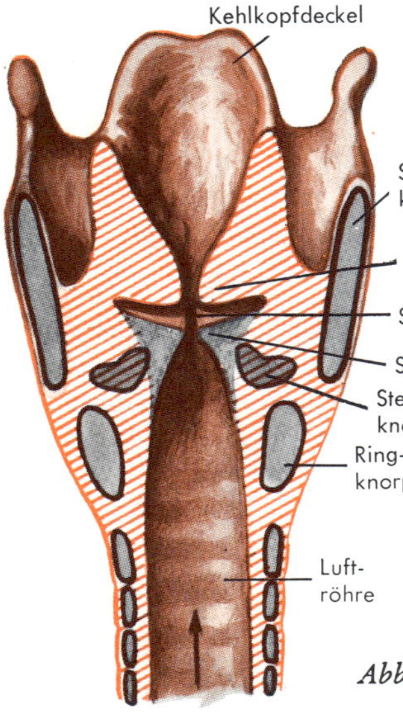

Abb. 45: Kehlkopf, Längsschnitt

II. Wenn etwas in den »falschen Hals« kommt

Die Mundhöhle mündet in zwei Röhren. Nenne sie. Vergleiche sie nach Lage, Bau und Aufgabe.

1. *Verschlucken.* Man muß sich eigentlich darüber wundern, daß beim Schlucken die Speiseteile den rechten Weg in die Speiseröhre finden und nicht in die Luftröhre, in den ›falschen Hals‹ geraten. Die *Abb. 46* zeigt des Rätsels Lösung. Erkläre. Und dann betaste deinen Kehlkopf und mache eine kräftige Schluckbewegung. Was geschieht? Vergleiche damit Versuch 22 a. Taste ab, ob sich dein Kehlkopf auch beim Sprechen oder Lachen hochschiebt. Wenn du also während des Essens sprichst oder lachst, dann schließt der Deckel nicht dicht, und schon ist das Unglück geschehen: Du hast dich verschluckt. Nun mußt du husten; du kannst gar nicht anders. Dadurch werden die in den Kehlkopf geratenen Speiseteile wieder ausgestoßen.

2. Ein Bissen bleibt im Halse stecken. Wer große Bissen hinabwürgt, muß damit rechnen, daß ihm ein Bissen im Hals steckenbleibt. Diese Stelle drückt dann auf die davorliegende Luftröhre und preßt sie zu. Der hastige Esser droht zu ersticken. Klopfe ihm mit der flachen Hand auf den gebeugten Rücken. Hilft das nicht, dann kitzle ihn mit dem Finger oder mit einer Feder am Gaumen. Er muß sich dann erbrechen, wobei der steckengebliebene Bissen mit herausgewürgt wird. Wer gut kaut, kommt nicht in derartige Erstickungsgefahr.

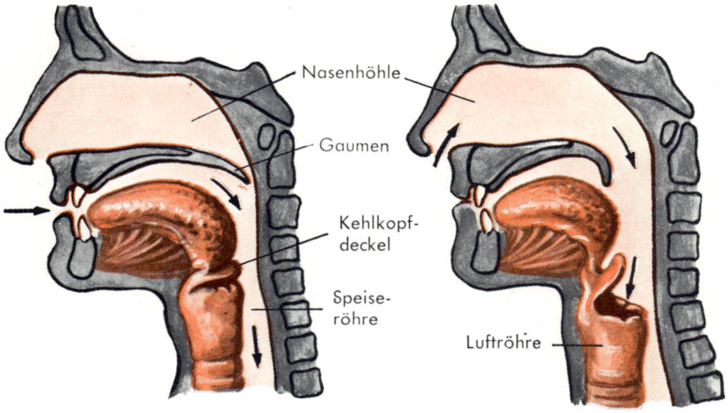

Abb. 46: Kehlkopf beim Schlucken beim Atmen

Du solltest dir merken:

1. Im Kehlkopf befinden sich zwei muskulöse Stimmbänder. Sie lassen sich straffen und in eine solche Lage zueinander bringen, daß die ausströmende Atemluft ihre Ränder in Schwingungen versetzt. Dadurch entstehen die tiefen oder die hohen Töne.
2. Laute können wir nur bilden, wenn der Kehlkopf und die übrigen Sprechwerkzeuge, nämlich Rachen, Nase, Zunge, Lippen und Zähne, zusammenwirken.
3. Eine schöne Stimme ist ein Geschenk. Erhalte sie dir. Schreie nicht und singe nicht allzu laut. Suche nicht gewaltsam höher oder tiefer zu singen, als es deine natürliche Stimmlage erlaubt. Hüte dich vor Erkältungen und unterlasse das Rauchen.
4. Beim Schlucken schließt der Kehlkopfdeckel die Luftröhre selbsttätig zu. Verschlucken wir uns trotzdem einmal, dann müssen wir unwiderstehlich husten, wodurch die Speiseteile wieder aus Luftröhre und Kehlkopf ausgestoßen werden.

Aufgabe:

Zeichne Strichskizzen (Längsschnitte durch den Kopf) zur Veranschaulichung der Lage von Zunge, Kehldeckel, Zäpfchen
a) beim Atmen, b) beim Schlucken, c) beim Verschlucken.

Wie entstehen Körperwärme und Körperkraft?

Arbeitsmittel: Geräte wie in Abb. 47; *1* Gramm (nicht mehr!) Kaliumpermanganat, *verdünnte* Schwefelsäure (1 cm³ Schwefelsäure langsam in 4 cm³ Wasser gießen, die heiß gewordene Lösung unter dem Hahn abkühlen); 1 (höchstens bohnengroßes) Stück Würfelzucker (keinen gestoßenen oder gar Staubzucker nehmen!); Kalkwasser.

Unser Körper ist stets gleichmäßig warm. Seine Temperatur steigt an heißen Tagen oder in heißen Zonen nicht an; sie sinkt an frostigen Tagen oder in den Eisregionen nicht ab. Nur krankhafte Vorgänge im Körperinnern können Schwankungen nach oben oder unten hervorrufen. Wir nehmen das als selbstverständlich hin. Bei einigem Nachdenken erkennen wir aber, wie wundersam diese Tatsache ist. Sie zeigt, daß der Körper völlig unabhängig von der Außenwelt seine Wärme selbst erzeugt und selber regelt. Wie macht er das?

I. Im Körper findet eine langsame Verbrennung statt

Von der Chemie her weißt du, daß die Verbrennung ein chemischer Vorgang ist. Der Kohlenstoff des Heizmaterials verbindet sich mit dem Sauerstoff der Luft zu Kohlensäure-

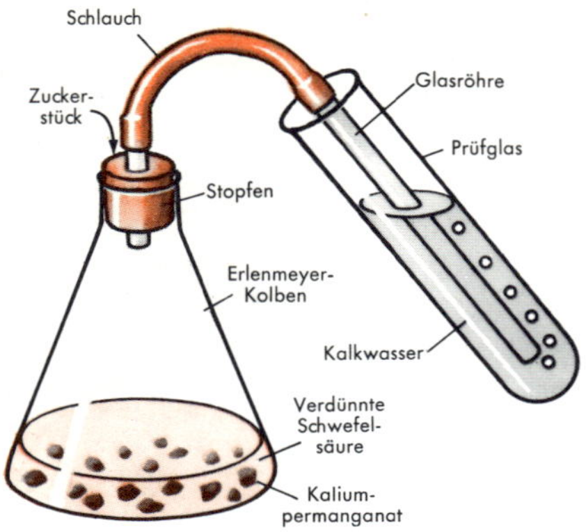

Abb. 47: Zu Versuch 23

gas (CO_2). Dabei wird Wärme frei. Nun können Kohle und Holz unbegrenzte Zeit an der Luft liegen, ohne daß etwas geschieht. Der Vorgang der Verbrennung muß eingeleitet, herbeigeführt werden: Wir machen ein Feuer an. Nun kommt die Verbrennung in Gang und bleibt in Gang, solange Kohlenstoff und Sauerstoff nicht ausgehen. Bedeutende Hitze und Flamme oder Glut sind ihre wahrnehmbaren Anzeichen.

So kann es im Körper nicht zugehen. Hier wird weder eine große Hitze noch eine Flamme entwickelt. Und doch findet eine Verbrennung statt, wie du auf den vorhergehenden Seiten dieses Buches immer wieder gelesen hast. Es gibt nämlich auch eine flammenlose, nur mäßige Wärme erzeugende Verbrennung; wir nennen sie *langsame Verbrennung*. Eine solche kannst du (Versuch 23) selbst herbeiführen. Das Stückchen Zucker liefert den *Kohlenstoff*, das Kaliumpermanganat den *Sauerstoff*. Damit ist es aber noch nicht getan, denn auch die langsame Verbrennung muß „angefacht" werden. Das besorgt in diesem Falle die verdünnte Schwefelsäure.

Versuch 23: Passe die Geräte so zusammen, wie es die *Abb. 47* zeigt. Fülle das Prüfglas zur Hälfte mit Kalkwasser. In den Erlenmeyerkolben kommt das eine Gramm Kaliumpermanganat; es folgen die 5 cm^3 verdünnte Schwefelsäure, und jetzt erst gib das Stückchen Zucker hinzu und verschließe so rasch wie möglich mit dem Stopfen.

Bald steigen in dem Prüfglas Blasen auf, und das Kalkwasser trübt sich. Um welches Gas muß es sich handeln? Und nun berühre den Erlenmeyerkolben. Was stellst du fest?

Du siehst: Alles ist wie bei einer richtigen Verbrennung, nur die Flamme fehlt. Sie verläuft langsamer als im Ofen, dafür ist auch die Hitze nicht so groß. Es ist eine *„langsame Verbrennung"*.

Eine langsame Verbrennung findet auch in den Zellen statt. Den Kohlenstoff liefern die Nährstoffe. Der Sauerstoff wird vom Blut aus der Lunge herbeigeschafft, und das ›Anfachen‹ besorgen besondere Atmungsfermente. Ergebnis: Körperwärme und Kohlensäuregas.

Die langsame Verbrennung ist ein Teil der Atmung. Wir nennen sie deshalb auch *innere Atmung* oder *Zellatmung*. Die *äußere* Atmung findet in der Lunge statt. Der ganze Atemvorgang sieht dann so aus:

1. Beim Einatmen füllt sich die Lunge mit Luft.
2. Das Blut entnimmt der eingeatmeten Luft Sauerstoff.
3. Das Blut gibt den Sauerstoff an die Zelle ab.
4. Die langsame Verbrennung in der Zelle liefert Wärme und Kohlensäuregas.
5. Das Kohlensäuregas wird von der Zelle an das Blut abgegeben.
6. Das Blut liefert das Kohlensäuregas in die Lunge ab.
7. Beim Ausatmen wird das Kohlensäuregas aus der Lunge ausgeblasen.

Dabei spielen sich die Vorgänge 2 und 6, ebenso 3 und 5 als Gasaustausch in der Lunge und als Gasaustausch in der Zelle stets miteinander ab.

II. Ein Teil der Körperwärme wird in Körperkraft umgewandelt

Wir wissen, woher die Kraft kommt, die eine Lokomotive oder eine Dampfmaschine für ihre gewaltigen Arbeitsleistungen braucht. Unter dem mit Wasser gefüllten Kessel brennt ein Feuer. Die Wärme dieses Feuers verwandelt Wasser in Dampf. Der Dampf wird gespannt und liefert so die Dampfkraft.

Wir wissen aber nicht, was vor sich geht, damit die durch innere Atmung erzeugte Wärme in Körperkraft umgewandelt wird. Hier stehen die Forscher auch heute noch vor einem Rätsel. Wir wissen nur, daß ein Muskelreiz genügt, um diese Umwandlung jederzeit an irgendeiner Stelle unseres Körpers blitzschnell zu bewerkstelligen. Wir wissen auch, daß die Verbrennung in den Zellen um so lebhafter sein muß, je größer der Kraftverbrauch ist. Bei lebhafterer Verbrennung muß aber auch mehr Brennstoff und mehr Sauerstoff in die Zellen gebracht werden. Das Blut muß seinen Umlauf beschleunigen, und die äußere Atmung muß sich steigern. Deshalb zeigen uns bedrohliches Herzklopfen und Außer-Atem-kommen die Grenze an, über die wir beim Verbrauch unserer Körperkräfte nicht hinausgehen dürfen.

III. Von der Regelung der Körperwärme

Die Körpertemperatur des gesunden Menschen beträgt ungefähr 37 °. Steigt sie auf über 42 ° an, dann ist das Leben bedroht. Der Spielraum zwischen Leben und Tod ist also nicht groß. Deshalb ist es gut zu verstehen, daß der Körper im Gehirn ein eigenes *Zentrum für die Wärmeregelung* besitzt. Von ihm gehen ohne unser Zutun die Befehle aus an die Körperzellen, an das Blut und an die Haut, weil diese bei der Erzeugung, Verteilung und Abgabe der Körperwärme beteiligt sind.

1. Wie die Körpertemperatur gemessen wird. Wenn die Mutter am unnatürlichen Glanz der Augen oder am schnellen Puls merkt, daß ihr Kind Fieber hat, dann holt sie das *Fieberthermometer,* um die Körpertemperatur genau zu messen. Sie schiebt es in die Achselhöhle oder steckt es in den After und liest es dann nach 5 bzw. 2 Minuten ab. Bei der Messung in der Achselhöhle muß man $^{5}/_{10}$ Grade (5 ›Striche‹) dazuzählen, um auf die Darmtemperatur zu kommen. Es gibt auch kleine Fieberthermometer, die man unter die Zunge legt. Sie zeigen die gleiche Darmtemperatur an, wie sie bei der Messung im After festgestellt wird.

2. Wie der Körper zu große Abkühlung verhindert. Wenn unserem Körper im kalten Bad oder eiskalter Luft zuviel Wärme entzogen wird, dann klappern uns die Zähne, die Haut erblaßt, wir zittern am ganzen Körper und machen uns unwillkürlich Bewegung. Dadurch werden die Zellen zu gesteigerter Verbrennung angeregt. Die Blutgefäße der Haut verengen sich, so daß nur noch ganz wenig Blut mit der kalten Außenluft in Berührung kommt. Im übrigen schützen wir uns durch warme Kleidung vor zu großer Abkühlung. Wenn einzelne Körperteile (Hände, Füße, Nase, Ohren) ohne genügenden Schutz bleiben, dann kann es zu *Erfrierungen* kommen. Das Glied wird taub (Erfrierung ersten Grades). Dann bilden sich wie bei einer Verbrennung Blasen (Erfrierung zweiten Grades), und schließlich stirbt das Glied ab (Erfrierung dritten Grades).

Arbeitet das Wärmezentrum im Gehirn zu langsam, dann erkälten wir uns leicht bei frostigem Wetter. Menschen, die dazu neigen, müssen ihr Wärmezentrum planmäßig anregen und an schnelles Eingreifen gewöhnen. Das kann man erreichen durch Luft-, Sonnen- und Wasserbäder, verbunden mit kräftigem Frottieren der Haut. Wir nennen das *Abhärtung.* Dabei muß man sich vor Übertreibungen hüten. Die kalte Abwaschung nach dem Aufstehen soll kurz sein, und faules Herumliegen in der prallen Sonne kann nicht bloß einen Sonnenstich, sondern auch schwere Herzfehler zur Folge haben. Am besten sind Luftbäder zusammen mit spielerischer sportlicher Betätigung sowie Schwimmen. Dabei darf man die einfachen Bade-Regeln nicht vergessen: Bade nicht mit vollem Magen; kühle dich ab, ehe du ins Wasser springst; reibe dich nach dem Bad kräftig trocken.

3. Wie sich der Körper vor Überhitzung schützt. Die Gifte, die von eingedrungenen Krankheitserregern erzeugt werden, wirken auch auf das Wärmezentrum ein. Dieses wird auf eine höhere Körpertemperatur eingestellt und befiehlt dann den Zellen, mehr zu verbrennen. So entsteht das *Fieber.* Es ist stets verbunden mit beschleunigtem Puls und mit schnellerem Atmen, weil das Blut in ›fieberhafte‹ Tätigkeit gerät, um die weißen Blutkörperchen in Massen an den Ort der Gefahr zu bringen. Gelingt es den Abwehrkräften des Körpers, der Krankheitserreger Herr zu werden, dann klingt das Fieber wieder ab. Die falsche Weichenstellung im Wärmezentrum wird aufgehoben. Solange das Fieber anhält, kann man durch kühle Wadenwickel, schweißtreibende Mittel und Fiebertabletten ein zu hohes Ansteigen verhindern.

Bei anhaltender starker Muskelbeanspruchung oder bei sehr heißem Wetter wird der Körper erhitzt. Sofort erhalten die Schweißdrüsen der Haut den Befehl zur Absonderung von Schweiß. Dieser Schweiß verdunstet an der Körperoberfläche. Dazu braucht er Wärme, die er dem Körper entzieht und so für dessen Abkühlung sorgt. Ist die Luft zu schwül oder die Kleidung zu dicht, so daß der Schweiß nicht verdunsten kann, dann droht die Gefahr eines *Hitzschlages*. Dem Betroffenen wird es schwindelig, er bekommt Kopfschmerzen und fällt schließlich in Ohnmacht; wenn nicht schnell geholfen wird, kann der Hitzschlag zum Tode führen. Darum ist der Ohnmächtige sofort an die frische Luft (im Schatten natürlich) zu bringen und zu entkleiden, damit die Schweißverdunstung wieder einsetzt und der Wärmeausgleich hergestellt wird.

IV. Was versteht man unter Stoffwechsel?

Beim gesunden, erwachsenen Menschen bleibt das Körpergewicht durch viele Jahre hindurch im großen ganzen gleich. Folglich muß dieser Mensch aus seinem Körper ebensoviel ausscheiden, wie er ihm durch Essen, Trinken und Atmen zuführt. Die zugeführten Stoffe nun werden auf ihrem Weg durch den Körper umgewandelt; sie wechseln ihre Beschaffenheit. Alle *Lebensvorgänge*, die dabei beteiligt sind, nennen wir in ihrer Gesamtheit den *Stoffwechsel*.

An einem Beispiel wird uns das klar. Ein Eiweißkörperchen — wir wollen es mit Ek bezeichnen — sei in einem Schluck Milch enthalten. Ich trinke die Milch; damit ist das Ek in meinem Körper aufgenommen. Nun setzt die Verdauung ein. Dabei wird das Ek, das ja als Ganzes unlöslich ist, in seine löslichen Bestandteile aufgespalten. Diese Bestandteile gehen in mein Blut über und werden von ihm, sagen wir, dem Knochenmark zugeführt. Von diesem werden sie — so wollen wir annehmen — zum Aufbau eines roten Blutkörperchens verwendet. Dieses stirbt nach ungefähr 120 Tagen. Was von ihm noch brauchbar ist, wird von der Milz und von der Leber ausgesondert. Den Rest führt das Blut einer Niere zu, und diese scheidet ihn als Harn aus. Im einzelnen sind es sehr verwickelte Vorgänge, aber die Hauptstationen des Ablaufs sind trotzdem deutlich erkennbar: Aufnahme mit der Nahrung, Verdauung, Verwertung als Aufbaustoff, Zerfall und Ausscheidung als Abfallstoff. Für ein Stärkekorn im Brot sehen diese Stationen so aus: Aufnahme mit der Nahrung, Verdauung, Verwertung als Brennstoff, Ausscheidung als Kohlensäuregas und Wasser. Ein Stoffwechsel erfolgt auch bei der Atmung. Berichte, was da einem Sauerstoff-Atom widerfährt.

Wird die Umsetzung einzelner Stoffe krankhaft gestört, dann sprechen wir von Stoffwechselleiden, z. B. Zuckerkrankheit, Fettsucht, Magersucht, Gicht.

Du solltest dir merken:

1. Die Körperwärme wird durch eine langsame Verbrennung in den Zellen des Körpers erzeugt. Die Verbrennung wird ›angefacht‹ von besonderen Atmungsfermenten. Diesen ganzen Vorgang nennt man innere oder Zellatmung.
2. Die Muskelzellen vermögen in rätselhafter Weise die erzeugte Körperwärme in Körperkraft umzuwandeln.
3. Ein besonderes Wärmezentrum im Gehirn hält die Körperwärme auf ungefähr gleicher Höhe. Zu großer Abkühlung wird durch Muskelzittern, zu großer Erhitzung durch Schweißverdunstung begegnet. Das Wärmezentrum kann durch Abhärtung (kurze, kalte Abwaschungen, Frottieren der Haut, Luft- und Wasserbäder) an schnelles Eingreifen gewöhnt werden, damit es nicht zu Erkältungen kommt.

4 Alle Vorgänge in unserem Körper, bei denen Stoffe umgesetzt werden, fassen wir mit dem Wort ›Stoffwechsel‹ zusammen. Der ungestörte Stoffwechsel wird dadurch erhalten, daß Verdauung, Atmung, Blutkreislauf und Ausscheidung sinnvoll zusammenwirken.

Aufgaben:

1. Versuche, den Ablauf des ganzen Atemvorganges schematisch zu zeichnen (farbig).
2. Versuche a) den Stoffwechsel eines Aufbaustoffes, b) den Stoffwechsel eines Brennstoffes schematisch zu zeichnen.

Warum wirst du geimpft?

I. Die Pockenschutzimpfung (= „aktive" Schutzimpfung)

Mit 12 Jahren bist du zum zweitenmal gegen Pocken geimpft worden. Erzähle den Vorgang der Impfung. Erinnere dich an die Pusteln (Blattern), die sich an den Impfstellen bildeten. Manche Kinder werden nach der Impfung ein paar Tage lang krank. Sie haben Fieber, und ihre Achselhöhlen schwellen schmerzhaft an. Du weißt, daß diese Impfung vor der gefährlichen Pockenkrankheit schützen soll. Darum heißt sie Pockenschutzimpfung.

Die Pockenkrankheit ist ansteckend. Ihr Erreger ist ein *Virus*. Er ruft auf der Haut große Eiterpusteln hervor. Wer die Krankheit übersteht, ist nachher oft durch häßliche Pockennarben im Gesicht zeitlebens entstellt. Im Mittelalter waren die Schwarzen Pocken neben der Pest und der Cholera eine der gefürchtetsten ›Pestilenzen‹. Noch im 18. Jahrhundert starben in Deutschland jährlich 70 000 Menschen an Pocken. Heute ist die Krankheit bei uns fast ganz verschwunden. Ende 1958 brachen die Pocken überraschend in Heidelberg aus und forderten einige Todesopfer. Es konnte nachgewiesen werden, daß sie aus Indien eingeschleppt wurden.

Der englische Arzt JENNER hatte vor etwa 150 Jahren beobachtet, daß Leute, die sich beim Melken der Kühe mit Kuhpocken ansteckten, nachher nicht mehr an den gefährlicheren Menschenpocken erkrankten. Er impfte nun absichtlich gesunde Menschen mit Kuhpocken-Erregern, und siehe da: alle Geimpften blieben zeitlebens von den Menschenpocken verschont. Sobald nämlich das Pockengift in den Körper eindringt, bildet dieser Schutzstoffe oder Gegengifte. Diese hindern eingedrungene Pockenerreger an der Vermehrung und Ausbreitung, so daß die weißen Blutkörperchen mit den Eindringlingen fertig werden können. Die Schutzstoffe werden im Blutserum aufbewahrt. Leider wirken sie nicht gegen alle Spaltpilze und Viren, sondern nur gegen die eine Art, die den Körper zu ihrer Bildung veranlaßte. Nach etwa 10 Jahren verlieren die Pockenschutzstoffe im Blut ihre Abwehrkraft. Deshalb müssen die Kinder im 12. Lebensjahr ein zweitesmal geimpft werden.

An Pocken erkranken die Menschen nur einmal in ihrem Leben. So ist es auch bei anderen ansteckenden Krankheiten, wie Masern, Scharlach und Keuchhusten. Kannst du sagen, woher das kommt?

So wie bei den Pocken sind heute Schutzimpfungen möglich gegen Pest, Typhus, Cholera, Bazillen-Ruhr, Fleckfieber und andere gefährliche Seuchen.

II. Die Diphtherie-Impfung (= „passive" Schutzimpfung)

Die Diphtherie oder Halsbräune war einst der Schrecken der Mütter, weil die von der Krankheit heimgesuchten Kinder häufig eines qualvollen Erstickungstodes starben. Ihr Erreger ist ein Spaltpilz, der insbesondere Kindern zwischen 2 und 6 Jahren gefährlich wird. Wer an Diphtherie oder Scharlach erkrankt, muß sofort in eine besondere Abteilung eines Krankenhauses gebracht werden, damit keine Weiterverbreitung möglich ist. Noch im Jahre 1885 forderte die Diphtherie in Deutschland fast 200 000 Todesopfer, heute kaum mehr den hundertsten Teil. Der deutsche Arzt von BEHRING hat 1893 ein *Heilserum* geschaffen. Wenn es dem erkrankten Kinde frühzeitig eingespritzt wird, ehe die Krankheitsgifte den Körper durchseucht haben, ist die Gefahr gebannt. Man kann nämlich nicht wie bei den Pocken den *Erreger* einimpfen, weil es leider keine ›Kuh-Diphtherie‹ gibt. Also impfte Behring die Diphtherie-Bazillen Tieren ein. Diese bildeten Schutzstoffe und bewahrten sie in ihrem Blutserum auf. Und dieses Blutserum mit seinen Schutzstoffen verwendete Behring dann als wirksames Heilserum.

Heute gibt es auch eine aktive Diphtherie-Schutzimpfung nach Art der Pocken-Schutzimpfung. Halte auseinander: a) Pockenschutzimpfung = der menschliche Körper ist *„aktiv“* (= tätig); er erzeugt die Schutzstoffe selbst.

b) Impfung mit Heilserum = der Körper ist *„passiv“* (= untätig); ihm werden die im Tierkörper erzeugten Schutzstoffe eingespritzt.

Die Pockenschutzimpfung ist *gesetzlich* vorgeschrieben. Daneben gibt es die *freiwillige* Schutzimpfung gegen Diphtherie, Wundstarrkrampf, Keuchhusten, Kinderlähmung und Tuberkulose. Sie wird schon im Verlauf der ersten Lebensjahre durchgeführt und hat sich segensreich ausgewirkt. Geimpfte Kinder erhalten einen *Impfschutzausweis.*

Du solltest dir merken:

1. Der Körper bildet gegen jede Art eingedrungener Krankheitserreger besondere Abwehrstoffe und bewahrt sie im Blutserum kürzere oder längere Zeit, manche lebenslang (z. B. die Schutzstoffe gegen Masern, Scharlach und Keuchhusten) auf.

2. Solange die Schutzstoffe im Blut bereitliegen, ist der Körper gegen die betreffenden Infektionskrankheiten unempfänglich *(immun).*

3. Diese Tatsache macht sich die Schutzimpfung zunutze:
a) Auf gesunde Menschen werden Erreger übertragen in einer Weise, daß die Krankheit stark abgeschwächt auftritt, worauf der Körper sofort mit der Bildung von Schutzstoffen antwortet (= aktive Schutzimpfung).
b) Das Serum erkrankter Tiere wird samt den darin enthaltenen Abwehrstoffen dem Menschen eingespritzt (= passive Schutzimpfung).

4. Durch solche Verfahren sind Krankheiten wie Pocken, Diphtherie, Scharlach, Keuchhusten, Kinderlähmung u. a. erfolgreich bekämpft und z. Teil fast ganz ausgetilgt worden.

Aufgabe (Vorbereitung): Schabt nach einem warmen Bad die Fußsohle mit dem Messerrücken; bringt die abgeschabte Haut, sowie Kopfhaare (Friseur!) und abgeschnittene Finger- und Zehennägel mit zur Schule. Helft alle mit, dann gibt es ausreichende Mengen.

Hautpflege ist wichtig

Arbeitsmittel: Einmachglas (s. Versuch 24); Dreifuß, Brenner, Blech, Glastrichter, rotes Lackmuspapier; Haare, abgeschnittene Finger- und Zehennägel, abgeschabte Haut. FT 598, Erste Hilfe bei Unfällen III; Verbrennungen.

Auf dem großen Mainzer Reichsfest Barbarossas wurde der Staufenkaiser auch von dem Töchterchen eines Goldschmieds begrüßt. Es war vom Vater für diesen Ehrentag ganz in ein enganliegendes Gewand aus hauchdünnem Goldblech gekleidet worden. Am Abend fiel das Kind in Ohnmacht und starb. Was war geschehen? Der Vater dachte wohl an einen bösen Zauber, denn er wußte ja nichts davon, daß es den Tod bringt, wenn man die Haut auch nur e i n e n Tag lang durch nahezu luftdichte Bedeckung an der Erfüllung ihrer Aufgaben verhindert. An diesem Beispiel magst du erkennen, wie lebensnotwendig die Haut ist, die wir meist so wenig beachten.

I. Von den Aufgaben der Haut

Darüber weißt du schon mancherlei.

1. Die Haut ist das wichtigste Organ zur Regelung der Körperwärme. Wenn uns die Kälte durch Mark und Bein dringt, dann bekommen wir eine Gänsehaut und das Zittern. Dieses Zittern der Hautmuskulatur unseres ganzen Körpers alarmiert die Zellen: Verbrennung steigern! So wird die Unterkühlung des Körpers wieder ausgeglichen.

Und wie ist es bei Überhitzung des Körpers? Du weißt, daß dann der Schweiß ausbricht, durch seine Verdunstung den Körper abkühlt und dadurch einem Hitzschlag vorbeugt.

2. Die Haut ist ein Ausscheidungsorgan (vgl. auch Unterrichtsfilm F 420, ›Ausscheidungsorgane‹). Das Kohlensäuregas wird durch die Lunge, die übrigen Abfallstoffe werden durch die Nieren ausgeschieden. An beidem ist auch die Haut beteiligt. Sie sondert Schweiß ab. Dieser Schweiß ist aber nicht etwa nur reines Wasser. Er enthält vielmehr Kochsalz und andere Salze, ferner Stoffe, die auch im Harn enthalten sind, und Kohlensäuregas, also Abfallstoffe. Deshalb ist Schwitzen gesund. Obwohl der Schweiß ähnlich zusammengesetzt ist wie der Harn, hat er seinen eigenen ›Schweißgeruch‹. Dieser ist das Werk der Bakterien, welche auf der Haut den Schweiß zersetzen. Dabei entsteht u. a. die übel riechende Buttersäure.

Die Ausscheidung der Abfallstoffe durch die Haut erfolgt auch bei kühler Witterung, nur eben nicht als Schweiß, sondern in Dampfform. Das kannst du ausprobieren.

Versuch 24: Stecke die Hand in ein Einmachglas und laß dir als Verschluß ein Tuch dicht um den Arm wickeln. Nach kurzer Zeit beschlägt sich das Glas. Was bedeutet dies?

3. Die Haut ist ein Speicher für Fett, Wasser und Blut. Auch davon hast du schon einiges gehört. Der Fettvorrat kann bis zu 15 kg betragen; die Wasserreserve dagegen ist nur bescheiden. In den besonders reichlich vorhandenen Haargefäßen der Haut kann der Körper Blut speichern. Er benutzt diesen Blutspeicher auch zur Mithilfe bei der Wärmeregelung. Ist Wärme abzugeben, dann wird der Speicher gefüllt; die Haut rötet sich und wird erwärmt, so daß die umgebende Luft von der überschüssigen Wärme einiges aufnehmen kann. Soll Wärme gespart werden, dann entleert der Körper den Speicher; die Haut wird blaß und kühl. Sicher ist dir schon aufgefallen, daß auch durch seelische Regungen die Haargefäße erweitert und verengt werden können; daher werden wir ›schamrot‹ und ›schreckensbleich‹.

4. Die Haut ist ein Sinnesorgan. Es sind nicht weniger als vier verschiedene Sinne, die von der Haut beherbergt werden, der Tastsinn, der Schmerzsinn, der Wärmesinn und der Kältesinn. Darüber erfährst du Genaueres in dem Abschnitt ›Stimmt das mit den fünf Sinnen?‹ (Seite 63).

5. In der Haut bildet sich Vitamin D. Lies nach, was darüber in dem Abschnitt ›Salze und Vitamine‹ (Seite 27) gesagt worden ist. Außer dem Vitamin D werden in der Haut unter dem Einfluß des Sonnenlichts auch noch andere Schutzstoffe gebildet.

6. Die Haut ist auch ein klein wenig an der Atmung beteiligt. Man hat den Gasaustausch durch die menschliche Haut gemessen und festgestellt: In einem Tag dringen bis zu 3 l Sauerstoff nach innen und rund 4 l Kohlensäuregas nach außen. Das ist noch nicht einmal ein Prozent des Gasaustausches der Lunge. Anders ist das bei Tieren mit feuchter Haut, z. B. beim Frosch. Er atmet während seiner Winterruhe überhaupt nur durch die Haut.

7. Zusammenschau. Das sind vielerlei Aufgaben. Welche davon ist wohl die wichtigste? Woran mag das ›goldene‹ Mädchen in Mainz gestorben sein? Weil das bißchen Hautatmung wegfiel, oder weil einen Tag lang die Sinnestätigkeit der Haut behindert war und kein Vitamin D gebildet wurde? Wohl kaum. Schwerer wiegt, daß die Haut weniger Abfallstoffe ausscheiden konnte, doch könnten da einen Tag lang zur Not die Lunge und die Nieren in die Bresche springen. Was aber ganz ausfiel, war die *Wärmeregelung.* Für sie ist die Haut unersetzlich und unentbehrlich. Und so ist das Töchterlein des Goldschmieds einer Wärmestauung, also einem Hitzschlag, erlegen. Heute ist man da vorsichtig. Schauspieler, die ihren Körper zuweilen mit einer Art Bronze bestreichen müssen, wissen, daß ihr Leben gefährdet ist, wenn ein solcher Anstrich nicht nach wenigen Stunden wieder entfernt wird.

Abb. 48: Schnitt durch die Haut, vereinfacht und stark vergrößert

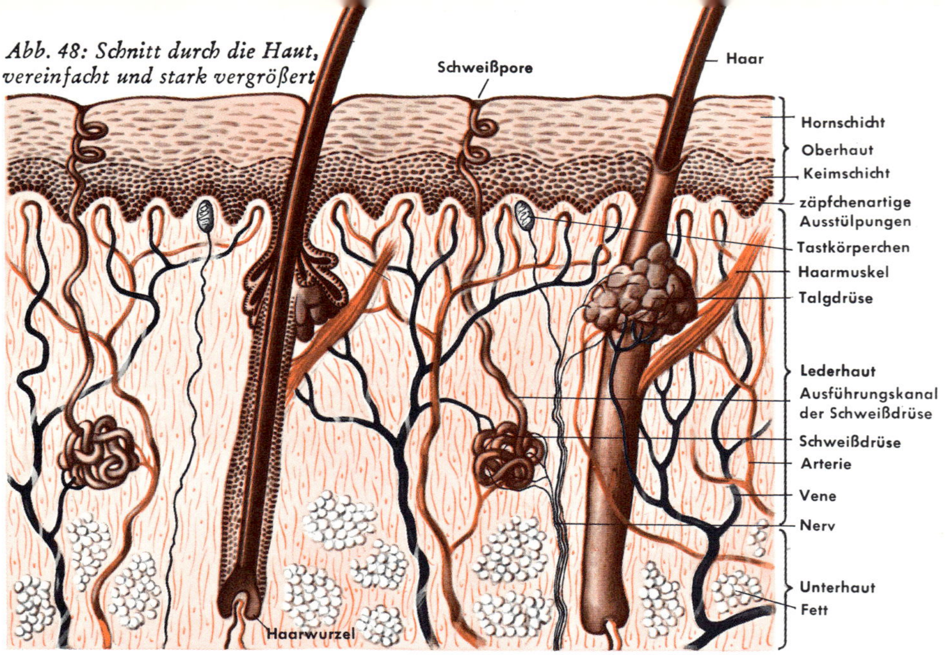

Du siehst: Die Haut ist lebenswichtig, vor allem als Organ der Wärmeregulierung, aber auch als Organ der Ausscheidung. Verliert man, etwa nach einer Verletzung, mehr als ein Drittel der Haut, so besteht Lebensgefahr, weil der Körper den Ausfall dieses Ausscheidungsorgans nicht rasch genug ausgleichen kann. Verbrennungen sind noch gefährlicher. Da bedeutet der Verlust von einem Fünftel der Haut oft schon den Tod, da die verbrannten Teile sich zersetzen und die dabei entstehenden Stoffe den Körper vergiften.

II. Vom Bau der Haut

Die Haut ist kein so unansehnliches Organ, wie du vielleicht denkst. Sie ist immerhin 7 bis 9 mm dick und wiegt bei einem 80 kg schweren Menschen fast 10 Pfund. An einem 1 cm breiten Hautstreifen könnte man das ganze Körpergewicht aufhängen.

1. Die Haut besteht aus Eiweiß.

Versuch 25: Teilt euch in Arbeitsgruppen und erhitzt auf dem Blech a) die abgeschabte Haut, b) die abgeschnittenen Nägel, c) die Kopfhaare. Verfahre wie bei Versuch 8 a, S. 25.

Der Geruch, sowie die Blaufärbung des Lackmuspapiers zeigen an, daß sowohl Haut, wie auch Nägel und Haare, aus *Eiweiß* bestehen.

2. Die Haut hat drei Schichten. Sieh dir die *Abb. 48* genau an. Du merkst: Die Haut ist nicht etwa eine einfache Hülle, sondern in ihrem Bau ein Wunderwerk. Sie hat drei Schichten: Oberhaut, Lederhaut und Unterhaut. Bei der *Oberhaut* unterscheidet man die leblose Hornhaut und die Keimschicht, die aus lebenden Zellen besteht. Aus der *Lederhaut* der Tiere gewinnen wir das Leder, daher der Name. Die Lederhaut geht allmählich in die stark mit Fettnestern durchsetzte *Unterhaut* über.

3. Die Oberhaut. Wenn du dir beim Holzspalten oder Wandern eine Blase zugezogen hast, die aufgeplatzt ist, dann kannst du mit der Schere die weiße Oberhaut lostrennen. Es blutet nicht und es tut nicht weh, d. h. die Oberhaut hat keine Blutgefäße und keine Nerven, jedoch freie Nervenendigungen. Darunter kommt die rötliche Lederhaut zum Vorschein. Betupfst du sie nur leicht mit der Nadel oder gar mit Zitronensaft oder Kochsalz, verspürst du brennende Schmerzen.

Die oberste Schicht der Haut ist verhornt (Name!) und schuppt fortgesetzt ab, muß also dauernd erneuert werden. Wenn du deine Haare tüchtig auskämmst, dann gibt das einen hübschen *Schuppenregen.* Betrachte die Schuppe mit der Lupe. Es wurde festgestellt, daß die Haut des Erwachsenen täglich etwa 10 g Schuppen abstößt. Durch Verhornen können sich in der Hohlhand und an den Füßen *Schwielen* bilden. Auch *Hühneraugen* (›hörnene‹ Augen, Hornaugen) sind nichts anderes als Schwielen mit einem in die Tiefe der Haut hineinreichenden Hornkegel.

Finger- und *Zehennägel* sind ebenfalls Hornbildungen. Von der aus lebenden Zellen bestehenden Nagelwurzel werden fortwährend neue, verhornende Zellen nach vorne geschoben, so daß ein Fingernagel im Monat ungefähr 3 mm ›wächst‹.

Die Haut der Hohlhand und der Fingerkuppen ist nicht ganz glatt. Sie ist von feinen, eigentümlich verlaufenden *Leisten* bedeckt. Diese machen die Haut griffsicher. Das Leistenmuster ist bei jedem Menschen anders; es verändert sich aber während des ganzen Lebens nicht. Mit Ruß oder Stempelfarbe lassen sich Abdrücke davon machen. Solche ›Fingerabdrücke‹ sind sichere Erkennungsmittel. Vergleiche deinen Fingerabdruck mit dem deiner Kameraden.

. *Die Lederhaut.* Viele Blutgefäße durchziehen sie (vgl. *Abb. 48).* Diese Blutgefäße ernähren die Haut; sie dienen auch, wie du weißt, als Blutspeicher und als Helfer bei der Wärmeregelung. Bei großer Kälte erschlaffen sie und erweitern sie stark. Die Haut wird blaurot; eine Erfrierung droht. Die Lederhaut birgt auch die zahlreichen *Muskelfasern,* die das uns schon bekannte Muskelzittern hervorbringen.

Mehr als $2^1/_2$ Millionen *Schweißdrüsen* schützen uns vor den gefährlichen Wärmestauungen. Sie sitzen als Knäuel feiner Schläuchlein tief unten in der Lederhaut. Die Schläuchlein winden sich korkenzieherartig nach oben, durchziehen die Oberhaut und enden als feine Öffnungen (Poren) an der Oberfläche der Haut (siehe *Abb. 48).* Im Durchschnitt werden durch diese Poren täglich etwa 800 cm^3 Schweiß, flüssig oder in Dampfform, ausgeschieden; bei anstrengender Arbeit kann sich die Schweißmenge bis auf $1^1/_2$ l je Stunde steigern. Gib dir bei dieser Gelegenheit noch einmal Rechenschaft über die Lebenswichtigkeit der Schweißaussonderung.

In der Lederhaut sitzen auch *Fettdrüsen.* Sie sondern Talg ab, damit die Haut geschmeidig bleibt. Wie die *Abb. 48* zeigt, sitzen die meisten Talgdrüsen an den Haaren. Sie enden mit feinen Poren an der Hautoberfläche. Davon kannst du dich selber überzeugen.

Versuch 25 a): Reibe deine Nase kräftig mit Schreibpapier und versuche dann, mit Tinte auf dem Papier zu schreiben. Genaue Untersuchungen haben ergeben, daß täglich bis zu 100 g Hauttalg abgesondert wird.

Endlich sind in der Lederhaut auch die Haare verankert. Das spürst du, wenn du mit kurzem Ruck ein Kopfhaar auszupfst, um die Haarwurzel mit der Lupe zu betrachten. Sie ist der lebende Teil des Haares. Das Haar selbst ist tot; es ist eine Hornbildung wie der Fingernagel. Die *Abb. 48* läßt erkennen, daß die Haare schräg eingepflanzt sind. An ihrem Grunde sitzen aber feine Muskeln, die das Haar gelegentlich, z. B. bei angstvollem Erschrecken, aufzurichten vermögen, so daß uns die Haare ›zu Berg stehen‹. Jedes unserer rund 80 000 Kopfhaare hat eine Lebensdauer von 2 bis 4 Jahren, so daß täglich 50 bis 100 Haare ausfallen müssen.

5. Die Unterhaut. Sie ist Fettspeicher. Ihre lockere Beschaffenheit bringt es mit sich, daß wir die Haut verschieben und in Falten legen können.

III. Schädigungen und Krankheiten der Haut

1. Verbrennungen und Verbrühungen. Die Haut besteht aus Eiweiß. Eiweißstoffe zersetzen sich bei Hitze, in den lebenden Zellen z. B. schon bei 50 Grad. Darum sind Verbrennungen und Verbrühungen gefährlich. Bei leichteren Verbrennungen entstehen Blasen. *Erste Hilfe:* Brandblasen nicht öffnen! Nie Salben, Öl, Mehl oder Puder darauf bringen! Mit kaltem Wasser so lange abspülen, bis die Schmerzen aufhören. Bei schweren Verbrennungen: mit sauberen Leintüchern trocken abdecken und sogleich zum Arzt!

Brandwunden, Operationswunden oder Kriegsverwundungen sind manchmal so ausgedehnt, daß die Wundränder nicht mehr zusammenheilen. Der Arzt setzt dann ein Stück Haut, das er von einem anderen Körperteil ablöst, in die Wunde. Durch eine solche *Hautübertragung* wird die Wunde geschlossen.

2. Sonnenbrand und Sonnenstich. In die Keimschicht der Oberhaut sind Farbstoffe eingelagert, bei Dunkelhäutigen mehr als bei Hellhäutigen. Sind die Farbstoffe in kleinen Fleckchen angehäuft, so sprechen wir von Sommersprossen. Durch die Einwirkung des Sonnenlichts vermehren sich die Farbstoffe. Die Haut bräunt sich. Das gilt als schön und sportlich. Es verleitet aber auch leicht zu übertrieben ausgedehnten Sonnenbädern. Ein Sonnenbrand kann die Folge sein. Die Haut wird zerstört und löst sich später in Fetzen ab, ähnlich wie bei einer Verbrennung.

Gefährlicher ist der Sonnenstich, verursacht durch pralle Sonnenbestrahlung des unbedeckten Kopfes. In seinem Verlauf und in seiner Behandlung ist er mit einem Hitzschlag vergleichbar.

3. Verätzungen der Haut mit Säuren und Laugen. Sie zerstören die Haut. Du mußt schnell eingreifen, wie du es im Chemieunterricht gelernt hast. Verwende also bei Verätzungen durch Säuren schwache Sodalösung, Seifenlauge, Milch oder verdünnten Salmiakgeist (aber nie Salmiakgeist in die Augen bringen!), bei Verätzungen durch Laugen (z. B. Ätzkalk) stark verdünnten Essig oder verdünnten Zitronensaft. Dann spüle mit reinem Wasser nach und verbinde die Wunde (vgl. FT 598).

4. Schrunden und Warzen. Wenn die Haut an einzelnen Stellen (z. B. Schwielen) hart und trocken wird, reißt sie leicht auf; es entstehen schmerzhafte Schrunden. Man darf sie nicht vernachlässigen, weil hier Krankheitskeime eindringen könnten. Durch häufiges Einreiben mit Fett oder reinem Glyzerin läßt sich abhelfen.

Weniger schmerzhaft sind für gewöhnlich *Warzen.* Es sind kleine Hautgeschwülste. Man beseitigt sie, indem man sie mit einem in der Apotheke dafür vorhandenen Mittel betupft. Es gibt auch große Hautgeschwülste. Sie erfordern ärztliche Behandlung, weil möglicherweise Krebs vorliegt.

5. Mitesser und Furunkel. Wenn sich die Pore einer Talgdrüse verstopft, dann sammelt sich der Talg zu einem Knötchen an, das ausgedrückt werden kann. Es ist ein Mitesser. Entzünden sich Mitesser, dann bilden sich häßliche Pusteln und Pickel. Darum wasche dich täglich mit Seife, dann bleiben die Poren geöffnet.

Dringen Eitererreger in eine Talgdrüse ein, dann entzündet sich die Haut; es entsteht ein *Furunkel.* Er darf nicht vernachlässigt werden, weil eine Blutvergiftung daraus entstehen kann.

IV. Pflege deine Haut!

1. Halte die Haut rein! Wasche dich täglich und nimm öfter, möglichst wöchentlich, ein warmes Bad (nicht über 37 °). Frottiere dich nach dem Bad kräftig. Reinige täglich die Fingernägel. Aber beiße sie nicht ab.

2. Hüte dich vor Sonnenbrand und Sonnenstich! Liege nie nackt und untätig in der Sonne herum und trage bei starker Sonnenbestrahlung stets eine Kopfbedeckung. Begnüge dich lieber mit Luftbädern im Halbschatten; sie sind ungefährlich und gesund, weil sie die Durchblutung der Haut fördern.

3. Schenke deinem Haarboden einige Sorgfalt! Mit deiner Gesundheit hat das wenig zu tun, aber mit deinem Wohlbefinden und deinem Aussehen. Das wichtigste Mittel zur Haarpflege ist neben Waschungen mit viel Wasser und milder Seife das Massieren des Haarbodens, damit dieser stärker durchblutet und auch besser ernährt wird. Richtiges Massieren ist etwas anderes als kräftiges Einreiben. Man kann es nicht gut beschreiben; laß es dir deshalb einmal zeigen.

Du solltest dir merken:

1 Die Haut ist ein lebenswichtiges Organ. Sie regelt die *Eigenwärme* des Körpers durch Verdunstung des Schweißes und durch Muskelzittern, und sie hilft mit, den Körper zu *entgiften*, indem sie den harnähnlichen Schweiß absondert. Wir geraten in Lebensgefahr, wenn die Hauttätigkeit völlig gehemmt wird, oder wenn wir mehr als ein Fünftel bis ein Drittel der Haut einbüßen.

2 Halte deine Haut rein durch Waschungen und warme Bäder. Sorge für ihre gute Durchblutung durch Frottieren und Luftbäder.

3 Deine Haare pflegst du am besten durch fleißiges Kämmen und Bürsten, durch richtiges Kopfwaschen und durch zweckmäßiges Massieren der Kopfhaut.

Aufgabe:

Stelle den Querschnitt der Haut (*Abb. 48*) farbig dar.

Stimmt das mit den fünf Sinnen?

Arbeitsmittel: Reizstäbchen, Stechzirkel, Rasierapparat, Nadel, 2 Bleistifthülsen, Haarpinsel, Becherglas, frisches Fließpapier, 3 Wasserbecken.
Apfel, Orange, Kartoffel, Zwiebel, Pfefferminz, Zucker, Essig, Bittersalz, Kochsalz, Meßzylinder, Waage.

Eine oft gebrauchte Redensart lautet: Seine fünf Sinne beieinander haben. Als diese fünf Sinne gelten: Gesicht, Gehör, Geruch, Geschmack, Gefühl. Die dazugehörigen Sinnesorgane sind: Auge, Ohr, Nase, Zunge und Haut.

Wir wollen zunächst einmal untersuchen, ob das bei der Haut stimmt und ob das ›Gefühl‹ tatsächlich nur ein einziger Sinn ist.

I. Sinne, die in der Haut sitzen

1. Der Tastsinn. Klebe an ein Holzstäbchen von etwa 10 cm Länge ein ausgezupftes, 2 bis 3 cm langes Haar wie in *Abb. 49*. Du hast dann ein Reizstäbchen, mit dem du das Krabbeln eines Käferchens auf der Haut nachahmen kannst.

Versuch 26: Verbinde deinem Kameraden die Augen und prüfe, ob das Krabbeln bei ihm eine Tastempfindung auslöst. Versuche es in der Hohlhand, auf der Fingerkuppe, auf dem Handrücken, auf dem Oberarm. Rasiere am Oberarm ein Stück weit die Haare weg und probiere die rasierte Stelle aus. Wie erklärst du, daß der schwache Reiz nur an behaarten Stellen empfunden wird? Die Stellen, an denen der Reiz empfunden wird, nennen wir *Druckpunkte*. Sie sind ungleich über die Haut verteilt. Probiere es aus. Dazu brauchst du einen Stechzirkel.

Versuch 27: a) Dein Kamerad soll seinen Arm entblößen und dann die Augen schließen. Setze nun beide Zirkelspitzen gleichzeitig auf seine Haut und prüfe, in welchem Abstand die beiden Spitzen gerade noch als ein Druck empfunden werden. Betaste auf diese Weise Fingerkuppe, Unterarm, Hohlhand, Stirn, Nacken, Zungenspitze. Wie erklärst du das?

b) Nimm etwa 10 mm in den Zirkel, setze ihn so an, daß seine Spitzen bei geschlossenem Munde beide Lippen berühren, und streiche nun seitwärts über die Wange. Von welcher Stelle an empfindest du nur noch einen Strich? Erkläre.

2. Der Schmerzsinn. Versuch 28: Nimm eine feine Nadel und taste mit ihrer Spitze den Unterarm ab. An manchen Stellen wirst du nur einen Berührungsreiz, an anderen aber einen deutlichen Stich, d. h. einen *Schmerz* empfinden. Nach kurzem Probieren fällt es dir nicht schwer, die beiden Reize (Empfindungen) auseinander zu halten. Du wirst feststellen, daß die Schmerzpunkte nicht mit den Druckpunkten zusammenfallen. Was schließt du daraus?

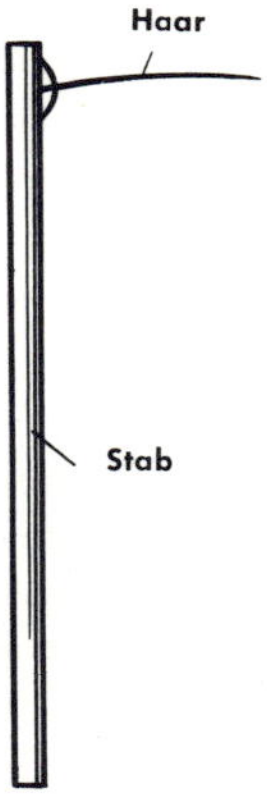

Abb. 49: Reizstäbchen

Schmerzpunkte sitzen auch im Innern des Körpers, vor allem in den Häuten (Brustfell, Bauchfell, Herzbeutel, Hirnhaut, Knochenhaut, Gelenkhaut). Sie fehlen in Herz, Lunge und Gehirn. Diese Organe sind gegen Schmerz gänzlich unempfindlich.

3. Der Kälte- und Wärmesinn. Versuch 29: Fülle eine Bleistifthülse mit Schnee oder eiskaltem Wasser und streiche mit der kalten Hülsenspitze langsam über Handrücken, Unterarm, Wangen und Augenlider. Ist die Hülse dabei warm geworden, dann kühle sie wieder ab. Neben den Berührungsreizen wirst du an manchen Stellen deutlich *Kältereize* empfinden. Man nennt diese Stellen *Kältepunkte.* Nach einiger Übung wirst du erkennen, daß die Kältepunkte keineswegs mit den Druckpunkten zusammenfallen. Was bedeutet dies? Wenn es aber schon einen besonderen Kältesinn gibt, dann wollen wir versuchen, ob wir auch *Wärmepunkte* finden. Fülle eine zweite Bleistifthülse mit 40 Grad warmem Wasser und verfahre wie vorhin. Und wenn du einen Wärmepunkt gefunden hast, dann betupfe diese Stelle mit der kalten Hülse. Dann merkst du, daß die Kälte und die Wärme an verschiedenen Stellen empfunden werden. Versuche festzustellen, welche der beiden häufiger sind.

Wärme- und Kältesinn zeigen nur Temperatur*unterschiede* (›wärmer als‹... oder ›kälter als‹...) an. Das beweist folgender

Versuch 30: Du brauchst dazu 3 Becken (Waschschüsseln). In Becken I kommt kaltes, in Becken II lauwarmes und in Becken III gut warmes Wasser. Tauche eine Minute lang deine Linke in Becken I, deine Rechte in Becken III. Dann tauche rasch beide Hände in Becken II. Was sagt jetzt deine Linke, was deine Rechte? Erkläre.

II. Sinne, die uns helfen, das Gleichgewicht zu halten

1. Der Muskel- und Sehnensinn. Er ist dem Tastsinn verwandt und hat seinen Sitz im Innern des Körpers, vor allem in den Muskeln und Sehnen; daher der Name. Wenn wir im Dunkeln gehen oder nach einem Gegenstand greifen, sagt er uns, wie weit wir Arme und Beine beugen und wie stark wir die Muskeln spannen sollen. Er meldet uns, ob unser Körper aufrecht oder schräg steht, und welche Muskeln wir gebrauchen müssen, um das Gleichgewicht zu halten. Er läßt uns auch bei verbundenen Augen jede Körperstelle finden, die uns schmerzt oder juckt. Mit seiner Hilfe können wir Gewichte abschätzen und mit den Augen Entfernungen abmessen. Er sagt uns, ob eine Oberfläche rauh, glatt oder glitschig ist und ob sich ein Tuch hart, wollig oder samten anfühlt. Dieser Muskel- und Sehnensinn ist der empfindlichste aller Sinne und einer der nützlichsten. Am wichtigsten ist er für den Blinden. Zusammen mit dem Tastsinn hilft er ihm, mit den Fingerspitzen zu lesen, und er ersetzt ihm weithin das fehlende Augenlicht.

2. Der eigentliche Gleichgewichtssinn. Er hat seinen Sitz im inneren Ohr und sagt uns, ob und in welcher Richtung wir den Körper gebeugt oder gedreht haben, ob wir uns bewegen oder ob wir anhalten, ob wir den Kopf aufrecht halten oder zur Seite neigen, ob wir stehen oder liegen. In dem Abschnitt ›Das Ohr kann mehr als hören‹ erfährst du Genaueres über diesen wichtigen Sinn.

III. Unsere »chemischen« Sinne

Geschmacks- und Geruchssinn nennt man ›chemische‹ Sinne. Warum wohl? Man nennt sie auch Schmeck- und Riechsinn. Gib an, wo diese beiden Sinne sitzen.

1. Riechen oder Schmecken? Versuch 31: A schließt Nase und Augen; B reicht ihm nacheinander genießbare Dinge, z. B. Apfel, Orange, Kartoffel, Zwiebel, Pfefferminz, Zuckerwasser u. a.

A soll erraten, was er zu kosten bekam. Dasselbe könnt ihr bei einem Kameraden versuchen, der gerade einen tüchtigen Schnupfen hat. Er muß nur die Augen, nicht auch die Nase schließen, und trotzdem wird auch bei ihm der Schmecksinn versagen. Du siehst: Für gewöhnlich helfen Geruch und Geschmack zusammen, und vieles kommt uns nur deshalb schmackhaft vor, weil es auch gut duftet.

2. Der Schmecksinn. Kann die ganze Zunge schmekken? Das offenbart

Versuch 32: Dazu brauchen wir vier verschiedene Lösungen. Stellt sie wie folgt selbst her:

I. süß = 2 g Zucker und 100 cm³ Wasser
II. sauer = 1 Teil Speiseessig und 1 Teil Wasser
III. bitter = 5 g Bittersalz (= Magnesiumsulfat) und 100 cm³ Wasser
IV. salzig = 2 g Kochsalz und 100 cm³ Wasser.

Macht vier Arbeitsgruppen I. bis IV. In jeder Gruppe verbindet A die Augen, öffnet den Mund und streckt die Zunge vor. B tupft mit einem Pinsel (oder mit abgerundetem Glasstab) einen Tropfen der Lösung
a) auf die Zungenspitze, b) auf den vorderen Zungenrand, c) auf den hinteren Zungenrand, d) auf den Zungengrund (vgl. *Abb. 50).*

Ihr schreibt auf, an welcher Stelle A den Geschmack der Lösung einwandfrei und sofort angeben kann. Dann macht ihr eine einfache Zeichnung an Hand der *Abb. 50,* tragt die ›Geschmackszonen‹ ein, d. h. die Stellen, an denen ›süß‹, ›sauer‹, ›bitter‹ oder ›salzig‹ besonders deutlich empfunden werden, und dann faßt das Ergebnis in einem Merksatz zusammen.

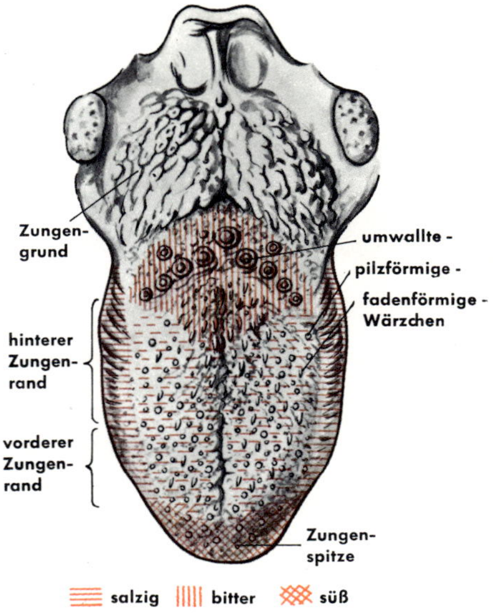

Abb. 50: Zunge

3. Der Riechsinn. Er hat seinen Sitz hoch oben in der Nase. Wir ›schnuppern‹ deshalb, wenn wir einen Geruch deutlich wahrnehmen wollen. Im Vergleich zu manchen Tieren (Hund, Rotwild) haben wir keinen besonders guten Riechsinn. Er ermüdet auch bald, so daß uns auch starke und unangenehme Düfte nach einer gewissen Zeit nicht mehr auffallen.

Du solltest dir merken:

1 Der gesunde Mensch hat mehr als fünf Sinne. Die Haut als Sinnesorgan des ›Gefühls‹ beherbergt in Wirklichkeit vier verschiedene Sinne: Tastsinn, Schmerzsinn, Wärmesinn, Kältesinn.

2 Zwei sehr nützliche Sinne sind der Muskel-Sehnensinn und der Gleichgewichtssinn. Sie unterrichten uns über die Haltung unseres Körpers und über die Lage der Glieder zueinander, und sie ermöglichen es, daß wir uns auch im Dunkeln zurechtfinden. Deshalb sind sie für Blinde besonders wichtig. Der Gleichgewichtssinn hat seinen Sitz im Innenohr, der Muskel- und Sehnensinn in den Häuten des Körperinnern.

3 Der Schmeck- und Riechsinn sind ›chemische‹ Sinne. Ihre Organe sitzen auf der Zunge und im Nasendach. Beim Essen wirken beide zusammen. Der Riechsinn versagt bei trockener Nase und bei Schnupfen, und beide Sinne werden durch Rauchen abgestumpft.

Das Ohr kann mehr als hören

Arbeitsmittel: FT 544, Wie wir hören; (Modell des Ohres).

Bei dem Wort ›Ohr‹ denkst du an die Ohrmuschel, vielleicht auch noch an die Ohröffnung (Gehörgang). Beide Teile gehören zum äußeren Ohr. Das eigentliche Gehörorgan ist in einem dicken Knochen, dem Felsenbein, verborgen. Taste die Stelle hinter der Ohrmuschel ab, dann spürst du das Felsenbein.

Hat deine Schule das Modell eines Ohrs, so betrachte dieses. Viel siehst du zwar nicht daran. Doch lerne mit Hilfe der *Abb. 51* die Teile kennen.

Abb. 51: *Bau des Ohres*

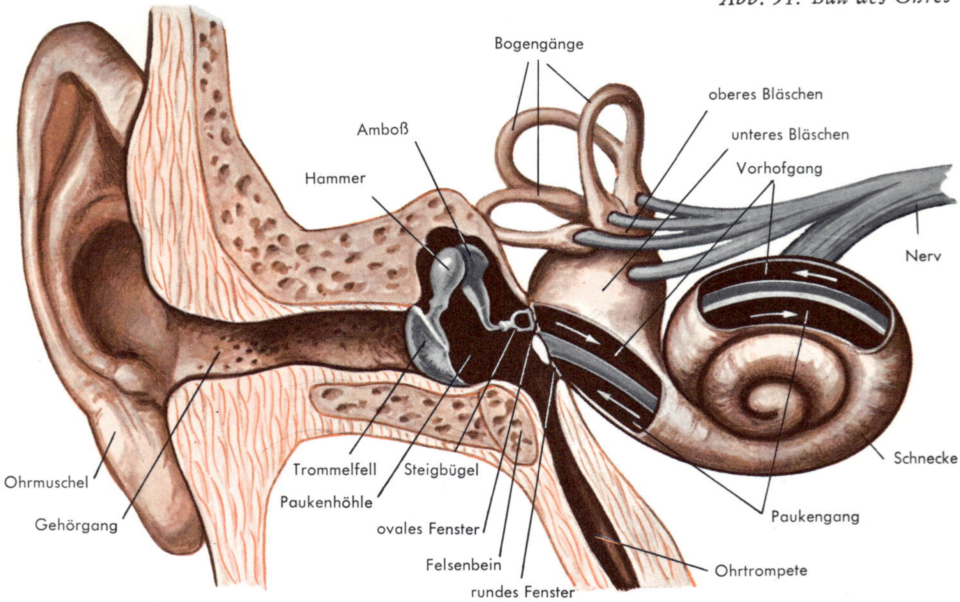

I. Äußeres Ohr

1. *Die Ohrmuschel.* Sie muß den Schall auffangen. Tiere mit besonders feinem Gehör haben bewegliche Ohrmuscheln, z. B. Hund, Reh u. a. Wenn wir besser hören wollen, dann legen wir die hohle Hand hinter das Ohr und ›vergrößern‹ so die Ohrmuschel. Versuche es selber. Schwerhörige benützen *Hörrohre.* Sie sammeln die Schallwellen.

Mache aus Papier ein einfaches Hörrohr und probiere es vorsichtig aus. Eine technische Errungenschaft aus neuerer Zeit sind die elektrischen Hörgeräte für Schwerhörige. Sie verstärken den Schall. Laß dir solch ein Gerät zeigen und stelle seine Wirkung fest (Vorsicht!).

2. *Der Gehörgang.* Er muß die Schallwellen weiterleiten, darf also nicht verstopft sein. Du mußt ihn rein halten.

3. *Das Trommelfell.* Es ist ein elastisches Häutchen von $^1/_{10}$ mm Dicke. Durch das von der Wand des Gehörgangs ausgeschiedene Ohrenschmalz wird es geschmeidig erhalten. Dies ist wichtig, denn es muß mitschwingen und so die Schallwellen weiterleiten.

II. Mittelohr

1. *Die Paukenhöhle.* Sie ist luftgefüllt und durch einen engen Kanal, die Ohrtrompete, mit der Nasen- und Mundhöhle verbunden.

Versuch 33: Verschließe Mund und Nase und versuche auszuatmen. Du vernimmst ein knackendes Geräusch, ähnlich wie beim Gähnen. Dabei spürst du einen Druck im Ohr. Es ist die Luft; sie wurde durch die Ohrtrompete ins Mittelohr gepreßt. Versuche ebenso einzuatmen. Was geschieht? Erkläre.

2. *Die Gehörknöchel.* Die Verbindung zwischen Trommelfell und innerem Ohr stellen drei winzige Knöchelchen her. Nach ihrer Form heißen sie Hammer, Amboß und Steigbügel. Straffe Gelenke verbinden diese drei Gehörknöchel miteinander.

III. Inneres Ohr

Es bildet eine mit Flüssigkeit gefüllte Höhle. In sie hinein ragen zwei knöcherne Teile: Schnecke und Bogengänge.

1. Die Schnecke. Sie besteht aus einer knapp 2 mm weiten, schnekkenförmig gewundenen Röhre *(Abb. 52)*; die mit Gehörwasser angefüllt ist. In dieser Röhre sitzt das eigentliche Gehörorgan. Es ist mit feinen Häutchen so aufgehängt, daß zwischen ihm und der äußeren Wand der Schnecke zwei Bahnen entstehen: der Vorhofgang und der Paukengang. Das Gehörorgan selbst ist äußerst verwickelt und kunstvoll gebaut. Man kann gut verstehen, daß es zum Schutz in das feste Felsenbein eingelagert ist.

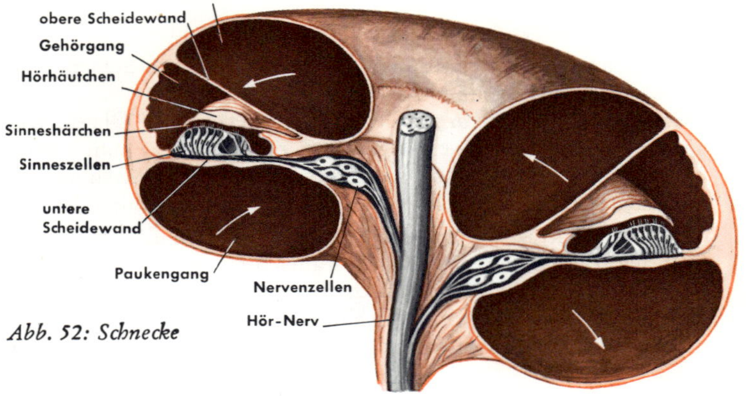

Abb. 52: Schnecke

2. Die Bogengänge. Die drei Bogengänge bilden halbkreisförmige, mit Flüssigkeit gefüllte Kanäle. Besonders merkwürdig an ihnen ist ihre Anordnung nach den drei Ausdehnungen des Raumes (siehe *Abb. 53*). Diese Bogengänge haben nichts mit dem Hören an sich zu tun. Sie befähigen das Ohr, daß es mehr kann als nur hören, denn sie sind der Sitz des Gleichgewichtsorgans.

IV. Vom Hören

Unter Hören verstehen wir die Wahrnehmung von ›Schallwellen‹. Von diesen hast du im Naturlehre-Unterricht erfahren, wie sie entstehen und wie sie weitergeleitet werden. Du weißt auch, daß es ›Schallwellen‹ eigentlich nicht gibt. Es sind vielmehr Schwingungen der Luft, die durch Töne, Klänge und Geräusche verursacht werden und die an unser Ohr dringen.

1. Der Hörvorgang. Die Schwingungen der Luft werden von der Ohrmuschel aufgefangen und durch den Gehörgang zum Trommelfell geleitet. Dieses schwingt im gleichen Takte mit. Die Schwingungen des Trommelfells werden von den Gehörknöchelchen aufgenommen, verstärkt und durch das ovale Fenster hindurch auf die Schnecke übertragen. Damit gerät das Gehörwasser der Schnecke in Schwingungen. Diese verlaufen durch den Vorhofgang hindurch bis zur Spitze der Schnecke, von dort durch den Paukengang wieder zurück (Pfeile in *Abb. 51*) und schwingen am runden Fenster aus. Dabei werden die Schwingungen des Gehörwassers auf das dazwischen aufgehängte Gehörorgan übertragen. Dieses leitet die durch diese Reize ausgelösten Erregungen über den Gehörnerv zum Gehirn weiter: wir hören. (F 544)

Das ist ein gewundener Weg. Niemand kann genau sagen, warum die verschiedenen Zwischenstationen da sind, weil niemand weiß, wie die Erregung der Sinneszellen des Gehörorgans im einzelnen vor sich geht. Letzten Endes werden eben Schwingungen der Luft, des Trommelfells, der Gehörknöchel, des Gehörwassers usw. in Töne, Klänge und Geräusche umgewandelt. Wie das möglich ist, wird uns für immer ein wundersames Geheimnis bleiben.

2. Richtungshören. Versuch 34: Macht alle einen großen Kreis. Einer stellt sich in die Mitte und schließt die Augen. Dann klatscht bald dieser, bald jener in die Hände, und der in der Mitte Stehende muß sich jedesmal dem

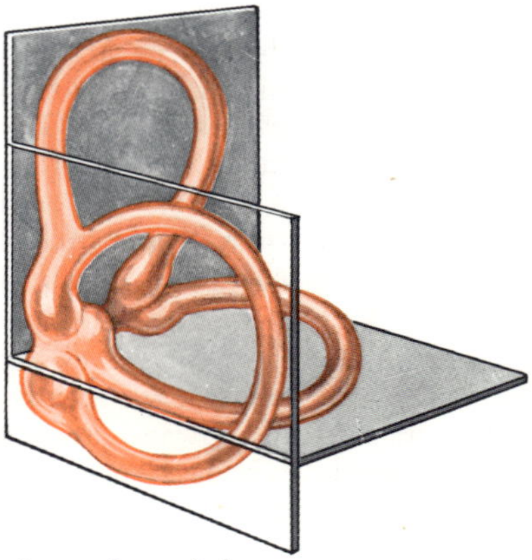
Abb. 53: Bogengänge des Innenohres, schematisch

Klatschenden zukehren. Nun hält der in der Mitte Stehende ein Ohr zu. Warum errät er jetzt die Schallquelle nicht mehr?

Offenbar braucht man zum Richtungshören beide Ohren. Der Schall erreicht nämlich unsere Ohren erst nach einer gewissen Zeit. Wenn er zum einen Ohr auch nur $^1/_{100000}$ Sekunde früher gelangt als zum anderen, so vermag der Gehörsinn daraus die Schallrichtung zu erkennen. Wie groß ist in diesem Fall der Unterschied der beiden Schallwege?

3. Ultraschall. So wie unser Riechsinn feine Reize nicht mehr empfindet, die der Riechsinn mancher Tiere noch recht deutlich wahrnimmt, so gibt es auch Schallwellen, die unser Ohr nicht mehr hört. Es sind Ultraschallwellen. Eine Pfeife z. B., die solche Ultraschallwellen erzeugt, wird von keinem menschlichen Ohr gehört, wohl aber vom Ohr des Polizeihundes, für den der Pfiff bestimmt ist. Auch Fledermäuse finden sich mit Hilfe von Ultraschallwellen zurecht.

V. Vom Gleichgewichtssinn

Wenn wir uns mehrmals im Kreise drehen, zuerst mit offenen, dann mit geschlossenen Augen (Vorsicht!), dann bekommen wir *Drehschwindel.* Wir drohen das Gleichgewicht zu verlieren und hinzufallen: Unser Gleichgewichtsorgan war einen Augenblick lang gestört. Beruht die Störung auf einer Krankheit, dann ist sie gefährlich. Der Kranke kann plötzlich anfangen zu taumeln und sich in eine von ihm gar nicht gewollte Richtung bewegen. Der Drehschwindel kann ihn unwiderstehlich zu Boden zwingen. Würde der Kranke versuchen, beim Schwimmen zu tauchen, dann wüßte er nicht mehr, wo oben und unten ist und welche Lage sein Körper im Wasser einnimmt; ohne fremde Hilfe müßte er ertrinken.

Du siehst: Der Gleichgewichtssinn, dessen Tätigkeit uns für gewöhnlich gar nicht bewußt wird, ist sehr wichtig. Versagt er, so kann uns sterbensübel werden, wie z. B. bei der Seekrankheit. Ferner sind wir dann bei jeder Fortbewegung schweren Gefahren ausgesetzt.

Wie sich der Gleichgewichtssinn auswirkt, zeigt auch die folgende Geschichte: Es gibt Krebse, deren Gleichgewichtsorgan nach außen offen ist. Die Sinnesreize gehen von einem winzigen Sandkörnchen aus, das je nach der Körperlage des Krebses seinen Druck verändert. Und dieses Sandkörnchen wird vom Krebs bei jedem Häuten erneuert. Nun gelang es einem Forscher, bei einer solchen Gelegenheit dem Krebs statt eines Sandkorns ein Eisenteilchen ins Gleichgewichtsorgan zu schmuggeln. Es funktionierte auch ordnungsgemäß, bis der Forscher einen Magneten über den Krebs hielt. Das Eisenteilchen drückte jetzt nicht mehr nach unten, sondern strebte dem Magneten zu. Im Krebs löste sich das Empfinden aus, umgekehrt zu liegen. Er drehte sich auf den Rücken und blieb in dieser Lage, bis der Forscher den Magneten wegnahm.

VI. Schädigungen des Ohres

1. Das Trommelfell ist leicht verletzbar. Es kann platzen, wenn es bei einem Schlag aufs Ohr, oder bei einem Schneeballenwurf, oder bei einem heftigen Knall in unmittelbarer Nähe von einem jähen Luftstoß getroffen wird. Es kann auch durchlöchert werden, wenn man mit einem spitzigen Gegenstand im Ohr herumstochert. Verletzungen des Trommelfells können zu Schwerhörigkeit führen. Ins Mittelohr eindringendes Wasser verursacht nicht nur Hör-, sondern auch Gleichgewichtsstörungen. Darum müssen Menschen mit durchlöchertem Trommelfell den Gehörgang mit einem ölgetränkten Wattepfropf verschließen, ehe sie ins Wasser steigen.

2. Mittelohrentzündung ist gefährlich. Sie ist meist die Folge einer Erkältung, kann aber auch von einer Infektionskrankheit (z. B. Scharlach oder Diphtherie) ausgelöst werden. Entwickelt sie sich zur *Mittelohreiterung,* so besteht die Gefahr, daß der Eiter die papierdünne Knochenwand zwischen Ohr und Gehirn durchbricht und damit eine ernste Lebensbedrohung verursacht. Wer Ohrenweh hat, muß deshalb sogleich ärztliche Hilfe in Anspruch nehmen.

3. Taubheit kann angeboren oder erworben sein. Sowohl Schädigungen des Gehörnerven oder der Hörbahn im Gehirn als auch krankhafte Veränderungen im Innerohr können zur Taubheit führen. Angeborene Taubheit ist stets zugleich Taubstummheit. Doch lernen in den modernen Gehörlosenschulen auch taubstumme Kinder das Sprechen, zusammen mit dem Ablesen des Gesprochenen vom Munde des andern.

Du solltest dir merken:

1 Man unterscheidet äußeres Ohr (Ohrmuschel, Gehörgang, Trommelfell), Mittelohr (Paukenhöhle, Ohrtrompete, Gehörknöchelchen) und inneres Ohr (Schnecke, Bogengänge).

2 Äußeres Ohr und Mittelohr fangen den Schall auf und leiten ihn weiter zum eigentlichen Hörorgan in der Schnecke.

3 Die Bogengänge sind der Sitz des Gleichgewichtsorganes, mit dessen Hilfe wir uns sicher im Raum bewegen.

4 Das Trommelfell ist ein feines Häutchen. Es kann bei ruckartigen Luftstößen platzen (Schneebälle, Ohrfeigen). Versuche nicht, den Gehörgang mit einem spitzigen Gegenstand zu reinigen; du könntest leicht das Trommelfell durchstoßen und schwerhörig werden.

5 Nach dem Baden soll man den Gehörgang gut austrocknen, um einer Erkältung des Mittelohres vorzubeugen. Mittelohrentzündung ist gefährlich; sie entwickelt sich möglicherweise zu einer Mittelohreiterung, die zum Tod führen kann, wenn sie auf das Gehirn übergreift. Nimm deshalb Ohrenweh nicht leicht, sondern gehe sogleich zum Arzt.

6 Schütze bei scharfem Frost die Ohrmuscheln, damit sie nicht erfrieren.

Aufgabe:

(Vorbereitung): Beschaffe dir vom Metzger (Fleischer) Rindsaugen. Lege sie in 5prozentige Formollösung (Apotheke) zum Härten. Laß sie bis zur nächsten Naturkundestunde, mindestens aber drei Tage lang, in dieser Lösung liegen.

Das Auge ist besonders kunstvoll gebaut

Arbeitsmittel: Zwei gehärtete Rindsaugen, Spiegel, Lupe, scharfes Messer, Pinzette, feines Scherchen, Teller,
Schwarz-Weiß-Bild, Glanzpapier in verschiedenen Farben,
Brillengläser (Zerstreuungs- und Sammellinsen).

Es gibt eine Redensart: ›Das hätte können ins Auge gehen‹. Damit will man von einer Sache sagen, sie wäre beinahe gefährlich geworden. Und wenn jemand sagt: ›Er hütet es wie seinen Augapfel‹, dann muß es sich um etwas Kostbares handeln. Beide Redensarten bringen zum Ausdruck, wie wertvoll, aber auch wie empfindlich und gefährdet das Auge ist. Das Sehsinnesorgan kann eben nicht wie das Hörsinnesorgan in einen starken Knochen schützend eingebettet sein, weil sich die Lichtstrahlen nicht in das Innere des Körpers weiterleiten lassen.

I. Was im Spiegel vom Auge zu sehen ist.

Betrachte deine Augen im Spiegel und präge dir mit Hilfe der *Abb. 54* die Namen ein. Besitzt deine Schule ein Modell des Auges, dann zeige auch an ihm die einzelnen Teile.

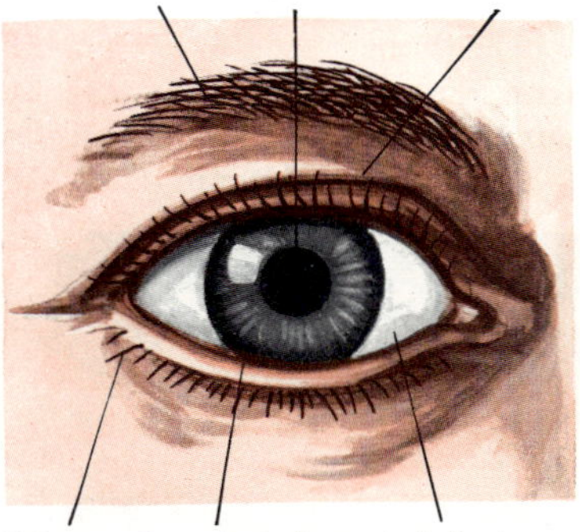

Abb. 54: Auge

Die Haare am unteren Rand der Stirne heißen *Brauen*. Darunter folgt das *obere Augenlid*. Die langen Haare am Rand des oberen und unteren Augenlids sind die *Wimpern*. Das Auge ist kugelförmig *(Augapfel)*. Der größte Teil des Augapfels steckt in der *Augenhöhle*. Der schwarze Kreis in der Mitte des Auges ist die *Pupille*. Der farbige Ring, der die Pupille umschließt, heißt *Regenbogenhaut,* mit dem Fremdwort *Iris*. Vergleiche die Farbe deiner Augen mit der deiner Kameraden, deiner Eltern und deiner Geschwister. Über Iris und Pupille wölbt sich die durchsichtige *Hornhaut*. Das Weiße des Auges ist ein Teil der *weißen Augenhaut*. Sie ist sehr zäh und heißt darum auch *Lederhaut*. Ziehe das untere Augenlid herab. Du siehst dann ein feines, rötliches Häutchen, die *Bindehaut*. Sie überzieht auch den sichtbaren Teil der Lederhaut, nicht aber die Hornhaut. Du hast von der Bindehaut wahrscheinlich schon gehört. Sie entzündet sich manchmal, dann bekommst du gerötete Augen (Bindehautkatarrh).

Das Auge ist beweglich. Du kannst ›die Augen rollen‹, du kannst sogar ›schielen‹. Das sind Bewegungen, die von den sechs Augenmuskeln bewirkt werden. Warum ist diese Fähigkeit, die Augen nach allen Richtungen zu drehen, vorteilhaft?

Die *Augenlider* können sich blitzschnell schließen, sobald dem Auge Gefahr droht oder wenn plötzlich grelles Licht aufflammt. Warum wohl schließen sich die Lider von Zeit zu Zeit unwillkürlich ganz kurz (einen Lidschlag lang)? Die Lider sind Hautfalten. Das sieht man deutlich, wenn man das obere Lid umstülpt. Dabei hält man eine Stricknadel quer über das geschlossene Augenlid (etwa 1 cm oberhalb der Lidspalte), faßt die Wimpern und kippt das Lid vorsichtig nach oben über die Stricknadel um. Wenn dir eine Mücke oder sonst etwas ins Auge gerät, dann darfst du ja nicht im Auge reiben. Ziehe zunächst das obere Lid herunter und bewege den Augapfel hinter dem geschlossenen Lid hin und her, auf und ab. Vielleicht wird die Mücke dabei von der Tränenflüssigkeit in den Nasenwinkel gespült, so daß du sie mit dem Zipfel eines Taschentuchs durch vorsichtiges Wischen nasenwärts entfernen kannst. Gelingt es auf diese Weise nicht, dann muß dir die Mutter oder ein Kamerad das Lid umstülpen. Nun sieht man die Mücke und kann sie wegwischen.

Dringt dir ein Rußteilchen oder gar ein Metallsplitter ins Auge, dann gehe sofort zum Arzt. Metallspäne, die sich ins Auge gebohrt haben, zersetzen sich, trüben die Hornhaut und führen zum Erblinden. Welche Aufgabe die *Brauen* und Augenwimpern haben, ist leicht zu sagen. Denke an die Schweißtropfen, die von der Stirne rinnen, und an den Straßenstaub, den ein Windstoß aufwirbelt. Am Kaminfeger ist dir sicher schon aufgefallen, daß ›das Weiße‹ seiner Augen, so berußt sein Gesicht auch sein mag, immer rein ist. Das macht die *Tränenflüssigkeit,* die das Auge dauernd feucht hält. Sie stammt aus den Tränendrüsen, die in den Augenhöhlen verborgen sind. Würden sie versiegen, dann müßten wir erblinden. Sobald nämlich die Hornhaut austrocknet, wird sie trübe. Dann setzen sich Krankheitskeime fest, die schließlich das erblindete Auge zerstören. Die Tränenflüssigkeit sammelt sich immer im inneren Augenwinkel und wird durch den Tränennasengang zur Nase abgeleitet. Darum ›läuft‹ dir beim Weinen die Nase.

Abb. 55: Zu Versuch 36

Die *Pupille* kann sich erweitern und verengen.

Versuch 35: Sieh deine Pupille im Spiegel an. Schließe dann 1 Minute lang beide Augen und stelle danach im Spiegel fest, wie sich die Pupille verändert hat. Nun schaue 1 Minute ins Helle, dann in den Spiegel und blende dabei mit beiden Händen deine Augen ab. Denke an die Katzen. Welche Form haben ihre Pupillen bei Tage, welche bei Nacht?

II. Das Auge hat einen blinden Fleck

Das zeigt Versuch 36: a) Schließe das linke Auge, betrachte mit dem rechten das Kreuz in *Abb. 55* und führe das Gesicht langsam immer näher an das Bild heran. Dabei darfst du weder den Kopf noch die Abbildung seitlich verdrehen. In welcher Entfernung verschwindet der Kreis? Was siehst du an dessen Stelle?

Du kannst auch Kreuz und Kreis auf die Wandtafel zeichnen. Je mehr du beide auseinanderrückst, desto weiter weg mußt du gehen. Vertausche auch Kreuz und Kreis. Dann mußt du natürlich das rechte Auge schließen und mit dem linken schauen.

b) Wiederhole denselben Versuch, zeichne aber Kreuz und Kreis mit Tusche (Tinte) zuerst auf weißes, dann auf farbiges Papier (grün, rot, gelb, blau). Stelle fest, was du jeweils an Stelle des verschwundenen Kreises siehst. Fasse das Ergebnis zusammen.

Wie erklärst du dir das Verschwinden des Kreises? Beachte: Die Lichtstrahlen müssen durch die Pupille hindurch zur hinteren Augenwand gelangen. Dort entsteht ein winziges Bild. Diejenigen Strahlen, die von dem (verschwundenen) Kreis ausgehen, müssen dort auf eine Stelle fallen, die gleichsam ›blind‹ ist. Zeichne den Augapfel als Kreis, und die Lichtstrahlen dazu, und überlege, wo dieser blinde ›Fleck‹ sein müßte.

III. Das Auge kann uns allerlei vortäuschen

Mache Versuch 37: a) Betrachte eine Tuschezeichnung (Schwarz-Weiß-Bild), indem du die Augen eine halbe Minute lang auf e i n e n Punkt des Bildes heftest. Dann richte schlagartig die Augen auf einen Punkt der Zimmerdecke. Dort siehst du dasselbe Bild, aber viel größer; was schwarz war ist nun hell und umgekehrt.

b) Markiere die Mitte von einem Bogen grünen Glanzpapiers mit einem Punkt. Dein Kamerad hält den Bogen an die helle Wand, und du betrachtest unverrückt den eingezeichneten Punkt. Nach einer halben Minute zieht dein Kamerad das Buntpapier weg. Du aber behältst die bisherige Blickrichtung bei. Welche Farbe erscheint nun an der Wand? Probiere dasselbe mit rotem, blauem usw. Buntpapier. So kannst du zu allen Farben die Ergänzungs- oder Gegenfarbe suchen.

Daß wir manchmal ›Gespenster sehen‹ ist sprichwörtlich. Ein Weidenstumpf wird dann zum Ungeheuer, ein Lichtreflex zum Gespenst. Es kann sogar vorkommen, daß wir einen gar nicht vorhandenen Gegenstand wirklich zu sehen glauben. Wir sprechen dann von Halluzination. Das ist sehr merkwürdig. Offenbar sind die Sinneszellen auch von innen, vom Gehirn her erregbar. Bekannt sind die sogenannten optischen Täuschungen *(Abb. 56)*.

a) Welcher Punkt ist größer?

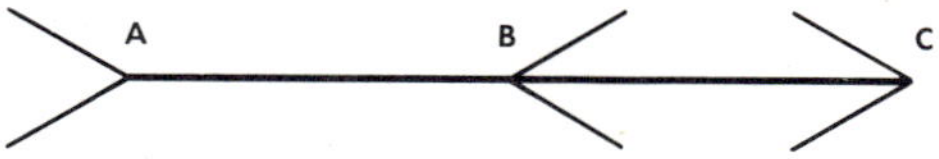

b) Welche Strecke ist größer, AB oder BC?

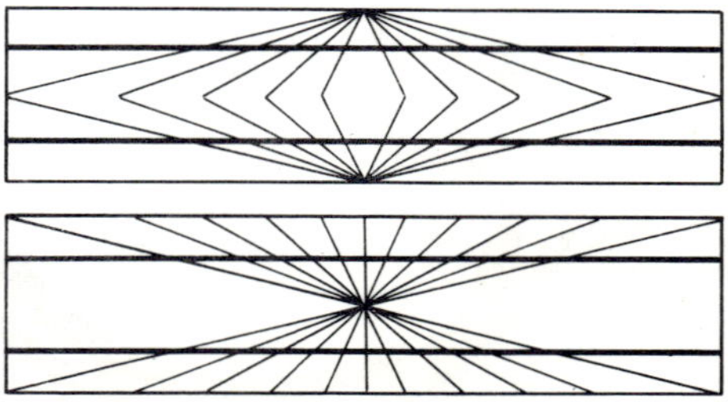

c) Linien gekrümmt oder parallel?

Abb. 56: Optische Täuschungen

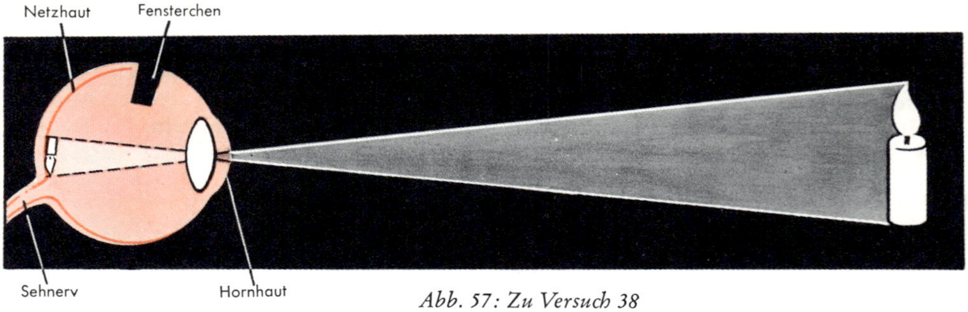

Abb. 57: Zu Versuch 38

IV. Der innere Bau des Auges

Zur Untersuchung des inneren Baues brauchst du die beiden gehärteten Rinderaugen. An ihnen siehst du, wie treffend der Name ›Augapfel‹ ist. Sogar ein Stiel ist daran, der Sehnerv. An der Hornhaut fällt dir auf, daß sie etwas trübe ist. Solange das Tier lebte, war sie glasklar. Erst nach dem Tode trübt sich das Auge; es ›bricht‹.

1. Ein Blick in das Tierauge. Versuch 38: Schneide mit Messer und Schere oben in das Tierauge ein quer verlaufendes, etwa 1 cm langes Fensterchen. Stelle, wie in *Abb. 57,* eine kleine brennende Kerze vor das Auge und dunkle das Zimmer ab. Verschiebe nun die Kerze solange, bis du durch das Fensterchen hindurch auf der hinteren, inneren Augenwand die Kerze deutlich abgebildet siehst. Warum ist das Bild umgekehrt? Lege nun das Auge beiseite. Du brauchst es nachher wieder.

2. Längsschnitt durch das Auge. Nimm das zweite Auge. Drehe es so, daß der Sehnerv schräg nach unten schaut. Zerschneide das Auge vom Sehnerv bis zur Mitte der Hornhaut der Länge nach in zwei gleiche Hälften. (Es gelingt nur mit scharfem Messer.) Zeichne, was du siehst, und trage die wichtigsten Namen ein. Ziehe dabei die Abbildung und das Augenmodell deiner Schule zu Rate.
Nimm den durchsichtigen Glaskörper heraus und lege ihn auf einen Teller. Welchem Zweck mag er dienen? Überlege: Die häutige Hülle hat nirgends eine knöcherne Stütze. Was wird wohl mit einem verletzten Auge geschehen, wenn es ›ausläuft‹? Übergießt du den Glaskörper im Teller mit Wasser, so kannst du ihn mit den Augen nicht mehr erkennen.

Zeige die *Pupille.* Was sagst du nun? Hättest du gedacht, daß die kohlschwarze Pupille sich als ein ganz gewöhnliches Loch entpuppt? Es ist das *Sehloch,* durch welches das Licht ins Auge dringt. Errätst du, warum es von außen schwarz erscheint?

3. Querschnitt durch das Tierauge. Durchschneide das Auge mit dem Fenster vollends *(Abb. 58).*

a) Die vordere Hälfte. Du siehst die unverletzte Linse. Sie ist ringsum von einem dunkelbraunen Wulst umgeben. Man nennt ihn *Strahlenkörper.* Trenne die Hornhaut mit der Schere vorsichtig ab, damit du die *Regenbogenhaut* untersuchen kannst. Du siehst sehr gut die Strahlen, die von der Pupille zum Rande verlaufen. Es sind Muskeln; wenn sie sich zusammenziehen, erweitert sich die

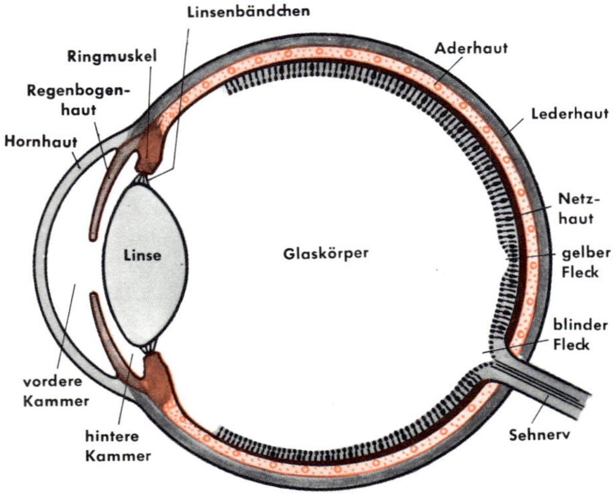

Abb. 58: Augapfel, durchschnitten

Pupille. Betrachte mit der Lupe die Regenbogenhäute deiner Kameraden. Du findest, daß sie nicht bloß verschieden gefärbt sind, sondern daß sie auch allerlei Fleckchen zeigen. Es gibt Heilkundige, die sagen, diese Fleckchen seien durch krankhafte Veränderungen der Körperorgane hervorgerufen worden. Man könne deshalb aus der Lage und der Art dieser Fleckchen die Krankheiten bestimmen. Das Erkennen einer Krankheit aus vorhandenen Anzeichen *(Symptomen)* nennt man *Diagnose*. Wenn du einmal etwas von *Augendiagnose* hörst, dann weißt du, was gemeint ist.

Mache entlang einem der Strahlen mit der Schere einen Schnitt durch die Regenbogenhaut, also von der Pupille aus zum Rande hin. Fasse mit der Pinzette eines der angeschnittenen Enden, ziehe es vorsichtig, ohne zu zerren, nach oben und zugleich entlang dem äußeren Rande. So läßt sich die ganze Regenbogenhaut entfernen. Betrachte ihre Rückseite. Du siehst wiederum Strahlen sowie Ringe. Es sind Muskeln (Längs- und Ringmuskeln), die die Weite des Sehlochs nach Bedarf verändern.

Halte den Rest der vorderen Augenhälfte gegen das Licht und betrachte ihn von beiden Seiten. Nun siehst du die Linse in ihrer vollen Größe, sowie die zierlichen, glasklaren Fäden, mit denen sie aufgehängt ist. Die Fäden nennt man *Linsenbändchen*. Sie verlaufen, wie die Speichen eines Rades, nach außen zu dem *Strahlenkörper*.

Die Linsenbändchen sind dehnbar. Das erkennst du, wenn du Linse und Strahlenkörper ein wenig auseinanderziehst. Gib aber acht, daß die Bändchen nicht reißen.

Der Strahlenkörper ist ein Ringmuskel. Muskeln können sich straffen und wieder entspannen. Wie verändert sich der Ring, wenn sich der Muskel zusammenzieht? Was geschieht dabei mit den Linsenbändchen? — Da mußt du wissen: Die Linse ist elastisch. Sie hat die Neigung, sich stärker zu wölben. Sie bleibt flach, solange sie von den straff gespannten Linsenbändchen daran gehindert wird. Sobald aber diese erschlaffen, wölbt sie sich stärker. Wann erschlaffen die Linsenbändchen? — Denke an den Ringmuskel des Strahlenkörpers. Warum straffen sich die Linsenbändchen, sobald sich der Muskel entspannt? Denke daran, daß der Glaskörper von innen her nach allen Seiten drückt und den Augapfel zur Kugel spannen möchte.

Du siehst: Die Linse kann ihre Form verändern. Sie kann sich abflachen und auch stärker wölben. Warum ist das so überaus wichtig?

b) Die hintere Hälfte. Das helle, durchscheinende Häutchen, das sich z. T. von selbst schon losgelöst hat, ist die *Netzhaut*. Du erinnerst dich an Versuch 36 und an dein Bemühen, festzustellen, wo der ›blinde Fleck‹ sein müßte. Er liegt — so hast du erkannt — nicht der Pupille gegenüber, sondern auf der der Nase zugekehrten Hälfte des Auges. Nun achte auf die Stelle, an der die Netzhaut angewachsen ist. Sie liegt dort, wo der Sehnerv in das Auge eintritt, d. h. auf der der Nase zugekehrten Seite. Nun hast du den blinden Fleck gefunden.

Trenne die Netzhaut mit der Schere vom blinden Fleck los, breite sie auf einer Glasplatte (Uhrschälchen) aus und halte sie gegen das Licht. Die wie ein Flußnetz verzweigten Adern sind Blutgefäße. Diese Netzhaut ist das eigentliche *Sehsinnesorgan*.

Am Modell des menschlichen Auges ist, der Pupille genau gegenüber, der ›gelbe Fleck‹. Beim Tierauge wirst du ihn vergeblich suchen. Denn nur das Auge des Menschen (und das einiger Menschenaffen) besitzt diesen gelben Fleck. Er ist diejenige Stelle, an der wir am deutlichsten sehen.

Unter der Netzhaut liegt eine zweite Haut. Sie ist zäher. Trenne sie vom Rande her los. Welche Farbe hat sie? Sie heißt *Aderhaut*, weil sie von vielen Blutadern durchzogen ist. Ihr vorderer Teil ist nichts anderes als die Regenbogenhaut oder *Iris*.

Die dritte Haut, die übrig bleibt, kennst du schon. Es ist die weiße Augenhaut oder *Lederhaut*. Probiere, ob sie so zäh ist, wie ihr Name sagt.

Überlege, welche Aufgabe wohl jede der drei Augenhäute haben mag.

V. Wie wir sehen

Was geht vor sich, wenn wir etwa eine Blume betrachten, der wir uns zuwenden?
a) Die *Augenmuskeln* kehren das Auge der Blume so zu, daß die von der Blume ausgehenden Lichtstrahlen auf die empfindlichste Stelle der Netzhaut treffen.
b) Die *Regenbogenhaut* stellt die Pupille auf die richtige Weite ein.
c) Der *Ringmuskel* sorgt für die passende Wölbung der Linse. Ohne unser Zutun.
d) Die von der Blume ausgehenden Lichtstrahlen treffen nun auf die *Netzhaut.* Diese ist überaus kunstvoll gebaut. Einhundertdreißig Millionen Sinneszellen sind in ihr vorhanden.
e) Die Sinneszellen werden durch Lichtreize erregt. Sie leiten die Erregung über die Sehnerven ins Gehirn. Dort werden sie in Empfindungen umgeformt: Wir sehen die Blume.

VI. Augenfehler und Augenkrankheiten

1. Warum brauchen viele Menschen eine Brille? Der Augapfel ist nicht bei allen Menschen gleich rund. Bei *Kurzsichtigen* ist er zu lang, bei *Weitsichtigen* zu kurz. Es kann auch an der Linse liegen. Verliert sie die Fähigkeit, sich abzuflachen, so wird das Auge kurzsichtig. Mit zunehmendem Alter wird die Linse müde und will sich nicht mehr wölben; darum ist Weitsichtigkeit eine Alterserscheinung. Alle diese Menschen brauchen Brillen. In der Naturlehre hast du gelernt, daß es Sammel- und Zerstreuungslinsen gibt; du hast auch ausprobiert, wie sie wirken. Was für Linsen muß die Brille a) für Kurzsichtige, b) für Weitsichtige haben?

Um die Linsen deiner Augen elastisch zu erhalten, mußt du vermeiden, beim Lesen, Schreiben oder Nähen zu nahe hinzusehen. Bei aller Naharbeit solltest du immer wieder einmal den Blick in die Ferne richten. — Warum erhält Ballspiel die Linse beweglich?

Grelles Licht schadet den Augen. Blicke nie in die Sonne! Die ultravioletten Strahlen können wir zwar nicht mehr sehen, sie zerstören aber die Netzhaut und lassen das Auge erblinden. Zum Schutz gegen zu grelles Licht tragen wir farbige Brillen (Sonnen- und Schneebrillen).

2. Grauer, grüner und schwarzer Star. Das Auge kann erkranken. Hornhaut, Linse und Netzhaut sind seine empfindlichsten Teile. Trübung der Hornhaut führt zur Erblindung. Neuerdings kann dem Erblindeten durch eine Hornhautüberpflanzung (Einsetzen einer gesunden an Stelle der getrübten Hornhaut) das Augenlicht wieder geschenkt werden.

Trübt sich die Linse, dann sprechen wir von *grauem Star.* Star kommt von Starre; die Augen haben bei dieser Krankheit einen starren Blick. Die Pupille erscheint grau. Der Arzt ›sticht‹ den Star, d. h. er entfernt die kranke Linse und ersetzt sie durch eine ›Starbrille‹. Ihre Gläser sind so geschliffen, daß man mit ihr in die Ferne und durch eine unten eingeschliffene kreisrunde Wölbung auch in die Nähe sehen kann.

Grüner und schwarzer Star können nicht ›gestochen‹ werden, denn sie sind keine Erkrankungen der Linse. Bei dem sehr schmerzhaften *grünen Star* ist das ganze Auge krank. Der Druck im Augapfel ist stark erhöht, Netzhaut und Sehnerv erleiden Schaden. Durch rechtzeitiges, fachärztliches Eingreifen ist Heilung möglich. Unheilbar dagegen ist der *schwarze Star,* bei dem die Pupille stark erweitert und tiefschwarz erscheint. Er ist eine Erkrankung des Sehsinnesorgans selber und führt zum Erblinden.

3. Blindheit. Sie ist in seltenen Fällen angeboren. Meist ist sie eine Folge von Augenkrankheiten oder gewaltsamen Verletzungen. Denke an die Kriegsblinden. Im zweiten Weltkrieg verloren allein rund 10 000 Deutsche ihr Augenlicht.

Mit Hilfe des Tast- und des Muskel- und Sehnensinns vermögen sich Blinde wieder einigermaßen zurechtzufinden. Sie lernen auch lesen und schreiben. Die Buchstaben des Blindenalphabets bestehen aus erhabenen Punkten *(Abb. 59)*

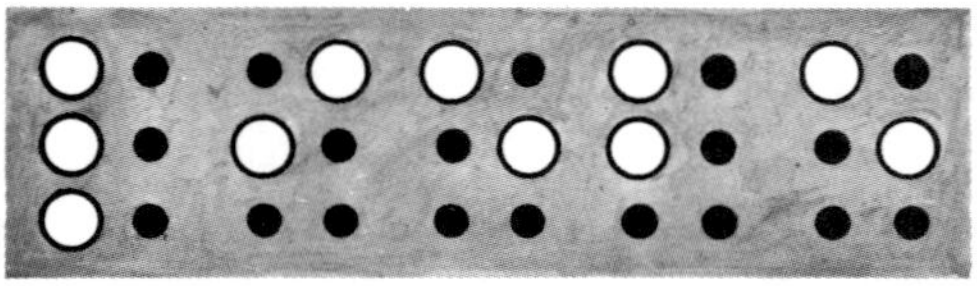

L . . . . I . . . . E . . . . B . . . . E

Abb. 59: Blindenschrift

Die Blinden tragen, wie Gehörlose und Schwerhörige, das internationale Verkehrsschutz-Abzeichen (gelbe Binde mit drei großen schwarzen Punkten) am linken Arm. Ihr treuer Begleiter ist der Blindenhund, der in einer Schule für seine Aufgaben abgerichtet wird.

4. *Schielen.* Es ist meist angeboren und beruht auf der Verkürzung eines Augenmuskels. Der Arzt verordnet eine passende Brille. Nach dem 10. Lebensjahr ist das Schielen durch eine einfache Operation völlig heilbar.

Du solltest dir merken:

1 Das Auge ist besonders empfindlich. Seinem Schutz und seiner Gesunderhaltung dienen Augenhöhle, Lider, Brauen, Wimpern, Tränen- und Fettdrüsen.

2 Die Hülle des Auges besteht aus drei Häuten, die wie die Schalen einer Zwiebel ineinanderliegen. Die zähe Lederhaut (weiße Augenhaut) bildet den Schutz des Auges. Sie geht vorn in die durchsichtige Hornhaut über. Die Aderhaut versorgt das Auge mit Blut. Die Netzhaut ist das eigentliche Sehsinnesorgan.

3 Das Auge ist anpassungsfähig. Die Regenbogenhaut verengt oder erweitert die Pupille und regelt so die Menge des einfallenden Lichtes. Die Linse kann sich abflachen oder stärker wölben, d. h. sich auf die richtige Sehentfernung einstellen.

4 Sehfehler, wie Kurzsichtigkeit und Weitsichtigkeit, werden durch Brillen ausgeglichen.

5 Schone und pflege deine Augen. Augenbäder sind erfrischend. Schaue nie in die Sonne! Schütze deine Augen vor grellem Licht (Sonnenbrille, Schneebrille). Führe deine Augen nicht allzu nah an die Arbeit heran. Gehe sogleich zum Augenarzt, wenn dir ein Rußteilchen oder gar ein Metallsplitter ins Auge dringt und sobald du Schmerzen im Auge verspürst.

6 Sei rücksichtsvoll gegen Erblindete und unterstütze die Blindenhilfe, indem du die von Blinden hergestellten Gegenstände des täglichen Bedarfs von ihr beziehst.

Aufgaben:

1. a) Zeichne das Auge eines Kurzsichtigen und stelle dar, wie die Lichtstrahlen schon vor der Netzhaut zusammentreffen.

b) Zeige in einer zweiten Darstellung, wie der Fehler durch eine passende Zerstreuungslinse behoben wird.

2. Stelle den Sehfehler des Weitsichtigen und seine Behebung durch eine Sammellinse zeichnerisch dar.

3. Löse die unversehrte Linse vorsichtig aus dem Tierauge und versuche, mit ihr zu lesen. Was stellst du fest?

4. Beobachte einen Blindenhund; schreibe deine Feststellungen auf.

Geheimnisvolle Botenstoffe

Vielleicht ist dir schon einmal ein junger Mensch von 10 bis 15 Jahren begegnet, der ungewöhnlich dick war und zwei Zentner oder noch mehr wog. ›Krankhafte Fettsucht‹, sagt der Arzt. ›Die Drüsen arbeiten nicht richtig.‹ Oder kennst du einen mißgestalteten schwachsinnigen Zwerg? Wiederum erläutert der Arzt: ›Drüsenstörung‹. Was mag das bedeuten? — Nun, wenn der Arzt sich genauer ausdrücken wollte, müßte er sagen: ›Hormonstörung‹ oder ›Versagen der Hormondrüsen‹.

I. Es gibt zweierlei Drüsen

Du kennst verschiedene Drüsen. Nenne sie. Denke an die Verdauungsorgane (Mund, Magen, Darm), an die Haut (Schweiß, Talg), an die Augen (Tränen). Sie alle erzeugen bestimmte Säfte und entleeren sie durch besondere Ausführungsgänge. Beispiel: Leber. Wie heißt ihr Drüsensaft? Ihr Ausführungsgang? Wohin entleert sie ihren Drüsensaft? Solche Drüsen nennt man *Aussonderungsdrüsen.*

Zähle alle Aussonderungsdrüsen, von denen du etwas weißt, auf und vermerke bei jeder, welchen Saft sie abscheidet und wohin sie ihn entleert.

Was aber sind *Hormondrüsen?* Die Aussonderungsdrüsen kennt man schon seit Jahrhunderten, die Hormondrüsen erst seit ein paar Jahrzehnten. Sie muß ein Geheimnis umwittern. Dafür ein Beispiel:

Im Halse des Menschen liegt um den Kehlkopf herum ein Organ, das man heute die *Schilddrüse* nennt. Ihre Wucherung nennt man *Kropf.* Als man bei einem Kinde den Kropf vollständig wegoperierte, traten entsetzliche Folgen ein: Das Kind verlor den Appetit, wurde aber trotzdem fett; die Haut wurde runzelig, trocken und blaß, die Haare fielen aus; das Herz schlug langsamer; die Körpertemperatur sank auf 35 — 36 Grad Celsius; das Wachstum hörte auf; die Knochen wurden krumm, das Kind wurde teilnahmslos, litt an Schlafsucht, wurde von Tag zu Tag stumpfsinniger und verblödete vollständig. Die Ärzte standen vor einem Rätsel. Hatte man zuviel wegoperiert? Man gab kropfkranken Kindern den Saft gesunder Schilddrüsen (man gewann ihn von Tieren), und siehe da, die Gabe wirkte Wunder: Die genannten Schäden blieben aus, und die Erkrankten genasen. Gab man ihnen aber z u v i e l Schilddrüsensaft, dann folgte ein anderes Krankheitsbild: Die Haut wurde glatt und feucht; die Augen quollen hervor (Glotzaugenkrankheit), der Appetit wuchs, und trotzdem magerten die Kranken ab; die Temperatur stieg über 37° hinaus; Herzklopfen, Schlaflosigkeit, nervöses, aufgeregtes Wesen und Tobsuchtsanfälle waren die Folge. Die beiden Krankheitsbilder waren den Ärzten schon lange bekannt. Nun endlich wußte man, daß sie bei Menschen entstehen, deren Schilddrüse zu wenig oder zuviel Schilddrüsensaft erzeugt. Den geheimnisvollen Saft nannte man *Hormon,* und das Organ *Hormondrüse.* Die Schilddrüse ist also eine Hormondrüse. Man hat sie so spät erst entdeckt, weil sie ihren Saft, das Hormon, nicht durch besondere Kanäle absondert, sondern unmittelbar an das Blut abgibt, das sie durchströmt.

Was über die Schilddrüse gesagt ist, gilt für alle Hormondrüsen. Sie haben keinen Ausführungsgang, sondern geben ihre Säfte unmittelbar ans Blut ab, und dieses bringt sie in alle Teile des Körpers. Dort vermögen sie jegliches Wachstum und den gesamten Stoffwechsel zu beeinflussen. Wir sprechen deshalb auch von *Botenstoffen,* die von einer Drüse ausgesandt werden, um den Zellen bestimmte Befehle zu überbringen. Jedes Hormon übermittelt seine besonderen Befehle, und je nach Art des Befehls wird die Tätigkeit der Organe des Körpers angekurbelt, abgestoppt, beschleunigt, gebremst oder umgelenkt. Das ist wundersam genug. Die Sache ist aber viel rätselhafter; denn die Befehle werden nur von denjenigen Zellen und Organen befolgt, für die sie bestimmt sind. In allen übrigen Zellen geschieht nichts, wiewohl auch zu ihnen dieselben Botenstoffe (Hormone) gelangen.

II. Die einzelnen Hormondrüsen

Die Abb. 60 zeigt, wo die wichtigsten Hormondrüsen sitzen. Beschreibe ihre Lage.

1. Die Schilddrüse kennst du schon. Ihr Hormon nennt man *Thyroxin.* Zu wenig oder zu viel davon bewirkt schwere körperliche, geistige und seelische Störungen. Es kann — glücklicherweise — künstlich hergestellt werden.

2. Die Beischilddrüsen, auch *Epithelkörperchen,* bisher *Neben-Schilddrüsen* genannt, sind vier reiskorngroße Gebilde, die an der Schilddrüse sitzen. Ihre Entfernung führt zu schweren Muskelkrämpfen mit rasch folgendem Tod. Ihr Hormon ist wichtig für die Knochen- und Zahnbildung, sowie für die Tätigkeit der Nerven.

3. Die Thymusdrüse oder das Bries. Es ist ein Organ, das vom Hals bis fast zum Herzen reicht, bei der Geburt etwa 12 Gramm wiegt, dann auf 25 Gramm anwächst und sich vom 10.—12. Lebensjahr an zurückbildet. Mit 45 Jahren wiegt die Drüse nur noch 2½ Gramm. Sie ist für das *Kleinkind* wichtig: In ihr werden gleich nach der Geburt eine Art weißer Blutkörperchen, die *Lymphzellen* oder *Lymphozyten,* gebildet. Diese machen das Neugeborene *immun* gegen ansteckende Krankheiten, d. h., sie bekämpfen die Krankheitserreger. Später übernehmen andere Organe die Bildung dieser Abwehrkräfte (vgl. S. 43 ff.).

4. Die Bauchspeicheldrüse hast du bereits als Verdauungsdrüse und somit als Aussonderungsdrüse kennengelernt. Lies nach, was auf S. 22 gesagt ist. Wie heißt ihr Absonderungssaft? Wohin wird er entleert? Welche Aufgabe hat er?

Sie ist zugleich *Hormondrüse.* Ihr wichtigstes Hormon heißt *Insulin,* weil es innerhalb der Bauchspeicheldrüse in besonderen, inselartig verteilten Zellhäufchen gebildet wird. Es wird ohne Ausführungsgang ins Blut abgegeben.

Dieses *Hormon Insulin* sorgt in allen Körperzellen für die richtige Verbrennung des Zuckers. Es sorgt auch für die richtige Speicherung des Zuckers in der Leber und in den Muskeln. Zu

Abb. 60: Hormondrüsen

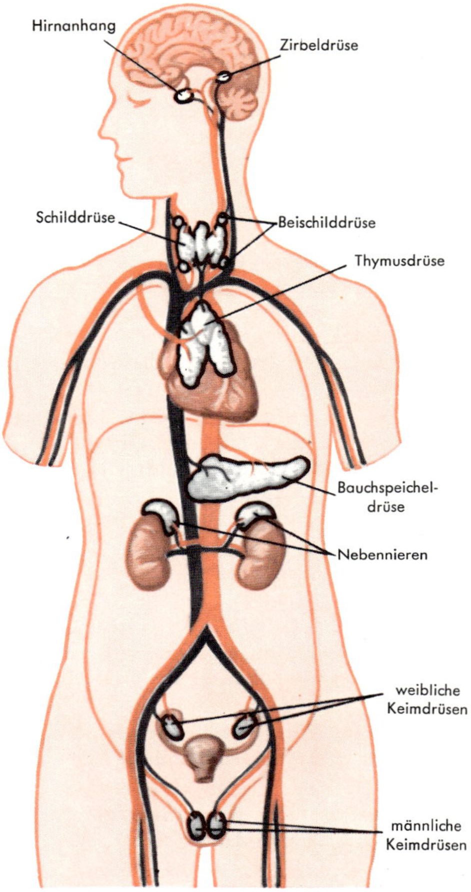

wenig Insulin führt zur *Zuckerkrankheit.* Der Zucker wird mangelhaft verbrannt. Dabei entstehen Abfallstoffe, die den Körper vergiften. Überschüssiger Zucker wird nicht gespeichert. Das Blut ist mit Zucker überladen, und die Nieren arbeiten fieberhaft, um die Giftstoffe und das Zuviel an Zucker auszuscheiden. Früher führte die Zuckerkrankheit oft zum Tode. Seit man die Ursachen kennt, können viele Kranke geheilt oder ihre Leiden gemildert werden. Man spritzt ihnen Insulin ein. Es wird aus den Bauchspeicheldrüsen von Tieren gewonnen. Im Jahr 1963 ist es gelungen, Insulin künstlich herzustellen, eine Großtat wissenschaftlicher Forschungsarbeit! Bei der Herstellung von Insulin mußten 223 einzelne chemische Umsetzungen durchgeführt werden.

Ebenso gefährlich wie zu wenig ist auch zu viel Insulin. Der Zucker wird zu rasch verbrannt. Es folgen Krämpfe, Bewußtlosigkeit, Atemlähmung und Tod. Wird in diesem Falle der Arzt rechtzeitig gerufen, so hilft er, indem er Traubenzuckerlösung ins Blut einspritzt.

5. Die Nebennieren. Auf dem oberen Rande jeder der beiden Nieren sitzt eine bohnengroße Kappe. Man nennt sie Nebenniere. Die Entfernung der Nebenniere wirkt tödlich. Heute weiß man, daß die Nebenniere — sie wiegt nur 10 Gramm — viele, darunter zwei lebenswichtige Hormone erzeugt, eines in der Rinde, das andere im Mark. Fehlt das Rindenhormon, so versagen rasch Körper und Geist. Es folgen allgemeiner Kräftezerfall und Tod. Weniger schlimm ist, wenn das Markhormon — es heißt *Adrenalin* — ausfällt. Denn es kann künstlich hergestellt werden und wird im Bedarfsfalle dem Kranken eingespritzt. Es ist eines der wichtigsten Arzneimittel.

Das Markhormon Adrenalin regelt die Verteilung des Blutes im Körper. Es kann außerdem bewirken, daß der in der Leber gespeicherte Zucker in das Blut abgegeben wird. Man sagt deshalb, es sei der „Gegenspieler“ des Insulins der Bauchspeicheldrüse. Beide, Adrenalin und Insulin, sorgen im gesunden Körper dafür, daß das Blut immer gleich viel Zucker enthält (1 Gramm Zukker auf 1 Liter Blut).

6. Die Keimdrüsen. Ihre zahlreichen Hormone dienen der Ausbildung aller Organe der Fortpflanzung und bewirken die tiefgreifende Umformung sowohl des Körpers, als auch des seelischen und geistigen Verhaltens: der Knabe wird zum Mann, das Mädchen zur Frau.

a) Die *männlichen* Keimdrüsen (= Hoden) steuern die Entwicklung und Reifung der Samenzellen, und sie sind verantwortlich für die Ausbildung der männlichen Geschlechtsmerkmale — dazu gehören Stimmbruch, Bartwuchs, Körperbehaarung und Muskelkraft ebenso wie „männliches“ Verhalten, z. B. Unerschrockenheit, Mut, Angriffslust u. a. m.

b) Die weiblichen Keimdrüsen (= Eierstöcke) steuern die Bildung und Reifung der Eizellen, sowie die Entwicklung des im Mutterleibe heranwachsenden Keimlings. Sie bewirken zugleich die Ausbildung der weiblichen Geschlechtsmerkmale; dazu gehören auch die weibliche Seelenhaltung, z. B. Pflege- und Muttertrieb, u. a. m.

Die Keimdrüsen ihrerseits gehorchen einer übergeordneten Hormondrüse, der *Hypophyse.*

7. Hirnanhang, mit dem Fremdwort Hypophyse. Es ist die wichtigere der beiden Hormondrüsen, die im Gehirn festgestellt wurden. Sie ist kirschengroß und wiegt nur 0,6 Gramm. Sie erzeugt viele Hormone. Diese regeln das Wachstum, den Wechsel von Wachen und Schlafen, die

Harnausscheidung und anderes mehr. Zuviel bedeutet Riesenwuchs, zu wenig Zwergwuchs. Das Fehlen eines bestimmten Hormons der Hypophyse verursacht Harnruhr, bei der bis zu 20 l Urin täglich ausgeschieden werden.

Der Hirnanhang scheidet auch Hormone ab, welche die übrigen Hormondrüsen anregen, ihre Säfte in der richtigen Menge zu erzeugen und an das Blut abzugeben. Deshalb nennt man den Hirnanhang ›Königin der Hormondrüsen‹. Würde man die *Hypophyse* wegoperieren, so würden die anderen Drüsen schlagartig versagen. Schwere gesundheitliche Störungen und rasch folgender Tod wären die Folgen.

So viel vermag ein Organ, das nicht einmal 1 Gramm wiegt. Du kannst dir denken, daß es seine mancherlei Hormone nur in ganz winzigen Mengen erzeugt. Das gilt auch von den anderen Hormondrüsen. Man hat festgestellt, daß z. B. vom Hormon der Nebenniere nur $^{1}/_{200\,000}$ Gramm im Blut kreisen muß, um wirksam zu sein. Und trotzdem beeinflussen diese geheimnisvollen Botenstoffe nicht nur das körperliche Wachstum so tief, sondern auch die geistige und seelische Entwicklung.

8. Die Zirbeldrüse. Über sie ist wenig bekannt. Bei manchen Tieren bewirkt sie die Anpassung der Hautfarbe an die Umgebung. Obwohl die Drüse schon im zweiten Lebensjahr zu verkalken beginnt, bleibt ihr Hormon bis ins hohe Alter wirksam.

9. Hormone werden nicht nur in den genannten Drüsen, sondern auch in einzelnen Zellen oder Zellhaufen des Körpers erzeugt, so in der Wand des Magens, des Darmes, im Herzmuskel, in der Niere, sowie in anderen Geweben. Man nennt sie *Gewebshormone.* Manche davon sind noch gar nicht aufgefunden worden, aber man weiß aus ihren Wirkungen, daß sie vorhanden sein müssen.

Du solltest dir merken:

1. Die Hormondrüsen geben zum Unterschied zu den Aussonderungsdrüsen ihre Drüsensäfte, die Hormone, unmittelbar an das Blut ab. Sie sind kleine, zum Teil winzige, aber lebenswichtige Organe.
2. Wichtige Hormondrüsen sind: Schilddrüse, Thymusdrüse, Bauchspeicheldrüse, Nebennieren, Hirnanhang (Hypophyse) und die Keimdrüsen.
3. Die Hormone kreisen in verschwindend geringen Mengen im Blut und werden an alle lebenden Zellen gebracht. Sie regeln nicht nur das Wachstum und die Entwicklung des Körpers, sondern sie beeinflussen auch das Seelenleben des Menschen.
4. Tiere erzeugen die gleichen Hormone wie Menschen. Diese Hormone wirken auch in derselben Weise und sind auf den Menschen zu Heilzwecken übertragbar. Glücklicherweise ist es gelungen, lebenswichtige Hormone künstlich herzustellen, so das Thyroxin der Schilddrüse, das Insulin der Bauchspeicheldrüse und das Adrenalin der Nebenniere.

Wie wird das harmonische Zusammenspiel aller Lebensvorgänge geregelt?

Du hast die wichtigsten Organe und ihre Aufgaben kennengelernt. Immer und immer wieder mußtest du staunen über ihre Wunder. Vor dem vielleicht größten Wunder aber stehst du, wenn du erfährst, wie alle Lebensvorgänge zu sinnvollem Zusammenwirken gebracht werden.

I. Was heißt harmonisches Zusammenspiel?

Du nimmst eine leckere Mahlzeit ein. Da genügt es nicht, durch vielfältige Muskeltätigkeit der Arme und Hände die Speise zum Munde zu führen. Es müssen hinzukommen die Kaubewegungen des Mundes, die Mischbewegungen der Zunge, die Schluckbewegungen u. a. m.

Die Speise muß im Magen durchgeknetet, durch den Pförtner geschleust und im Darme weiterbefördert werden. Sie muß mit Verdauungssäften durchtränkt werden. Diese müssen zuvor in den Fermentdrüsen des Mundes, des Magens, des Darmes und der Bauchspeicheldrüse erzeugt und abgesondert werden. Die Leber muß die Galle liefern. Die Blutgefäße, die zu Magen und Darm führen, müssen erweitert werden, damit mehr Blut zufließen kann. Die Darmzotten müssen sich strecken und verkürzen, um die Nährstoffe an- und aufzusaugen. Der Dickdarm muß den Speisebrei eindicken und das Unverdauliche ausscheiden u. a. m., und das alles in der richtigen Reihenfolge.

Dabei müssen all diese Vorgänge befohlen sein; denn sowohl die Muskeln, als auch die Drüsen, arbeiten nur auf besonderen Befehl, und zwar einerlei, ob der Befehl von unserem Willen ausging, oder ob er ›von selbst‹ erteilt wurde. Wenn nur einer dieser Teilvorgänge ausfällt oder nicht der Ordnung nach verläuft — sei es, daß ein Befehl nicht befolgt oder nicht erteilt wurde, oder sei es, daß er nicht zur rechten Zeit erfolgte —, so gerät das Ganze in Unordnung. Es kommt aber noch mehr hinzu: Geruch, Geschmack und andere Sinne helfen auf ihre Art mit. Sie ›melden‹ auf geheimnisvolle Weise den Verdauungsdrüsen, welche Art von Fermenten diese bereitstellen sollen. Darüber hinaus muß unsere Aufmerksamkeit darauf gerichtet sein, daß die Speise gut gekaut wird und daß Aufregungen und alles, was uns den Genuß verleiden könnte, weggeräumt werden. Wenn wir beim Essen zutiefst erregt sind, dann versagen vielleicht die Nerven, welche die Magendrüsen zu richtigem Arbeiten veranlassen sollen. Infolgedessen wird zuviel säurehaltiger Magensaft abgesondert: eine quälende Magenverstimmung stellt sich ein. Sie kann der Anfang eines schweren Magenleidens mit allen seinen Folgen sein.

Du siehst: es ist ein verwickeltes Spiel. Verläuft es ›harmonisch‹, also in geregelter Ordnung, so befinden wir uns wohl. Wird es empfindlich gestört, dann sind wir krank. Doch das war nur ein Beispiel. Auch andere Stoffwechselvorgänge geraten in Unordnung, wenn irgendwo ›eine Weiche falsch gestellt‹ ist. Wer aber stellt die Weichen richtig?

Nun, die Aufgabe, alle Einzeltätigkeiten unseres Körpers einheitlich zu lenken, übernimmt das *Nervensystem.* Zu ihm gehören

a) zwei große Zentralen:
1. Gehirn und Rückenmark — beide nennt man das Zentral-Nervensystem,
2. das Eingeweide-Nervensystem.

In beiden Zentralen werden Befehle entworfen und erteilt;

b) Die Nervenbahnen — sie durchziehen den ganzen Körper und übermitteln Nachrichten und Befehle zwischen den beiden Zentralen und den einzelnen Organen.

Daß auch die *Hormone* auf ihre Art mithelfen, das Zusammenspiel der Lebensvorgänge harmonisch zu gestalten, hast du bereits erfahren.

II. Wie die unbewußten Befehle ausgelöst werden

Zunächst magst du fragen: Wie soll das zugehen, daß meinen Drüsen befohlen wird, Säfte abzusondern? Ich weiß und spüre doch nichts davon. Du hast recht: Die meisten Lebensvorgänge werden uns gar nicht bewußt, und damit auch nicht die Vorgänge, welche jene auslösen und in Gang halten. Sie sollen uns auch nicht bewußt werden, weil wir sonst Tag und Nacht keine Ruhe fänden und niemals an Schlaf denken dürften. Daß sie aber trotz allem befohlen werden müssen, darfst du glauben. Das haben die Forscher unwiderleglich bewiesen. Diese Befehle, welche uns gar nicht zum Bewußtsein kommen, werden von bestimmten Nervenzentren erteilt.

Woher aber ›weiß‹ das zuständige Nervenzentrum, daß es gerade jetzt Zeit ist, die Muskeln zum Kauen, zum Schlucken, zum Befördern der Speisen usw. in Bewegung, die Verdauungsdrüsen in Tätigkeit zu setzen? Nun, die Seh-, Riech-, Schmeck- und andere Sinnesnerven haben an die Zentren ›gemeldet‹, daß leckere Nahrung bereitsteht.

Woher ›weiß‹ das Atemzentrum, daß es bei körperlicher Anstrengung die Muskeln des Brustkorbs und des Zwerchfells zu gesteigerter Atembewegung veranlassen muß, um mehr Frischluft in die Lunge zu saugen? Besondere Sinneszellen haben ihm angezeigt, daß das Blut mit Kohlensäuregas überladen, also an Sauerstoff verarmt ist.

Und was veranlaßt ein Nervenzentrum, die geeigneten Bein-, Rücken- und Armmuskeln blitzschnell in Bewegung zu setzen, wenn wir ausgleiten? Der Gleichgewichtssinn, der Muskel- und Sehnensinn und vielleicht auch der Schmerzsinn haben die Gefahr gemeldet.

Du siehst: Befehle, die uns unbewußt bleiben, werden durch eingehende Meldungen ausgelöst. Du siehst ferner: Es gibt offenbar zwei verschiedene Arten von Nervenbahnen. Auf der einen Bahn befördern die Sinne ihre Meldungen an die Zentralen. Auf der andern schicken die Nervenzentren ihre Befehle an die Körperorgane aus. Und auf beiden Bahnen kann nur in einer Richtung gefahren werden. Die Nerven, welche Meldungen hereingeben, nennen wir *Empfindungsnerven,* die anderen, die Befehle überbringen, *Bewegungsnerven.*

Daß ohne Meldung eines oder mehrerer Sinne kein Befehl ergeht, das zeigen folgende Beispiele: In schlecht ziehenden Öfen bildet sich Kohlenoxidgas. Dieses gefährliche Blutgift ist farb- und geruchlos, kann also mit den Sinnen nicht wahrgenommen werden. Infolgedessen erhält die Zentrale keine Meldung. Es geschieht nichts. Das Gift wirkt. Wenn auch nur 3 ‰ (= 0,3 %) des Gases in der Atemluft enthalten sind, tritt binnen 15 Minuten der Tod ein. Ein zweites Beispiel: Wir haben kein Organ, das radioaktive Strahlen wahrzunehmen vermöchte. Infolgedessen wird die Anwesenheit solcher gewebezerstörender Strahlen auch nicht gemeldet. Wir müssen uns deshalb von einem Instrument, dem sogenannten Geigerzähler, warnen lassen; er zeigt Vorhandensein und Stärke radioaktiver Strahlen an.

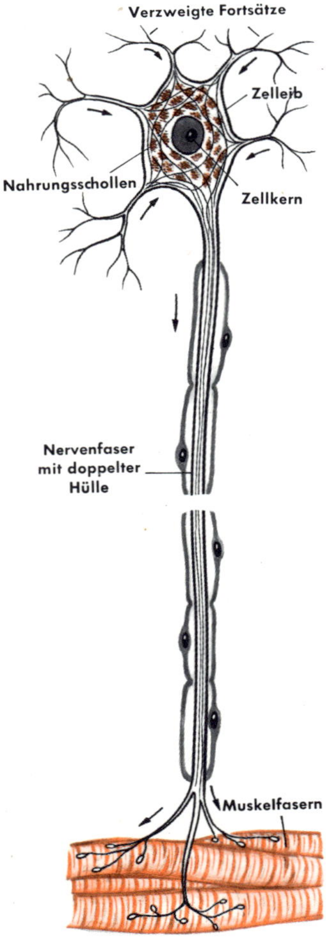

Abb. 61: Nervenzellen

III. Vom Bau des Nervensystems

1. Die Nervenzelle. Wie jedes Organ, so besteht auch das Gehirn aus mikroskopisch kleinen Zellen. *Abb. 61* zeigt eine Nervenzelle des Gehirns oder des Rückenmarks. Der Zell-Leib ist unregelmäßig geformt und bildet die eigentliche Zelle. Die ›Nahrungsschollen‹ dienen sehr wahrscheinlich der Ernährung der Nervenzelle; sie verschwinden, solange das Gehirn tätig ist, und sie werden während des Schlafes neu gebildet; daraus magst du ersehen, wie wichtig ausreichender Schlaf ist. Die bäumchenartig verzweigten Fortsätze (mit dem Fremdwort *Dendriten)* können mit den entsprechenden Fortsätzen anderer Nervenzellen in Verbindung treten. Die Nervenfaser ist der längste Fortsatz und kann über 1 m lang werden. Sie ist von einer doppelten Hülle umgeben.

Jeder Fortsatz ist mit jedem anderen durch feine Fäserchen verbunden. Mehrere solcher Fäserchen bilden die eigentliche Nervenfaser. Die Fäserchen treten am Ende der Nervenfaser wieder auseinander. In *Abb. 61* sind sie mit Muskelfasern verbunden.

Diese Fäserchen sind die Nervenerregungen leitenden Teile der Nervenzelle. Sie können aber nur in einer Richtung (siehe Pfeil) leiten, und zwar die verzweigten Fortsätze nur zur Nervenzelle hin, die eigentliche Nervenfaser nur vom Zell-Leib weg. Sie, die Nervenfaser, dient der Fernleitung.

2. Die Nerven. Nerven sind Bündel von vielen Nervenfasern. Die Nervenfasern vereinigen sich nach ihrem Austritt aus Gehirn und Rückenmark zu Faserbündeln. Mehrere solcher Bündel, zu dickeren Strängen zusammengefaßt, nennen wir Nerv. Sein Querschnitt gleicht einem Kabel *(Abb. 62).* Wieso? Der Nerv enthält Venen, welche die Fasern mit Nahrung und Sauerstoff versorgen, sowie Fettgewebe. Welchem Zweck mag dieses dienen?

Nerven können bleistiftdick sein. Dann bestehen sie aus Tausenden von Nervenfasern. Die Nerven dienen der Übermittlung von Nervenerregungen. Die Geschwindigkeit der Weiterleitung schwankt. Bei Wärme ist sie höher als bei Kälte. Beim Menschen beträgt sie im Höchstfalle 120 m/sec.

Abb. 62: Nerv

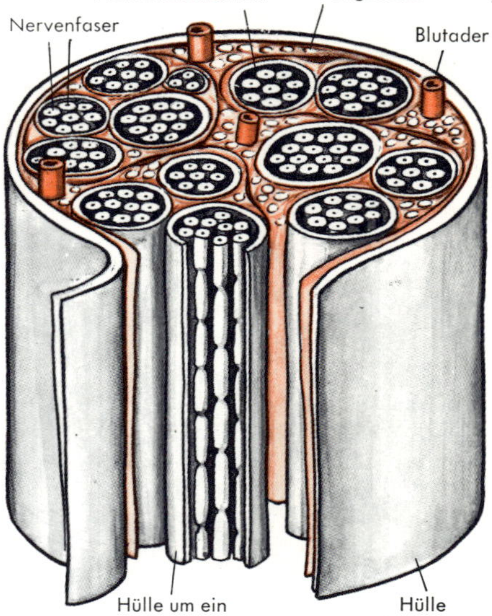

3. Das Gehirn. Abb. 63 zeigt die drei Hauptteile des Gehirns: Großhirn, Kleinhirn und verlängertes Mark, sowie ihre Lage in der Schädelkapsel. Du erkennst zwei Schichten. Die *graue Rindenschicht* besteht vorwiegend aus Nervenzellen (vgl. *Abb. 61*). Ihre Zahl schätzt man auf 14 Milliarden. Die Fortsätze dieser Nervenzellen bilden ein Schaltwerk, dessen verwickelter Bau sich der menschlichen Fassungskraft entzieht. Die *weiße Markschicht* besteht fast nur aus Nervenfasern (siehe *Abb. 61*). Das ganze ist eingehüllt in drei Häute. Sie überziehen sowohl Gehirn als auch Rückenmark. Die *innere* oder *weiche Hirnhaut* ist mit vielen Blutgefäßen durchsetzt. Sie muß das Gehirn ernähren. Sie ist auch der Sitz der gefürchteten Hirnhautentzündung.

Das *Großhirn* hat viele Windungen und Furchen. Diese sollen seine Oberfläche vergrößern.

4. Das Rückenmark. Das verlängerte Mark geht ohne Einschnitt in das Rückenmark über. Dieses ist etwa so dick wie der kleine Finger und zieht sich durch die Wirbelsäule hinab. Es ist ganz ähnlich beschaffen wie das Gehirn, nur daß sich bei ihm die graue Masse (bestehend aus Nervenzellen) nicht außen, sondern innen befindet. Dafür liegt die weiße Masse außen. Die Fasern dieser Schicht verbinden u. a. das Gehirn mit dem Rückenmark. Jeweils zwischen zwei Wirbeln entspringen nach vorne (Bauchseite) Bündel von Bewegungs-, nach hinten (Rückenseite) Bündel von Empfindungsfasern, die sich kurz nach ihrem Austritt aus dem Rückenmark ein Stückchen weit zu *gemischten Nerven* vereinigen (das sind Nerven, die sowohl Bewegungs- als auch Empfindungsfasern enthalten).

IV. Die Aufgabe des Zentral-Nervensystems

Zum Zentral-Nervensystem gehören, wie du weißt, Gehirn und Rückenmark.

1. Das Gehirn

a) Das Großhirn beherbergt die meisten *Nervenzentren.* In diesen laufen unzählige Nachrichten, d. h. ›Meldungen‹ der Sinnesorgane, zusammen. Da gibt es ein Sehzentrum, ein Hörzentrum, ein Wärmezentrum, ein Willenszentrum, ein Sprachzentrum, ferner Bewegungszentren für die verschiedenen Körperteile usw. Wird der betreffende Teil der Großhirnrinde durch Krankheit oder Verletzung ausgeschaltet, dann hört oder sieht man nichts mehr, wiewohl Ohr und Auge gesund sind; oder man kann nicht mehr sprechen, einen bestimmten Körperteil nicht mehr bewegen u. a. m. Derartige schwere Schädigungen treten auch ein, wenn ein Äderchen im Gehirn platzt; wir sprechen dann von einem Gehirnschlag.

Das Großhirn ist der Sitz bewußter Entscheidungen. Es macht Meldungen der Sinnesorgane bewußt, vergleicht, wägt ab — kurzum: es denkt und entscheidet und gibt vernünftige Befehle aus. Das Großhirn ist also u. a. auch der Sitz der geistigen Fähigkeiten.

Abb. 63: Längsschnitt durch den Kopf mit Gehirn

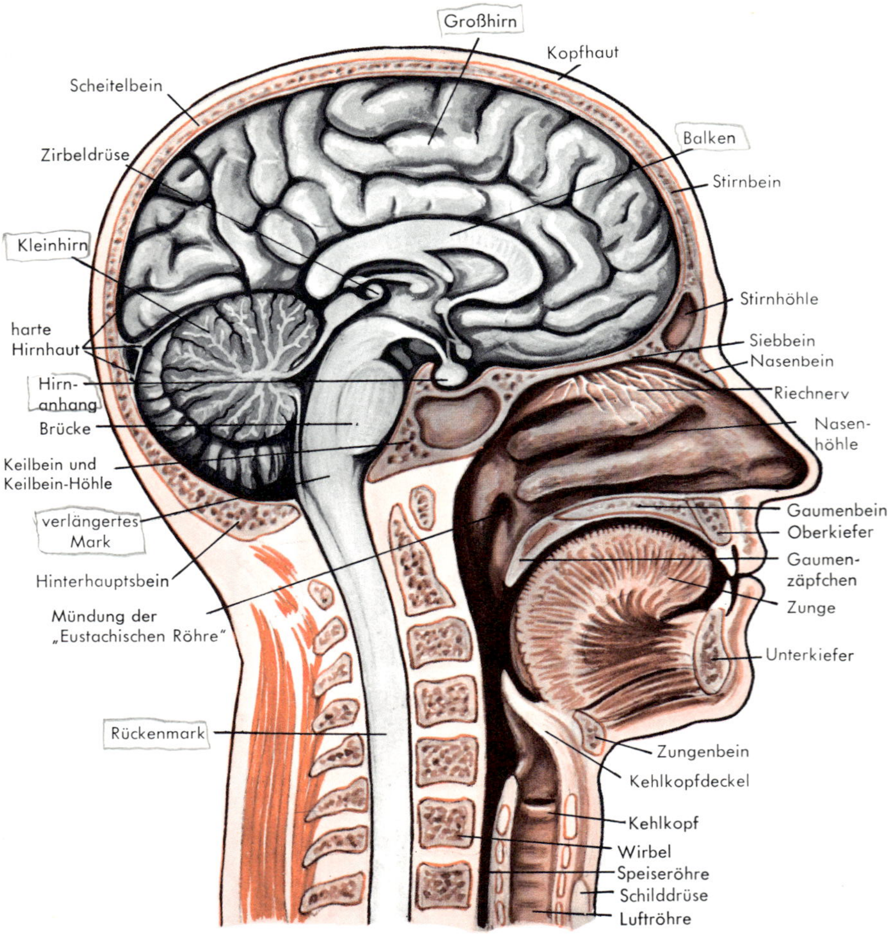

b) Die wichtigste Aufgabe des *Kleinhirns* ist die Erhaltung des Gleichgewichts. Das ist ein verwickelter, unbewußt ablaufender Vorgang. Zahllose Meldungen des Muskel- und Sehnensinns, des Gleichgewichtssinns, sowie der Sinnesorgane der gesamten Körperoberfläche sind notwendig, um die vielen beteiligten Muskeln zu sinnvollem Zusammenspiel zu bringen.

c) Eines der wichtigsten Zentren, die im verlängerten Mark untergebracht sind, ist das Atemzentrum. Darum bedeutet eine Verletzung des verlängerten Marks, bei einem Genickbruch etwa, Atemlähmung und damit den Tod.

2. Das Rückenmark

a) Es ist Durchgangsstation. Seine Empfindungsnerven leiten die Meldungen der Sinnesorgane an das Gehirn weiter, und seine Bewegungsnerven übermitteln die Befehle des Gehirns an die in Betracht kommenden Organe. Das ist ein langer Weg. Einen solchen, vom Willen gelenkten Vorgang nennt man ›Willkürbewegung‹; er beansprucht etwa 1/5 Sekunde. Diese Durchgänge vollziehen sich in der äußeren, weißen Masse des Rückenmarks.

b) Daneben gibt es noch Vorgänge, die rund 10mal rascher ablaufen. Man nennt sie Reflexe. Mache dazu

Versuch 39: Setze dich auf einen Stuhl und schlage die Beine übereinander. Ein Kamerad versetzt dir mit der Außenkante der flachen Hand einen leichten Schlag auf das übergeschlagene Bein unterhalb der Kniescheibe. Ergebnis?

Das blitzartige Vorschnellen des Unterschenkels ist eine *Reflexbewegung*. Sie kommt ohne deinen Willen zustande. Was ist dabei geschehen?

Das Rückenmark hat die Nervenerregungen, die durch den Schlag der Hand ausgelöst wurden, nicht etwa ins Gehirn weitergeleitet, sondern unmittelbar auf die Bewegungsnerven ›umgeschaltet‹.

Es gibt viele Reflexe. Sie sind entweder angeboren und verlaufen so einfach wie der von Versuch 39. Oder aber werden sie durch Übung erworben. Dann ist ihr Ablauf verwickelter.

Zwei Beispiele für erworbene Reflexe:

a) Ein Kind berührt zum erstenmal den heißen Ofen. Der Schmerz wird über das Rückenmark zum Gehirn weitergeleitet. Dieses entwirft die Abwehrbewegungen, erteilt die notwendigen Befehle, leitet sie über die Bewegungsnerven zu den entsprechenden Muskeln — und die Hand wird zurückgezogen. Das ist eine Willkürbewegung. Sie dauert mindestens $1/5$ Sekunde. Derweil hat das Kind längst den Finger verbrannt. Berührst du aber einen heißen Gegenstand, so ziehst du die Hand blitzartig zurück. Denn dein Rückenmark hat ›gelernt‹, den Schmerz unmittelbar auf Bewegung umzuschalten, ehe er im Gehirn bewußt wird. Diese Reflexbewegung läuft in $1/50$ Sekunde ab.

b) Ein Kind lernt gehen. Zunächst muß es mühsam jede einzelne Muskelbewegung veranlassen und ausprobieren. Oft genug fällt es hin, weil es nicht rasch genug oder gar falsch ›geschaltet‹ hat. Mit der Zeit macht es immer weniger Fehler; es wird immer sicherer, und zuletzt vollzieht sich alles ›automatisch‹. Der Vorgang des Gehens ist in ›Fleisch und Blut‹ übergegangen. Das ist der Zeitpunkt, von dem an das Rückenmark die entsprechenden Erregungen der Empfindungsnerven (es sind viele Erregungen) nicht mehr an das Gehirn weiterleitet, sondern von sich aus auf die (vielen) Bewegungsnerven ›umschaltet‹. Das Gehen wurde zur Reflexbewegung. Das Rückenmark hat viele solcher *Umschaltstellen* für Reflexe. Sie sitzen in der inneren, grauen Masse des Rückenmarks. Mit Hilfe dieser Umschaltstellen steuert es auch die vielen Einzelbewegungen beim Sprechen, Schreiben, Radfahren und bei anderen gewohnten Dingen. Dadurch laufen diese Vorgänge sicherer, schneller und dazu harmonisch ab.

Wichtige Umschaltstellen für Reflexe sitzen außerdem noch im Kleinhirn und im verlängerten Mark.

V. Das Eingeweide-Nervensystem („vegetatives" Nervensystem)

Die Steuerung der inneren Organe, des Herzens, des Magens, des Darmes, der Lunge, der Niere usw. ist besonders wichtig. Diese Organe dürfen nicht stillstehen, auch wenn wir schlafen und wenn also das Bewußtsein schwindet und das Gehirn ruht. Da ist es vorteilhaft, daß der Körper ein zweites Nervensystem besitzt, das weder Schlaf noch Ruhe kennt. Dieses *Eingeweide-Nervensystem* ist vornehmlich in der Bauchhöhle untergebracht, daher sein Name. Es ist zuvor durch Nervenbahnen mit dem Gehirn verbunden, arbeitet aber weithin selbständig. Ihm sind alle wichtigen Lebensvorgänge übertragen, die unbewußt ablaufen: der Schlag des Herzens, das Atmen der Lunge, die Bewegung des Darmes, die Verteilung des Blutes im Körper, die Absonderung der Drüsen, die Ausscheidung durch Nieren und Haut u. a. m. Das Eingeweide-Nervensystem erteilt unablässig seine Befehle, ohne daß wir etwas davon merken. Es kennt kein Bewußtsein. Erst wenn es seiner Aufgabe nicht mehr ordentlich nachkommt, wird uns seine Tätigkeit bewußt. Dann mag es sein, daß du an Atemnot (Asthma) leidest, daß dir dein Herz Beschwerden macht, oder daß deine Drüsen nicht mehr richtig arbeiten. Die inneren Lebensvorgänge passen dann nicht mehr richtig zusammen — wir sind erkrankt.

So wenig unser Wille vermag, so sehr können Gemütserregungen das Eingeweide-Nervensystem beeinflussen. Die Angst treibt uns den Schweiß auf die Stirn, die Freude läßt unser Herz höher schlagen. Starker Ärger kann urplötzlich eine Gallenkolik (das sind heftige Schmerzen der Gallenblase) auslösen. Dauernde Verdrossenheit kann zu Magenverstimmungen, ja zu Magengeschwüren führen. Umgekehrt bessern sich die Beschwerden, sobald Zuversicht und Heiterkeit unsere Seele erfüllen. Eine besondere Richtung der Heilkunde hat sich diese Erkenntnisse zunutze gemacht. Es ist die *Psychotherapie* (von griechisch *psyche* = Seele und *therapie* = Pflege; bedeutet also sinngemäß Gesundheitspflege mit seelischen Mitteln). Sie versucht, durch seelische Beeinflussung mancherlei Leiden zu vermeiden oder zu heilen.

VI. Halte deine Nerven gesund!

Wie alle Organe, so können auch die Nerven Schaden leiden, wenn sie übermäßig beansprucht oder nicht ausreichend ernährt werden. Sie erholen sich vorwiegend während der Nachtruhe. Darum ist es eine alte bewährte Regel, daß Erwachsene mindestens acht, Kinder über zehn Stunden Schlaf haben müssen, wenn sie gesund und frisch bleiben wollen.

Es gibt Menschen, die glauben, sie könnten mit Kaffee oder Tabak ihre Nerven ›aufpeitschen‹. Sie täuschen sich. Auf die Dauer führen solche Unsitten zu einer erheblichen Schädigung und enden nicht selten mit einem ›Nervenzusammenbruch‹. Ein ganz besonders schädliches Genußgift ist Nikotin. Es lähmt die Nervenzellen des Eingeweide-Nervensystems und verursacht schwere Störungen, die sich leider erst dann bemerkbar machen, wenn es zu spät ist.

Du solltest dir merken

1 Leben und Gesundheit beruhen auf dem harmonischen Zusammenwirken aller Körperorgane. Dieses verwickelte Zusammenspiel regelt das *Zentral-Nervensystem* (Gehirn und Rückenmark).

2 Das zentrale Steuerungsorgan ist das *Gehirn*. Die Empfindungsnerven übermitteln ihm die Meldungen der Sinne; die Bewegungsnerven überbringen seine Befehle.

3 Das *Rückenmark* ist eine untergeordnete Zentralstelle. Sie steuert Vorgänge, welche uns in Fleisch und Blut übergegangen sind, wie Gehen, Kauen, Sprechen usw., völlig selbständig und unter Ausschaltung des Bewußtseins.

4 Der Körper besitzt noch eine zweite, lebenswichtige Zentrale, das *Eingeweide-Nervensystem*. Es regelt die unbewußten, aber lebenswichtigen Vorgänge, die auch während des Schlafes nicht aussetzen dürfen, wie z. B. das Atmen und den Schlag des Herzens.

5 Hinzu kommen die Hormone. Sie sorgen für das harmonische Zusammenwirken wichtiger Lebensvorgänge körperlicher und seelischer Art.

6 Du hältst deine Nerven gesund

a) durch ausgiebige Nachtruhe,
b) durch richtige, genügend fetthaltige Ernährung,
c) durch Vermeiden unnötiger Aufregungen,
d) durch Verzicht auf die Genußgifte Alkohol, Koffein und das besonders schädliche Nikotin.

Vom Vater hab' ich die Statur

Vom Vater hab' ich die Statur,
des Lebens ernstes Führen,
vom Mütterchen die Frohnatur,
die Lust zu fabulieren.
Goethe

Kinder arten in manchem der Mutter, in manchem dem Vater nach. Nicht selten sieht ein Kind einer der Großmütter oder einem der Großväter gleich. Es gibt aber auch Kinder, von denen man sagt, daß sie ›aus der Art schlagen‹. Zuweilen gleichen sich Geschwister fast wie ein Ei dem anderen; oft genug sind sie aber auch ganz verschieden. Alle diese dir wohlbekannten Merkwürdigkeiten kannst du nur verstehen, wenn du etwas von den Vorgängen und Gesetzmäßigkeiten der *Vererbung* weißt.

I. Unser Erbgut

Den körperlichen Merkmalen eines Menschen, ebenso den Eigenschaften seines Geistes, seines Gemüts und seines Charakters liegen *Anlagen* zugrunde, die ihm von den Eltern *vererbt* wurden. Dazu gehören z. B. Körpergröße, Körperform, Stärke der Knochen, Form des Kopfes und seiner Teile, Augen-, Haar- und Hautfarbe, Beschaffenheit des Blutes und des Herzens, Schärfe des Verstandes, Gedächtnis, besondere Begabungen und Geschicklichkeiten, Frohsinn, Ehrliebe, Ausdauer.

Es können aber auch vererbt werden Mißbildungen an Fingern, Händen, Füßen, an Lippe, Gaumen und Rachen sowie die Anfälligkeit für Scharlach, Diphtherie, Mandelentzündung, Mittelohrentzündung, Lungenentzündung, Zuckerkrankheit, Tuberkulose. Und wenn ein Mensch d a u e r n d und auffallend zu Betrügereien oder Grausamkeiten neigt, dann ist *erbliche Belastung* anzunehmen.

Die Summe aller uns vererbten *Anlagen* nennen wir unser *Erbgut.*

II. Wie werden die Anlagen von den Eltern auf das Kind übertragen?

Da mußt du dir in Erinnerung rufen, was du bisher über die Gesetzmäßigkeiten der Vererbung erfahren hast.

a) Die ›Gesetze‹ der Vererbung

Du kennst die von Gregor Mendel entdeckten Erbgesetze. Man nennt sie ›Mendelgesetze‹. Hast du ihre Richtigkeit in Erbversuchen (vgl. Band 1 bis 4) nachgeprüft? – Dann hast du erkannt, daß sie für Pflanzen wie für Tiere gleichermaßen gelten.

Wir nennen diese Mendelgesetze noch einmal im Zusammenhang. Sie lauten:

1. Kreuzt man zwei unterschiedliche Rassen einer Art, so sind deren Nachkommen unter sich gleich (= *›uniform‹*), aber Mischlinge.

2. Kreuzt man diese Mischlinge unter sich, so treten die elterlichen Merkmale wieder auseinander; das Erbgut *spaltet auf.* Diese Aufspaltung erfolgt in einem bestimmten Zahlenverhältnis.

3. Kreuzt man zwei Rassen einer Art, die sich in 2 und mehr Merkmalen unterscheiden, so spalten die einzelnen Erbanlagen *unabhängig* voneinander auf und vereinigen sich (*›kombinieren‹*) frei miteinander.

Satz 1 nennt man das *Uniformitätsgesetz* (wieso?), Satz 2 das *Spaltungsgesetz.* Die beiden bilden zusammen das *erste Mendelgesetz.* Satz 3 nennt man das *zweite Mendelgesetz.*

Diese Erbgesetze (Mendelgesetze) gelten *auch für den Menschen.* Dies haben zahllose Untersuchungen erwiesen.

Du hast weiterhin (IV, 116 ff.) den *zwischenelterlichen* und den *überdeckenden Erbgang* kennengelernt. Beim ersteren (Löwenmäulchen, Veränderlicher Blattkäfer) kommen die Anlagen beider Eltern gleichmäßig zur Geltung und bewirken eine Eigenschaft, die in der Mitte zwischen den elterlichen Eigenschaften steht. Bei dem – weit häufigeren – überdeckenden Erbgang (Erbse, Mais, Mäuse) gleichen die Nachkommen *einem* der beiden Eltern: man kann also nicht erkennen, welches Lebewesen reinerbig und welches mischerbig ist. Das heißt: Das *Erscheinungsbild* stimmt hier nicht mit dem *Erbbild* überein, und das Erbbild kann man nur an den Nachkommen erkennen.

Dies gilt in gleicher Weise auch für den Menschen.

Du weißt ferner (IV, 125 ff.), daß die Erbanlagen durch die *Geschlechtszellen* auf die Nachkommen übertragen werden, – daß diese Geschlechtszellen einen einfachen, die *befruchtete Eizelle,* sowie die Körperzellen, einen doppelten Anlagensatz haben, und daß bei der Bildung der Geschlechtszellen der doppelte Anlagensatz wieder auseinandertritt.

Du wurdest weiterhin mit den *Chromosomen* (= Kernfäden), sowie dem Wunder der *Zellteilung* vertraut gemacht (IV, 127 ff.). Das Wichtigste hierüber sei gleichfalls im Zusammenhang wiederholt. Es lautet:

1. Die Körperzellen haben einen *doppelten,* die Geschlechtszellen nur den *einfachen* Satz von Chromosomen.

2. Bei der Bildung der Geschlechtszellen (= *Reifeteilung)* tritt der doppelte Chromosomensatz in seine Hälften auseinander.

3. Die *befruchtete Eizelle* hat einen doppelten Chromosomensatz: ein Satz stammt von Vater-, der andere von Mutterseite.

4. Die einzelnen Partner eines Chromosomenpaares spalten unabhängig voneinander auf und *kombinieren frei* miteinander.

Du hast erfahren, daß man die Gene als die stofflichen Träger der Erbanlagen erkannt hat, – daß sie in den Chromosomen beheimatet sind, und daß sie, wie auch die Chromosomen als Ganzes, die rätselhafte Fähigkeit haben, sich selbst zu vermehren. Des weiteren hast du vernommen, daß manche Chromosomen, so winzig klein sie auch sind, 1000 und mehr solcher Gene beherbergen können.

All diese Tatbestände treffen auch für den Menschen zu. Seine Geschlechtszellen (= die männlichen Samenzellen und die weiblichen Eizellen) haben 23, seine Körperzellen 46 Chromosomen, d. h. 23 Chromosomenpaare.

Wieviele Gene (= Erbanlagen) in den 23 menschlichen Chromosomen untergebracht sind, weiß man nicht. Die Forscher nennen als Mindestzahl etliche Hunderttausend, andere 7 Millionen und mehr. Rechne um, wieviele im Durchschnitt auf 1 Chromosom kommen müßten. So viele Gene prägen einen Menschen, sein Werden im Mutterleib, sein Wachstum, die Formung seiner äußeren Gestalt, und sie helfen mit bei der Entwicklung und Artung seiner seelischen und geistigen Gaben und seines Charakters.

b) Die menschlichen Chromosomen und die Bildung der männlichen Samenzellen

Die *Abb. 64* zeigt, daß das 23. Chromosomenpaar aus zwei unterschiedlichen Partnern

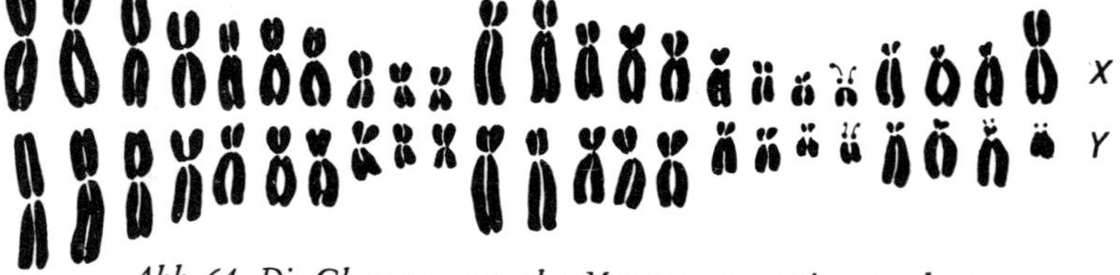

Abb. 64: Die Chromosomen des Mannes, paarweise geordnet
x und y = Geschlechtschromosomen

besteht. (Man bezeichnet sie mit X und Y.) Dies gilt jedoch nur für den Mann. Bei der Frau wäre auch dieses Paar formgleich. Ihr 23. Paar besteht aus zwei X-Chromosomen. Das Y-Chromosom des Mannes ist unscheinbar klein und vermutlich gen-frei, also ohne Erbanlagen. X und Y nennt man die *Geschlechtschromosomen.* Die übrigen 22 Chromosomenpaare heißen *Autosomen;* sie sind bei Mann und Frau gleich.

Merke: Alle Menschen mit zwei X-Chromosomen sind weiblichen, solche mit einem X- und einem Y-Chromosom sind männlichen Geschlechts.

Bei den meisten Tierarten ist es ähnlich: Ihre Weibchen haben XX, ihre Männchen nur ein X und ein Y; oft fehlt das Y-Chromosom. Solche männlichen Tiere nennt man XO (= X-Null).

c) Der Vorgang der Reifeteilung

Wie bei der Bildung der *männlichen* Geschlechtszellen des Menschen der einfache Chromosomensatz zustandekommt, zeigt *Abb.* 65 (vgl. auch IV, S. 128, Abb. 221, bzw. E, S. 256).

Der Einfachheit halber ist nur der Zellkern gekennzeichnet, und statt der 23 Chromosomenpaare des Menschen sind stellvertretend nur 3 Paare dargestellt, und zwar 2 Paare Autosomen (= lang und mittel) und die Geschlechtschromosomen des Mannes (= X und Y).

Erläutere die Bildfolge. Bild a wäre die *Samen-Mutterzelle.* Aus ihr werden die in Bild g dargestellten 4 *Samenzellen.* In der Bildfolge bedeuten: KH = Kernhaut; F = Kernfäden oder Chromosomen – die schwarz gezeichneten sollen von Vater-, die rot gezeichneten von Mutterseite stammen; P = Polkörperchen – zu ihnen wandern die Chromosomen; Z = Zugfasern. Beachte: Die Kernhaut fehlt bei c, d und f; sie hat sich aufgelöst und bei e und g wieder neu gebildet.

In fast der gleichen Weise, wie in *Abb. 65,* verläuft die Bildung der *weiblichen* Geschlechtszellen (= Eizellen). Bild a wäre die *Eimutterzelle;* ihr 23. Chromosomenpaar (= Geschlechtschromosomen) heißt aber nicht XY, sondern ...? Von e bis g ändert sich der Ablauf insofern, als 3 der 4 Keimzellen verkümmern; die vierte wird dafür um so größer. Du müßtest also bei Bild g e i n e Zelle (= reife Eizelle) viel größer zeichnen und die 3 anderen streichen (vgl. auch F 117, Reifeteilung und Befruchtung).

Aufgabe:

Zeichne (und erläutere) die Entstehung der weiblichen Keimzellen (= Eizellen) an Hand der *Abb. 65* und begründe, weshalb das Geschlechtschromosom der Eizelle in jedem Falle X heißt.

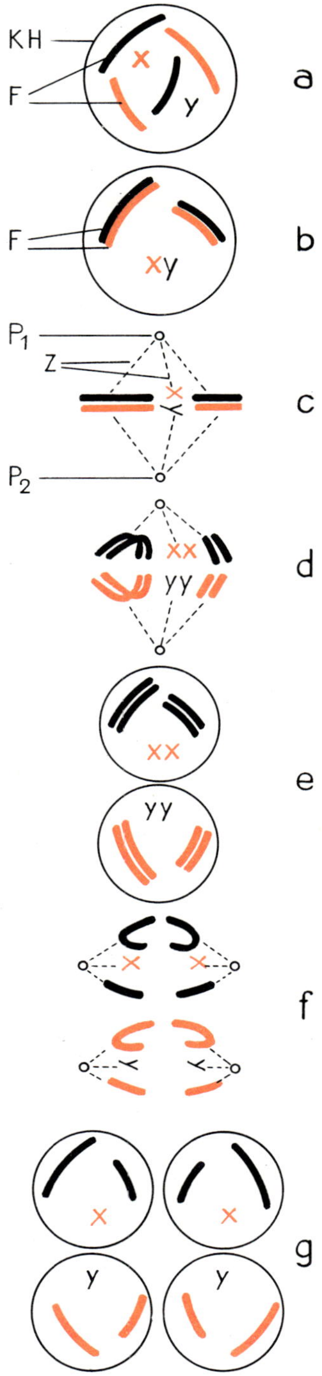

Abb. 65: Bildung der männlichen Geschlechtszellen (= Spermien)

Die *Bildfolge 65*, a–g, zeigt, daß 2 verschiedene Teilungen rasch aufeinanderfolgen: a bis e gleicht der gewöhnlichen Zellteilung; e bis g nennt man die *Reduktionsteilung*, weil hier die Zahl der Chromosomen auf die Hälfte, d. h. auf e i n e n Satz, ›reduziert‹ (= vermindert) wird. Diese Reduktionsteilung ist besonders wichtig und – notwendig! Das wirst du verstehen, wenn du an den Vorgang der Befruchtung denkst, bei dem ja eine männliche Samenzelle mit der weiblichen Eizelle verschmilzt, so daß die befruchtete Eizelle wiederum den vollen, also doppelten Chromosomensatz hat. Was geschähe, wenn bei der Bildung der Geschlechtszellen keine Reduktionsteilung stattfände, wenn also sowohl die männlichen Samenzellen als auch die weiblichen Eizellen je 2 mal 23 Chromosomen hätten? Und wie würde sich dies auf die kommenden Generationen auswirken?

Achte bei den in *Bild 65 g* dargestellten Keimzellen auf die Verteilung der Chromosomen und damit des Erbguts: In den beiden oberen Keimzellen ist das lange und das mittlere Chromosom schwarz, das X-Chromosom rot; bei den beiden unteren . . .? (Du weißt: schwarz bedeutet ›von Vaterseite‹, rot ›von Mutterseite‹. Der Zufall hätte noch 6 weitere Möglichkeiten bewirken können. Nenne sie (vgl. auch IV, 129, Abb. 222, bzw. E 257, Abb. 324). Nun wurden – der Einfachheit halber – nur 3 Chromosomenpaare berücksichtigt. Nimm an, es wären 4 Paare. Dann wären nicht 8, sondern 64 Keimzellen mit unterschiedlichem Erbgut möglich. Wir Menschen haben aber 23 Chromosomenpaare. Wieviele unterschiedliche Keimzellen wären denkbar? R e c h n e :

Zahl der Chromosomenpaare	Zahl der möglichen Keimzellen	
2	$= 2 \cdot 2 = 2^2$ (= 2 hoch 2)	= 4
3	$= 2 \cdot 2 \cdot 2 = 2^3$ (= 2 hoch 3)	= 8
4	$= 2 \cdot 2 \cdot 2 \cdot 2 = 2^4$	= 16
23	$= 2^{23}$ (= 2 hoch 23), d. h. du müßtest 23 mal die Zahl 2 mit sich selber malnehmen	= ?

Du willst es nicht wahrhaben, daß dabei etliche Millionen herauskommen! Das heißt: Es ist unwahrscheinlich, daß 2 menschliche Keimzellen – ob männliche Samenfäden oder weibliche Eizellen – dasselbe Erbgut mitbekommen haben.

Nun verschmelzen bei der Befruchtung jeweils 2 dieser möglichen Keimzellen (vgl. IV, 64 ff. und E, 223 ff.). Die Fülle der denkbaren Erbkombinationen übersteigt das menschliche Fassungsvermögen. – Es wären an die 70 Billionen Möglichkeiten; auf der ganzen Erde leben aber ›nur‹ rund 3 Milliarden Menschen. – Es ist also unwahrscheinlich, ja praktisch unmöglich, daß 2 Menschen dieser Erde dasselbe Erbgut haben, also erbgleich sind. Und dennoch ist dieser Fall gar nicht so selten. Lies auf S. 115 nach, wie dies sein kann.

Bei der Befruchtung verschmilzt der Kern der männlichen Samenzelle mit dem weiblichen Eikern. Damit werden die Gene (Erbanlagen) von den Eltern auf das Kind übertragen. Dieses Geschehen nennen wir E r b g a n g . Zugleich empfängt die befruchtete Eizelle den Anreiz, sich zu teilen und zu einem neuen Menschen auszubilden, ein Wunder, das zu entschleiern uns bisher versagt blieb.

III. Beispiele von Erbgängen

a) Warum sind Geschwister oft so ungleich?

Das werden wir verstehen, wenn wir uns an einem Beispiel den Erbgang etwas genauer betrachten. Wir wollen annehmen, von zwei Geschwistern habe das eine blonde, das andere schwarze Haare. Dabei sind beide Eltern schwarzhaarig. Wie ist das möglich? Die

Haarfarbe ist ein Körpermerkmal und wird von zwei Genen, einem Genpaar, bestimmt. Von beiden Paarlingen zielt beim Vater eines auf Blond, das andere auf Schwarz. Sie sind also ungleich. Das kommt bei den Genpaaren öfter vor. Dann ist in der Regel der eine Paarling stärker als der andere; er ›überdeckt‹ diesen und macht ihn damit unwirksam. So überdeckt der Paarling Schwarz stets den Paarling Blond. Also hat der Vater schwarze Haare. Ebenso ist es bei der Mutter. Nun gibt der Vater von seinen beiden Genen eines in der Samenzelle an das Kind weiter. Welches, das hängt vom Zufall ab; einmal kann es das Gen Schwarz, ein andermal das Gen Blond sein. Ebenso vererbt die Mutter von ihrem Genpaar eines auf das Kind. Auch hier kann man nicht voraussagen, welches es sein wird. Und wie wirkt sich das auf die Kinder aus? Du kannst es dir an Hand der *Abb. 66* selber klarmachen. Es gibt vier Möglichkeiten.

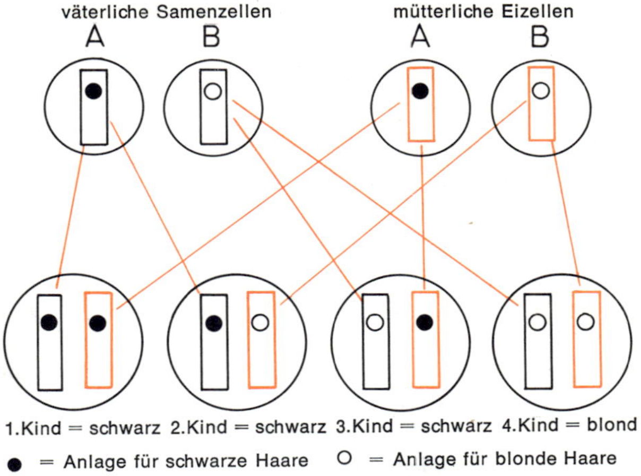

Abb. 66: Vererbung der Haarfarbe

Von dem blonden Kind können wir also sagen, daß beide Gene für die Haarfarbe auf Blond zielen. Das schwarzhaarige Kind dagegen kann Schwarz-Schwarz oder Schwarz-Blond geerbt haben.

Wie es bei dem Genpaar für die Haarfarbe ist, so kann es bei anderen Genpaaren ebenfalls sein, z. B. bei den Genpaaren für die musikalische oder für die dichterische Begabung, aber auch bei den Genpaaren für Mißbildungen, krankhafte Veranlagungen und unerfreuliche Charaktereigenschaften. Das eine Kind erbt die wertvollen Paarlinge, ein anderes nicht. Von zwei Brüdern kann der eine die Musikbegabung der Eltern geerbt haben, der andere nicht. Es kann auch vorkommen, daß Eltern, die talentierte Zeichner und Maler sind, drei oder noch mehr Kinder haben, die alle künstlerisch unbegabt sind. Manchmal kommen hochwertige Anlagen schon beim ersten Kind, ein andermal erst bei einem Spätgeborenen zum Zuge. Hätten z. B. die Eltern Bachs nur sieben Kinder gehabt, dann hätte es nie einen Johann Sebastian Bach gegeben, denn er war das achte Kind. Andererseits war der große Dichter Goethe das erste Kind; sein einziger Sohn August erbte nichts vom Genie des Vaters.

Doch gerade hier mußt du wissen, daß solch einmalige Begabungen, solch große Geister, wie Bach und Goethe, niemals durch das Wirken nur e i n e s Genpaares zustandekommen. Hier wirken viele, wenn nicht gar Hunderte von Genpaaren zusammen. Dies haben die Forscher längst erkannt. Es blieb ihnen jedoch bisher versagt, das verwickelte Zusammenspiel dieser Gene zu enträtseln. Uns aber ist geboten, dankbar zu sein für das Walten der Schöpfung, die uns solche Geistesgrößen bescherte.

b) Junge oder Mädchen?

Bei der Bildung der Geschlechtszellen hast du festgestellt:
Alle Eizellen bekommen ein X-Chromosom; bei den Samenzellen aber erhält die eine Hälfte ein X-, die andere ein Y-Chromosom.

Was geschieht nun, wenn bei der Befruchtung eine Eizelle mit einer Samenzelle verschmilzt, die

a) gleichfalls ein X-Chromosom,
b) ein Y-Chromosom enthält?

Versuche, diesen Erbgang zu zeichnen.

Was wird bewirkt, wenn in der befruchteten Eizelle

a) zwei X-Chromosomen (= XX),
b) ein X- mit einem Y-Chromosom (= XY) zusammentreffen?

Man sagt: Samenzellen mit einem X-Chromosom sind *Weibchenbestimmer*, solche mit einem Y-Chromosom sind *Männchenbestimmer*. Du siehst: Das Geschlecht (ob männlich oder weiblich) wird *vererbt*. Ob Knabe oder Mädchen – darüber wird schon im Augenblick der Befruchtung entschieden. Und bei der Vererbung des Geschlechts ist die Frau reinerbig, der Mann mischerbig.

c) Geschlechtsgebundene Vererbung

1) Rot-Grün-Blindheit. Es gibt Menschen, welche weder die rote, noch die grüne Farbe erkennen. Man nennt sie *farbenblind*. Berufe, wie Lokomotivführer, Schiffskapitäne, Flugzeugpiloten u. a. sind ihnen verwehrt. Schon lange ist aufgefallen, daß fast alle Rotgrünblinden männlichen Geschlechtes sind. Weibliche Rotgrünblinde sind 10mal seltener. Ein weiteres zeigt die Erfahrung: Haben die farbentüchtigen Töchter von Rotgrünblinden ihrerseits Nachkommen, so ist rund die Hälfte ihrer Söhne farbenblind. Die Rotgrünblindheit wird also *vererbt;* sie wird von der gesunden Mutter auf die Söhne übertragen. Wie geht dies zu?

Man hat festgestellt, daß die Anlage zur Rotgrünblindheit auf dem X-Chromosom liegt. Mütter, welche die Rotgrünblindheit übertragen, müssen ein belastetes X-Chromosom haben. Ihr zweites X-Chromosom ist ›gesund‹. Ihre Körperzellen (und die Ei-Mutterzellen) hätten also die Geschlechtschromosomen, wie sie *Abb. 67* zeigt (die übrigen 22 Chromosomenpaare sind weggelassen).

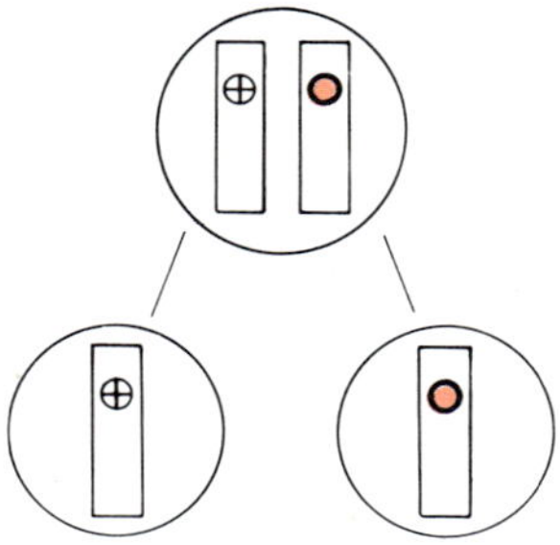

Abb. 67: Vererbung der Rotgrünblindheit — Geschlechtschromosomen (= mögliche Eizellen) einer Überträgerin

● = *Gen mit der Anlage zur Rotgrünblindheit*

⊕ = *Gesundes Gen*

Da es sich um einen überdeckenden Erbgang handelt, ist eine Frau mit diesem Genbestand farbentüchtig; denn das gesunde Gen setzt sich durch. Was aber geschieht, wenn eine belastete Eizelle durch eine männchenbestimmende Samenzelle befruchtet wird? – Das heißt, wenn ein genfreies (also anlagefreies) Y-Chromosom hinzukommt? Es entsteht ein männliches Wesen (Knabe), dessen krankem Gen (auf dem X-Chromosom) kein farbentüchtiges gegenübertritt – der Knabe ist rotgrünblind, und die Krankheit wurde von der Mutter auf ihn übertragen.

Die Anlage zur Rotgrünblindheit ist also an das Geschlechtschromosom X gebunden. Man sagt, sie sei *geschlechtsgekoppelt.* Sie wird von der Mutter dem Sohne weitergegeben – die Mutter ist *Überträgerin* – und tritt nur bei der Hälfte ihrer Söhne, nie aber bei ihren Töchtern in Erscheinung.

Versuche, auch diesen Erbgang zu zeichnen und zu erläutern.

In seltenen Fällen werden auch rotgrünblinde Mädchen geboren. Wie geht dies zu? – Denke daran, daß dann beide X-Chromosomen das kranke Gen beherbergen müssen; denn es handelt sich um einen überdeckenden Erbgang. In diesem Falle müßten alle Söhne rotgrünblind, und alle Töchter Überträgerinnen sein.

Versuche, auch diesen Erbgang zu zeichnen.

2) Die Bluterkrankheit. Das Blut der Menschen, die an dieser Krankheit leiden, hat die Fähigkeit, an der Luft zu gerinnen, ganz – oder fast ganz – verloren. (Es gibt verschiedene Grade der Gerinnungsfähigkeit.) Ohne ärztlichen Beistand verbluten die Kranken schon bei geringen Verletzungen der äußeren Haut oder der Schleimhäute in Mund, Magen, Darm usw.

Von der Krankheit wird nur das männliche Geschlecht betroffen (Bluterinnen kennt man keine!) Die Krankheit ist erblich. Ein Bluter vererbt die Krankheit jedoch niemals auf seine Söhne. Doch tritt sie bei etwa der Hälfte seiner männlichen Enkel wieder auf. Also muß die Krankheit durch die Mutter übertragen werden. Du siehst: Es ist ähnlich wie bei der Rotgrünblindheit. Das kranke Gen muß auf dem X-Chromosom liegen, und es muß sich um einen überdeckenden Erbgang handeln. Diese Vermutung wurde bestätigt.

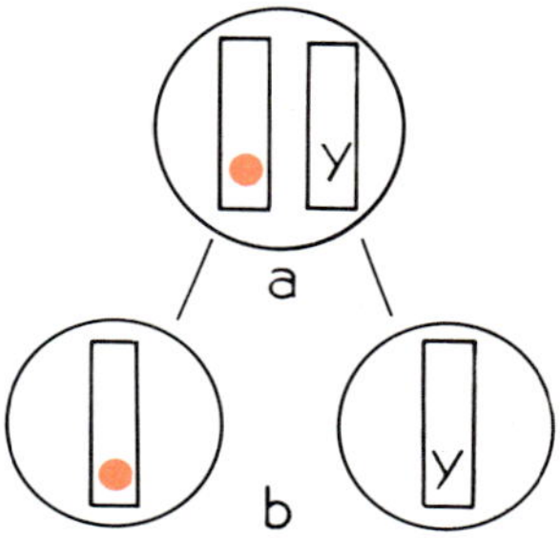

Abb. 68: Die Geschlechtschromosomen eines Bluters

a = *Samen-Mutterzelle*
b = *Samenzellen*
● = *krankes Gen (Anlage zur Bluterkrankheit)*

Versuche, den Erbgang der Bluterkrankheit zu zeichnen. Nimm an, der Bluterkranke heirate eine gesunde Frau. (Jede ihrer Eizellen hat ein gesundes X-Chromosom.) Wie muß das Erbbild a) der Kinder (Jungen und Mädchen), b) der Enkel aussehen?

Du wirst feststellen: Die Söhne des Kranken sind alle gesund, die Töchter aber sind Überträgerinnen. Denn sie alle bekommen das kranke Gen vom Vater; doch wird es vom gesunden Gen der Mutter überdeckt. Wie kommt es, daß von den Enkeln die Hälfte der Töchter Überträgerinnen, die Hälfte der Söhne aber Bluter sind? Und was müßte die Folge sein, wenn ein Bluter der Vater, eine Überträgerin die Mutter wäre?

Zeichne auch diesen Erbgang, und du wirst erkennen, daß auch 2 kranke X-Chromosomen zusammentreffen könnten, d. h. daß es auch Bluterinnen geben müßte. Sie gibt es nicht. Es ist offenbar so, daß die doppelte Anlage zur Bluterkrankheit (= 2 kranke X-Chromosomen) zum vorzeitigen Absterben der Frucht im Mutterleibe führt.

d) Erbanlagen können ausgetauscht werden

Die Anlagen zur Farbenblindheit und zur Bluterkrankheit liegen auf dem X-Chromosom. Beide Krankheitsanlagen bilden eine *Koppelungsgruppe.* Sie ist zugleich *geschlechtsgebunden.* Nimm an, eine Mutter sei Überträgerin beider Krankheiten. Welches Erbgut müßten ihre Kinder (Söhne und Töchter) bekommen?

Nun entdeckte man in einem Schwarzwalddorf eine Familie, in der beide Krankheiten auftraten. Das Ehepaar selbst war farbentüchtig und blutgesund; die Frau aber war die Tochter eines Bluters. Woher die Anlage zur Farbenblindheit stammte, konnte nicht mehr festgestellt werden. Der Ehe entsprossen 4 Söhne. Ihr Erbbild gab Rätsel auf. Es waren

Sohn 1 = Bluter und rotgrünblind;
Sohn 2 = blutgesund und farbentüchtig;
Sohn 3 = Bluter, aber farbentüchtig;
Sohn 4 = blutgesund, aber rotgrünblind.

Die Forscher entschleierten das Geheimnis. Sie durchdachten zwei Möglichkeiten (hier, und im folgenden bedeuten:

 = Anlage zur Farbenblindheit,
 = Anlage zur Bluterkrankheit,
 = gesunde *Gene):*

Fall 1) – Die Mutter hatte ein X-Chromosom mit doppelter Belastung, also

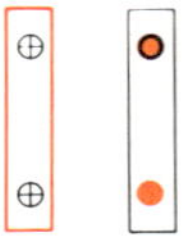

Dann war ihr Vater nicht nur Bluter, sondern auch rotgrünblind. Das zweite, von ihrer Mutter stammende X-Chromosom war gesund. Dann stimmte dies mit Sohn 1 und 2; unverständlich blieben Sohn 3 und 4.

Fall 2) – Die Mutter erhielt das Gen ›rotgrünblind‹ von ihrer Mutter. (Dann war ihr Vater zwar Bluter, aber farbentüchtig.) Ihre beiden X-Chromosomen sahen also so aus:

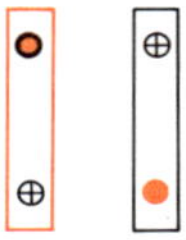

Verständlich wären in diesem Falle Sohn 3 und 4, unbegreiflich aber Sohn 1 und 2.

Und des Rätsels Lösung? – Es mußte ein *Austausch von Genen* stattgefunden haben. Wie ist dies möglich? – Die Forscher vermuteten folgendes: Bei der Reifeteilung legen sich, wie du weißt (vgl. *Abb. 65, b),* die Chromosomenpaare eng aneinander. Dabei umwinden sich die Paarlinge, um im weiteren Verlauf wieder auseinanderzutreten. Da, wo sie sich überkreuzen, sind sie oft verklebt, und an diesen Stellen können sie bei dem Entwirren auseinanderbrechen. Die Teilstücke werden dabei vertauscht und wachsen an den Bruchstellen mit dem Restchromosom des anderen Partners zusammen. Dies soll *Abb. 69* verdeutlichen.

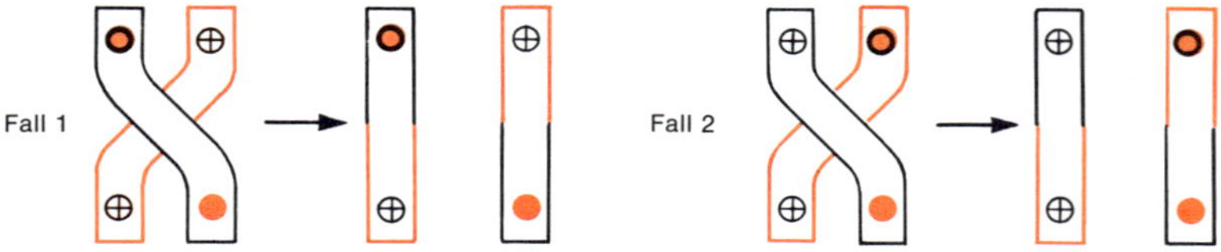

Abb. 69: Austausch von Chromosomenstücken. — Wie bisher ist das ursprünglich vom Vater stammende Chromosom schwarz, das von Mutterseite kommende rot gezeichnet.

Bei diesem Vorgang werden die auf den Bruchstücken untergebrachten Gene ausgetauscht. Daher spricht man von *Gen-Austausch.* Daß dieser Gen-Austausch bei Pflanzen und Tieren stattfindet, haben die Forscher längst nachgewiesen und sogar – mit Hilfe neuartiger Mikroskope (›Elektronen-Mikroskop‹) – sichtbar gemacht. Unser Beispiel beweist, daß der Gen-Austausch *auch beim Menschen* erfolgt. Auch er ist, wie alle Lebewesen, ein Glied der lebendigen Natur und ihren Gesetzen unterworfen.

Doch nun zeichne nach *Abb. 69* die möglichen Eizellen, getrennt nach Fall 1 und Fall 2. Und dann erläutere, auf welche Weise das Erbgut der 4 Söhne übertragen werden konnte.

e) Gesunde Eltern können erbkranke Kinder haben

Daß dies möglich ist, zeigen die Beispiele der geschlechtsgebundenen Vererbung (c, 1–2). In all diesen Fällen waren die Eltern gesund; ein Teil der Söhne aber war erbkrank. Wie ging dies zu? – Hast du die Erbgänge gezeichnet? Dann fällt dir die Antwort nicht schwer.

Doch sei ein weiteres Beispiel genannt. Es handelt sich, wie bei der Mehrzahl solcher Fälle, n i c h t um geschlechtsgebundenen Erbgang:

Um die Jahrhundertwende endeten zwei königliche Brüder im *Wahnsinn.* Der ältere ertränkte sich, der Bruder wurde bis zu seinem Tode wie ein Gefangener verwahrt. Niemand konnte den Eltern ansehen, daß sie ein so furchtbares Erbe weitergeben würden. Bei ihnen waren die Wahnsinnsgene zwar im Erbgut vorhanden, aber von anderen gesunden Genen der ›zuständigen‹ Genpaare *überdeckt.* Zeichne den Erbgang der beiden Brüder. Er muß gleich sein; warum? Fasse in deiner Zeichnung der Einfachheit halber die Wahnsinnsgene in e i n Gen, ebenso die entsprechenden gesunden Gene in e i n Gen zusammen.

IV. Sind unsere Eigenschaften einzig und allein vom Erbgut bestimmt?

(Vergleiche auch IV, S. 132 f.: „Von Eigenschaften und Anlagen".)

Das ist eine Frage, die uns alle angeht. Von ihrer Beantwortung hängt es ab, ob es Sinn hat, daß wir uns bemühen, anständig zu bleiben und etwas Rechtes zu werden.

Es gibt zwar Anlagen, die wir n i c h t b e e i n f l u s s e n können. Kein Mensch kann größer werden, als es seine Anlagen erlauben, und niemand kann etwas ändern an seiner Augen- oder Haarfarbe, an seinen Gesichtszügen. Nichts rettet einen Menschen vor den entsetzlichen Wirkungen ererbten Schwachsinns oder Wahnsinns, wenn es nicht ›überdeckende‹ Gene im Erbgut selber tun.

Glücklicherweise ist aber die Entwicklung vieler Anlagen, besonders auch der Charaktereigenschaften, nicht starr und unabänderlich, sondern form- und lenkbar. Dabei spielen die Einflüsse, die von den Lebensumständen ausgehen, eine nicht geringe Rolle. Das kannst du dir klarmachen an dem Beispiel der Zwillingsbrüder, die in ihrer Kindheit kaum zu unterscheiden waren, deren Lebenswege aber später auseinandergingen. Der eine wurde Schmied und hatte eine Werkstatt draußen auf dem Lande. Der andere verbrachte seine Arbeitszeit als Beamter in einem Büro der Großstadt. Zur Feier ihres 50. Geburtstages kamen sie zusammen. Von ihrer Zwillingsschaft war ihnen jetzt nur mehr wenig anzumerken. Wohl glichen sie sich in vielem. Der Schmied aber war hager, braungebrannt, muskulös und wortarm, der Beamte stubenfarben, muskelschwach, behäbig und redefreudig. Jeder von beiden hatte sich eben seinen besonderen Lebensumständen (Berufserfordernisse usw.) a n g e p a ß t.

Wenn ein Junge in schwerer Zeit Eltern und Heimat verliert, dann wird sich sein Charakter anders entwickeln, als wenn er wohlbehütet im Schoß der Familie aufgewachsen wäre. Und wenn ein bitteres Schicksal ein Kind durch Krankheit oder Unfall erblinden läßt, dann müssen bei ihm vielleicht wertvolle Anlagen zu einem großen Maler verkümmern. Wer die Anfälligkeit für eine ansteckende Krankheit, etwa für Tuberkulose, geerbt hat, braucht deshalb nicht zu verzagen. Eine gesunde Lebensführung kann den Körper so kräftigen, daß die Krankheit gar nicht auszubrechen braucht.

Schon manchen hat die Gelegenheit zum Dieb oder zu etwas Schlimmerem gemacht. Aber mancher ist auch schon durch Einsicht und Selbstzucht von Charakterfehlern, wie Quälsucht, Neid, Flunkerei, Ausschweifung befreit worden. Du siehst: Wir sind nicht rettungslos unseren Genen preisgegeben. Wir können unerwünschte Anlagen daran hindern, daß sie zu Eigenschaften werden. Wir können aber auch wertvolle Anlagen so fördern, daß sie sich voll entfalten.

Vergiß dabei eines nicht: Was du auch erreichen magst zur Festigung deiner Gesundheit oder deines Charakters, an deinem Erbgut wird dadurch nichts geändert. Dafür ein Beispiel: Ein Kind, das durch eine einfache Operation vom ererbten Schielen geheilt wurde, ist damit nicht auch von der *Anlage* zum Schielen befreit. Diese bleibt ihm und kann weitervererbt werden.

V. Das Erbgut kann sich ändern (Vergleiche auch IV, S. 134 f.)

Das muß wohl so sein. Denn wie könnten wir uns anders die Entstehung der vielen Arten und Rassen bei Pflanzen, Tieren und auch beim Menschen erklären?

Vor rund 250 Jahren fiel einem Züchter in Südfrankreich ein Kaninchen auf, das ungewöhnlich lange Haare hatte. Diese Langhaarigkeit erwies sich als erblich. Etwa 50 Jahre später gelang es, die Langhaarigkeit in weißhaarige Kaninchenstämme einzukreuzen. So entstand die so bedeutsame Angora-Kaninchen-Rasse.

Vor etwa 200 Jahren bemerkte man an einer Buche, daß sie auf einmal blutfarbene Blätter trug und daß sich diese neue Eigenschaft weitervererbte: die Blutbuche war entstanden.

In beiden Fällen hatte sich das Erbgut geändert. Eine solche Erbänderung nennen wir eine *Mutation*, hergeleitet von dem lateinischen Wort mutatio = Veränderung. Mutationen treten plötzlich und ohne erkennbare Ursache auf. Durch Kurzwellenstrahlung, radioaktive Einwirkung und andere Maßnahmen kann man das Erbgut zu Mutationen anregen. Man weiß zwar meist nicht, was dabei herauskommen wird, aber die Züchter haben sich das Verfahren trotzdem zunutze gemacht. Manchmal ergeben sich Formen mit wertvolleren Eigenschaften. Solche Formen werden dann weitergezüchtet.

Auf diese Weise wurde z. B. eine neue Roggensorte (Tetraroggen) gewonnen; sie liefert 30 Prozent mehr Ertrag als ihre Stammform. Manche Tiere mutieren besonders leicht. Zu ihnen gehört der Hund, weshalb es eine so große Anzahl von Hunderassen gibt.

Mutationen haben auch die Entwicklung des M e n s c h e n geprägt. Am Anfang – vor Jahrmillionen – standen seine tierischen Vorfahren. Dem *Vormenschen* folgte der *Urmensch*, diesem der *Altmensch*, und zuletzt der *Jetztmensch*. Wir heute lebenden Menschen sind in Groß-Rassen (Weiße, Gelbe, Schwarze Rasse) aufgespalten, die ihrerseits wiederum in zahlreiche Unterrassen aufgesplittert sind. Dies alles wurde durch Mutationen bewirkt. Sie stellten eine Fülle von Möglichkeiten bereit. Davon blieb erhalten, was sich im Leben bewährte – es wurde ›ausgelesen‹. Was nicht zum Leben taugte, ging zugrunde – es wurde ›ausgemerzt‹. Die Mutationen lieferten also das ›Material‹; Auslese und Ausmerze bildeten das ›Sieb‹. Was durch seine Maschen fiel, ging verloren.

Das wird auch in Zukunft so bleiben: Es werden weiterhin Erbänderungen stattfinden, die dem Gesetz der Auslese und Ausmerze unterworfen werden. Auf diese Weise werden andersartige Lebewesen entstehen – Pflanzen, Tiere und auch Menschen. Aus ähnlich Gearteten werden Spielarten und Rassen, aus Rassen neue Arten entstehen. Das heißt: *Die Schöpfung ist noch nicht zu Ende.* Wie die Lebewesen der kommenden Jahrtausende und Jahrmillionen aussehen werden, wissen wir nicht; denn die Mutationen sind ›richtungslos‹. Doch schon planen Forscher ›gezielte‹ Erbänderungen. Sie wollen also nicht weniger, als Lebewesen (Pflanzen, Tiere u n d Menschen) schaffen, die ihren Vorstellungen und Wünschen entsprechen. Sie maßen sich an, die Schöpfung in ihrem Sinne zu lenken, ein Unterfangen, das große Gefahren in sich birgt, und für das wir Menschen die Verantwortung tragen.

VI. Was versteht man unter Erbgesundheitspflege?

Das ist einfach zu sagen, aber die erforderlichen Maßnahmen sind schwer durchzuführen. Die Menschen, welche nachweisbar Träger von solchen Erbanlagen sind, die unermeßliches Leid und Unglück im Gefolge haben (wie Idiotie, Wahnsinn, Verbrechertriebe), sollen gehindert werden, sie weiter zu vererben. Diesem Bemühen dient z. B. das Verbot der Verwandtenehe. Andererseits will man Familien mit besonders wertvollem Erbgut fördern.

Du solltest dir merken:

1 Den wichtigsten Eigenschaften unseres Körpers, unseres Geistes, unseres Gemüts und unseres Charakters liegen *Anlagen* zugrunde, die wir von unseren Eltern geerbt haben.

2 Die Träger der Anlagen sind äußerst kleine Körperchen, *Gene* genannt. Sie befinden sich im Zellkern jeder Zelle unseres Körpers. Jede Wachstumsbesonderheit wird von z w e i Genen, einem Genpaar, bewirkt.

3 Die Anlagen werden von den Eltern auf das Kind übertragen, indem bei der Befruchtung die männliche Samenzelle mit der mütterlichen Eizelle verschmilzt. Dabei wird sowohl von väterlicher als auch von mütterlicher Seite von allen Genpaaren je eines der beiden Gene weitergegeben, welches, das hängt von uns unbekannten Umständen ab, einmal dieses, einmal das andere.

4 Die beiden Gene eines Genpaares sind oft ungleich. In diesem Falle ›überdeckt‹ in der Regel eines der beiden Gene das andere und macht dieses dadurch unwirksam.

5 Aus diesen Tatsachen ergeben sich manche Merkwürdigkeiten der Vererbung, wie z. B. die Ungleichheit von Geschwistern, oder schwere Erbkrankheiten bei Kindern von gesunden Eltern.

6 Es gibt unbeeinflußbare Anlagen, vor allem unter denen, die körperliche Merkmale oder schwere Erbübel bewirken. Aber die Entwicklung vieler anderer Anlagen, insbesondere der Charaktereigenschaften, läßt sich beeinflussen. Wertvolle Anlagen können gefördert, minderwertige aufgehoben oder doch in engen Grenzen gehalten werden.

7 Im Erbgut können plötzliche, nicht weiter erklärbare Änderungen (Mutationen) eintreten. Sie bringen neue Eigenschaften hervor und führen zur Bildung neuer Arten und Rassen. Das Erbgut kann auch künstlich, insbesondere durch radioaktive Einwirkung, zu Mutationen angeregt werden. Durch solche Verfahren haben Pflanzen- und Tierzüchter schon beachtliche Erfolge erzielt.

8 Die Erbgesundheitspflege erstrebt gesetzliche Maßnahmen, durch die Erbanlagen, welche Leid und Unglück mit sich bringen, allmählich ausgesondert werden. Wertvolles Erbgut aber soll gefördert werden.

Vom Werden und Wachsen des Menschen und von seiner Geschlechtlichkeit

A. Von Zeugung und Geburt

Damit ein neues Lebewesen entstehe, muß eine *Befruchtung* stattfinden. Dies gilt auch für den Menschen. Bei der Befruchtung verschmilzt eine männliche mit der weiblichen Keimzelle.

I. Die Keimzellen des Menschen

1. Die *männlichen* Keimzellen heißen auch Samenzellen, Samenfäden oder Spermien (Einzahl = das Spermium). Sie werden, wie du weißt (s. S. 77), in den Hoden des Mannes gebildet und brauchen zu ihrer Entwicklung 19–20 Tage. Wie sie in Wirklichkeit aussehen, zeigt, stark vergrößert, die *Abb. 70.* Es bedeuten:

K = Kopf mit dem Zellkern; dieser beherbergt die 23 Chromosomen (Chr), und zwar 22 Autosomen und 1 Geschlechtschromosom (X oder Y);

Mi = Mittelstück mit dem Kernkörperchen (vgl. Polkörperchen in *Abb. 65);*

Schw = Schwanz; er besteht aus Plasma und dient der Fortbewegung der Spermien (3,6 mm in 1 Minute);

Größe der Spermien: gesamte Länge = $1/20$ mm;

Durchmesser des Kopfes = $1/240$ mm.

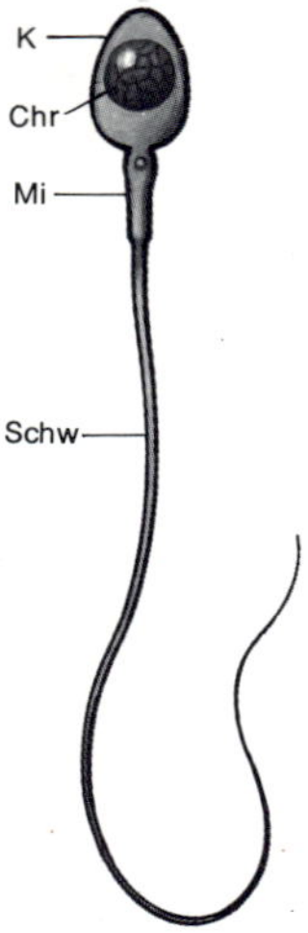

Abb. 70: Samenfaden (Spermium) des Menschen

2. Die *weibliche* Keimzelle heißt Eizelle. Die Eizellen werden, wie du weißt (s. S. 77), in den Eierstöcken der Frau gebildet. Das menschliche Ei hat einen Durchmesser von $1/5$ mm, ist also mit dem bloßen Auge sichtbar. Sein Volumen (= Rauminhalt) ist 250 000mal größer als das einer Samenzelle. Das Ei ist zunächst umgeben von einem Kranz von Zellen *(Abb. 71).* Diese *Kranzzellen* lösen sich später auf. Das Plasma der Eizelle enthält Nähr- und Aufbaustoffe, die als Wegzehrung bei der Wanderung vom Eierstock zur Gebärmutter dienen. Der Kern der Eizelle enthält gleichfalls einen vollständigen Chromosomensatz (= 23 Chromosomen), darunter ein X-Chromosom.

3. Noch ein Wort zu den *Keimzellen und deren Größe:* Ihr wichtigster Teil ist der *Zellkern.* Er ist mikroskopisch klein. Um vieles kleiner sind die *Chromosomen,* 23 an der Zahl. Diese wiederum beherbergen die *Gene.* Du weißt, die Schätzungen schwanken zwischen 50 Tausend und 7 Millionen. (Rechne um, wieviele solcher Gene im Durchschnitt auf 1 Chromosom entfielen.) Wie winzig müssen dann erst diese Gene sein. Ein Forscher gebrauchte folgendes Bild: Die Gene (= Erbanlagen) sind gleichsam gedruckte Vorschriften (Informationen), die in

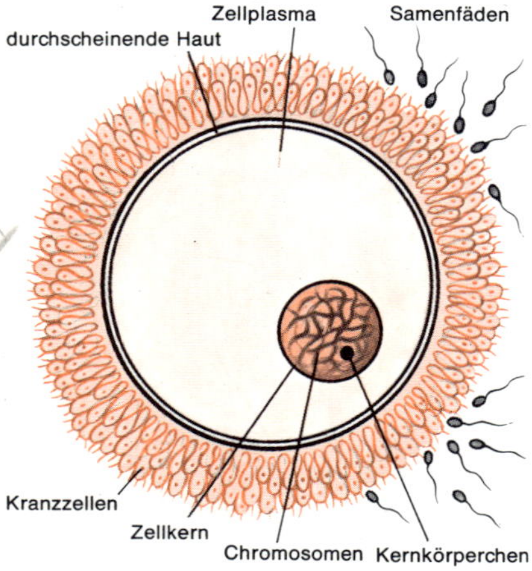

Abb. 71: Menschliche Eizelle

23 Bänden – das sind die Chromosomen – zusammengefaßt und in einem gemeinsamen Behälter, dem Zellkern, untergebracht sind. „Jedes Ei und jede Samenzelle enthalten die vollständige 23bändige Sammlung dieser Informationen, jede andere Körperzelle von jedem Band sogar 2 Exemplare, das eine von der Mutter, das andere vom Vater. Wie winzig klein dieses Rezeptbuch ist –: Alle Eizellen, aus denen die gegenwärtig lebenden Menschen entstanden sind, hätten in einem 2½-Literkrug Platz, alle Samenzellen zusammen würden nicht mehr Raum beanspruchen als eine Aspirin-Tablette."

Die unvorstellbar kleinen Gene sind ›Anweisungen‹, ›Rezepte‹, ›Informationen‹, die das gesamte Leben des Menschen mitbestimmen. Sie ›schreiben vor‹, nach welchem Plane die befruchtete Eizelle sich schon im Mutterleibe zu teilen und lebend zu entfalten, welches Organ an welcher Stelle sich zu bilden hat, bis der fertige Mensch entstanden ist; sie ›ordnen an‹, wie dieser Neugeborene sich weiterhin entwickeln, wie er zur Reife sich entfalten soll. Die Gene wecken *Kräfte*, körperliche, seelische und geistige, Kräfte sowohl guter als auch schlimmer Art und stellen sie dem Menschen zur Verfügung. Es sind *Möglichkeiten*, *Gaben*, dem Menschen zum Gebrauche zugeteilt. Ob und wie er sie gebraucht – oder mißbraucht –, ist ihm anheimgestellt.

D a ß aber, und w i e solche Zwerge, wie die Gene, so Gewaltiges bewirken, dies zu begreifen übersteigt unsere Fassungskraft und zwingt uns zum Staunen und zur E h r f u r c h t.

4. Wie die Eizelle *befruchtet* wird (vgl. auch F 117, sowie F 69).

Bei der Befruchtung – das weißt du – vereinigen sich die Kerne der männlichen mit der weiblichen Keimzelle.

Unbefruchtete Eier gehen zugrunde. Die Befruchtung der menschlichen Eizelle findet im Eileiter der Frau statt. Ihren Verlauf zeigt in vereinfachter Form die *Abb. 72.* Von den unzähligen Samenfäden, welche die Eizelle umschwärmen, kommt letzten Endes nur einer zum Zuge.

Abb. 72: Befruchtung der menschlichen Eizelle

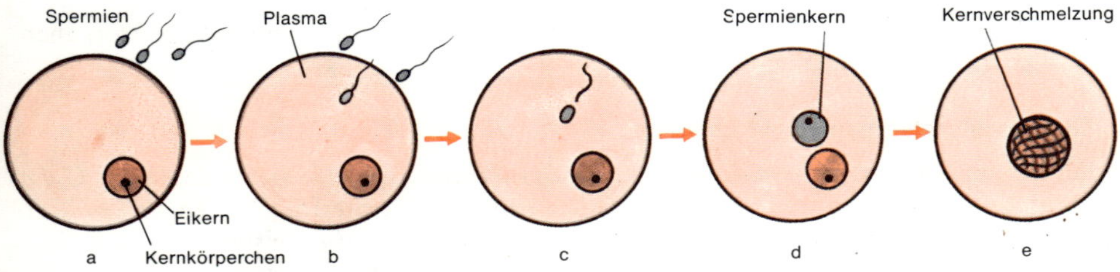

Die Samenfäden, durch Wirkstoffe gelenkt, rudern auf die Eizelle zu und durchdringen die Schicht der Kranzzellen (in der Abbildung weggelassen). Sie versuchen, die Eihaut zu durchbohren. Dies gelingt nur wenigen, oder gar nur einem. Diejenige Samenzelle, die zuerst mit dem Kern der Eizelle in Berührung kommt, befruchtet diese. Alle übrigen Samenzellen verkümmern. (Lange glaubte man, nur eine Samenzelle gelange in das Innere der Eizelle. Man meinte ferner, beim Durchbohren der Eihaut bleibe der Schwanz des Samenfadens zurück. Heute weiß man, daß mehrere Samenfäden eindringen können, daß aber nur einer sich mit dem Eikern vereinigt, und daß auch der Schwanz des Samenfadens mit in die Eizelle gelangt, dort aber aufgelöst wird.)

Die dem Eikern am nächsten kommende Samenzelle nimmt aus dem Plasma der Eizelle Nährstoffe auf. Ihr Kern wächst rasch zur Größe des Eikerns heran *(Abb. 72, d)* und verschmilzt mit diesem *(e)*. All dies vollzieht sich im Verlauf weniger Stunden. Damit ist die *Befruchtung* vollzogen: Zwei vollständige Chromosomensätze, mit der Fülle ihrer Gene, sind in dem mütterlichen Eikern vereinigt – *ein neuer Mensch ist gezeugt.*

Abb. 73: Die männlichen Fortpflanzungsorgane (Seitenansicht)

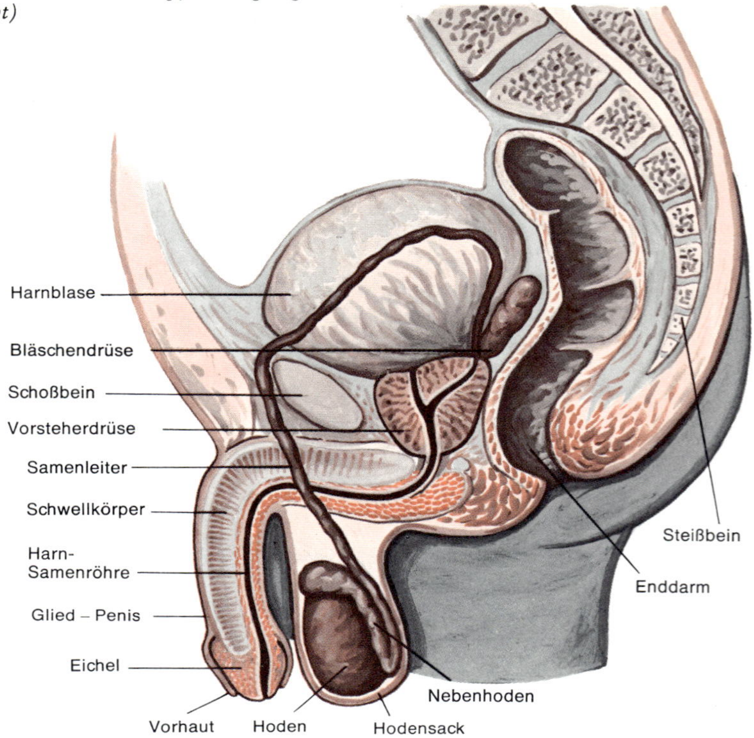

Die Bildung der Keimzellen, sowie die Befruchtung, erfolgen in den Geschlechtsorganen. Du solltest sie genauer kennenlernen.

II. Die Geschlechtsorgane des Menschen

Man nennt sie auch die *Genitalien* (Einzahl ›das Genitale‹). Darin steckt das Wort *G e n.* Verwandte Wörter sind *Generation* (= Geschlecht, Geschlechterfolge), *Genesis* (= Werden, Entstehung, Ursprung, „Schöpfung"), *Genie* (= schöpferische Geisteskraft), u. a.

Die Genitalien sind die Organe der *Fortpflanzung*. Sie sind dazu geschaffen und bestimmt, neues Leben – einen neuen Menschen – hervorzubringen, haben also Teil an der ›Schöpfung‹.

1. Die männlichen Fortpflanzungsorgane

Sie zeigt *Abb. 73–75*. Nenne sie. Die männlichen *Keimdrüsen* sind die beiden walnußgroßen Hoden. Sie sind in dem häutigen, mit einer glatten Muskelschicht ausgestatteten *Hodensack* untergebracht und durch eine Scheidewand voneinander getrennt. Das Innere der Hoden besteht aus den in Kammern eingeteilten *Hodenkanälchen (Abb. 74)*, in denen die Samenzellen (Spermien) erzeugt werden. Forscher schätzen die Länge dieser Kanälchen, würden sie aneinandergereiht, auf 150–300, oder gar auf 500 m je Hoden.

Die Hodenkanälchen führen zu den *Nebenhoden*, wo die Samenzellen gespeichert werden. An die Nebenhoden schließen sich die beiden *Samenleiter* an. Sie münden in die Harn-Samenröhre und nehmen auf ihrem Weg dorthin die für die Erhaltung der Spermien wichtigen Ausscheidungen der *Bläschendrüsen* und der *Vorsteherdrüse (Prostata)* auf. Durch die

Harn-Samenröhre werden, wie schon der Name sagt, sowohl der Harn, als auch die Samenzellen, nach außen geleitet, jedoch nie zu gleicher Zeit: Wenn der eine Weg sich öffnet, wird der andere ›automatisch‹ verschlossen.

Die männlichen Keimdrüsen liegen außerhalb des Körpers. Dies ist sinnvoll; denn die Samen sind wärmeempfindlich. Sie brauchen zu ihrer Entstehung eine niedrigere Temperatur, als sie im Innern des Körpers herrscht. Sie werden schon bei 37 ° sehr beweglich und sterben bei höheren Wärmegraden ab. Im Hodensack aber herrscht die den Spermien zusagende Temperatur. Sie liegt um 2–3 Grad tiefer als die des Körperinnern. Eine über 3 ° hinausgehende Abkühlung wird dadurch verhindert, daß sich die Muskelschicht zusammenzieht; dadurch schrumpft der Hodensack, und seine Haut wird runzelig.

Das *männliche Glied* oder der *Penis,* in dessen Innern die Harn-Samenröhre verläuft, enthält auf seiner Oberseite zwei der Länge nach verlaufende *Schwellkörper* (in der *Abb. 73* ist nur der vordere gezeichnet). Diese können sich stark mit Blut füllen, indem die zuführenden Blutgefäße weit geöffnet, die abführenden aber gedrosselt werden. Die Folge ist, daß der Penis sich aufrichtet und versteift. Dies geschieht bei der körperlichen Vereinigung von Mann und Frau. Es kann aber auch im Schlaf geschehen, wenn eine große Menge von Samenzellen gespeichert wurde. Sie entleeren sich dann von selbst, indem sie durch ruckartige Zusammenziehungen des Samenleiters ausgestoßen werden. Einen solchen ›automatischen‹ Samenerguß nennt man *Pollution.*

Der Penis versteift sich überdies (auch bei kleinen Kindern) bei zu prall gefüllter Harnblase. Diese drückt dann auf die abführenden Blutgefäße, so daß in den Schwellkörpern das Blut gestaut wird.

Noch ein Wort zur Körperpflege: Der vordere Teil des Penis heißt *Eichel.* Dahinter liegt ein beweglicher Hautteil, die *Vorhaut,* welche die Eichel meist teilweise bedeckt. Hinter der Eichel, und unter der Vorhaut, sammeln sich Talg, abgestoßene Hautzellen, sowie Reste von Harn und von Pollutionen an. Das Angesammelte beginnt, sich zu zersetzen und übel zu riechen, und überdies kann es Entzündungen auslösen. Darum reinige auch diesen Teil täglich: Vorhaut ganz zurückstreifen, dann mit feuchtem Wattebausch abwischen.

Zuweilen ist die Vorhaut verengt. Sie läßt sich dann nicht vollständig zurückschieben, schnürt bei versteiftem Penis die Eichel ab und führt dann zu schmerzhaften Entzündungen. Hier hilft der Arzt durch einen harmlosen Eingriff.

In der *Abb. 73* sind auch *Harnblase* und *Enddarm* eingezeichnet. Beide gehören zu den *Ausscheidungsorganen.* Durch den Enddarm werden die festen, durch die Harnblase und die Harn-Samenröhre die flüssigen Abfallstoffe ausgeschieden.

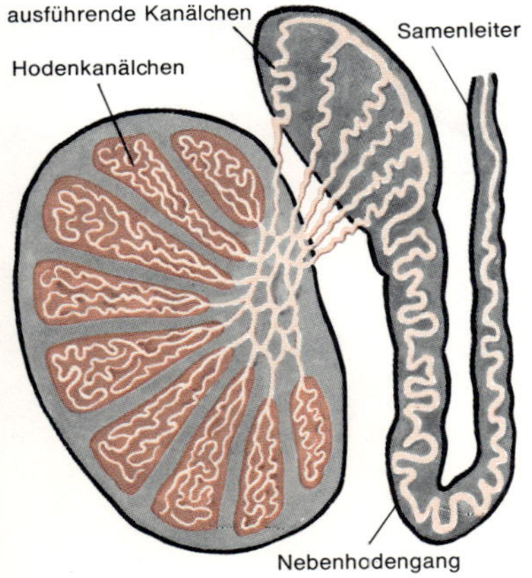

Abb. 74: Schnitt durch Hoden und Samenleiter

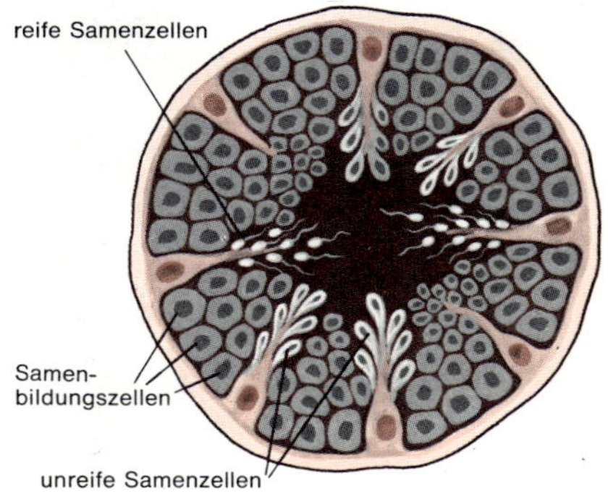

Abb. 75 Querschnitt durch ein Hodenkanälchen

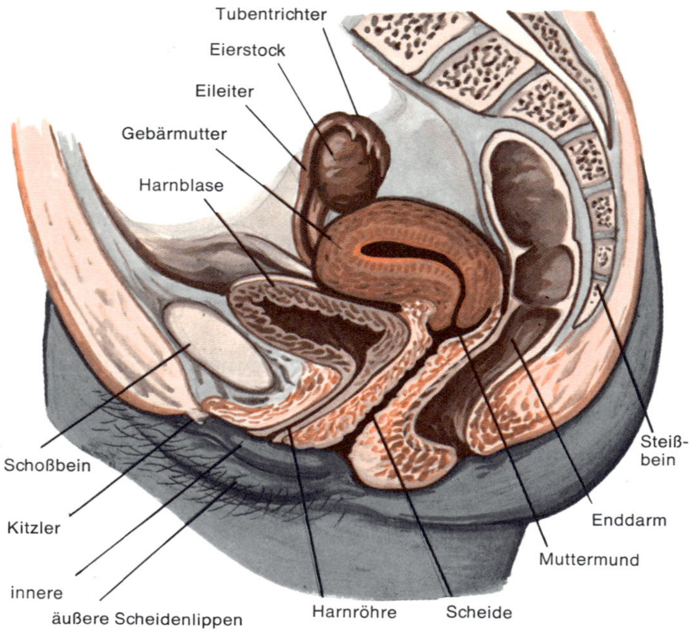

Abb. 76 Die weiblichen Fortpflanzungsorgane — von der Seite gesehen

2. Die weiblichen Fortpflanzungsorgane

Nenne sie an Hand der *Abb. 76*. Sie liegen im Innern des Körpers. Das ist sinnvoll; wieso? Die walnußgroßen *Eierstöcke* sind die *weiblichen Keimdrüsen*. Lies nach, was auf S. 77 darüber gesagt ist. Schon bei der Geburt eines Mädchens sind in jedem Eierstock etwa 200 000 winzige Ei-Anlagen (= ›Ur-Eier‹) vorhanden, doch gelangen im Leben einer Frau nur etwa 400 (= 0,2 %) zur Reife.

Reife Eier werden vom *Eileiter-Trichter* (auch Tuben-Trichter genannt) aufgefangen. Dann wandern sie durch den 15–20 cm langen, bleistiftstarken *Eileiter* zur *Gebärmutter*, auch Uterus genannt.

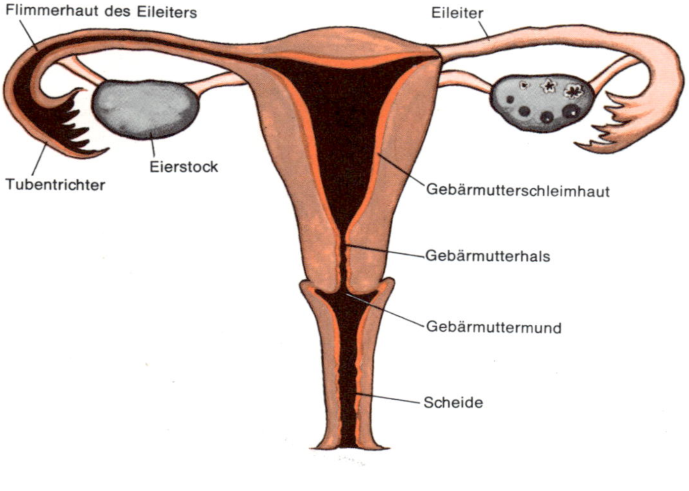

Abb. 77: Weibliche Geschlechtsorgane in Vorderansicht

Abb. 78: Gebärmutter — Verlauf der Muskelfasern und Bänder — schematisch

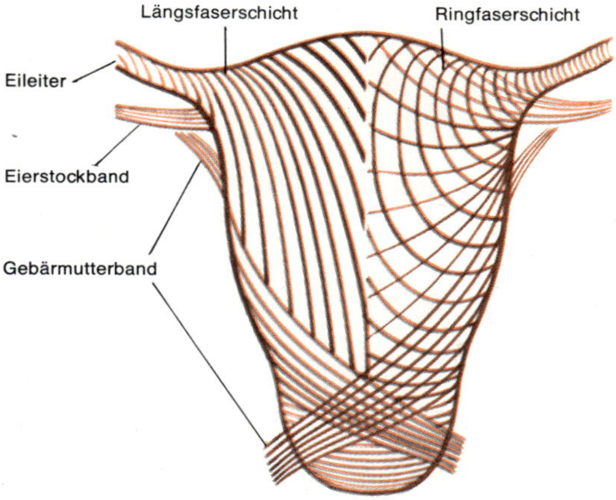

Die Gebärmutter ist ein etwa 8 cm langes birnförmiges Hohlorgan. Ihre etwa 1 cm starke Wand ist muskulös und sehr dehnbar (vgl. *Abb. 78*). Die Gebärmutter ist mit elastischen Bändern im Unterleibe aufgehängt. Sie ist die ›Wiege‹ des werdenden Menschen: in ihr reift die Leibesfrucht heran, und mit dieser wächst auch die Gebärmutter, so daß sie bei der Geburt des Kindes länger als 50 cm sein kann. Zugleich erhöht sich ihr Gewicht von ursprünglich 50 auf rund 1000 Gramm.

Der *Hals* der Gebärmutter ragt mit dem *Muttermund* in die *Scheide* hinein. Der Muttermund ist für gewöhnlich mit einem Schleimpfropf verschlossen. Die Scheide selbst – ein schlauchförmiger, sehr dehnbarer Muskel – führt nach außen. Sie ist mit einer Schleimhaut ausgekleidet, welche Milchsäure absondert. In der Scheide siedeln Bakterien, welche eindringende Krankheitskeime vernichten. Beide, Milchsäure und Bakterien, halten die Scheide gesund: sie dienen der Selbstreinigung. Spülungen der Scheide sind daher nicht nur überflüssig, sondern sogar schädlich.

Nach außen wird die Scheide vom Rande her durch das ringförmige, zarte *Jungfernhäutchen* (Hymen) eingeengt. Es reißt spätestens bei der ersten körperlichen Vereinigung ein. Bei der ersten Geburt zerfetzt es vollständig.

Den äußeren Abschluß bilden 2 Paar Hautfalten, die *Scheidenlippen.* Die äußeren Scheidenlippen sind, wie die gesamte Umgebung, behaart (= Genital-Behaarung). Vorne, wo sich äußere und innere Scheidenlippen vereinigen, liegt der *Kitzler* (die *Klitoris*), ein kleines, zapfenartiges, mit feinen Nerven durchsetztes Gebilde. Zwischen Kitzler und dem Scheideneingang mündet die *Harnröhre.* Durch sie wird, von der Harnblase kommend, der Urin (Harn) nach außen geleitet. Der Harn fließt also *nicht,* wie viele meinen, durch die Scheide nach außen. Die Scheide hat mit der Ausscheidung nichts zu tun. Sie ist nur Geschlechtsorgan.

Zwischen den Scheidenlippen werden Flüssigkeiten abgesondert, die unangenehm riechen können. Darum ist es wichtig, die Falten zwischen den Scheidenlippen, vor allem im vorderen Teil um Harnröhre und Kitzler, mit einem feuchten Wattebausch regelmäßig zu reinigen.

3. Der ›monatliche Zyklus‹

Mit der *Gebärmutter* hat es eine besondere Bewandtnis. Sie ist mit einer zarten Schleimhaut ausgekleidet. In diese *Gebärmutter-Schleimhaut* wird das befruchtete Ei eingebettet und 9 Monate lang beherbergt, bis daraus ein neuer Mensch geworden ist. Für diese lebenswichtige Aufgabe wird die Gebärmutter-Schleimhaut in besonderer Weise vorbereitet. Wie dies geschieht, sei im folgenden kurz umrissen.

Etwa alle 4 Wochen beginnt eines der vielen Ureier zu reifen *(vgl. Abb. 79),* und zwar abwechselnd einmal im linken, dann im rechten Eierstock. Nun steckt jedes Urei in einer Hülle. Beim Reifen wächst diese Hülle und bildet ein mit Flüssigkeit gefülltes Bläschen, das *Ei-Bläschen,* auch *Follikel* genannt. Ist der Follikel ausgereift — er ist dann erbsen- bis

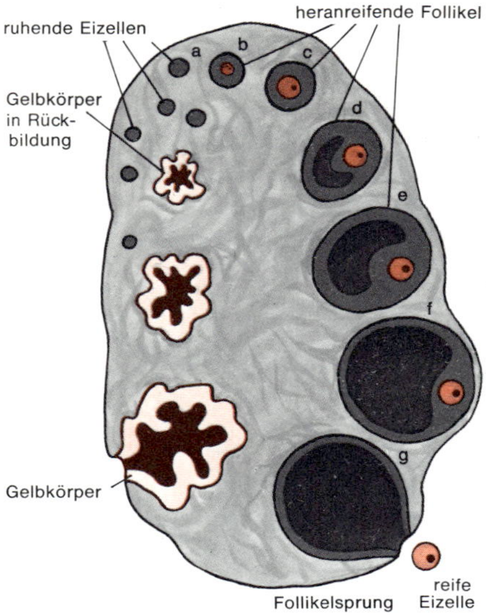

Abb. 79: Schnitt durch den Eierstock mit reifenden Eizellen (a—g). Follikel und Gelbkörper, sowie die Eizellen, sind stark vergrößert.

haselnußgroß –, dann umgreift das obere, trichterförmige Ende des Eileiters den Eierstock. Nun platzt das Eibläschen – man nennt dies den *Follikelsprung* –, die knapp $1/5$ mm große Eizelle wird herausgespült und vom Eileiter aufgefangen.

Inzwischen hat der Eierstock einen besonderen Wirkstoff, das *Follikel-Hormon,* über den Blutkreislauf zur Gebärmutter geschickt. Dieses Hormon regt die Gebärmutter-Schleimhaut zum Wachstum an: sie wird dicker, aufgelockert und reichlich mit Blutgefäßen durchsetzt (*Abb. 80,* Mitte). Sie ist nun bereit, das Ei aufzunehmen und in sich einzubetten. Doch muß es ein befruchtetes Ei sein. Was aber geschieht mit dem *unbefruchteten Ei?*

Nach dem Follikelsprung (= Ausstoßung des Eies in den Eileiter) schließen sich Eierstock und Eibläschen wieder. Das Bläschen füllt sich mit einem gelb aussehenden Gewebe an – es ist zum *Gelbkörper (Abb. 79)* geworden und erzeugt das *Gelbkörper-Hormon,* welches bewirkt, daß im Eierstock kein weiteres Ei heranreift. Zugleich veranlaßt das Gelbkörper-Hormon ein zusätzliches Wuchern der Gebärmutter-Schleimhaut. Es entstehen in ihr, außer den zahlreichen Blutgefäßen, noch Drüsen, die für die weitere Entwicklung des Kindes wichtig wären. Das unbefruchtete Ei jedoch beginnt sich aufzulösen, noch ehe es die Gebärmutter erreicht, und der Gelbkörper verkümmert, erzeugt also kein Gelbkörper-Hormon mehr. Damit wird die für den Empfang des Eies vorbereitete Gebärmutterschleimhaut überflüssig. Sie fällt in sich zusammen, löst sich in Fetzen von der Gebärmutterwand ab – dabei entstehen kleine Wunden –, und sie wird, zusammen mit etwas Blut, durch die Scheide ausgeschieden. Dies nennt man die *monatliche Blutung,* auch *Menstruation* (von mens = Monat), *Periode* (weil periodisch, d. h. regelmäßig wiederkehrend), oder ganz einfach ›die Regel‹ oder ›die Tage‹.

Abb. 80: Die Gebärmutter

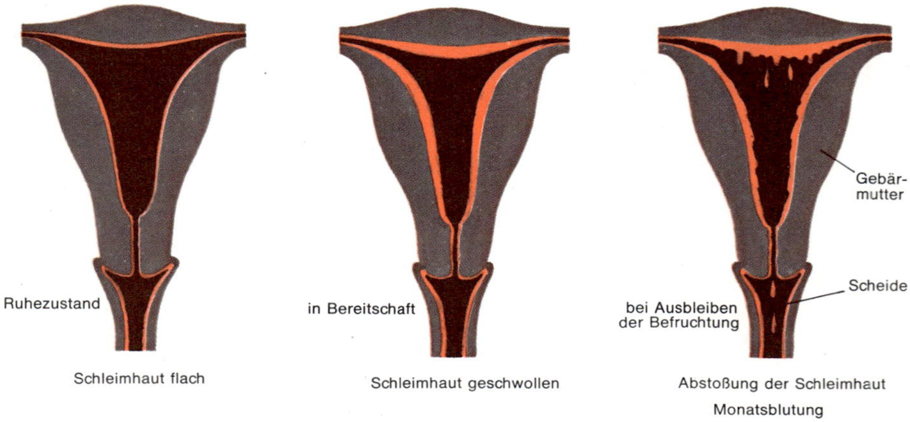

Inzwischen reift im zweiten Eierstock ein weiterer Follikel heran, dessen Hormon den eben beschriebenen Ablauf erneut in Gang setzt. Damit wiederholt sich der ganze Vorgang. Dies setzt sich bis zum 45. bis 50. Lebensjahr der Frau fort. Dann reift keine Eizelle mehr heran, und die Monatsblutung unterbleibt. Man nennt diese Übergangszeit die ›*Wechseljahre*‹, weil da die Frau von den fruchtbaren in die unfruchtbaren Jahre hinüberwechselt.

Die monatliche Blutung selbst dauert 3–5 Tage; von Blutung zu Blutung vergehen 26–32 Tage. Diesen Ablauf nennt man den *monatlichen Zyklus*. Ihn zeigt *Abb. 81*. Versuche, ihn an Hand der Abbildung zu deuten. Beachte dabei: Das obere Drittel der Abbildung beginnt mit dem Eisprung (= Follikelsprung) und stellt die Reifung des Eies und des Gelbkörpers dar. Das mittlere Drittel zeigt den Aufbau der Gebärmutter-Schleimhaut und deren Zerfall (= monatliche Blutung), mit Angabe der Kalenderwochen. Ganz unten ist die Körpertemperatur angegeben. Sie steigt mit dem Aufbau der Gebärmutter-Schleimhaut um 1/2 Grad. Die Waagrechte gibt die normale Körpertemperatur an.

Das Wort ›Sekretionsphase‹ bedeutet: Während dieser Zeit werden wichtige Drüsensäfte (= Sekrete) abgesondert.

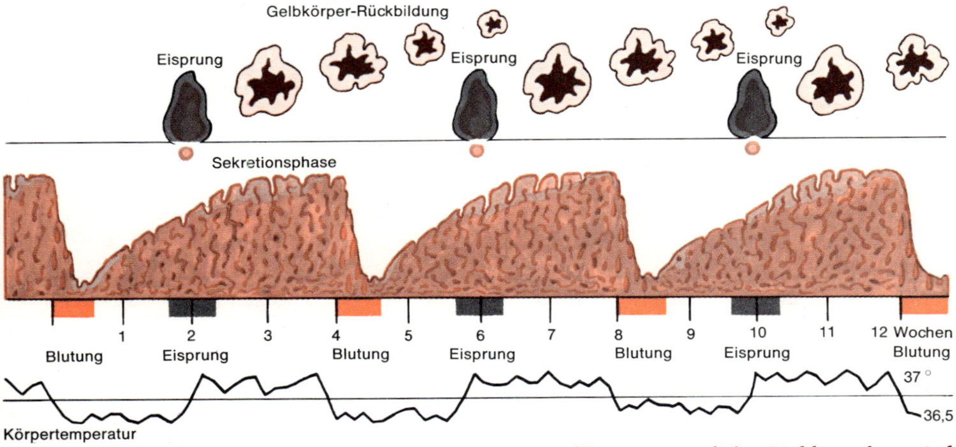

Abb. 81: Monatlicher Zyklus, schematisch

Der Monatszyklus ist ein tiefgreifendes Geschehen. Es spielt sich im wesentlichen zwar in der Gebärmutter ab, doch strahlt es auch auf andere Organe aus, und die Monatsblutung selbst verursacht nicht selten körperliches Unbehagen, ja leichte Schmerzen, und sie wirkt lähmend auf Stimmung und Arbeitslust. Daher spricht man von ›*Unwohlsein*‹. Doch schon am ersten oder zweiten Tag der Periode kehren Frohmut und Unternehmungslust wieder; zu dieser Zeit beginnt das Follikel-Hormon wieder zu wirken.

Bei der Ablösung der Gebärmutter-Schleimhaut werden Blutadern aufgerissen. Trotz diesen kleinen ›Verletzungen‹ ist die monatliche Blutung keine Krankheit, sondern ein normaler Vorgang, und es ist unnötig, während dieser Zeit ›wehleidig zu tun‹. Doch muß man schwere körperliche Arbeit und übermäßige Anstrengung, auch im Sport, vermeiden. Jedoch ist Körperpflege in dieser Zeit besonders wichtig: tägliches Waschen (auch Duschen) des *ganzen* Körpers, nicht nur der äußeren Geschlechtsteile, Anwendung eines wohlriechenden Körperpuders, sowie tägliches Wechseln der Leibwäsche. Das abgehende Blut (es ist nicht ›unrein‹, wie der Aberglaube behauptet!) wird mit Zellstoffbinden aufgefangen. Je nach Stärke der Monatsblutung sollten diese ›Monatsbinden‹ mindestens zweimal täglich gewechselt werden.

Die Fortpflanzungsorgane von Mann und Frau sind verschieden gebaut und haben verschiedene Aufgaben. Sie bestimmen das Geschlecht, deshalb nennt man sie *geschlechtsbestimmende Merkmale.* Hinzu treten die vielen *geschlechtsbegleitenden Merkmale.* In der folgenden Übersicht ist eine Auswahl dieser Merkmale, soweit sie den Körper betreffen, zusammengestellt.

III. Die geschlechtsbegleitenden Merkmale von Mann und Frau

Körperlicher Bereich	*Mann*	*Frau*
Muskulatur Muskelanteil am Körpergewicht Kraftleistung bei gleicher Muskelgröße	deutlich stärker 40 % 100 % (das ›starke‹ Geschlecht)	deutlich schwächer 23 % 75–80 % (das ›schwache‹ Geschlecht)
Fettanteil am Körpergewicht	10 %	25–30 %
Haut	derber und dicker, Unterhaut fettarm	zarter und dünner Unterhaut fettreicher
Herz – in einer Minute herausgepumpte Blutmenge	37 Liter	25 Liter
Blut: Zahl der roten Blutkörperchen	5 Millionen je mm³	4,5 Millionen je mm³
Atmung	Zwerchfellatmung überwiegt	Brustkorbatmung überwiegt
Lunge – Fassungsvermögen	gegen 5 500 cm³	gegen 4 500 cm³
Becken	schmäler und höher	breiter und niedriger
Schulterbreite	größer	kleiner
Behaarung Körper Bartwuchs	 stark stark	 schwach fehlend
Stimmbänder	starke Verlängerung mit beginnender Reifezeit (Stimmbruch) unter vorübergehendem Verlust der Fähigkeit, zu singen	nur geringe Verlängerung der Stimmbänder, keine Unterbrechung der Singfähigkeit
Brustdrüsen	kaum entwickelt und ohne Bedeutung	stark entwickelt und Funktion als Milchdrüsen
Knochen	kräftiger, derber	schwächer, zierlicher

* Diese körperlichen Unterschiede nehmen nicht besonders wunder. Die Entscheidung über das Geschlecht – ob Mann oder Frau – fällt ja im Augenblick der Befruchtung. Hier, bei der Verschmelzung des Sperma- und des Eikerns, wird mit der Vereinigung des väterlichen und des mütterlichen Erbguts die gesamte Planung für den werdenden Menschen festgelegt. Dieser ›Plan‹ wird bei den folgenden Teilungen der Zelle allen Tochterzellen weitergereicht, einerlei, ob diese sich zur Haut, zu Muskeln, zum Knochengerüst, zu Blut, Herz

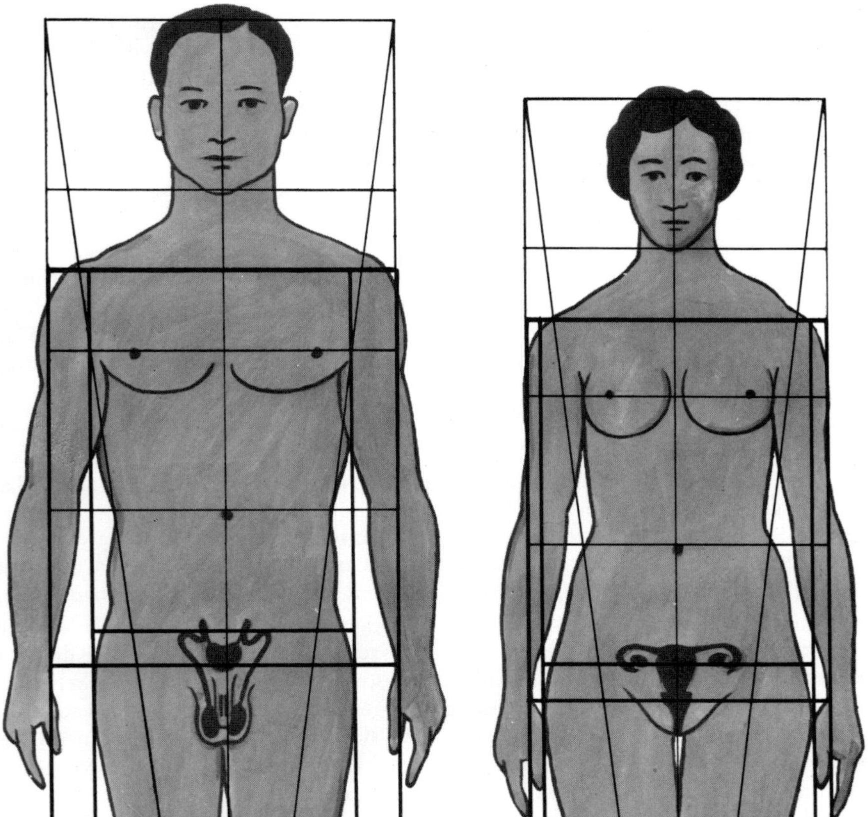

Abb. 82: Körperform und Größenverhältnisse von Mann und Frau, schematisch. Maßstab etwa 1:10. — Entnimm daraus für beide Geschlechter die Maße der Körpergröße, Schulterhöhe, Beckenbreite u. a. Vergleiche.

und Lunge, oder zur zentralen Leitstelle, dem Gehirn, zusammenfügen. All diesen Organen werden mit den Autosomen auch die Geschlechtschromosomen weitergereicht. Die letzteren aber sind es, welche die Keimdrüsen veranlassen, unterschiedliche *Geschlechtshormone* zu bilden: die weiblichen in den Eierstöcken, die männlichen in den Hoden. Und eben diese Keimdrüsenhormone sind verantwortlich für die Bildung sowohl der geschlechtsbestimmenden, als auch der geschlechtsbegleitenden Merkmale.

Die unterschiedlichen Geschlechtshormone bewirken *verschiedenartige ›Reaktionsweisen‹*. Das heißt: Zu dem körperlichen Anderssein kommen die Unterschiede seelisch-geistiger Art und des Charakters. Der Mann fühlt, denkt und handelt anders als die Frau. Beide antworten (›reagieren‹) auf Umweltreize, Erlebnisse und Erfahrungen verschieden. Dies zeigt sich schon im frühen Kindesalter: Der Junge liebt als Spielzeug Autos, spielt ›Räuber und Gendarm‹ oder ›Indianer‹ und mißt seine Kräfte im ›Kämpfen‹; das Mädchen spielt unverdrossen mit seinen Puppen, dichtet ihnen Krankheiten und Gebrechen an und pflegt sie dann mit ›mütterlicher‹ Hingabe.

So unterschiedlich wie im Spiel, so verschieden ist ihr Empfinden und Wollen im späteren Leben, wo es um den Ernst der Dinge geht.

Du siehst: Mann und Frau sind anders in ihrem *gesamten Wesen*. Sie sind als *Ganzes* verschieden geschaffen. Für sich allein genommen sind beide nur ein Teil des Menschseins. Wollen sie das Leben in seiner vollen Tiefe erfassen, so müssen sie sich gegenseitig zu verstehen suchen, um sich zu *ergänzen*. Dies aber erfordert Achtung des Andersartigen, guten Willen und gegenseitige Hingabe in seelisch-geistigem und auch im körperlichen Sinne.

In manchen Fällen allerdings sind die Unterschiede zwischen Mann und Frau mehr oder weniger stark verwischt. Auch dies hat seine Ursache. Es werden nämlich in den männlichen Keimdrüsen auch Spuren des weiblichen Geschlechtshormons, und umgekehrt, gebildet. Für gewöhnlich ist allerdings die Menge des geschlechtseigenen Hormons so stark im Übergewicht gegenüber dem geschlechtsfremden, daß die geschlechtsbegleitenden Merkmale eindeutig ausgebildet werden. Aus noch unbekannten Gründen kann es vorkommen, daß vom geschlechtsfremden Hormon bei einem Menschen etwas mehr als normal gebildet wird. Und schon zeigen sich an seinem Körper und in seinem Verhalten mehr oder weniger deutlich Merkmale, die typisch für das andere Geschlecht sind. Wir sprechen von einem ›Mannweib‹, oder sagen von einem Mann, er trage ›weibliche Züge‹, oder er verhalte sich ›weibisch‹. Diese ›Verwischung‹ der Grenzen zwischen Mann und Frau kann sich sogar auf die geschlechtsbestimmenden Merkmale auswirken. Vielleicht hast du gelesen, daß solche Frauen – vor allem überragende Sportlerinnen – durch ärztliche Maßnahmen in Männer, aber umgekehrt auch ›Männer‹ in Frauen verwandelt wurden. *

* IV. Wie ein neuer Mensch entsteht *

Du weißt, daß das Kind im Leibe der Mutter heranreift. Dort, in der ›Gebär-Mutter‹, ist die Leibesfrucht warm gelagert und geborgen. Im Leibe der Frau – in dem Eileiter – wird auch das mütterliche Ei befruchtet. Also müssen die männlichen Befruchtungsstoffe, die Samenzellen (Spermien) tief in den Leib der Frau gelangen. Dies geschieht bei der *körperlichen Vereinigung* von Mann und Frau, auch *Geschlechtsakt*, Geschlechtsverkehr, Beischlaf oder Koitus genannt: Wenn beide, Mann und Frau, sich lieben, verspüren sie den Drang, ganz eins zu werden. Berührungen, Umarmung und Liebkosung steigern die geschlechtliche Erregung. Dabei füllen sich die Schwellkörper des männlichen Penis mit Blut – er wird steif, richtet sich auf und ist nun imstande, in die Scheide der Frau eingeführt zu werden. Gleichzeitig wird der Schoß der Frau vorbereitet: Drüsen des Scheideneingangs sondern eine Flüssigkeit ab, die das Einführen des Penis erleichtern. Durch die Reibung der höchst empfindlichen Genitalien (Eichel des Mannes, Klitoris der Frau) wird die geschlechtliche

Erregung immer mehr gesteigert, bis es zu einem gewaltigen Gefühlsausbruch kommt, der den ganzen Menschen ergreift und den man *Orgasmus* nennt. Er ist beim Mann mit dem Samenerguß, bei der Frau mit Zusammenziehungen der Muskeln des Scheideneingangs und der Gebärmutter gekoppelt. Bald nach dem Orgasmus erschlaffen Penis und Scheidenmuskeln – die Erregung klingt ab – der Geschlechtsdrang ist befriedigt. Weit wichtiger aber als dieses *körperliche* Lustempfinden ist der *seelische* Anteil.

Die Vereinigung von Mann und Frau – sofern sie sich lieben – ist ja nicht nur ein „körperlicher Akt", sondern zugleich Hingabe aus vollem Herzen. Der sich Verschenkende will den anderen beglücken, so wie wahre Liebe nicht sich selbst und seine Lust, sondern das Wohl des anderen sucht. Und so wandelt sich denn das körperliche Geschehen in ein seelisches Glücksempfinden und bewirkt eine Vertiefung der gegenseitigen Liebe. Und du verstehst, daß sich Mann und Frau aus freien Stücken nur dem Menschen hingeben und mit ihm Kinder haben wollen, den sie liebhaben und mit dem sie für immer verbunden sein und zusammenleben wollen.

Beim Samenerguß des Mannes werden rund 300 bis 500 Millionen Samenzellen (Spermien) plötzlich entleert und gegen den Gebärmuttermund geschleudert. Die meisten der Spermien gehen schon in der Scheide zugrunde oder verlieren im weiteren Verlauf ihre Beweglichkeit. Dennoch dringt eine große Anzahl von ihnen zunächst in die Gebärmutter ein. Dabei werden die Spermien wahrscheinlich durch Bewegungen des Gebärmuttermundes angesaugt. Von dort wandern sie, mit Hilfe des beweglichen Schwanzes, in die Eileiter *(Abb. 83)*. Geschieht dies um die Mitte des weiblichen Monatszyklus, dann kommt ihnen ein kurz zuvor in den Eileiter entlassenes reifes Ei entgegen, und die Befruchtung kann nunmehr stattfinden. Dies muß aber im Verlauf von 4 Stunden geschehen, denn das Ei kann nur so lange befruchtet werden. Die Samenfäden dagegen sind 48 Stunden lang befruchtungsfähig, müssen aber zuvor 6 Stunden im Eileiter verweilen, ehe sie imstande sind, in das Ei einzudringen. Dazu müssen sie erst befähigt (›aktiviert‹) werden. Diese Aktivierung erfolgt n u r im mütterlichen Leibe. Dabei spielt vermutlich die Flüssigkeit, die sich im Eibläschen bildet und die beim Eisprung (Follikelsprung) das Ei in den Eileiter schwemmt, eine entscheidende Rolle. Diese Flüssigkeit enthält offenbar Wirkstoffe (Hormone), die lebenswichtige Vorgänge steuern.

Von den vielen Spermien, die zum Ei gelangen, kommt, wie du weißt, letzten Endes nur eines zum Zuge und befruchtet das Ei. Damit ist ein Kind *gezeugt* – sein Vater ist der *Erzeuger*. Die Frau aber hat *empfangen* (Hauptwort = *Empfängnis)*.

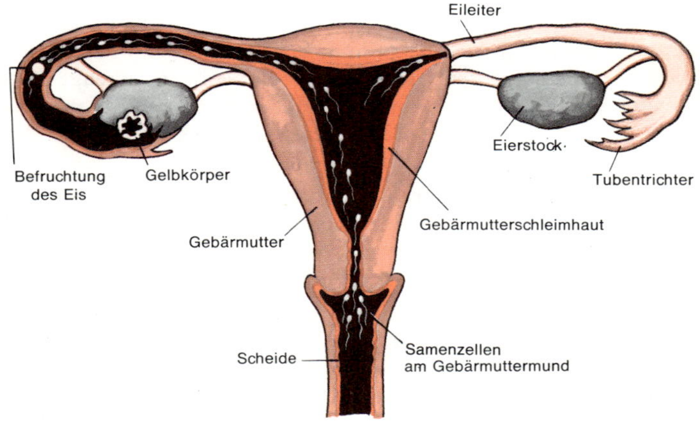

Abb. 83: Wanderung der Samenzellen und Befruchtung der Eizelle. Die Samenzellen sind stark vergrößert. Im Vergleich zu den dargestellten Organen wären sie unsichtbar klein. Wirkliche Größe der Eizelle = 1/5 mm.

Das befruchtete Ei wandert im Eileiter weiter, wobei es sich mehrmals teilt. Dann *nistet es sich in die Gebärmutter-Schleimhaut ein.* Von diesem Augenblick an ist die Frau *schwanger,* d. h. eine werdende Mutter; und die Zeit zwischen Einnistung des Eies und der Geburt des Kindes nennt man *Schwangerschaft.* Sie dauert im Durchschnitt 280 Tage, also 40 Wochen; das sind rund 9 Kalendermonate oder 10 Mondmonate (= Schwangerschaftsmonate).

Mit dem Beginn der Schwangerschaft ändert sich das körperliche Geschehen der Frau: Hormone sorgen dafür, daß kein weiteres Ei mehr heranreift, daß das befruchtete Ei sich immer tiefer in die Gebärmutter-Schleimhaut einbettet, und daß die Gebärmutter-Schleimhaut noch weiter aufgebaut wird und sich bereit macht, das werdende Kind zu beherbergen und zu ernähren. Damit verbunden aber sind auch seelische Wandlungen der Schwangeren: Die Frucht ihres Leibes bestimmt von nun an ihr Fühlen und Sinnen, ihr Sorgen und Hoffen. Und man sagt von der werdenden Mutter mit Recht, sie sei ›guter Hoffnung‹ oder befinde sich ›in gesegneten Umständen‹.

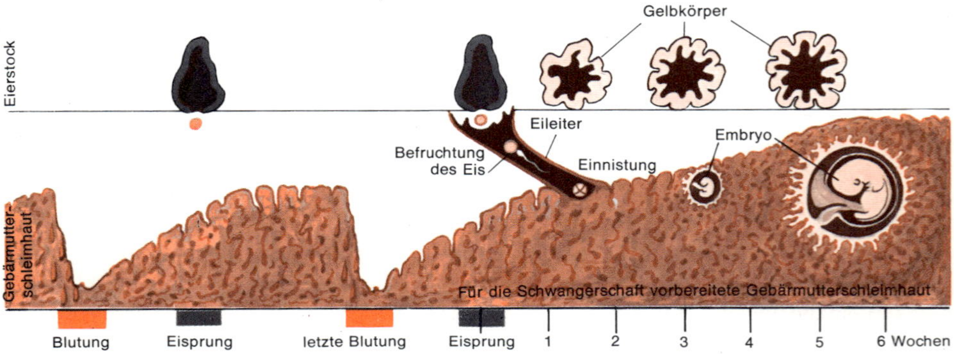

Abb. 84: Monatszyklus, und das Ausbleiben der ›Regel‹ nach eingetretener Befruchtung (bei Eintritt der Schwangerschaft)

Die *Abb. 84* soll verdeutlichen, was nach erfolgter Befruchtung geschieht. Vergleiche damit auch *Abb. 81.* Ganz unten sind wiederum die Wochen angegeben. Darüber ist auch die Entwicklung der Gebärmutter-Schleimhaut dargestellt. Das obere Drittel soll die Vorgänge im Eierstock andeuten. Dort steht am Anfang der Follikelsprung. Da keine Befruchtung erfolgt, wird das Ei aufgelöst, und 14 Tage später erfolgt, wie bei *Abb. 81,* die monatliche Blutung. Von deren Eintritt an gerechnet wird 14 Tage später das nächste Ei in den Eileiter entlassen. Dieses Ei wird befruchtet, und was weiter wird, zeigt die Abbildung. Berichte. Achte vor allem auf den *Gelbkörper* – du weißt, er erzeugt das Gelbkörperhormon, das die weitere Eireifung unterbindet. (Heute gibt es Pillen mit denselben Hormonen, die, regelmäßig genommen, das gleiche bewirken, auch wenn keine Befruchtung stattfand. Daher spricht man von ›Anti-Baby-Pillen‹.)

Achte (in *Abb. 84*) weiterhin auf das befruchtete Ei, wie es auf seiner Wanderung zur Gebärmutter sich mehrfach teilt (vgl. auch *Abb. 85*), – sowie auf die weitere Ausbildung der Gebärmutter-Schleimhaut mit dem von ihr umschlossenen *Keim* – er heißt zunächst *Embryo,* vom 3. Monat an *Fetus* (auch Fötus oder Foetus). Wir sagen *Leibesfrucht.*

Ihre Entwicklung beginnt schon im Eileiter. Sie zeigt die *Bildfolge 85:* Die befruchtete Eizelle *(Abb, 72, e)* beginnt sich mehrfach zu teilen *(a–d),* bis zum kugeligen *Zellhaufen.* Da dieser an die verkleinerte Frucht des Maulbeerbaumes erinnert, spricht man vom *Maulbeerkeim* oder der *›Morula‹ (c* und *d).* In 5–6 Tagen vervielfacht sich also die Eizelle, ohne

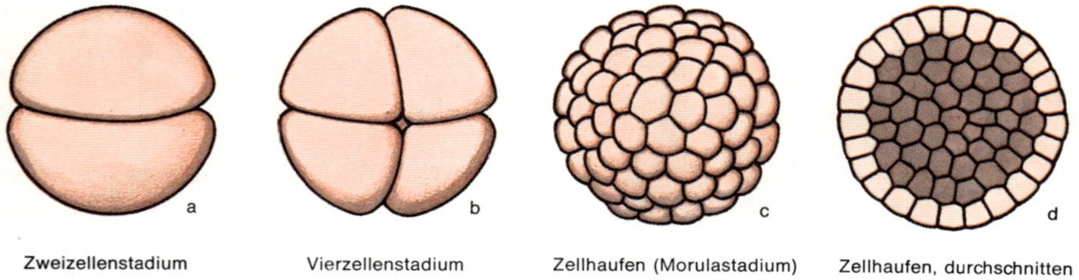

Abb. 85: Teilung der befruchteten Eizelle

an Umfang zuzunehmen. Diese Zellteilungen erfolgen während der Wanderung des Keimes zur Gebärmutter. Er wird dabei von feinen Flimmerhaaren bewegt, welche die Innenwand der Eileiter bedecken. Der Keimling kommt als ›Morula‹ in der Gebärmutter an, sprengt die ihr anhaftende Hülle und nistet sich in die Gebärmutter-Schleimhaut ein. Von dieser bezieht er zunächst auch seine Nahrung.

** Und nun beginnt ein höchst wundersames Geschehen. Der Embryo bildet zunächst 2 Hüllen um sich, eine äußere, etwas derbere – die *Zottenhaut*, und eine innere, durchscheinend-zarte – die *Schafhaut*. Diese beiden Hüllen bilden zusammen die Wand der *Fruchtblase*, die sich mit dem weißlichen, leicht getrübten *Fruchtwasser* prall füllt, in dem die Leibesfrucht bis zu ihrer Geburt schwebt. Das Fruchtwasser bürgt für gleichbleibende Wärme, bietet Schutz vor Stößen und Erschütterungen von außen und erlaubt es der Leibesfrucht, sich darin schwimmend zu bewegen.

Die Zottenhaut treibt Millionen bäumchenartig verzweigter Fortsätze, die Zotten, deren Oberfläche sich dadurch auf etwa 6,5 m² vergrößert – das ist die 3fache Körperoberfläche eines erwachsenen Menschen. Die Zotten wachsen immer tiefer in die Gebärmutterschleimhaut hinein. Zugleich bildet die Gebärmutter ein neues Organ, den *Mutterkuchen* oder die *Plazenta*. Der schwammartige Mutterkuchen wird in viele kleine Kammern aufgegliedert, in welche das mit Nährstoffen und mit Sauerstoff angereicherte Blut der Mutter einströmt. So entstehen kleine *Blutseen*, die Teile des mütterlichen Blutkreislaufes sind. In diese Blutseen tauchen die Zottenbäumchen der Leibesfrucht ein. Sie werden von dem mütterlichen Blut umspült.

Inzwischen ist die Leibesfrucht gewachsen *(Abb. 86)* und hat gleichfalls ein besonderes Organ gebildet, die *Nabelschnur*, welche das werdende Kind mit dem Mutterkuchen verbindet. In der Nabelschnur verlaufen 2 Arterien und 1 Vene *(Abb. 87)*. Sie sind Teile des kindlichen Blutkreislaufs, der bis zum Ende des ersten Schwangerschaftsmonats seine Tätigkeit aufnimmt. – Das Herz des Embryos besteht nun aus einem 2 mm langen Rohr, das sich je Sekunde einmal zusammenzieht und so das Blut durch die Gefäße des Embryos und seiner Nabelschnur treibt.

Die Vene und die Arterien der Nabelschnur setzen sich bis in die Zotten fort, wo sie über feinste und weit verzweigte Haargefäße (= Kapillaren) ineinander übergehen. Dieses Kapillarnetz des Fetus soll über 40 km lang sein.

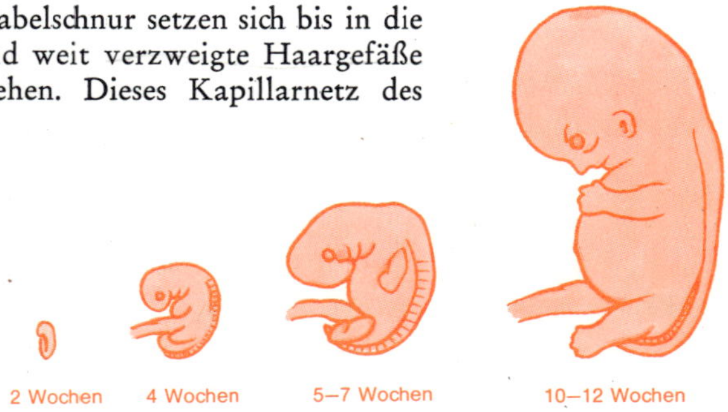

Abb. 86: Entwicklung der Leibesfrucht in den ersten 10—12 Wochen (etwa natürliche Größe)

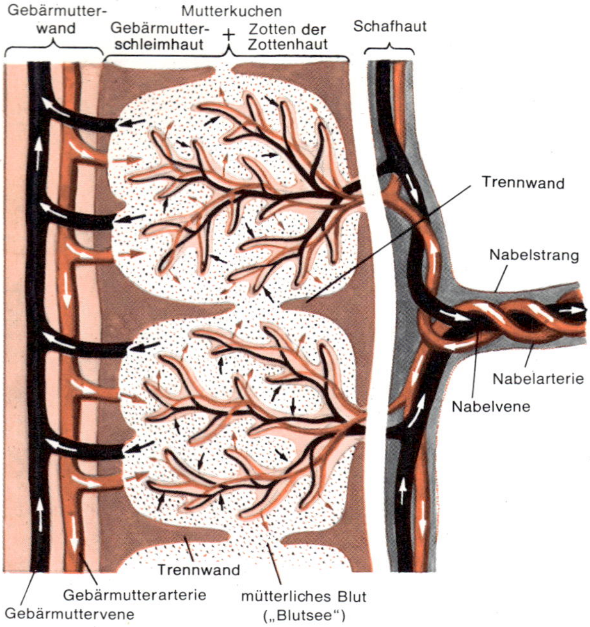

Abb. 87: Mutterkuchen und Nabelschnur — Kleine schwarze Pfeile = Übertritt von Nährstoffen und von Sauerstoff in den kindlichen Kreislauf; kleine rote Pfeile = Abgabe des CO_2 und der Abfallstoffe an das mütterliche Blut.

Im Mutterkuchen berühren sich also die Blutkreisläufe von Mutter und Kind, oder besser: sie sind ineinander ›verzahnt‹. In Wirklichkeit ist die Plazenta ein *Gemeinschaftsorgan* von Mutter und Kind. Die Zotten der Leibesfrucht ›verwachsen‹ so innig mit Teilen der Gebärmutter-Schleimhaut, daß Mutter und werdendes Kind einen *einzigen Organismus* bilden. Dieses Gemeinschaftsorgan dient der Ernährung, Atmung und Ausscheidung der Leibesfrucht. Die Mutter übernimmt also den gesamten Stoffwechsel des werdenden Kindes; den ›Nutzen‹ aber hat allein die Leibesfrucht.

In den Blutseen der Plazenta gibt das mütterliche Blut die mitgeführten Nährstoffe und den Sauerstoff – später auch Abwehrstoffe gegen Krankheiten – an das Blut des kindlichen Kreislaufs ab und übernimmt von diesem die Abfallstoffe und das Kohlendioxid der Leibesfrucht. Dieser Austausch findet durch die halbdurchlässige Wand der Zotten und ihrer Haargefäße statt und vollzieht sich nach den Gesetzen der Osmose (vgl. IV, 86, und E, 219 f.).

Die von der Leibesfrucht abgegebenen Abfallstoffe strömen mit dem Blute der Gebärmutter-Venen in den mütterlichen Kreislauf zurück und werden durch die Nieren und Lungen der Mutter ausgeschieden. Die in den kindlichen Kreislauf übergetretenen Nährstoffe, sowie der Sauerstoff, werden mit dem Blute der Nabelschnur-Vene in alle Teile der Leibesfrucht verfrachtet, wo sie für den Aufbau des Kindes gebraucht werden. Die im weiteren Verlauf hinzukommenden Abwehrstoffe gegen Krankheiten (= ›Antikörper‹) schützen das Kind auch nach seiner Geburt noch monatelang vor ansteckenden Krankheiten.

Der Mutterkuchen ist also der Umschlagplatz von der Mutter zur Leibesfrucht und umgekehrt. Beachte aber: Was ausgewechselt wird, sind

a) Nährstoffe und Sauerstoff von der Mutter zum Kinde,
b) Abfallstoffe und Kohlendioxid (CO_2) vom Kind zur Mutter.

N i c h t ausgetauscht wird das Blut selbst – der mütterliche und der kindliche Blutkreislauf verzahnen sich zwar, bleiben aber völlig getrennt –, die Plazenta bildet eine unüberwindliche Schranke. Es ist also falsch, wenn immer wieder behauptet wird, das mütterliche Blut durchströme auch das werdende Kind. Dies zu wissen ist wichtig! Es kann beim ›Rhesus-Faktor‹ bedeutsam werden. Lies nach, was auf S. 118 f. darüber gesagt ist.

Der Mutterkuchen bildet im weiteren Verlauf auch wichtige Hormone, welche den glatten Verlauf der Schwangerschaft steuern. **

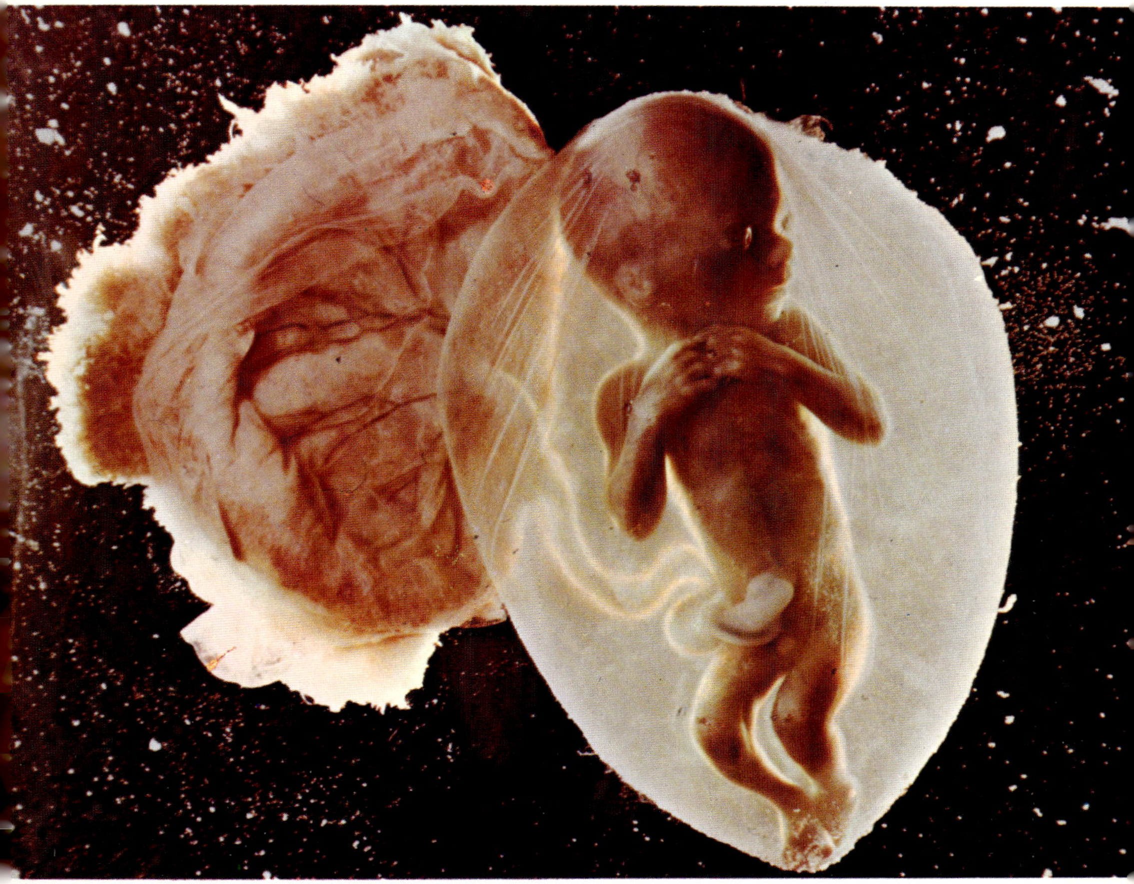

Abb. a: Fetus, über 4 Monate alt, 20 cm, im Fruchtwasser der Fruchtblase schwebend; die Nabelschnur verbindet den Fetus mit der Plazenta (= Mutterkuchen)

Das Wachstum der Leibesfrucht

Die Abbildungen b und c sind stärker vergrößert als die Abbildungen a, d und e (vgl. die Größenangaben)

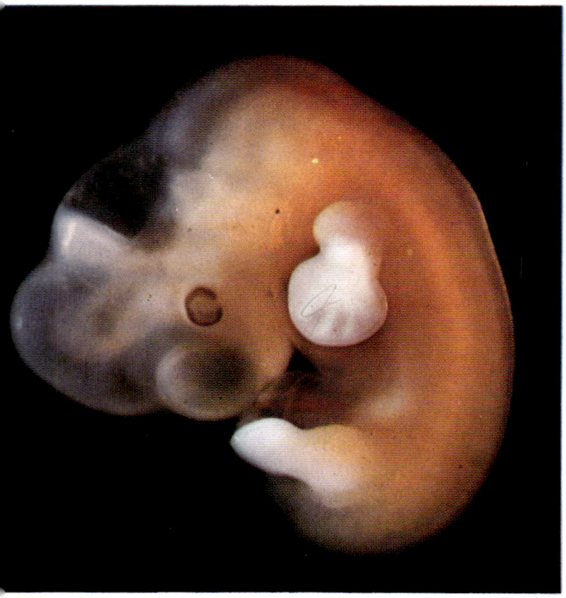

Abb. b: Embryo, am Ende der 5. Woche, 10 mm, noch kaum als ›Mensch‹ erkennbar; Anlage der Augen, sprossende Gliedmaßen; Hand plump, noch ungegliedert; Kopf größer als der Rumpf

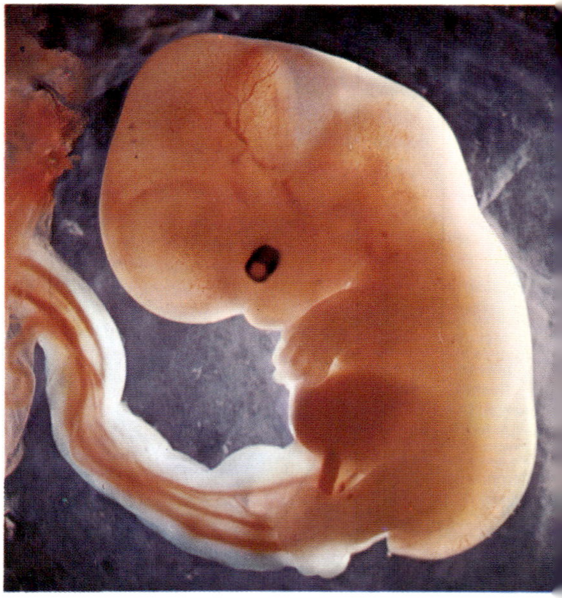

Abb. c: Embryo, $5^1/_2$ Wochen alt, 16 mm, mit Nabelschnur; der dunkle Schatten unter der schon gegliederten Hand ist die Leber; Blutgefäßnetz des Gehirns durchscheinend; Zeit der Formgebung: Körper, Gliedmaßen und Gesicht werden ›menschlicher‹

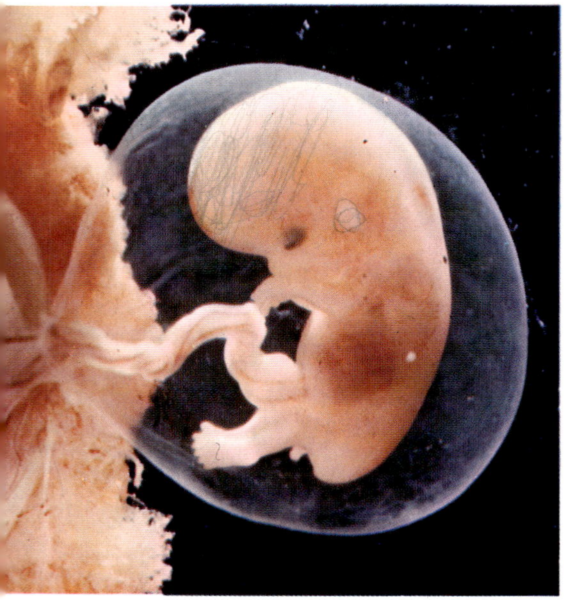

Abb. d: Embryo mit Fruchtblase, 2 Monate und 1 Woche alt, 40 mm groß; durch die Nabelschnur mit dem Mutterkuchen (= Plazenta) verbunden; alle Organe im Ansatz erkennbar

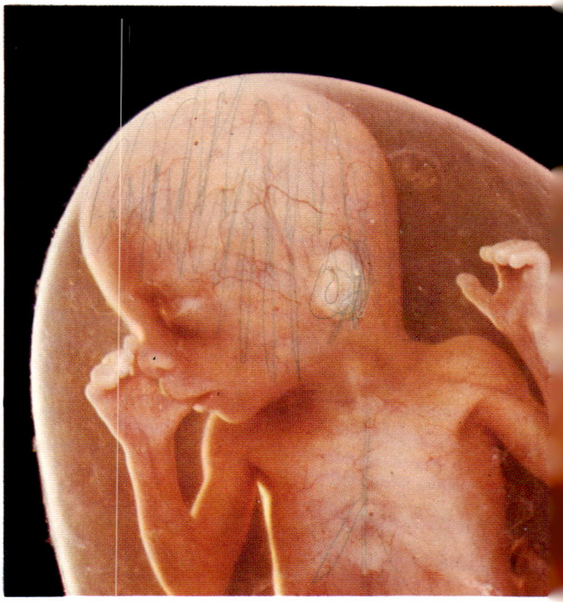

Abb. e: Fetus, $4^1/_2$ Monate alt, mehr als 20 cm, ›daumenlutschend‹; Gesicht, sowie Arme mit Hand voll ausgebildet und eindeutig ›menschlich‹

Du siehst: Mutter und Leibesfrucht bilden nicht nur besondere Organe, sondern darüber hinaus noch ein Gemeinschaftsorgan, Organe eigens zu dem Zweck, die gesunde Entwicklung des Kindes zu sichern. Diese Organe wachsen mit der Leibesfrucht: Bei der Geburt mißt die Nabelschnur 50–60 cm; sie wird nach der Geburt in der Nähe des Nabels abgetrennt. Der ausgewachsene Mutterkuchen ist eine rundliche bis ovale Platte von 20 cm Durchmesser, ist 3 cm dick, wiegt 500 g und wird, zusammen mit dem Nabelschnurrest, als Nachgeburt ausgestoßen.

V. Das Wachstum der Leibesfrucht

1. Übersicht (Mittelwerte): Die Zahlen nennen *Größe und Gewicht* jeweils am *Ende* der angegebenen Zeiten. Die Monate sind ›Schwangerschaftsmonate‹ (›Mondmonate‹) zu je 28 Tagen.

A. Wachstum des Embryos	*B. Wachstum des Fetus*
(1.–3. Monat)	(3.–10. Monat
6. Tag – 1/5 mm	3. Monat – 9 cm (3 × 3) – 40 g
12. Tag – 1 mm	4. Monat – 16 cm (4 × 4) – 170 g
20. Tag – 4 mm	5. Monat – 25 cm (5 × 5) – 500 g
25. Tag – 8 mm	6. Monat – 30 cm (6 × 5) – 800 g
4. Woche – 1 cm (= 1 × 1)	7. Monat – 35 cm (7 × 5) – 1 300 g
6. Woche – 1,5 cm	8. Monat – 40 cm (8 × 5) – 2 300 g
8. Woche – 4 cm (= 2 × 2) – 30 g	9. Monat – 45 cm (9 × 5) – 2 700 g
12. Woche – 9 cm (= 3 × 3) – 40 g (= 3. Monat)	10. Monat – 50 cm (10 × 5) – 3 200 g

Versuche, Größe und Gewicht bildlich (graphisch) darzustellen.

* *2. Die Entwicklung des Embryos:* Das erste Vierteljahr der Keimesentwicklung ist besonders wichtig; denn hier werden alle Organe des Kindes angelegt. Dazu ein paar Daten: das kugelförmige Zellhäufchen, die Morula, besteht aus gleichartigen Zellen. Nach der Einnistung in die Gebärmutterschleimhaut geschieht etwas Neues, und dies in so rascher Folge, daß der Embryo oft schon nach einer Stunde seine Gestalt ändert. Zunächst wandern alle Zellen an die Oberfläche der Zellkugel (= *Blasenkeim* oder Blastula). Diese stülpt sich wie ein Ball, der ein Loch hat und zusammengedrückt wird — die Blastula wird zum *Becherkeim* (= Gastrula). Dabei entstehen 3 Schichten. Man nennt sie *Keimblätter.* Jedes Keimblatt übernimmt seine besondere Aufgabe:

Das *äußere Keimblatt* wird zur Haut (samt Haaren, Nägeln, Talg-, Schweiß- und Milchdrüsen), zu den Sinnesorganen und zum Nervensystem.

Aus dem *mittleren Keimblatt* entstehen Muskeln und Knochen, sowie das Herz und die Blutgefäße, samt Blut und Lymphe, ferner die Nieren und die Geschlechtsdrüsen. Darüber hinaus beteiligt sich das mittlere Keimblatt am Aufbau der übrigen Organe – es liefert das Bindegewebe, z. B. den Herzbeutel für das Herz, das Brust- und Bauchfell u. a. m.

Das *innere Keimblatt* bildet sich um zu den Eingeweiden (Magen, Darm, Harnblase), zu Leber und Bauchspeicheldrüse, zu einigen Hormondrüsen, sowie zu Luftröhre und Lunge.

Diese ›Differenzierung‹ und ›Spezialisierung‹ von ursprünglich gleichartigen Zellen ist ein Wunder besonderer Art, das der Forschung noch mancherlei Rätsel aufgibt.

Abb. 88: Bildung der ersten Gewebe

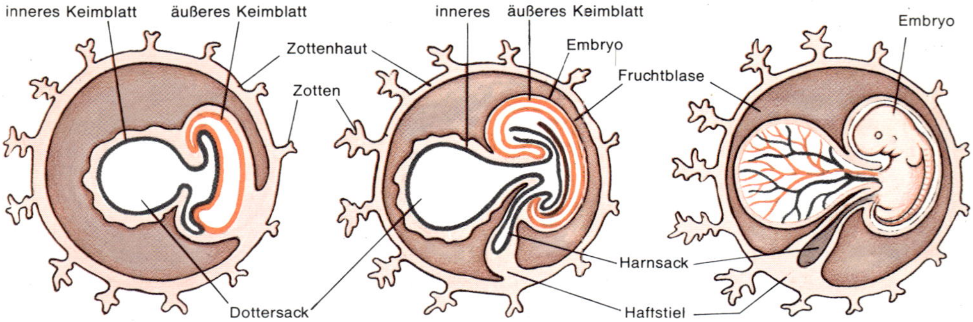

Die Entwicklung im einzelnen (vgl. *Abb. 88 und Abb. b–d auf vorstehender Tafel):*

Nach 3 Wochen besitzt der knapp 4 mm große Embryo bereits ein Rückenmark, sowie Ansätze der Wirbelsäule und ein noch röhrenförmiges Herz. Nabelstrang, Zottenhaut und Plazenta sind im Entstehen.

Nach vier Wochen fängt das Herz erstmals zu schlagen an. Die Form des Körpers und des Kopfes sind erkennbar. Am Kopfe werden 3 Kiemenbögen angelegt. Aus einer der 3 Kiemenspalten wird das Mittel- und Innenohr.

Eine Woche später fangen die Arme und Beine an zu sprossen; doch sieht der Keimling noch gar nicht menschenähnlich aus.

Nach 6 Wochen ist der Embryo bereits 10 000mal größer als die ursprüngliche Eizelle. Der Magen-Darm-Kanal, die Leber und die Nieren sind angelegt. Der große Kopf birgt schon das Gehirn und läßt die Ansätze der Augen, Ohren und des Mundes erkennen. Das Herz schlägt nun gleichmäßig und treibt das kindeseigene Blut durch die eigenen Gefäße, das heißt, der Embryo verfügt von nun an über einen eigenen Blutkreislauf. Dieser ist anders als der nach der Geburt. Er versorgt ja nicht nur alle Teile des Körpers, sondern führt auch über den Nabelstrang zu den Zotten und wieder zurück. Er ist also dem Leben im Mutterleib angepaßt. Mit 7 Wochen sind Darm, Magen, Lunge und Nervensystem vorhanden, und nach 8 Wochen hat der Embryo bereits *menschliche Gestalt:* aber *›M e n s c h‹* ist er schon vom Augenblick der Befruchtung an. Sein Hirnschädel ist besonders groß, desgleichen die Augen, und seine Arme haben Hände mit Fingern, die Beine Füße mit Zehen. *

3. Die Entwicklung des Fetus: Bis zum Ende des 3. Schwangerschaftsmonats sind alle Organe angelegt – die Embryonalzeit ist damit zu Ende, und von nun an heißt der Keimling F e t u s. Er muß nun wachsen und die vorhandenen Organe weiter durchbilden, bis sie fertig sind zum Gebrauch.

Der Fetus bewegt sich schwimmend im Fruchtwasser, schlägt Purzelbäume, trinkt Fruchtwasser und übt sich so in der Kunst des Saugens und Schluckens. Er lernt auf diese Weise, Nahrung durch den Mund aufzunehmen. Man schätzt, daß er täglich 2,8–3,8 Liter Fruchtwasser ›trinkt‹.

Nunmehr antwortet der Fetus bereits auf Reize von außen. Er vernimmt Töne; bei plötzlichen Geräuschen schreckt er zusammen, und sein Herz schlägt rascher.

Vom 5. Monat an spürt die Mutter die Eigenbewegungen ihres Kindes. Dieses übt sich im ›Wassertreten‹ und schwimmt bald kopfüber bald kopfunter. Dabei ist die Nabelschnur sein Haltetau. Der Fetus lutscht am Daumen, bekommt gelegentlich sogar den Schluckauf, und er macht regelmäßige Atemübungen. Statt der fehlenden Luft ›atmet‹ er das Fruchtwasser ein und wieder aus. So übt er seine Atemmuskeln und bereitet sich für das Leben nach seiner Geburt vor. Dies alles macht offenbar müde; denn er bewegt sich und schläft im Wechsel (vgl. *Abb. a und e auf vorstehenden Tafeln).*

Vom 6. Monat an vernimmt die Mutter deutlich den Herzschlag ihres Kindes. Sie ist darüber beglückt, weiß sie doch nun: Mein Kind lebt! Von jetzt an gilt mehr noch als früher all ihr Sorgen und Hoffen dem Kinde. Im 6. Monat bekommt der Fetus seine ›*Wollbehaarung*‹, ein flaumiges Fell, das den ganzen Körper bedeckt und kurz vor der Geburt abgestoßen wird. ›Frühgeburten‹ – das sind Kinder, die vorzeitig geboren werden, aber schon lebensfähig sind – bringen dieses Haarkleid mit zur Welt.

Inzwischen ist die Leibesfrucht gewachsen und mit ihr die Gebärmutter; doch wird die Bewegungsfreiheit des Fetus immer mehr eingeengt. Er nimmt allmählich seine Geburtslage ein *(Abb. 89 c)*. Mit dem Fetus wächst auch der Leibesumfang der Mutter *(Abb. 89)*. Ihre Verdauungsorgane werden zusammengedrängt; selbst die Brusthöhle wird in Mitleidenschaft gezogen, und die Schwangerschaftsbeschwerden, wie Magendruck und Kurzatmigkeit, nehmen zu. Die Gewichtszunahme von Fetus und Gebärmutter zwingt zu veränderter Körperhaltung, und das Gehen macht mehr Mühe – kurzum: Man sieht und merkt ihr an, daß sie schwanger ist. Und da versteht es sich von selbst, daß man ihr mit Achtung begegnet und ihr hilft, wo immer es angeht, sei es, daß man für sie Besorgungen macht, ihre Einkaufstasche trägt, ihr den Platz im Omnibus anbietet u. a. m. Wer solches tut, ehrt nicht nur diese Frau, sondern auch seine Mutter und jene Frau, die dereinst die Mutter seiner eigenen Kinder werden wird.

Am Ende des 9. Monats sind alle Organe voll ausgebildet und die meisten auch in Tätigkeit, ausgenommen die Lunge; ihr fehlt ja die Luft zum Atmen, denn der Fetus schwimmt ja im Fruchtwasser und entnimmt den Sauerstoff dem mütterlichen Blut in der Plazenta.

Mit 280 Tagen ist die Frucht ausgereift und drängt ans Licht der Welt – das Kind wird geboren.

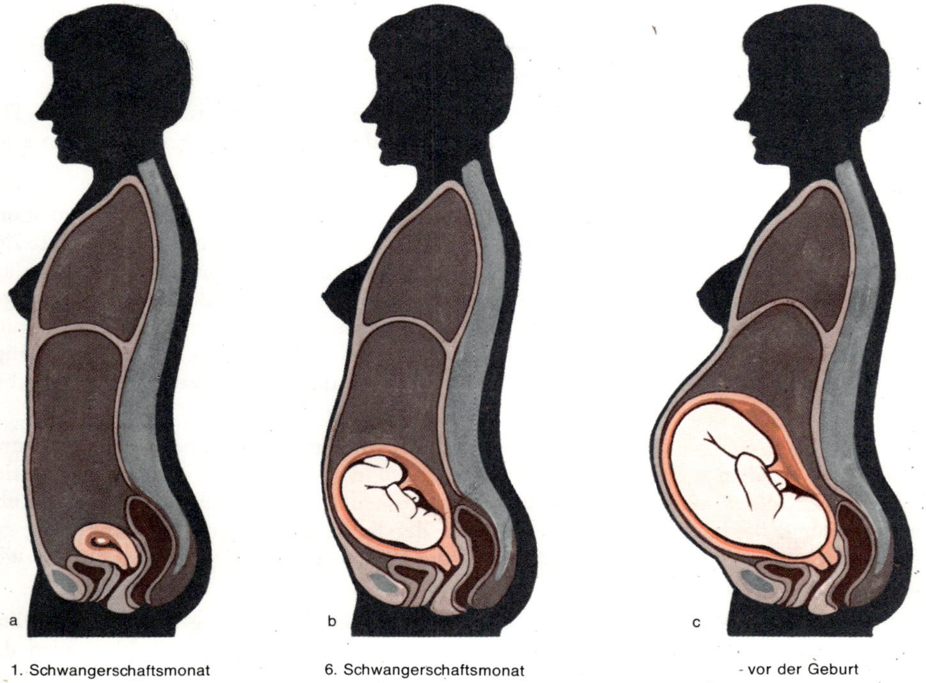

Abb. 89: Schwangerschaft

VI. Die Geburt des Kindes

1. Die ›normale‹ Geburt

Sie kündigt sich mit ›Vorwehen‹ an. Bald folgen, in Abständen, die eigentlichen *Wehen.* Nun ist es an der Zeit, die Klinik aufzusuchen; denn jede, auch die ›normale‹ Geburt, kann zu Komplikationen führen, die das Leben von Mutter und Kind bedrohen. Die Wehen werden dadurch ausgelöst, daß sich die Muskeln der Gebärmutter von oben her zusammenziehen. Die wichtigsten Ereignisse im Ablauf der Geburt sind die folgenden:

a) Die ersten Wehen erweitern den unteren Teil der Gebärmutter. Dabei hilft die elastische Fruchtblase mit.

b) Die folgenden, meist stärkeren Wehen bringen die Fruchtblase zum Platzen, und das Fruchtwasser geht ab.

c) Nun setzen, in immer kürzeren Abständen, die *›Preßwehen‹* ein. Dabei wirken die Gebärmutter- und die Bauchmuskeln zusammen. Sie pressen das Kind aus der Gebärmutter und durch die Scheide, die sich dabei gewaltig erweitert, aus dem mütterlichen Körper hinaus. Dies ist für die Mutter oft recht schmerzhaft; doch sorgen Geburtshelfer für Linderung, und die Freude über das eigene Kind läßt die Schmerzen rasch vergessen. Da das Kind für gewöhnlich mit dem Kopf nach unten in der Gebärmutter liegt *(Abb. 89 c),* erscheint zuerst der Kopf und dann erst der übrige Körper.

d) Das Hindurchpressen durch die Geburtswege war auch für das Kind schmerzhaft. Seine neue, ›luftige‹ Umgebung ist ihm ungewohnt, denn es kommt aus einem ›warmen Nest‹ im Mutterleibe. Das veranlaßt es, seinen *ersten Schrei* zu tun. Zum Schreien muß es zuvor Luft holen. Die Luftwege seiner Lunge füllen sich zum erstenmal. Gleichzeitig wird durch die Erweiterung des Brustkorbs beim Luftholen Blut vom Herzen in die Lunge gesaugt – Lungenkreislauf und Atmung beginnen.

e) Das Neugeborene ist noch durch die Nabelschnur mit der Mutter verbunden. Die Nabelschnur wird an zwei Stellen abgeklemmt und dazwischen durchgetrennt. Man sagt, das Kind wird von der Mutter *›entbunden‹.*

f) Knapp eine halbe Stunde nach der Geburt des Kindes löst sich der vom Embryo stammende Teil der Plazenta von der Gebärmutter-Schleimhaut los und wird durch erneute Zusammenziehungen der Gebärmuttermuskeln, zusammen mit der gesprungenen Fruchtblase und dem restlichen Nabelstrang, als *Nachgeburt* aus dem Körper der Mutter hinausgedrückt. Dabei entstehen kleine offene Wunden. Sie werden durch weitere Muskelbewegungen der Gebärmutter verschlossen, so daß nur wenig Blut verloren wird. Außerdem verfügt der Geburtshelfer über Arzneimittel, die bewirken, daß sich diese Wunden rascher schließen.

Für die Mutter war die Geburt körperlich und seelisch sehr anstrengend. Sie ist müde und erschöpft. Außerdem wurden ihre Organe gedehnt und stark ausgeweitet. Sie müssen sich wieder zurückbilden, und die Gebärmutter muß ausheilen. Dazu braucht die Mutter Ruhe und Schonung. Beides findet sie am ehesten in der Klinik. Dort wird sie sachkundig gepflegt, und sie muß sich nicht auch noch um die Pflege ihres Kindes sorgen. Dieses *›Wochenbett‹* dauert 7–14 Tage.

Das Neugeborene wurde inzwischen gewaschen, gewickelt und warm gebettet. Nach spätestens 24 Stunden verspürt es Hunger und gibt dies durch Schreien kund. Nun wird das Kind an die Mutterbrust angelegt. Es ist nun *›Säugling‹*, trinkt die *›Vormilch‹* und wird dabei satt und still – es wird *›gestillt‹*. Am 4. Tag des Wochenbetts ›schießt‹ dann die bleibende Milch (= ›Dauermilch‹) in die Brustdrüsen ein. Diese *Muttermilch* ist die beste Nahrung für das Kind. Sie enthält nicht nur alle Nährstoffe in richtiger Menge und Zusammensetzung, sondern auch eine Art ›Medizin‹, nämlich Abwehrstoffe (›Antikörper‹), die das Kind vor ansteckenden Krankheiten schützen soll. Das Stillen ist auch für die Mutter wichtig. Es fördert die Rückbildung der Gebärmutter.

2. Schwierige Geburten

Etwa 96 % der Kinder liegen, wie es *Abb. 89 c* zeigt, in der Gebärmutter und werden mit dem Kopfe voran geboren. In wenigen Fällen (3,5 %) liegt das Kind umgekehrt in der Gebärmutter. Man spricht dann von *Steiß-* oder *Fußlage*, und das Kind wird mit dem Gesäß oder mit den Füßen voran geboren. Hier sorgen Geburtshelfer für einen glatten Verlauf. Schwieriger ist die *Querlage* – das Kind liegt quer zum Muttermund und kann den Geburtsweg nicht finden. Gelingt es dem Geburtshelfer nicht, das Kind im Mutterleibe zu drehen, dann muß, um das Leben von Mutter und Kind zu retten, die *Schnitt-Entbindung*, irrigerweise ›Kaiserschnitt‹ genannt, vorgenommen werden. Dasselbe geschieht, wenn das Becken der Frau zu eng ist. Die Schnittentbindung kann heute gefahrlos durchgeführt werden.

Zuweilen wird die Leibesfrucht vorzeitig ausgestoßen. Man unterscheidet:

Fehlgeburt = weniger als 7 Monate Tragzeit – das Neugeborene ist kleiner als 35 cm, wiegt weniger als 1000 g und ist nicht lebensfähig.

Frühgeburt = 7.–8. Monat – das Kind erreicht mindestens die obigen Maße und kann mit ärztlicher Hilfe (›Brutschrank‹, besondere Ernährung) am Leben erhalten werden. Solche zu früh geborenen Kinder können genau so groß und gesund werden wie voll ausgetragene.

3. Zweierlei Zwillinge

a) Für gewöhnlich wird alle 4 Wochen nur ein reifes Ei in die Eileiter entlassen, und zwar abwechselnd einmal aus dem linken, dann aus dem rechten Eierstock. Ausnahmsweise reift in jedem der beiden Eierstöcke zugleich ein Ei, oder aber enthält ein Eibläschen 2 Eizellen (= Zwillingsfollikel) und gibt sie gleichzeitig frei. Werden beide Eizellen befruchtet – und zwar jeweils von einem anderen Spermium –, dann laufen in der Gebärmutter gleichzeitig 2 Keimesentwicklungen ab, und es werden 2 Kinder geboren. Es sind *zweieiige (›zwei-Ei-ige‹) Zwillinge*. Ihr Erbgut – und ihr Aussehen – ist so ähnlich und so verschieden wie das ›normaler‹ Geschwister, und sie können, wie diese, gleichen oder verschiedenen Geschlechtes sein.

In seltenen Fällen, und vor allem, wenn die Mutter zuvor mit Fruchtbarkeitshormonen behandelt wurde, werden sogar 3 und mehr reife Eier gleichzeitig oder in kurzen Abständen entlassen. Dann werden Drillinge, Vierlinge usw. geboren. Je mehr Kinder auf eine solche Mehrlingsgeburt entfallen, desto weniger haben sie Aussicht zu überleben.

b) Bei den ersten Teilungen der befruchteten Eizelle kommt es vor, daß die Teile sich in 2 Hälften trennen. Jeder dieser Teile entwickelt sich zu einem vollständigen Lebewesen. Es sind *eineiige (›ein-Ei-ige‹) Zwillinge*. Sie haben dasselbe Erbgut (vgl. S. 88), sind stets von gleichem Geschlecht und sehen sich so ähnlich, daß sie oft nicht einmal ihre Mutter auseinanderkennt. Trennt bei der Entstehung eineiiger Zwillinge der Keim sich nicht vollständig, dann werden Zwillinge geboren, die an irgendeiner Körperstelle miteinander verwachsen sind. Wir nennen sie *›Siamesische Zwillinge‹*. (Ein solches Zwillingspaar aus Siam wurde ›weltberühmt‹.) Warum eineiige oder gar Siamesische Zwillinge entstehen, wissen wir nicht.

VII. Wodurch die Leibesfrucht gefährdet wird

1. Krankheiten der werdenden Mutter

a) *Die Zuckerkrankheit* – lies nach, was auf S. 77 darüber gesagt ist – kann für Mutter und Leibesfrucht verhängnisvoll sein. Diese hormonale Störung wirkt während der *gesamten* Schwangerschaft auf das Kind ein. Durch die Plazenta treten nicht nur zu wenig Hormone (Insulin) in das werdende Kind über, sondern auch die durch die Krankheit sich bildenden Giftstoffe finden den Weg zur Leibesfrucht. Die Folgen sind Mißbildungen des Schädels und Gehirns, des Skeletts, des Herzens, der Nieren. Die so geschädigten Kinder sind oft schwachsinnig und in vielen Fällen nicht lebensfähig. Außerdem bewirkt die Krankheit Tot- und Fehlgeburten, bedroht also auch das Leben der Mutter. Um diesen Gefahren zu entgehen, müssen Schwangere, die an der Zuckerkrankheit leiden, dauernd unter ärztlicher Behandlung stehen.

b) Röteln ist eine an sich harmlose, wenige Tage dauernde Virus-Krankheit. Befällt sie aber eine Frau während der ersten zwei (drei) Schwangerschaftsmonate, so bewirken Sauerstoffmangel sowie die Stoffwechselgifte dieser Viren bleibende Schäden des Kindes, wie Mißbildungen der Augen, Herzfehler, Klumpfuß u. a.

c) Schweren Schaden der Leibesfrucht verursachen *Geschlechtskrankheiten* (s. S. 151). Sie werden von der Mutter auf das werdende Kind übertragen, sind also angeboren, aber nicht vererbt. Ihre Folgen für das Kind können sein: Blindheit, Taubheit, Schwachsinn, dauerndes Siechtum u. a., also Gebrechen mit all dem unsagbaren Leid, das den schuldlosen Kindern schon im Mutterleibe aufgeladen wurde.

2. Genuß- und Rauschgifte

a) Zu den Genußgiften zählen Kaffee und schwarzer Tee (beide enthalten das Gift Koffein), sowie Alkohol und vor allem Nikotin. Sie alle können der Leibesfrucht schaden. Die im Blute gelösten Gifte treten in der Plazenta vom mütterlichen in das kindliche Blut über. Daß *Tabakrauchen* solches Unheil anrichtet, wollen viele nicht wahrhaben. Die Wissenschaft hat festgestellt: Im Vergleich zu Nichtraucherinnen hatten Frauen, die während der gesamten Schwangerschaft rauchten (5 und mehr Zigaretten je Tag)

mehr Fehl- und Totgeburten,

mehr Kinder, die nach der Geburt nicht lebensfähig waren,

erschwerte Geburten und Wochenbettstörungen,

Kinder, die kleiner waren und weniger wogen, und die diese Mängel auch nachher nicht ausglichen.

Diese Schädigung von Mutter und Leibesfrucht ist weithin eine Folge ungenügender Sauerstoffzufuhr: Das beim Rauchen entstehende Kohlen-Monoxid (= CO) vergiftet die Roten Blutkörperchen (vgl. S. 38), so daß sie keinen Sauerstoff mehr befördern können. Hinzu kommt, daß das Nikotin die Kapillaren (Haargefäße) schädigt und dadurch den Austausch der Stoffe zwischen Mutter und Kind in der Plazenta hemmt. Nikotin schädigt überdies das Vegetative Nervensystem (= Eingeweide-Nervensystem, s. S. 83). Da dieses die Bewegungen der Gebärmutter steuert, führt diese Schädigung zu erschwerten, ja lebensbedrohenden Geburten, und überdies wird die Wiedergenesung nach der Geburt erschwert.

Bis vor kurzem glaubte man, weniger als 5 Zigaretten je Tag seien unbedenklich. Neue Forschungen ergaben, daß schon 3 Züge aus einer Zigarette genügen, um den Herzschlag des Fetus zu beschleunigen. Daß dies der Leibesfrucht nicht gut tut, versteht sich von selbst. Darum: Die Frau, die sich der Verantwortung für ihr Kind bewußt ist, verzichtet mindestens während der Schwangerschaft, und so lange sie ihr Kind stillt, auf das Rauchen. Sie sorgt auch dafür, daß im Kinderzimmer nicht geraucht wird. Denn die im Blute gelösten Giftstoffe treten auch in die Muttermilch, und die beim Rauchen in die Luft verpufften Gifte gelangen beim Atmen zwangsläufig in die Lungen und von dort in das Blut des Kindes. Der Säugling wird also praktisch gezwungen, ›mitzurauchen‹. Dasselbe gilt für alle im Zimmer anwesenden Personen.

b) Die Leibesfrucht schädigen auch *Rauschgifte*, wie Marihuana, Haschisch, Meskalin, Heroin, Opium, sowie das fast ›in Mode‹ gekommene *LSD* (= *L*yserg-*S*äure-*D*i-aethylamid). Man nennt sie *›Halluzinogene‹*, von ›Halluzination‹ = Sinnestäuschung, und ›Gen‹ = Erzeuger. Diese Halluzinogene sind zwar verboten, trotzdem verfallen ihnen immer mehr Menschen, darunter vor allem auch Frauen. Sie werden heimlich gehandelt, und sie machen *süchtig*. Den süchtig Gewordenen treibt ein unbezähmbares Verlangen nach dem Rauschgift, und er braucht immer größere Mengen. Dies hat, besonders für Schwangere, entsetzliche Folgen. Man hat festgestellt, daß werdende Mütter ihre Rauschgiftsucht auf ihre Leibesfrucht übertragen: ihre Kinder werden schon als Süchtige geboren und sind, trotz ärztlicher Hilfe, zu Schwachsinn oder gar zu langsamem Absterben verurteilt. Von manchen Rauschgiften (z. B. LSD) weiß man, daß sie Chromosomenbrüche verursachen, d. h. das Erbgut des Kindes schon im Mutterleib schädigen, also Unheil stiften, das sich dazuhin in den Nachkommen fortpflanzt und somit vervielfacht. Chromosomenbrüche, und damit Erbschäden, werden aber auch ausgelöst durch regelmäßiges Einatmen der Dämpfe von Benzin, Nagellack-Entferner und Lösungsmitteln für Lacke. Werdende Mütter, die sich um das Wohl ihrer Kinder sorgen, sollten um diese Gefahren wissen.

3. Medikamente

a) Alles was in gelöster Form ins Blut der Mutter kommt, kann in der Plazenta auch ins Blut der Leibesfrucht übertreten, und so auch gewisse *Arzneimittel*.

Anfangs der Sechziger-Jahre wurden bei uns rund zweitausend mißgestaltete Kinder geboren, Kinder ohne Arme und Beine, Kinder, deren Hände an den Schultern herauswuchsen, u. a. m. Ärzte gaben dem Schlafmittel *›Contergan‹*, das die Mütter solcher Kinder in den ersten Schwangerschaftsmonaten eingenommen hatten, die Schuld an diesen Mißbildungen. Das Contergan wurde aus dem Handel gezogen. Die von dem Unheil betroffenen Kinder, und deren Eltern, müssen sehen, wie sie ihr Schicksal meistern.

Heute kennt man an die 40 Medikamente, nach deren Einnahme während der ersten Schwangerschaftsmonate Mißgeburten verschiedenster Art auftreten. Zahlreiche Tierversuche brachten ähnliche Ergebnisse: Reichte man die Medikamente zu Beginn der Schwangerschaft, so wurden mißgestaltete Tiere geboren.

Die ersten Schwangerschaftswochen und -monate sind offenbar entscheidend. Woran mag dies liegen? – Überlege:

Die befruchtete Eizelle enthält alle Erbanlagen des werdenden Kindes. Das gleiche gilt für die bei den ersten Zellteilungen entstehenden Tochterzellen. Auch sie sind noch fähig, jedes im Körper benötigte Organ zu bilden. Dies geschieht ja bei der Entstehung ein-eiiger Zwillinge. Mit fortschreitender Entwicklung des Keimes aber verlieren die Zellen die Fähigkeit, alles und jedes, d. h. einen Menschen zu formen. Aus uns unbekannten Gründen werden einzelne Zellgruppen schon während der ersten 8 Wochen der Schwangerschaft so spezialisiert, daß sie von jetzt an nur noch imstande sind, ein ganz bestimmtes Organ auszubilden, etwa das Herz, oder das Gehirn, oder die Lunge, oder die Gliedmaßen usw.

Die Anlage und Ausbildung dieser Organe wird durch *Wirkstoffe* (= Fermente oder Enzyme) gesteuert. Nun haben gewisse Medikamente – und zu diesen soll auch das Schlafmittel Contergan gehören – die Eigenschaft, diese lenkenden Wirkstoffe so zu ›blockieren‹, daß deren steuernde Kraft lahmgelegt oder fehlgeleitet wird. Die betroffenen Zellgruppen versagen ihren Dienst, und die Bildung der Organe wird unterbrochen oder unterbleibt ganz. Da die menschlichen Organe in den ersten 8 Wochen angelegt werden, ist die Leibesfrucht gerade während dieser Zeit besonders gefährdet. Die Folgen sind mißgestaltete Kinder, dazu verdammt, ihre angeborenen Gebrechen ein Leben lang zu tragen und mit ihm das unsagbare Leid, das damit – für Mutter und Kind – verbunden ist. Darum sollten Frauen während der ersten Schwangerschaftsmonate möglichst keine, oder aber nur solche Medikamente (und Schlafmittel) einnehmen, die der Arzt für gefahrlos hält.

b) *Säuglingen* und *Kleinkindern* Schlafmittel zu geben, ist gleichfalls bedenklich. Sie hemmen u. U. das körperliche Wachstum und die geistige Entwicklung, und überdies werden sie meist gegeben, damit nicht die Kinder, sondern die Eltern schlafen können.

c) *Vitamine* – das weißt du – sind für die Gesunderhaltung besonders wichtig. Zu viel ist aber auch hier vom Übel. Man hat festgestellt, daß werdende Mütter, die zu viel Vitamin D (s. S. 27 f.) zu sich nehmen, Kinder mit Mißbildungen zur Welt bringen.

d) Der Leibesfrucht schaden kann überdies alles, was *Mutationen* auslöst, also das Erbgut ändert. Dazu zählen nicht nur die genannten unsichtbaren Strahlen, sondern vor allem viele Chemikalien, die wir als Nahrungszusätze, Kosmetika, Abgase usw. oft recht sorglos oder auch unbewußt aufnehmen. Viele davon sind ›verdächtig‹; ein paar wenige, die als gefährlich erkannt sind, wurden inzwischen verboten.

Da die meisten Mutationen schädlich sind, also Erbkrankheiten verursachen, ist die Gefährdung durch solche ›mutagenen‹ (= Mutationen auslösenden) Stoffe besonders schwerwiegend; denn das Unheil, das sie stiften, betrifft ja nicht nur das Einzelwesen, sondern wird auf dessen gesamte Nachkommenschaft übertragen, vervielfacht sich also und pflanzt sich in die Zukunft hinein fort.

* 4. Der Rhesusfaktor *

Du weißt, es gibt verschiedene *Blutgruppen* (A, B, AB und Null – vgl. S. 37). Sie sind gegenseitig unverträglich. Die Leibesfrucht kann, je nach den Erbanlagen, die von Vaterseite stammen, eine andere Blutgruppe als die Mutter haben. Dies schadet nicht; denn der mütterliche und der kindliche Blutkreislauf sind von Anfang an getrennt. Die Plazenta ist eine unüberwindliche Schranke. Anders ist es beim *Rhesusfaktor*. Um diesen hat es eine besondere Bewandtnis.

Zwei Dinge gaben den Ärzten Rätsel auf:

a) Einem Verletzten wurde wiederholt fremdes Blut, aber *derselben* Blutgruppe, übertragen. Die erste Blutübertragung verlief reibungslos; die spätere aber bewirkte, daß sich die Roten Blutkörperchen des Empfängers auflösten, und er starb.

b) Die erste Schwangerschaft einer Frau verlief normal, und sie gebar ein gesundes Kind. Das zweite Kind kam blutkrank zur Welt. Alle folgenden Kinder aber starben schon im Mutterleib. Dabei hatten alle Kinder denselben Vater.

Das Rätsel wurde im Jahr 1940 gelöst. Es wurde festgestellt: Neben den gewöhnlichen Blutgruppen (A, B, AB und 0) spielt noch der Rhesusfaktor des Blutes eine wichtige Rolle. Der Name stammt von den Rhesus-Affen, bei denen dieser Tatbestand zuerst entdeckt wurde. Hat ein Mensch den Rhesusfaktor, so nennt man ihn *Rhesus-positiv* (= *Rh*, groß geschrieben). Besitzt er ihn nicht, dann ist er *Rhesus-negativ* (= *rh*, klein geschrieben). Kommt Rh-positives Blut mit rh-negativem in Berührung, so wird das rh-negative Blut *angeregt* (›sensibilisiert‹), Abwehrstoffe (Antikörper) gegen Rh-positives Blut zu bilden. Diese Antikörper bewirken, daß die Roten Blutkörperchen des Rh-positiven Blutes zerstört werden.

Bei *Fall a)* war es so: Bei der Blutübertragung war der Spender Rh-positiv, der Empfänger rh-negativ. Die erste Blutübertragung blieb ohne Folgen, weil im Blut des Empfängers noch keine Antikörper vorhanden waren. Diese werden erst im Verlauf von etwa 6–8

Wochen erzeugt. Erfolgt nun eine zweite Übertragung, so bewirken die nunmehr vorhandenen Antikörper, daß die Roten Blutkörperchen des gespendeten Blutes zerfallen.

Fall b): Die Mutter war rh-negativ, die Leibesfrucht Rh-positiv. Die Rh-positive Leibesfrucht gibt durch die Plazenta hindurch, und spätestens bei der Geburt, an die Mutter Stoffe ab, die das mütterliche Blut veranlassen, Antikörper zu bilden. Ehe aber diese Abwehrstoffe wirksam werden, ist das Kind geboren. Es erlitt keinen Schaden. Kommt es nun zu einer neuen Schwangerschaft, so können die nunmehr vorhandenen Abwehrstoffe des mütterlichen Blutes durch die Plazenta hindurch in das Blut der Leibesfrucht übertreten. Die Folge ist: Zerfall der Roten Blutkörperchen und schwere Schädigung, oder gar Tod der Leibesfrucht. Wird heute ein durch den Rhesusfaktor geschädigtes Kind lebend geboren, so kann es gerettet werden, indem man sein Blut gleich nach der Geburt austauscht. Ja, es ist sogar – durch eine für Mutter und Kind gefährliche Operation – gelungen, das gefährdete Blut des Kindes schon während der Schwangerschaft, also im Mutterleibe, auszutauschen. Wie oft schon mußten ahnungslose Eltern, die gesunde Kinder ersehnten, infolge dieses Rhesus-Faktors unermeßliches Leid hinnehmen. Darum sollten Menschen, die Kinder haben wollen, sich daraufhin untersuchen lassen, ob sie rhesus-verträglich sind. Eine solche Untersuchung erspart, so hart es zunächst auch scheinen mag, Enttäuschungen und bitteres Leid.

Wie aber kann es sein, daß die Mutter rh-negativ, das Kind Rh-positiv ist? Nun, der Rhesus-Faktor wird *vererbt.* Dabei wird rh-negativ von Rh-positiv *überdeckt.* In unserem Fall b) war die Mutter rh-negativ. Ihre Keimzellen (Eizellen) enthielten durchweg das Gen rh. Anders der Rh-positive Vater. Er war entweder reinerbig, also RhRh – dann hatten seine Keimzellen (Spermien) durchweg Rh –, oder mischerbig, also Rhrh – dann besaß die eine Hälfte der Spermien das Gen Rh, die andere rh.

Nun versuche, den Erbgang in Anlehnung an die Beispiele von Abb. 66–68 darzustellen (vgl. auch IV, S. 123 f.), und dann begründe, weshalb

a) rh-negative Mütter Rh-positive Kinder,
b) Rh-positive Väter rh-negative Kinder, und
c) Rh-positive Eltern rh-negative Kinder haben können.

Zum Schluß noch einige Zahlen: Es sind Rh-positiv

Weiße = 85–86 %, Neger = 95 %, Chinesen = 99 %, Indianer = 99,8 %, Hindus (= Inder) = 100 %.

5. Seelische Einflüsse

Daß das seelische Erleben der werdenden Mutter die Leibesfrucht beeinflußt, wenn auch anders, als es der ›Volksglaube‹ zuweilen meint, ist erwiesen. Ein Beispiel: Ein Kind kam mit einem entstellenden Muttermal am Halse zur Welt. Der *Aberglaube* sagt: „Kein Wunder! Griff doch die Schwangere, als sie erschrak, an ihren Hals.“ – Nein – so einfach ist das nicht! Körperliche Gebrechen der Leibesfrucht haben vielerlei Ursachen. Die wenigsten kennt man. Eines aber ist gewiß: Eine seelisch bedingte Handlung (etwa starkes Erschrecken) hat keinen Einfluß auf einen *bestimmten* Körperteil (etwa den Hals). Aber – wir wissen heute, daß körperliches Geschehen sich seelisch auswirkt und umgekehrt. So kann ein gewaltiger Schock, verbunden gar mit einem Ohnmachtsanfall, die Ausschüttung von Hormonen der Schwangeren in Unordnung bringen und damit den Stoffaustausch in der Plazenta stören. Darunter leidet zwangsläufig die Leibesfrucht. Ferner: Es ist nicht einerlei, ob eine Schwangere ihr werdendes Kind mit Freuden erwartet, oder ob sie es, aus welchem Grunde auch immer, ablehnt oder gar verflucht. Diese – über die gesamte Zeit der Schwangerschaft dauernde – Seelenhaltung der Mutter wirkt sich auf Körper u n d Seele des Kindes aus. Denn wer sich beglückt fühlt, gibt andere Hormone ins Blut ab, als wer in Bedrückung lebt. So nimmt es nicht wunder, daß ›unerwünschte‹ Kinder schwerer zu erziehen sind, mehr Sorge bereiten und auch im späteren Leben mit mehr Schwierigkeiten zu kämpfen haben als ersehnte Kinder. Du siehst: Schon das noch werdende Kind bedarf der mütterlichen Liebe.

B. Vom Neugeborenen zum Erwachsenen

Die Entwicklung des Menschen vollzieht sich in Stufen. Man unterscheidet: Säuglingsalter, Frühe Kindheit, Schulkindheit, Zeit der körperlichen Reife (Pubertät) und Jugendalter (Nachpubertät), Erwachsenen- und Greisenalter. Die im folgenden genannten Zahlen nennen Durchschnittswerte. Sie können im Einzelfall erheblich abweichen, besonders im fortschreitenden Alter, ohne Anlaß zu Besorgnis zu geben.

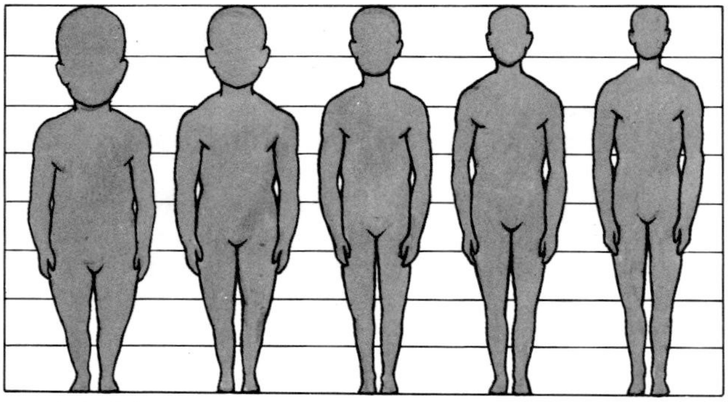

Abb. 90: Größenverhältnisse des wachsenden Menschen

Beim körperlichen Wachstum wechseln Perioden der *Streckung* (= vorwiegend Längenwachstum) mit solchen der Fülle (= vorwiegend Dickenwachstum, Gewichtszunahme) ab.

Die einzelnen Teile des Körpers (Kopf, Rumpf, Gliedmaßen) wachsen nicht gleichmäßig. Ihre Größenverhältnisse soll *Abb. 90* verdeutlichen. Vergleiche und erkläre. Beispiel: Kopf des Säuglings = $1/4$ (= $2/8$) der Gesamtlänge; Kopf des Erwachsenen = ? Ferner: Beim Kleinkind ist der Gesichtsschädel viel kleiner als der Hirnschädel; beim Erwachsenen (vgl. *Abb. 91*)?

1. Das Säuglingsalter (= bis $1^1/_2$ Jahre)

Das Neugeborene ist ein hilfloses Geschöpf, hilfloser, als es fast alle neugeborenen Tiere sind. Und es bleibt länger hilflos als diese. Eine lebensnotwendige Fertigkeit aber bringt das Kind mit zur Welt: Das Neugeborene kann *saugen* – es ist ein Säugling.

Zwei Dinge sind wichtig für sein Gedeihen:

a) Die richtige Ernährung. Am besten ist die *Muttermilch.* Sie enthält alle Nährstoffe in richtigem Mengenverhältnis, sie ist keimfrei, hat die richtige Temperatur und ist leicht verdaulich. Da die Muttermilch auch Schutzstoffe gegen Krankheitserreger enthält, bleiben Säuglinge, die mit Muttermilch ernährt wurden, vor ansteckenden Krankheiten besser geschützt. Kann die Mutter ihr Kind nicht stillen, so muß eine der Muttermilch ähnliche Nahrung bereitet werden. Ärzte und Mütterberatungsstellen erteilen Rat. Schon nach wenigen Wochen werden dem Säugling auch Obst- und Gemüsesäfte gereicht. Sie enthalten wichtige Salze und Vitamine.

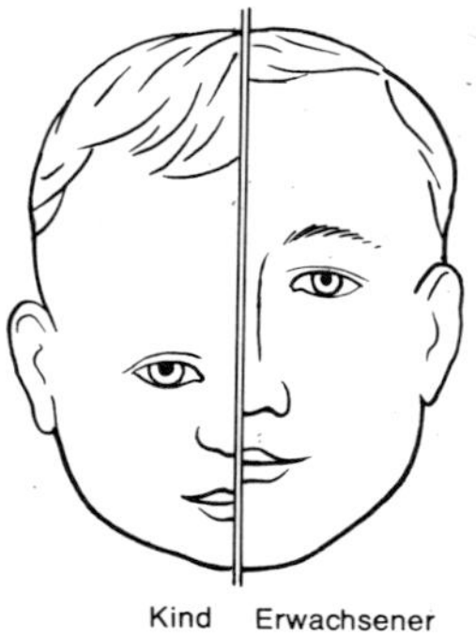

Abb. 91: Größenverhältnisse des Kopfes bei Kleinkind und Erwachsenem

b) Sauberkeit und Pflege. Hierzu gehören das tägliche Baden, verbunden mit dem Säubern der Halsfalten, der Achsel- und Leistenbeugen, des Gesäßes und der Gesäßfalten; ferner das Reinigen der Ohren und der Nase, sowie das sachgemäße Anziehen, Wickeln und Betten. Auch hier geben Mütterberatungsstellen Auskunft, und überdies sollte jede werdende Mutter an einem Kurs für Säuglingspflege teilnehmen.

c) Mutterliebe. – Ernährung und Pflege! Wenn dies für das Gedeihen des Kindes genügte, dann wäre es ratsam, die Neugeborenen von Anfang an in ärztlich geleiteten Pflegeheimen unterzubringen. Dort werden sie sachgemäß ernährt und gepflegt, an regelmäßigen Tagesablauf gewöhnt und dauernd ärztlich überwacht. Darauf verstehen sich Ärzte und Schwestern besser als jede Mutter.

Forscher haben sich solcher Kinder angenommen, sie über Jahre hinweg beobachtet, und sie mußten feststellen:

Kinder, die in den ersten 5 Lebensjahren in solchen Pflegeheimen untergebracht waren, litten an schweren seelischen Störungen,

waren besonders anfällig gegen Erkrankungen,

ihr Verstand (ihre ›Intelligenz‹) blieb unterentwickelt,

und sie neigten zu gemeinschaftsfeindlichem Verhalten bis hin zur Kriminalität.

Doch gab es Ausnahmen. Da, wo ein und dieselbe Schwester ein solches Kleinkind *dauernd* versorgte, blieb es körperlich und seelisch gesund, entwickelte seine Verstandeskräfte und fügte sich in die Gemeinschaft ein. Wie war dies möglich? Nun – diese Schwester trat an die Stelle der Mutter und spendete dem Kind das, was es *ebenso nötig braucht wie Nahrung und Pflege* – die *Mutterliebe.*

Du siehst: Schon das Kleinkind kann ohne Mutterliebe weder körperlich noch seelisch gedeihen. Ja, *es erträgt Hunger leichter als Mangel an Liebe.* Dies zu wissen ist besonders wichtig. Denn die Mutterliebe entbehren müssen am ehesten die Kinder, die nicht erwünscht waren, und vor allem uneheliche Kinder, deren Mütter einem Beruf nachgehen müssen, also zu wenig Zeit haben, sich ihrem Kinde zu widmen. Und heute häufen sich die Fälle, daß Kinder zur Welt kommen, deren Eltern (Vater und Mutter) minderjährig, ja noch schulpflichtig sind. (In der Bundesrepublik werden jährlich etwa 10 000 Kinder geboren, deren Mütter erst 15 Jahre alt oder jünger sind.) Daß solchen Kindern die Mutter- und Elternliebe versagt bleibt, sofern nicht eine ›Ersatzmutter‹ in die Bresche springt, versteht sich von selbst. Damit aber laufen sie Gefahr, an Leib und Seele Schaden zu nehmen, und das möchte ja doch keine Mutter. Hinzu kommt die seelische Not jugendlicher Eltern, vor allem der Mütter, die das Seelenleben der Kinder zusätzlich belastet.

d) Die Entwicklung des Säuglings im einzelnen

Erstes Vierteljahr: Die Bewegungen der Arme und Hände, anfangs ungeordnet und ziellos, werden allmählich aufeinander abgestimmt und gerichtet. Das Kind hebt den Kopf, folgt sich bewegenden Dingen mit den Augen, vernimmt Geräusche und wendet den Kopf nach der Schallrichtung. Es beginnt nun, selbst Laute zu bilden – es fängt an, zu *lallen.* Eine besondere Freude empfindet die Mutter, wenn ihr Kind sie zum ersten Mal anlacht (oft schon nach 8–9 Wochen). Sie weiß nun: Mein Kind erkennt mich, und es ist darüber beglückt. Beachte: Kein Tier kann lachen!

Zweites Vierteljahr: Das Kind greift gezielt nach allem Erreichbaren, lernt sitzen (›Sitzkind‹) und unterscheidet alle Menschen seiner Umgebung (Vater, Geschwister). Es bekundet Freude mit Lachen und erregtem Zappeln und Strampeln. Erstes Kriechen (Gefahr, vom Wickeltisch zu fallen!). Erste Zähne – meist 2 untere Schneidezähne, Teile des Milchgebisses.

Drittes Vierteljahr: Kriechen (›Kriechkind‹) und erste Stehversuche; zunehmendes Lallen.

Beachte: Der Sinn des Lallens ist, die Sprechwerkzeuge zu üben. Das Kind probiert alle möglichen Laute. Für immer behalten werden nur diejenigen, die in der Muttersprache gebraucht werden. Erste Silben und Worte, wie ›Mama‹, ›Papa‹, ›Ja-Ja‹. 2 weitere Schneidezähne, diesmal im Oberkiefer.

Viertes Vierteljahr: Kriechalter – das Kind rutscht und kriecht, um bestimmte Dinge zu erreichen. Fortschritte im Sprechen, besonders bei Mädchen. Gegen Ende des ersten Lebensjahres richtet sich das Kind an den Gitterstäben auf und erlernt das Stehen und Gehen. Und nun wird das Zimmer erkundet. Es greift nach allen Dingen, die erreichbar sind, führt sie zum Munde oder wirft sie zu Boden, oder versucht damit zu spielen. Dies ist harmlos, wenn dabei Zeitungen und Bücher zerfetzt oder Teller und Tassen zertrümmert werden. Andere Dinge aber können gefährlich werden, wie Messer und Schere, Streichhölzer, offenes Licht, Herdfeuer u. a. m. Wie oft schon kamen Kleinkinder ums Leben, weil sie Stricknadeln oder Nägel in elektrische Steckdosen schoben oder Kessel mit kochendem Wasser vom Herde zerrten. Es ist die Zeit, die von der Mutter oder den Betreuern des Kindes größte Umsicht erfordert.

Zusammenfassung: Körperliches Wachstum bis zum Ende des 1. Lebensjahres: Länge = von 50 cm auf 75 cm; Zunahme in %? – Gewicht = von 3,4 kg auf 11,2 kg; – vergleiche!

Milchgebiß: je 4 Schneidezähne oben und unten.

Körperlich hat das Kind nun etwa den Stand erreicht, den höhere Säugetiere (z. B. Rind, Pferd, Schimpanse) schon bei der Geburt besitzen. Deshalb sagen manche Forscher, das Menschenkind sei eine ›physiologische (d. h. die körperlichen Lebensvorgänge betreffende) *Frühgeburt*‹, und – an den Tieren gemessen – müßte die menschliche Schwangerschaft nicht 9, sondern 21 Monate dauern. Die Folge dieser ›Frühgeburt‹ ist, daß das Kind in ganz besonderem Maße auf die Mutter angewiesen und an sie gebunden ist.

Sie – oder eine ›Ersatzmutter‹, die, wie die ›echte‹ (leibliche) Mutter, das Kind liebt, es tagtäglich pflegt, hegt, umsorgt, liebkost –, sie weckt auf solche Weise im Kinde das grenzenlose *Vertrauen* und das Gefühl völliger *Geborgenheit,* das die Voraussetzung ist für die seelisch-geistige Entwicklung. Eine Mutter, die sich ihrem Kinde widmet, mit ihm lacht und spricht und spielt, bewirkt, daß sich seine geistigen Gaben bis zum Ende des 1. Lebensjahres so entfaltet haben, wie es keinem Tiere möglich ist. Das Kind ist nun ›schon‹ Mensch, d. h. *mehr* als *›Tier‹;* es äußert Freude und Schmerz und gibt dies durch Lachen und Weinen kund; es kann sinnvoll handeln, und es besitzt schon ein deutlich erkennbares Sprachverständnis. Kein Tier verfügt über Sprache im menschlichen Sinne.

2. Die frühe Kindheit (2.—6. Lebensjahr)

Körperliche Entwicklung: 2.–4. Lebensjahr = Zeit der ersten Fülle;

Ausbau des Milchgebisses (insgesamt 20 Zähne);

5.–6. (7.) Lebensjahr = Zeit der ersten Streckung; allmählicher Gestaltwandel = Übergang von der Kleinkindform zur Schulkindform (vgl. *Abb. 90).*

Seelisch-geistige Entwicklung:

a) *Märchenalter* – die Umgebung ist belebt mit Engeln, Dämonen, Feen, Hexen usw. – *Spielalter* – im Spiele übt das Kind seine körperlichen und geistigen Anlagen, stählt seine Kräfte und bereitet sich so für den Ernst des Lebens vor.

b) Ausbau des *Sprachverständnisses* und Erlernen der Muttersprache; auftretende Sprachfehler: *Stammeln* = harmlos; ist später leicht zu beheben; *frühkindliches Stottern* = mit Umsicht vorgehen! Sprachschwierigkeiten helfend überbrücken, oder nicht beachten! Das Kind niemals tadeln oder gar einschüchtern! Dies ist *wichtig!* Raubt man – durch Tadel oder gar Strafe – dem Kind sein Selbstbewußtsein, so wird das Stottern zur *seelischen Erkrankung* und ist schwer oder nicht mehr zu heilen.

Erstes Frage-Alter: ›Was ist das?‹ = Erweiterung des Wortschatzes.

c) Erstes *Trotzalter* (3. oder 4. Lebensjahr): Erwachen des Selbstbewußtseins – das Kind erlebt die Fähigkeit zu eigenem Wollen und lehnt sich nun gegen den Willen anderer, vornehmlich seiner Eltern, auf – es wird, ohne ersichtlichen Grund, trotzig und widerspenstig. Falsch wäre es da, das Kind zu bestrafen und seinen Willen mit Gewalt zu ›brechen‹. Es gehorcht ja nur einem Gesetz der eigenen seelischen Entwicklung. Der Erzieher, der darum weiß, versucht, das trotzende Kind abzulenken oder mit verstehendem Gleichmut über die Trotzanfälle hinwegzugehen. Das Kind lernt dann bald, sich und sein Wollen einzufügen in die Gemeinschaft der Familie mit deren Sitten und Geboten.

d) *Zweites Frage-Alter* (4.–6. Lebensjahr): Ein unstillbarer Wissensdrang veranlaßt das Kind, bei allem nach dem ›Warum?‹ zu fragen, und es bringt mit seinen ›Warum-Fragen‹ nicht nur die Eltern in Verlegenheit.

3. Die Schulkindheit (Jungen = 6.—12., Mädchen = 6.—10½. Lebensjahr)

Körperliche Entwicklung: Periode der Streckung, verbunden mit Gestaltwandel, d. h. Änderung der Größenverhältnisse (vgl. *Abb. 90*). Die Fettpolster werden kleiner, die Schultern breiter, Hals, Arme und Beine länger, die Muskeln und Gelenke treten hervor; Wachstum und Kräftigung der inneren Organe, wie Herz, Lunge usw. Die Milchzähne fallen aus und werden durch das zweite (›bleibende‹) Gebiß ersetzt. Die Wirbelsäule nimmt die doppelt S-förmige Krümmung an. Gegen Ende der Schulkindheit bildet sich die Thymusdrüse (vgl. S. 76) zurück; Zeit der zweiten Fülle.

Geistige Entwicklung: Ablösung des Märchenalters; Vorliebe für Abenteuergeschichten; Hinwendung zur Außenwelt und zu Spiel- und Schulkameraden des gleichen Geschlechts; steigende Vorliebe für Sport; sportlicher Ehrgeiz, oft verbunden mit Neigung zu Prahlerei; Basteltrieb; Zeit des planvollen Lernens; die Neugier wird zum Wissensdrang; Entdeckerfreude; Eroberung der Außenwelt.

4. Die Zeit der Reifung — Du wirst erwachsen

Das ›Reifwerden‹ ist ein Vorgang, dem jeder – ob Junge oder Mädchen – unterworfen ist. Er ist ein Teil des Gesetzes der Natur und der Menschwerdung. Doch muß unterschieden werden zwischen geschlechtlicher (körperlicher) und seelisch-geistiger Reife. Dies läßt sich nicht voneinander trennen; denn das eine bedingt das andere, und umgekehrt: Die körperlichen Vorgänge bewirken ein neuartiges Fühlen, Denken und Wollen, und dieses wiederum beeinflußt das körperliche Geschehen in ungeahnter Weise.

Die ›Reifezeit‹ (= Pubertät) setzt bei Mädchen früher ein als bei Jungen. Ihre Dauer: bei Mädchen = zwischen 10½ und 15 Jahren, bei Jungen = zwischen 12 und 17 Jahren. Beginn und Ende kann sich erheblich (zuweilen um Jahre) verfrühen oder verspäten. Darum – wer zu den ›Spätreifen‹ zählt, sorge sich nicht. Vielen Jugendlichen – Jungen und Mädchen – dünkt das, was in diesen Jahren in und mit ihnen vorgeht, höchst rätselhaft, und manche ängstigen sich gar über das, was mit ihrem Körper geschieht und was ihre Seele abwechselnd bedrückt und erhebt. Darum ist es gut, wenigstens um die körperlichen Umwälzungen während der Reifezeit zu wissen. Diese Veränderungen sind *›normal‹*, und sie sind *notwendig*. Ohne sie würden wir niemals ›erwachsen‹; und sie öffnen zugleich die Bahn, die zur seelisch-geistigen Reife führt – eine Bahn, auf der wir ein Leben lang schreiten.

Die Zeit der Reifung beginnt mit einem *Wachstumsschub*. Es ist die *Hauptwachstumszeit*. Sie wird ausgelöst durch verstärkte Tätigkeit der *Hypophyse* (s. S. 77), insbesondere ihres Vorderlappens. Den Auftakt bildet eine Periode der *Streckung* (bis 15 cm), verbunden mit einer Änderung der Größenverhältnisse (der ›Proportionen‹, s. *Abb. 90*).

Es vollzieht sich der zweite *Gestaltwandel.* Dabei wachsen zuerst die Gliedmaßen in die Länge. Der Rumpf und die inneren Organe, insbesondere Lunge und Herz, hinken nach. Das Herz nimmt zwar an Umfang zu, aber die Herzwand wird – zunächst – nicht muskulöser; daher ermüdet der Wachsende rasch. In dieser Zeit sportliche Höchstleistungen zu erzwingen, kann daher zu bleibenden Gesundheitsschäden führen. Kraftsport ist da vom Übel; wichtig aber sind Sportarten, die zur Kräftigung des Herzens und der Lunge führen, wie Ballspiele, Schwimmen, Bodenturnen, Leichtathletik und Wandern, für Mädchen auch Gymnastik und Tanzspiele, doch all dies mit Maßen.

Die Hormone der Hypophyse bewirken mit dem Wachstum des Körpers auch das Wachsen und die Reifung der *Keimdrüsen.* Sie fangen an, reife Keimzellen zu bilden, und sie geben nunmehr ihre geschlechtseigenen Hormone in das Blut ab und bewirken die Ausbildung der *geschlechtsbegleitenden Merkmale* (s. S. 105): Es vollzieht sich der Übergang vom Schulkind zum Erwachsenen, verbunden mit der *geschlechtlichen Reife.*

a) Der Junge wird zum Mann. Das plötzlich einsetzende Wachstum erfolgt nicht ›harmonisch‹: Die Arme mit den Händen und die Beine mit den Füßen eilen voraus. Der Junge hat noch nicht gelernt, die geänderten Proportionen zu meistern, und so werden seine Bewegungen unbeherrscht, eckig und linkisch, und dies zu seinem eigenen Verdruß. Da neigt er dazu, seine innere Unsicherheit, verbunden mit dem natürlichen Geltungsbedürfnis, durch forsches Auftreten und auch ›Randalieren‹ zu überdecken.

Dann fängt die Stimme an, heiser zu werden – sie ›bricht‹. An Lippen und Wangen meldet sich der erste Flaum und kündigt den künftigen Bart an. Dies hebt das Selbstbewußtsein. Zugleich wachsen die Körperhaare, vor allem an der Brust, in den Achselhöhlen und um die Geschlechtsorgane (= ›Genitalbehaarung‹). Die Muskeln straffen sich, die Schultern werden breiter, die Gestalt wird männlicher. Zugleich wachsen die eigentlichen Geschlechtsorgane, die Hoden und der Penis, zu ihrer endgültigen Größe aus. Der Penis wird nun öfter steif – es ist, als ob der Körper probiere, ob alles richtig funktioniert. Nun fangen die Keimdrüsen an, Samenfäden (Spermien) zu erzeugen, und zwar pausenlos, und in unvorstellbaren Mengen. Die Spermien reifen in den Nebenhoden aus, werden dort auch gespeichert und von Zeit zu Zeit (meist alle 3–4 Wochen) und ohne eigenes Zutun nachts im Schlafe ausgestoßen. Dieser *unwillkürliche Samenerguß* (= Pollution) erfolgt erstmals im Alter von 12–15 Jahren und ist von geschlechtlichen Träumen begleitet. Manch ein Junge erschrickt darüber. Doch ist es so: Nicht der Traum löst die Pollution aus, sondern die Pollution, ein normaler und natürlicher Vorgang, ist es, die den Traum bewirkt.

Die erste Pollution ist ein Zeichen der erlangten männlichen *Geschlechtsreife.* Aber: Wer eben geschlechtsreif wurde, ist noch lange nicht erwachsen.

Mit diesen körperlichen Umwandlungen beginnt auch das Reifwerden der *›Psyche‹:* Seele und Geist, Wesen und Charakter nehmen fortschreitend männliche Züge an. Doch zieht sich diese seelische Reifezeit bis zum 20. Lebensjahr hin. Sie dauert also viel länger als die körperliche Reifung.

b) Das Mädchen wird zur Frau. Bei Mädchen setzt die Reifezeit früher, oft schon vom 10. Lebensjahr an, ein. Auch sie beginnt mit einem Wachstumsschub, verbunden mit dem zweiten Gestaltwandel und der Ausbildung der geschlechtsbegleitenden Merkmale: Haare in den Achselhöhlen und um die äußeren Geschlechtsteile (= ›Genitalbehaarung‹), Fettansatz (die Mädchen werden ›pumpelig‹), Verbreiterung des Beckens u. a. m. Die Brüste fangen an zu schwellen, und es entwickeln sich ihre 10–12 *Milchdrüsen.* Auch deren Fettgewebe vergrößert sich. Dadurch erhalten die Brüste ihre eigentliche Form: es bildet sich der *Busen.* Diese Entwicklung dauert bis zum 18. Lebensjahr. Das Knochenwachstum setzt sich bis ins 20. Lebensjahr fort. Auch die Geschlechtsorgane (Eierstock, Gebärmutter, Scheide) wachsen zu ihrer vollen Größe aus und werden funktionsfähig – sie werden ›r e i f‹, und damit setzt die erste Monatsblutung (man nennt sie ›Menarche‹) ein.

Dies kann schon mit 10 oder gar 9 Jahren, oder verspätet erst mit 15 Jahren, geschehen. Mädchen, die nicht darauf vorbereitet sind, erschrecken, wenn dieses einschneidende Ereignis zum ersten Male eintritt. Aber auch hier handelt es sich um einen ›normalen‹, weil *natürlichen* Vorgang.

Ihr wißt: Die Menstruation heißt auch Monatsblutung, weil sie für gewöhnlich alle 28 Tage wiederkehrt. Jedoch sind Abweichungen häufig und kein Grund zur Sorge. Bei Beginn der Reifezeit vor allem treten die Blutungen oft unregelmäßig auf, weil die Eierstöcke noch unregelmäßig arbeiten, und es kann 2 bis 3 Jahre dauern, bis sich der Körper ›eingespielt‹ hat. Nach dieser Zeit sind Abstände von nur 21 Tagen, oder längere bis zu 35 Tagen, gleichfalls ›normal‹, sofern sie regelmäßig auftreten. Sollte sich aber der Eintritt der ersten Blutung über das 15. Lebensjahr hinaus verzögert haben, so muß der Arzt zu Rate gezogen werden, desgleichen, wenn im weiteren Verlauf die Menstruation mit erheblichen Schmerzen und mit starkem Blutverlust verbunden ist.

Die Menarche (= erste Blutung) ist das Zeichen der erlangten weiblichen *Geschlechtsreife*. Aber auch hier gilt: Wer geschlechtsreif ist, ist noch lange nicht erwachsen; und mit der erreichten geschlechtlichen Reife wandelt sich auch die Psyche: das seelische Empfinden und Erleben nimmt fortschreitend weibliche Züge an. Doch zieht sich der Prozeß der seelisch-geistigen Reife auch hier noch über Jahre hin. Sie findet ihren Abschluß im *Jugendalter,* das sich an die Pubertät im engeren Sinne anschließt und bis zum 18. Lebensjahr hinzieht.

c) Der Geschlechtstrieb erwacht. Dies geschieht mit dem Eintritt der geschlechtlichen Reife (Pollution bei Jungen, erste Menstruation bei Mädchen). Er wird zunächst nur dumpf empfunden, doch wächst seine Triebkraft, mit der ihn die Natur ausgestattet hat, im weiteren Verlauf. Dies führt oft zu körperlichen (›sexuellen‹) und auch seelischen Spannungen, welche viele Jugendliche – vor allem die Jungen, aber auch Mädchen – durch *Selbstreizung* zu lösen versuchen. Diese Selbstreizung, auch Selbstbefriedigung (= ›Ipsismus‹) oder ›Masturbation‹ (fälschlicherweise auch ›Onanie‹) genannt, führe – so warnte man – zu Gehirnerweichung, Rückenmarkschwindsucht und anderen körperlichen und seelischen Schäden. Solche Äußerungen Erwachsener haben schon manches Unheil gestiftet. Sie weckten in den Jugendlichen schwere Angstzustände und quälende Schuldgefühle.

Tatsache ist: Die Selbstreizung ist im Regelfalle eine vorübergehende Erscheinung, und sie führt, wenn nicht im Übermaß betrieben, zu keinen gesundheitlichen Schäden.

Jedoch: Der Geschlechtstrieb steht im Dienste der Fortpflanzung, ist also auf das Du ausgerichtet. Der Ipsismus aber lenkt ihn auf das eigene Ich und verfälscht somit seinen Sinn, und überdies bringt er weder wirkliche Entspannung noch echte Befriedigung. Was er an ›Lustempfinden‹ gewährt, verwandelt sich rasch in Ekel und Scham vor sich selbst und verstärkt die seelische Spannung. Darum tut *Selbstzucht* not. Wirksame Hilfen sind Spiel und Sport, Basteln und Wandern, das Lesen guter Bücher, sowie ernsthafte körperliche und geistige Arbeit. Solch sinnvolles Tun verleiht inneren Reichtum und Fülle und läßt keine Langeweile aufkommen. Langeweile aber und geistige Leere bereiten die Bahn zu Ipsismus und anderen Irrwegen des Geschlechtstriebes.

Doch wer ernstlich in Not gerät, vertraue sich einem wohlmeinenden *Helfer* an, seien es Vater oder Mutter, ein Lehrer, Arzt oder Seelsorger, oder sonst ein Erwachsener, der Vertrauen ausstrahlt.

Wird die Selbstreizung zur bleibenden Sucht, dann führt sie zur Fehlleistung des Geschlechtstriebes und damit zur Verkrampfung und Verkümmerung des seelischen Erlebens. Damit verbunden aber sind Gefühle der eigenen Minderwertigkeit und der Schuld. Sie führen oft genug zu seelischen Erkrankungen (= ›Neurosen‹), die das Leben zur Qual machen können, und die nur schwer zu heilen sind.

C. Die Natur will, daß die Art erhalten bleibt

Das Gesetz von der *Erhaltung der Art,* d. h. der Drang, Nachkommen zu erzeugen, gilt für alle Lebewesen. Zwar können viele Pflanzen, und auch etliche Tiere, sich auf ungeschlechtliche Art fortpflanzen, z. B. durch Teilung, Sprossung usw.; entscheidend aber ist die *geschlechtliche Vermehrung.* Dazu schuf die Natur besondere Organe.

a) Die Geschlechtsorgane der *Pflanzen* kennst du. Ihre männlichen Organe sind die Staubblätter, deren Pollenkörner die Keimzellen enthalten. Die weiblichen Organe sind Narbe und Griffel, sowie der Fruchtknoten mit den Samenanlagen, von denen jede eine Eizelle enthält. Die meisten Pflanzen haben sowohl männliche als auch weibliche Geschlechtsorgane; nur die zweihäusigen sind getrenntgeschlechtlich. Die Pflanzen können sich nicht frei bewegen. Also müssen sie dafür sorgen, daß die männlichen Keimzellen (in den Pollenkörnern) mit den weiblichen (= Eizellen in den Samenanlagen) zusammentreffen, damit die Verschmelzung der beiden stattfinden kann. Da gibt es verschiedene Möglichkeiten. Die einen Pflanzen erzeugen federleichten Pollen und vertrauen ihn dem Winde an. Er wird dann mit den zu Staubfängern umgebildeten Narben aufgefangen. Von diesen *Windbestäubern* hast du die Hasel (I, 40), die Kiefer (II, 94) und den Roggen (II, 115) genauer untersucht. Berichte, wie sie es machen, damit ihre männlichen und weiblichen Keimzellen zusammenfinden und dadurch die Befruchtung erst möglich wird.

Du hast erkundet, wie die *Insektenblütler* dasselbe auf mannigfaltige und höchst wundersame Weise tun. Sie ›erfanden‹ als ›Hochzeitskleid‹ die Blütenpracht, samt Duft und Nektar, und oft genug wird deren Lockkraft noch verstärkt durch die Zusammenfassung vieler Einzelblüten zu Blütenständen mannigfacher Art, und dies alles nur, um die Besucher anzulocken und die Bestäubung zu erzwingen. Viele dieser Pflanzen sind besonders erfinderisch. Denke an die Kesselfallenblüte des Aronstabs (III, 53) oder an das Pollenschlagwerk des Salbeis (III, 96).

b) Das Gesetz von der Erhaltung der Art gilt auch für die *Tiere.* Die meisten von ihnen sind getrenntgeschlechtlich, also entweder männlich oder weiblich. (Nur wenige sind ›Zwitter‹, also beides zugleich, so z. B. der Regenwurm, sowie die meisten Schnecken.) Doch beschränken wir uns hier auf die höchstentwickelte Klasse, die *Säugetiere.* Zu den Säugern zählt auch der M e n s c h. Auch seine Nachkommen, unsere Kinder, werden von der Mutter ›gesäugt‹, sind also Säuglinge.

Die Fortpflanzungsorgane der Säuger sind, wenn auch mannigfaltig abgewandelt, bei Tier und Mensch dieselben:

männliche Organe = *Hoden,* in denen die männlichen Keimzellen (= Samenfäden oder Spermien) und die männlichen Geschlechtshormone gebildet werden;

weibliche Organe = *Eierstöcke,* in denen die weiblichen Keimzellen heranreifen und die weiblichen Geschlechtshormone erzeugt und in das Blut abgegeben werden, sowie die Eileiter und die *Gebärmutter;* sie ist die ›Kammer‹, in der die Leibesfrucht heranwächst.

Tier und Mensch sind – anders als die Pflanzen – frei *bewegliche* Lebewesen. Doch müssen auch bei ihnen die männlichen und die weiblichen Keimzellen zuerst zusammenfinden. Damit dies geschehe, ›erfand‹ die Natur zusätzliche, sich gegenseitig ergänzende Organe: den Penis des männlichen, und die Scheide des weiblichen Lebewesens. Sie sind die Organe der körperlichen Vereinigung. Damit diese gewiß auch erfolge, wurden die Lebewesen mit dem *Geschlechtstrieb* (auch Sexualtrieb oder Paarungstrieb) ausgestattet.

Um die *Erhaltung der Art* zu sichern, hat ihm die Natur starke Triebkraft verliehen und ihn mit Lustempfinden ausgestattet.

c) Doch eben hier *unterscheiden sich Tier und Mensch.* Bei den Tieren wird der Geschlechtstrieb (Paarungstrieb) wirksam nur zu ganz bestimmten Zeiten und ist dann über-

Menschähnlicher Affe, wie er vor etwa 25 Millionen Jahren gelebt hat (Abb. aus Heberer).

Wie eine Urmensch-Familie ausgesehen haben mag (Abb. aus Heberer)

mächtig. Es sind die Zeiten der *Brunft* oder *Brunst.* Sie dauern jeweils nur ein paar Wochen, und nur in dieser Zeit sind die Tiere paarungsbereit. Beispiele: Hunde werden zweimal im Jahre ›läufig‹, d. h. paarungsbereit, die Katzen desgleichen. Für den Jäger sind die Brunftzeiten der jagdbaren Tiere besonders wichtig. Er gab ihnen eigene Namen, z. B. Bärzeit bei Bären, Rauschzeit bei Wildschweinen, Ranzzeit bei Fuchs, Dachs und anderem Raubzeug, Balzzeit bei jagdbaren Vögeln, wie Auer-, Birk- und Haselhuhn u. a. Hochangeschrieben ist bei ihm die ›*Hirschbrunft*‹, Ende September/Anfang Oktober: Die bisher für sich lebenden, Geweihe tragenden Hirsche (= männliche Tiere) treiben da plötzlich eine Anzahl Hirschkühe (= weibliche Tiere) zusammen, bewachen dieses ihr ›Rudel‹ und verteidigen es in oft heftigen Kämpfen gegen ihre Rivalen.

Ausgelöst werden diese Brunstzeiten dadurch, daß das weibliche Tier Reizstoffe (= Duftstoffe) ausscheidet, die den Geschlechtstrieb auch im männlichen Tiere wachrufen, und zwar mit solcher Allgewalt, daß beide dem Paarungstriebe blindlings gehorchen *müssen.* Sie finden nicht etwa aus Liebe zusammen – das Tier kennt keine Liebe im menschlichen Sinne –, sondern sie folgen dem ererbten Triebe und handeln so, wie dieser es vorschreibt. Dabei wissen die Tiere nicht, was sie tun.

Nach der Paarung klingt die Brunst ab, der Geschlechtstrieb schlummert bis zu deren Wiederkehr, und das männliche Tier, ob Hund, Katze oder Hirsch, geht wiederum seine eigenen Wege. Es kümmert sich auch nicht um die von ihm gezeugten Nachkommen, die dann das weibliche Tier zur Welt bringt: ja, es kennt sie nicht einmal. Das männliche Tier ist zwar ihr *Erzeuger,* nicht aber deren *Vater,* der sich ihrer annimmt und für ihr Wohlergehen sorgt. Anders das Muttertier: Es säugt, pflegt und beschützt seine Kinder, jedoch nur so lange, wie ihr Brutpflegetrieb anhält. Dieser erlischt, sobald die Jungen allein leben können. Dann werden sie auch von der Mutter abgelehnt und nicht mehr als eigene Kinder erkannt. Dieses starre Verhalten ist kennzeichnend für das Tier. Wir nennen die *Merkmale des tierischen Verhaltens* noch einmal im Zusammenhang:

Wirksamwerden des Geschlechtstriebes nur während der Brunstzeiten;

treibende Kraft = Lustgewinn und Triebbefriedigung, niemals Liebe;

triebgelenkter, starrer Handlungsablauf;

erblich festgelegter Zwang, ohne Einsicht und ohne freie Willensentscheidung; daher weder ›Schuld‹ noch ›Reue‹;

kein Vater-Kind-Verhältnis, und keine bleibende Bindung der Geschlechtspartner; auch das Mutter-Kind-Verhältnis endet mit dem Erlöschen des Brutpflegetriebs.

* *Anders der Mensch:* Sein Geschlechtstrieb bleibt, vom Eintritt der Reife an, dauernd wirksam, und er ›treibt‹ auch ihn. Doch ist er ihm nicht blindlings ausgeliefert. Er kann frei entscheiden, ist also nicht triebgebunden wie das Tier. Zu dieser *Freiheit des Willens* tritt die *Vernunft:* Der Mensch weiß in jedem Falle, was er tut, und er ist für sein Tun verantwortlich. Und er verfügt über eine zusätzliche, rein *menschliche* Antriebskraft – sie überlagert die Macht des ererbten Triebes, und sie allein vermag, ihn ins Menschliche zu ›übersetzen‹ – es ist die Kraft der *Liebe,* die zwei Menschen verschiedenen Geschlechts zusammenführt und aneinanderbindet, und die selbst den machtvollen Trieb zu lenken weiß und in ihre Dienste zwingt. Sie ist es auch, die in beiden Partnern die Achtung voreinander und die *Verantwortung* für das in Liebe gezeugte und empfangene Kind wachruft, und sie hat im Gefolge die Elternliebe. Ihr Kind erleben beide Eltern als ›ihr eigen Fleisch und Blut‹, und der Mann ist nicht mehr nur Erzeuger, sondern *Vater* seines Kindes, dem lebenslang sein Sorgen gilt; und die Frau, die ihr Kind empfangen, ausgetragen, geboren und gesäugt hat, ist darüber hinaus die *Mutter,* die ihr Kind pflegt und umhegt, und sie teilt mit ihm Freud' und Leid ein Leben lang.

Diese Liebe, die Eltern zusammenführt und sie gegenseitig und an ihre Kinder bindet, ist eine vom Geschlechtstrieb unabhängige, allein im Grund der Seele wurzelnde Kraft, die nur dem Menschen zu eigen ist. Wo, im Zusammenleben von Mann und Frau, diese Liebe unser Tun entscheidend mitbestimmt, nur da allein ist unser Handeln *›typisch menschlich‹*.

Wo aber sie nicht mit im Spiele ist, da handelt der Mensch *›un-menschlich‹* und nicht etwa ›tierisch‹. Denn e r ist ja vernunftbegabt und unterscheidet sich schon dadurch von dem Tier. Er weiß vor allem, was recht und unrecht, und was gut und böse ist. Das weiß kein Tier. (Ein wohlerzogener Hund ›weiß‹ zwar, was er tun oder nicht tun darf, aber nicht etwa, weil er gut und böse unterscheiden könnte. Er tut das eine, weil es Lob, und er unterläßt das andere, weil es Strafe nach sich zieht.)

Der vernunftbegabte Mensch kann schuldig werden und Scham und Reue empfinden. Das Tier, das allein seinem Triebe folgt, weil ihm die Natur nur diesen mitgegeben hat, kennt weder Schuld, noch Scham und Reue. Es handelt seiner Natur gemäß (= ›naturgemäß‹). Ihm, dem triebgebundenen Tier, ist die körperliche Vereinigung (der Geschlechtsakt) die lustvolle Befriedigung des ererbten Triebes und seines Zwangs, und sie bleibt Episode, d. h. ein flüchtiges Ereignis ohne seelische Formung und ohne bleibende Bindung an den Partner. Für den liebenden Menschen aber ist die körperliche Vereinigung ein beglückendes Erlebnis, das Leib u n d Seele umgreift und die Partner immer enger aneinanderbindet. Das Band ist dabei nicht der Geschlechtstrieb, sondern die Liebe, und der sichtbare Ausdruck dieser Bindung ist die Ehe. *

d) Es gibt Menschen mit *fehlgeleitetem oder gar krankhaft entwickeltem Geschlechtstrieb*. Ihr solltet darum – und um die Gefahr, die von solchen Menschen ausgeht – wissen.

Ein paar Beispiele:

Es gibt Männer, die, wenn sie auf einsamen Wegen Frauen oder Mädchen begegnen, sich entblößen. Vor allem Mädchen ängstigen sich dabei und geraten in seelische Not.

Es gibt Männer, die gleichgeschlechtlich (= ›homo-sexuell‹) sind. Sie machen sich mit Vorliebe an Jugendliche und auch an Jungen heran, um sie zu mißbrauchen, und sie wenden Gewalt an, wenn sich ihre Opfer widersetzen. In beiden Fällen ist es geboten, die Polizei zu rufen.

Gefahr droht von den sogenannten *›Sittlichkeitsverbrechern‹* – das sind enthemmte, gewissenlose Männer, die Frauen und Mädchen, ja selbst Kindern, Gewalt antun, wo immer sie glauben, dies ungestraft tun zu können, und die dann, um ihre Tat zu vertuschen, oft genug ihre Opfer mundtot machen, d. h. sie umbringen.

Und dann gibt es *Sadisten*, d. h. Männer, die beim Quälen anderer geschlechtliche Lust empfinden. Dafür ein Beispiel:

In den 60er Jahren gelang es einem solchen *Triebverbrecher*, auf Jahrmärkten und Kirmesfeiern nacheinander fünf Jungen in sein Auto zu locken. Er entführte sie in eine Erdhöhle, um sie dort grausam zu Tode zu martern. Vier der Jungen starben unter entsetzlichen Qualen; der fünfte, wiewohl verletzt und gefesselt, konnte entkommen, und so wurde das Verbrechen aufgedeckt.

Von diesen krankhaften Verirrungen des Geschlechtstriebes zu wissen ist wichtig. Dabei bedenkt: Diese Abartigen sind *Meister im Tarnen*. Sie geben sich nett, ja liebenswürdig solange, bis sie ihr Ziel erreicht haben. Dann aber lassen sie die Maske fallen. Darum seid auf der Hut, um nicht ihr Opfer zu werden.

Ein Wort an Euch, Ihr Mädchen und Jungen!

Ihr wißt: Auch der Mensch wurde mit dem Geschlechtstrieb ausgestattet, und er muß mit ihm leben und zurechtkommen. Er wird auch Euch zu schaffen machen. Ihn ins *Menschliche* zu übersetzen ist die Aufgabe für uns alle, denn Wissen, und auch Einsicht, werden leicht von der Macht dieses Triebes überspült. Was nottut, ist *Selbstzucht* von Anfang an und ein gewisser Grad menschlicher Reife. Und da habt Ihr es heute in manchem schwerer als frühere Geschlechter, und zwar aus folgenden Gründen:

1. Im Verlauf weniger Jahrzehnte hat sich die körperliche Entwicklung beschleunigt. So tritt bei Euch die geschlechtliche Reife um fast zwei Jahre früher ein, während sich die seelisch-geistige und soziale Reifung bis ins 18. und 20. Lebensjahr hinauszögert. Dem Kindesalter noch nahe, seid Ihr den Anfechtungen des Geschlechtstriebs ausgesetzt gerade in dem Augenblick, da Euch die seelische Kraft und Reife, sie zu meistern, noch weitgehend fehlt. Doch wer um diesen Tatbestand weiß, der sollte auch bereit sein, sich dem Rat wohlmeinender Erwachsener zu fügen und deren Hilfe willkommen zu heißen.

2. Verführer sind am Werke, heute mehr als je zuvor. Wo Ihr auch hinschaut, an Kiosken, in Illustrierten und Magazinen, in Kino-Reklamen und fragwürdigen Filmen wird ›Sex‹ aufreizend angepriesen. Unter dem Vorwand, Euch ›aufzuklären‹ (zu ›informieren‹), werden geschlechtliche Dinge und Vorgänge dargeboten, aber nicht in menschlich-sachlicher Form, sondern meist in ›un-menschlicher‹ und ins Häßliche verzerrter Weise. Sie wollen Euch glauben machen, daß im ›Sex‹ der ganze Sinn des Lebens sich erschöpfe; und ›Sex‹ sei – so behaupten sie – der Weg schlechthin zu Eurem Glück. Es sind gewissenlose Geschäftemacher: sie sagen ›Euer Glück‹ und meinen ›ihr Geld‹. Darum seid auf der Hut! Wer ihr Treiben durchschaut, ist gegen ihre trügerischen Verlockungen eher gefeit.

3. ›Sex‹ ist — leider — auch der Inhalt des schmutzigen Geredes, mit dem Erwachsene — und auch Jugendliche — großtun wollen, weil es ihnen zu Besserem an Erleben und an Einsicht fehlt. Wer sich selbst achtet, meidet solchen Umgang.

Alle, die Euch auf diese Weise beeinflussen wollen, sind *falsche Propheten*. Sie gaukeln Euch eine Scheinwelt vor. Die nackte Triebbefriedigung nennen sie, um Euch zu locken, L i e b e. – Welch eine Lüge! – Wer nur seinem Triebe gehorcht, weiß nicht, was lieben heißt. Er denkt nur an sich selbst und sucht nur *seine* Lust. Ob er sich heute mit diesem, morgen mit jenem Partner zu flüchtigem Genusse zusammenfindet, ist ihm gleichgültig; denn der andere ist ihm ja nur Mittel zum Zweck und nicht der Achtung wert; ja, er wird oft genug mit Gewalt gefügig gemacht.

Das Gegenteil gilt von der *Liebe*. Sie ist auf das Du ausgerichtet. ›Sie suchet nicht das Ihre.‹ Sie ist es auch, die unsere großen Geister, die Dichter, Musiker, Maler, für würdig fanden, sie in ihren Meisterwerken zu gestalten. Liebe fußt auf *Achtung vor der Würde des Menschen*. Wer liebt, begegnet dem andern mit Wertschätzung, ja mit Ehrfurcht. Der andere ist ihm niemals nur Mittel zum Zweck. Wer liebt, den drängt es, sich dem geliebten Partner zu verschenken. Wer auf diese selbstlose Weise sich hinzugeben vermag, erlebt zugleich die *Sinnerfüllung* seines eigenen Daseins, und der erkennt darin den einzig möglichen Weg auch zu *seinem* Glücke. Wer aber den Regungen seines Geschlechtstriebs sklavisch folgt, mißachtet den andern und erfährt am Ende nur Enttäuschung, Überdruß und Ekel, und er verbaut sich selbst den Weg zu wahrem Menschentum. Jeder Mensch besitzt die Fähigkeit, zu lieben. Sie zu nützen und dadurch zu stärken, ist unsere – und auch Eure – vornehmste Aufgabe. Wem dies gelang, dem wachsen aus diesem tief in der Seele wurzelnden Erleben diejenigen Kräfte zu, die ihn befähigen, seinen Geschlechtstrieb ins ›Menschliche‹ zu übersetzen und ihn zu steuern.

4. Und endlich laßt Euch nicht beeinflussen durch Verführer unter Euresgleichen. Sie können Eurer seelischen Entwicklung schaden. Wie manch ein Junge prahlt mit seinen Erfolgen auf geschlechtlichem Gebiet, und nicht wenige Mädchen rühmen sich, zu sexuellen Abenteuern bereit gewesen zu sein. Sie sind *unreif,* d. h. sie verwechseln geschlechtliche Reife mit Erwachsensein, Lustgewinn mit Liebe, und sie wissen nicht, was *Verantwortung* ist. Bedenkt:

Der Junge, der mit 13 Jahren die erste Pollution erlebt, ist zwar imstande, ein Kind zu zeugen, nicht aber, diese Zeugung zu verantworten und dem Kinde ein Vater zu sein. Und das Mädchen, das mit 11 oder gar 10 Jahren die erste Menstruation erlebt, kann zwar ein Kind empfangen, ihm aber niemals wahre Mutter sein. Die so gezeugten und zur Welt gebrachten Kinder müssen zwangsläufig die Liebe entbehren, die sie schon im Mutterleibe, und in den ersten Lebensmonaten und -jahren erst recht, so nötig brauchen wie die tägliche Nahrung, um nicht an Leib und Seele zu verkümmern. Haltet Euch stets vor Augen: Ein Kind zu zeugen – und ein Kind zu empfangen – bürdet den Eltern eine hohe Verantwortung auf. Wer dies tut, ohne sich dieser Verantwortung bewußt zu sein, handelt leichtfertig und bewirkt dreifaches Leid:

Leid für den Vater, der sein unbeherrschtes Tun später zwar bereuen wird, aber nicht mehr ungeschehen machen kann;

Leid vor allem für die Mutter – ihr Lebensglück vermag ein unbedachtes Sich-gehenlassen für immer zu zerstören;

Leid aber auch für das so geborene Kind – sein Los ist besonders hart: Es muß nicht nur auf ein gut Teil der elterlichen Liebe verzichten – es wird auch in seinem späteren Leben oft genug von Unverständigen als ›unehelich geboren‹ geächtet und von Böswilligen verspottet – als ob es schuld daran wäre, daß es auf diese Weise geboren wurde.

Denkt immer daran: Was Ihr auch tut, Ihr tut es nie bloß für Euch – es berührt in jedem Falle auch andere, die zu Eurem Lebenskreis gehören. Im geschlechtlichen Bereich aber betrifft es Euer eigen Fleisch und Blut. Und dafür seid Ihr – wie wir alle – in ganz besonderem Maße verantwortlich.

Verantwortung! – Ein Fremdwort für den, der nur dem Triebe hörig ist. Verantwortung kennt nur, wer sich dem andern verpflichtet fühlt. Sie ist tätiger Ausdruck des Mitgefühls im Sinne der selbstlosen, nicht triebgebundenen Liebe. Wer wahrhaft menschlich liebt – die Frau ihren Mann, der Mann seine Frau –, erstrebt als Krönung dieser Liebe die dauernde, d. h. *eheliche Bindung* und *das in Liebe gezeugte und empfangene Kind,* das in die Nestwärme der Familie hineingeboren wird und also von Anfang an spürt, geborgen und von Herzen angenommen zu sein.

Von der Entwicklung des Lebens und von der Abstammung des Menschen

I. Verwandte Lebewesen

1. Du weißt, es gibt *verwandte Pflanzen* (vgl. II, 148–152, bzw. E, 148–150). Dabei unterscheiden wir verschiedene *Grade der Verwandtschaft.* Beispiel Taubnessel: Am engsten verwandt sind die Glieder derselben *Art* (etwa Weiße Taubnessel). Sie sind entweder Geschwister, oder Nachkommen 1., 2., 3. usw. Grades.

Die 5 Arten Weiße, Rote, Gefleckte, Stengelumfassende Taubnessel und Goldnessel gehören zur *Gattung Taubnessel.* Ihre Glieder sind noch nahe Verwandte. Gib an, was ihnen gemeinsam ist. Achte dabei auf die Form, Größe, Farbe und Anordnung der Blüten, auf Form und Stellung der Blätter, auf Wuchs und Standort, auf unterirdische Ausläufer u. a. m.

Die Gattung Taubnessel zählt, mit rund 60 anderen Gattungen, zu der *Familie der Lippenblütler.* Sie haben noch vieles gemeinsam, jedoch weniger als die Arten der Gattung Taubnessel unter sich. Beispiel: Salbei = zwar Lippenblüten, aber Oberlippe seitlich zusammengedrückt, nur 2 Staubblätter, Pollenschlagwerk, u. a. m. Die Minzen, die gleichfalls zu der Familie zählen, haben nicht einmal lippenförmige Blüten. Aber allen Gliedern der Familie gemeinsam ist: Frucht, die in 4 Nüßchen zerfällt; Blüten in Scheinquirlen; Blätter gekreuzt gegenständig u. a. m.

Die Lippenblütler bilden, zusammen mit mehr als 90 weiteren Familien (z. B. Dolden-, Schmetterlings-, Kreuz-, Rachen-, Korbblütler u. a.), die *Klasse der Zweikeimblättrigen* (vgl. Bohne, II, 79). Der Name verrät ihr wichtigstes Kennzeichen; nenne es. Darüber hinaus haben alle netznervige Blätter, sind also noch deutlich miteinander verwandt.

Zusammen mit der *Klasse der Einkeimblättrigen oder Spitzkeimer* (vgl. II, 79 – zu ihnen zählen auch alle Gras- und Getreidearten) bilden sie die *Unterabteilung der Bedecktsamigen.* Ihr Name nennt ihr gemeinsames Merkmal: sie haben einen Fruchtknoten, der die Samenanlagen umschließt (= bedeckt). Sie wiederum werden, zusammen mit den *Nacktsamern* (II, 94–97) zu der *Abteilung der Samen- und Blütenpflanzen* zusammengefaßt und sind insofern – wenn auch entfernte – Verwandte.

Ihnen schließen sich an die *Blütenlosen Pflanzen* (vgl. III, 46–49) mit den Abteilungen Moose, Farnpflanzen und Pilze. Zum Schluß folgen die ›Niederen‹ Pflanzen mit den Abteilungen Algen und Bakterien. Ihr Rest an Gemeinsamem: sie sind *pflanzliche Lebewesen* und insofern, wenn auch entfernt, verwandt, und sie haben mit den Tieren gemeinsam, daß sie lebende Wesen sind.

2. Auch die *Tiere* ordnet man nach dem Grad ihrer Verwandtschaft: *Arten* und *Gattungen* werden zu *Familien,* diese zu *Ordnungen* zusammengefaßt. Es folgen, mit abnehmendem Verwandtschaftsgrad, die *Klassen* und zuletzt die *Stämme* oder Kreise.

Ein Beispiel: Die *Arten* Hausmaus, Waldmaus, Brandmaus, Zwergmaus u. a., sowie die Haus- und die Wanderratte (vgl. I, 16) bilden die *Gattung ›Eigentliche Mäuse‹.* Sie zählen, zusammen mit den Gattungen Hamster und Wühlmäuse zur *Familie* der *›Mausartigen‹.* Die Familien Mausartige, Bilche (I, 15), Hasen, Hörnchen u. a. werden zur *Ordnung ›Nagetiere‹* zusammengefaßt. Sie gehören, zusammen mit 5 weiteren Ordnungen, zur *Klasse* der *›Säuger‹* und damit zum *Stamm* der *›Wirbeltiere‹.* Diese, und noch 8 weitere Stämme, umfassen das gesamte *Tierreich* mit seinen rund 1,5 Millionen Arten.

Du siehst: Die Forscher haben die Tiere nach ihrer Übereinstimmung in wichtigen Merkmalen zu verwandten Gruppen zusammengefaßt und nach dem Grad ihrer Entwicklung geordnet: Die oberste Stufe bilden die Wirbeltiere mit der am höchsten entwickelten Klasse der *Säuger*. Die niedrigste Stufe bilden die aus nur 1 Zelle bestehenden *Urtiere*. Die übersichtliche Darstellung der so geordneten Tierwelt nennt man das *System* der Tiere. Die folgende Übersicht gibt einen Ausschnitt davon. Versuche, bei jeder Gruppe die jeweils gemeinsamen Merkmale anzugeben. Wesentliches verrät meist schon der Name.

Stamm: Wirbeltiere			
Klassen	Ordnungen	einige Familien	einige Arten
1. Säuger (etwa 6000 Arten)	Huftiere	Horntiere Schweine Pferde (I, 36)	Rind, Ziege, Schaf, Gemse (I, 31 f.) Hausschwein, Wildschwein Pferd, Esel, (Zebra)
	Raubtiere (I, 29)	Marderartige Hundeartige Katzenartige	Edel- und Steinmarder, Iltis, Wiesel, Dachs, Fischotter Hund (Wolf), Fuchs Hauskatze, Wildkatze, Luchs, (Löwe, Tiger, Leopard)
	Nagetiere (I, 15)	Mausartige Bilche Hörnchen	s. S. 131! Haselmaus, Sieben- u. Gartenschläfer Eichhörnchen
	Insektenvertilger	 Spitzmäuse	Igel (I, 89), Maulwurf (I, 38) Haus-, Wald-, Wasser- und Zwergspitzmaus
	Flattertiere	Eigentliche Fledermäuse Hufeisennasen	(I, 91) – rund 1 Dutzend Arten Große und Kleine Hufeisennase
2. Vögel (etwa 9000 Arten)	19 Ordnungen, darunter die umfangreiche Ordnung *Singvögel* mit 17 Familien und rund 5000 Arten		
	Singvögel (Auswahl)	Sperlingsvögel Finken Meisen Drosseln Schwalben Rabenvögel	Feld- und Haussperling Buch-, Grün-, Distelfink, Kanarienvogel Kohl-, Blau-, Sumpf-, Schwanzmeise Amsel, Singdrossel, Rotkehlchen, Rotschwanz, Nachtigall Rauch-, Mehl- und Uferschwalbe Raben-, Saat- und Nebelkrähe Dohle, Elster, Eichelhäher
3. Kriechtiere (Reptilien, rund 4300 Arten) II, 153 ff.	Echsen Schlangen Schildkröten (Krokodile)	Eidechsen Schleichen Nattern Ottern	Zaun-, Berg-, Mauer- und Smaragdeidechse Blindschleiche Ringel- u. Schlingnatter Kreuzotter

Klassen	Ordnungen	einige Familien	einige Arten
4. Lurche (rund 2000 Arten) II, 86 f.	Schwanzlurche Froschlurche	Salamander Molche Frösche Laubfrösche Kröten Unken	Feuer- u. Alpensalamander Teich-, Kamm- und Bergmolch Gras-, Wasser- und Moorfrosch Laubfrosch Erd-, Kreuz- u. Wechselkröte Tiefland- u. Bergunke
5. Fische	(5 verschiedene Ordnungen)		(rund 20 600 Arten)

Dies ist ein Ausschnitt aus dem Stamm der Wirbeltiere. Berücksichtigt wurden einheimische Tiere. Die Verwandtschaftsgruppe der *Gattungen* wurde weggelassen, weil es für sie häufig nur wissenschaftliche (= lateinische) Namen gibt.

Weitere wichtige Tierstämme sind:

Weichtiere – (z. B. Schnecken und Muscheln) mit mehr als 100 000 Arten;

Gliedertiere – siehe unten;

Niedere Würmer – rund 25 000 Arten, darunter viele Schmarotzer und Krankheitserreger;

Urtiere – rund 30 000 Arten; sie bestehen aus nur *einer* Zelle (= Einzeller, vgl. IV, 80).

Den größten Tierstamm – mit mehr als 800 000 Arten – bilden die *Gliedertiere* mit dem Unterstamm der *Gliederfüßler*. Dieser umfaßt die *Klassen*

Tausendfüßler	=	2 Ordnungen mit 8000 Arten;
Krebse	=	6 Ordnungen mit rund 28 000 Arten;
Spinnentiere	=	3 Ordnungen mit rund 30 000 Arten;
Insekten	=	22 Ordnungen mit mehr als 700 000 Arten. Davon umfaßt allein die Ordnung *Käfer* 17 Familien mit insgesamt 300 000 Arten, die Ordnung *Schmetterlinge* 8 Familien mit insgesamt 100 000 Arten.

II. Verwandte Lebewesen haben gemeinsame Ahnen

Dies gilt für Pflanzen und Tiere.

1. Du weißt: Unsere *Kulturpflanzen* stammen von Wildpflanzen ab. Der Mensch hat sie gezüchtet, und er züchtet neue Sorten auch weiterhin. Beispiel (vgl. III, 31–37):

Wildpflanze	daraus gezüchtete Kulturpflanzen
Wildrübe	Futter-, Zucker-, Rote Rübe und Mangold;
Wildkohl	Blatt-, Kopf-, Stengel- und Blütenkohle, jeweils mit zahlreichen Sorten

Entsprechendes gilt für die *Haustiere*. Auch sie hat der Mensch gezüchtet, und er tut dies weiterhin. Beispiel *Haushund*. Es gibt heute zahlreiche Hunderassen. Sie sind vielgestaltig: erwachsene Tiere unterscheiden sich in der Größe (Schulterhöhe = 20 bis 100 cm), im Gewicht ($^1/_2$ bis 80 kg), in der Gestalt (Länge des Rumpfes, Form des Schädels, des Gebis-

Abb. 92: Schnabeltier

ses, der Beine), in der Behaarung, der Färbung usw., aber auch, und vor allem, im Verhalten. Und doch haben alle denselben *Stammvater* – es ist der *Wolf*. Ihn hat der Mensch schon vor 10 000 Jahren zu zähmen versucht. Er richtete junge Wölfe zur Jagd ab und wählte die dafür tauglichsten zur Nachzucht aus. So entstanden, durch *Auslese und Kreuzung*, unsere heutigen Hunderassen. Entsprechendes gilt für die übrigen Haustiere.

Wichtig ist: In überschaubarer Zeit ist es dem Menschen gelungen, aus Wildpflanzen die zahlreichen Sorten von Kulturpflanzen, aus Wildtieren die vielgestaltigen Rassen der Haustiere herauszuzüchten. Was der Mensch in wenigen Jahrtausenden vollbrachte, schuf die Natur im Verlauf unermeßlicher Zeiträume, und wir wissen heute:

Verwandte Pflanzen und Tiere haben gemeinsame Ahnen, und die heute lebenden Arten haben sich aus früheren, andersartigen Formen entwickelt.

2. Dies beweisen *Ahnenreihen* und ›lebende Fossilien‹. Beispiel: Unser heutiges Pferd geht auf dem vordersten Glied der mittleren Zehe. Es ist ein Zehenspitzengänger und bekannt als schneller Läufer. (Womit treten wir Menschen auf, wenn wir um die Wette laufen?) Sein ältester Ahn, das etwa kaninchengroße *Urpferd*, lebte vor rund 60 Millionen Jahren und ging noch auf 4 Zehenspitzen. Von der 5. Zehe (bzw. dem Daumen) waren nur noch Reste vorhanden (vgl. I, 34–37).

Unter den Nachkommen dieses Urpferdes waren solche, deren Mittelzehe etwas länger und kräftiger war. Beim Gehen berührte es nur mehr mit 3 Zehenspitzen den Boden und war dadurch als Läufer seinen Artgenossen überlegen.

Durch Mutationen entstanden Pferdenachkommen, deren Mittelzehe noch länger und kräftiger war, deren übrige Zehen noch mehr verkümmerten, und die nur mehr mit der einen Zehenspitze den Boden berührten. Sie waren, als noch schnellere Läufer, im Wettbewerb überlegener und hatten, auf lange Sicht (im „Kampf ums Dasein") mehr Aussicht, zu überleben. Sie wurden *ausgelesen* und bildeten die jüngsten Ahnen unserer heutigen Pferde.

Die Pferde zählen zur Klasse der *Säuger*. Ihre ältesten Ahnen, die *Ursäuger*, lebten vor rund 200 Millionen Jahren. Sie waren anders als ihre heute lebenden Nachfahren, und ihre Entwicklung erfolgte stufenweise. Davon zeugen Versteinerungen (= Fossilien) von Lebewesen, die in früheren Jahren gelebt haben. Besondere Umstände bewirkten, daß einige Lebewesen, deren nächste Verwandten längst ausgestorben sind, bis heute noch leben. Sie haben urtümliche Merkmale ihrer Art bewahrt und passen somit nicht mehr so recht in unsere Gegenwart herein. Man nennt sie deshalb ›lebende Fossilien‹. Dafür 4 Beispiele:

a) Im Jahre 1832 entdeckte man in Südaustralien und Tasmanien (Atlas!) das *Schnabeltier (Abb. 92)*. Das überaus seltene, scheue Tier hat einen Entenschnabel, erinnert also an einen Vogel; es legt, wie die Reptilien, pergamentschalige Eier, säugt aber die daraus schlüpfenden Jungen, und es besitzt überdies ein Haarkleid, ist also ein echtes Säugetier.

Es zeigt Merkmale der Reptilien, Vögel und Säuger, und die Vermutung liegt nahe, daß ausgestorbene Kriechtiere die Ahnen der Vögel und Säuger waren. Heute wissen wir, daß dem so ist:

Vögel und Säuger haben sich aus den Kriechtieren herausentwickelt — sie stammen von ihnen ab.

Ähnliche Merkmale, wie das Schnabeltier, zeigt der *Schnabel- oder Ameisenigel.* Ihn kannst du in manchen zoologischen Gärten, so in Stuttgart und Frankfurt, sehen.

b) In abgelegenen Gebieten Amerikas lebt ein Vogel, der an den Flügelenden je 3 Krallen trägt und sich mit ihrer Hilfe hangelnd fortbewegt. Er besitzt urtümliche Merkmale, die seinen Ahnen, dem *Urvogel (Abb. 93),* zu eigen waren. Dieser lebte vor rund 150 Millionen Jahren, ist längst ausgestorben, aber als Versteinerung aus dem Jura bekannt.

Abb. 93: Urvogel

Als ›Vogel‹ kennzeichnen ihn das Federkleid, die beiden Flügel, der innere Bau des Schädels, des Schulter- und Beckengürtels, sowie der Bau des Fußes. Nicht dazu passen die mit Zähnen bewehrten Kiefer, der innere Bau der ›Hand‹ (= Flügel: Mittel- und Fingerknochen sind nicht miteinander verwachsen), sowie die in Krallen endenden Finger der Flügel (= Arme) und der lange, durch an die 20 Wirbel gestützte Eidechsenschwanz (der allerdings befiedert war), Eigenschaften also, wie sie die Reptilien kennzeichnen. Dieser Urvogel sowie sein ›lebendes Fossil‹ sind *Übergangsformen,* d. h. *Zwischenglieder* zwischen Kriechtier und echtem Vogel, und sie stützen die Vermutung, daß die heutigen Vögel die Enkel der Kriechtiere sind.

c) Im Jahre 1938 wurde an der Südspitze Afrikas ein Meeresfisch, genannt *Quastenflosser* (vgl. *Abb. 100),* gefangen, dessen nächste Verwandte seit rund 60 Millionen Jahren ausgestorben sind. Kiemen, Schuppen und Flossen kennzeichnen das Tier als echten Fisch. Die paarigen Brust- und Bauchflossen aber sind ›Geh-Flossen‹. Sie enden in muskulösen, quastenförmigen, beweglichen Lappen, dienten also zweifellos zum Paddeln und zum Kriechgehen im Schlamm, und ihr Innenskelett besteht aus einem Oberschenkel- und zwei Unterschenkelknochen, zeigen also denselben Bau wie das Beinskelett der Vierfüßler. Seitdem wurden noch etliche solcher Quastenflosser gefangen. Sie gehören verschiedenen Arten an, sind aber ähnlich gebaut und stehen zwischen den Ahnen der Fische und Lurche. Man glaubt heute, daß von ausgestorbenen Quastenflossern die *Urlurche* abstammen. Die Urlurche wiederum betrachtet man als die Ahnen der heute lebenden Lurche und Kriechtiere.

d) Lebende Fossilien sind auch die 6 Arten *Lungenfische* der heißen Zonen (vgl. *Abb. 100).* Sie haben zwar gleichfalls Kiemen wie die übrigen Fische. Im Sommer aber, wenn die Gewässer, in denen sie leben, austrocknen, benützen sie ihre Schwimmblase als Lunge zum Atmen. Ihre zahlreichen, längst ausgestorbenen Verwandten zählten mit zu den Ahnen der *Landwirbeltiere,* d. h. derjenigen, die außerhalb des Wassers leben konnten.

III. Die Entwicklung der Wirbeltiere

Auf Grund dieser – und vieler anderer – Tatsachen haben die Forscher versucht, eine Art *Stammbaum* der heute lebenden Tiere und Pflanzen aufzustellen. Dabei ergab es sich, daß dieser ›Baum‹ eher einem Strauche gleicht; denn er hat von Anfang an nicht nur einen, sondern mindestens zwei ›Stämme‹ – dem einen entspricht das Reich der Pflanzen, dem anderen das der Tiere. Es folgen weitere ›Stämme‹ mit sich nach oben immer feiner verästelnden Zweigen, von denen diejenigen blind enden, die ausgestorbene Formen darstellen, d. h. solche, von denen heute keine Verwandten mehr leben.

Die *Abb. 94* stellt den vereinfachten Stammbaum der Wirbeltiere dar. Dabei mußt du folgendes wissen: Die Geologen – sie erforschen den Bau und die Entstehung der Erde – haben den Gesteinsschichten besondere Namen gegeben und auch deren Alter ziemlich genau festgestellt. Damit wissen sie zugleich, wann die Pflanzen und Tiere gelebt haben, die in diesen Schichten versteinert gefunden wurden. Die Namen dieser Gesteinsschichten nennt der Atlas. Du kannst sie, samt ihrem Alter, auch den *Abb. 94, 95* und *101* entnehmen. Der Atlas sagt dir auch, wo die betreffenden Gesteinsschichten offen zu Tage liegen.

Versuche, an Hand der Abb. den Gang dieses Teils der Entwicklung zu schildern, beachte dabei:

1. Die *Urfische* hatten statt der Wirbelsäule einen elastischen Stab; man nennt ihn *›Rükkensaite‹* oder *›Chorda‹.* Diese Chordatiere waren die Ahnen der heute lebenden Fische. Die Rückensaite wurde im Verlauf der Entwicklung durch eine knorpelige oder knöcherne Wirbelsäule ersetzt. (Zu den heute lebenden Knorpelfischen zählen die Haie und Rochen mit rund 600 Arten; die eigentlichen Knochenfische mit ihren rund 20 000 Arten sind weit in der Überzahl. Sie tauchten jedoch, wie die *Abb. 94* verrät, viel später auf.)

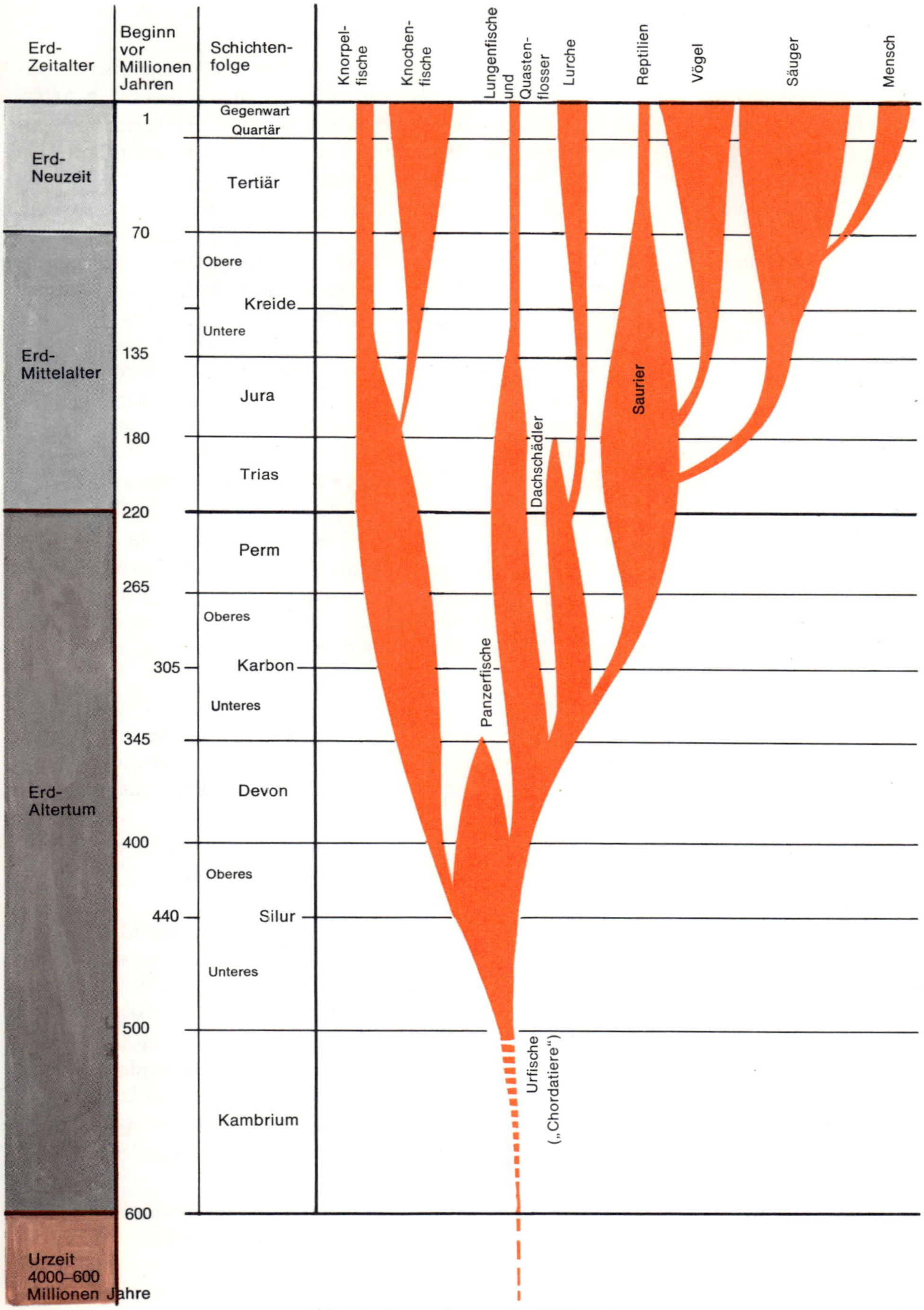

Abb. 94: Stammbaum der Wirbeltiere

2. Die Dicke der Äste und Zweige dieses Stammbaumes deutet die *Zahl der Arten* an, die zu den genannten Zeiten gelebt haben. Dazu einige Beispiele:

a) *Fische:* Im Erdaltertum (Karbon und Perm) gab es viele Arten von Lungenfischen. Erhalten blieben nur mehr die oben genannten, zu den lebenden Fossilien zählenden 6 Arten.

b) *›Dachschädler‹:* Sie waren lurchartige Tiere (man nennt sie auch ›Panzerlurche‹). Sie gingen als erste an Land. – Vor wieviel Jahren geschah dies? – Bis dahin spielte sich alles Leben, das der Tiere wie das der Pflanzen, im Wasser ab.

c) *Reptilien:* Die Abb. zeigt, daß im Erd-Mittelalter (Trias bis Kreide) die zu den Kriechtieren zählenden *Saurier* sich gewaltig ausgebreitet hatten. Sie eroberten alle Lebensräume: In und auf dem Wasser schwammen die Fisch- und die Paddel-Echsen; in die Luft erhoben sich die Flugsaurier, und die in den Uferzonen lebenden Landsaurier nahmen z. T. gewaltige Ausmaße an. Sie zählten zu den größten Tieren, welche die Erde je getragen hat (Riesen-Saurier = 12 m hoch, 30 m lang). Die Saurier sind längst ausgestorben. Im Vergleich mit ihnen bilden die heute lebenden Reptilien einen kärglichen Rest.

d) *Säuger:* Die Abb. verrät, daß sich mit dem Beginn der Erd-Neuzeit die Säuger geradezu explosionsartig entwickelt haben. Und da zweigt auch der Seitenast ab, der die Entwicklung zum Menschen hin andeutet.

e) Die Abb. zeigt überdies, daß in früheren Zeiten andere Tiere gelebt hatten als heute.

Woher wir dies alles wissen? – Von den Versteinerungen (= Fossilien), die vom Menschen freigelegt wurden. Sie sind oft so gut erhalten, daß wir ein genaues Bild ihres Körperbaus und ihrer Lebensweise erschließen können. Die ältesten, ganz erhaltenen Fossilien stammen aus dem Kambrium, also von Tieren, die vor 600 Millionen Jahren gelebt haben. Spuren von Versteinerungen sind noch älter. (Es ist fast immer ein besonderer Glücksfall, versteinerte Skelette von menschenähnlichen Wesen zu finden.)

IV. Die Entwicklung der Pflanzen

In groben Zügen zeigt *Abb. 95,* was die Forscher über die Abstammung der Pflanzen erkundet haben. Vieles davon ist gesicherte Erkenntnis, anderes wird nur vermutet. Ungewißheit herrscht vor allem über das, was während der Urzeit der Erde, also vor dem Kambrium, geschah.

Beschreibe den Verlauf der Entwicklung. Gib an, wann die einzelnen Gruppen von Pflanzen erstmals auftraten. Beispiel: Nadelbäume . . .? oder Laubbäume . . .? (Die Laubbäume unserer Wälder zählen zu den Zweikeimblättrigen.)

Achte auf die gewaltige Entfaltung der *Blütenlosen.* Wann geschah dies? Manche von ihnen, wie Schachtelhalme, Bärlappgewächse und Farne, waren baumgroße Gewächse von mehr als 30 m Höhe. Sie bildeten im Karbon ausgedehnte Wälder. Aus ihren Überresten entstand die Steinkohle (carbo heißt Kohle; Karbon bedeutet ›Steinkohlenzeit‹).

Vergleiche die Abb. mit dem im gleichen Maßstab gezeichneten Stammbaum der Wirbeltiere *(Abb. 94).* Beachte dabei: Farn- und bärlappartige Pflanzen, also Blütenlose, stiegen erstmals im Devon, und dann vor allem im Karbon (›Steinkohlenwälder‹) an Land.

Damit war es auch für die Tiere möglich, nachzufolgen. Es waren zunächst ›Amphibien‹, d. h. Tiere wie unsere Lurche (vgl. II, 86 f.), die sowohl im Wasser als auch auf dem Lande leben können.

Den Lurchen folgten ›nach kurzem‹ (nach wieviel Millionen Jahren?) die übrigen Landtiere. Dem steht nicht entgegen, daß manche von ihnen, wie etliche Kriechtiere, z. B. die ausgestorbenen Fisch- und Paddel-Echsen, sowie manche Säuger, wie Robben und Wale, wieder ins Wasser zurückkehrten. Sie blieben Lungenatmer, die sich nachträglich dem Leben im Meere anpaßten.

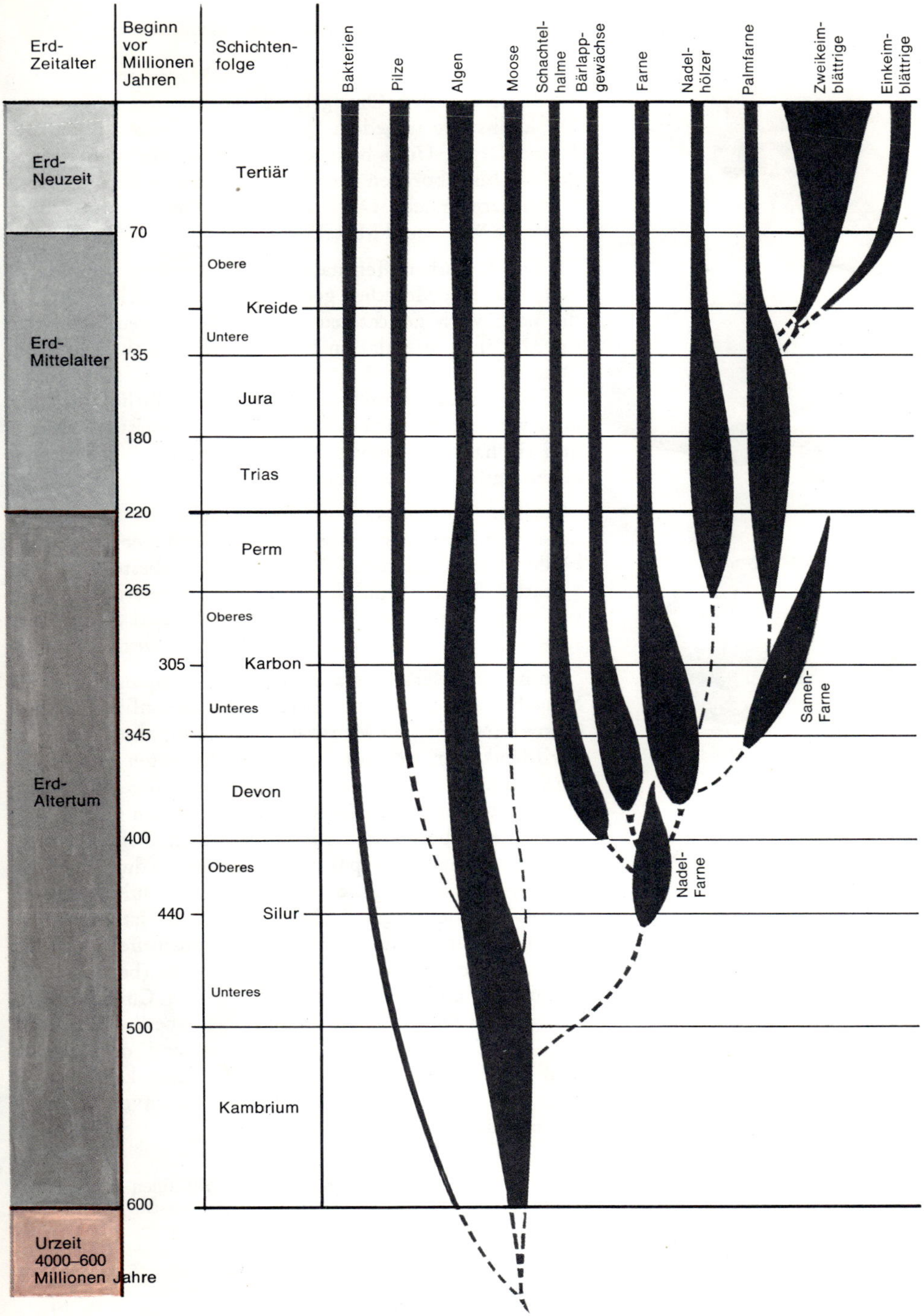

Abb. 95: Abstammung der Pflanzen (vereinfacht)

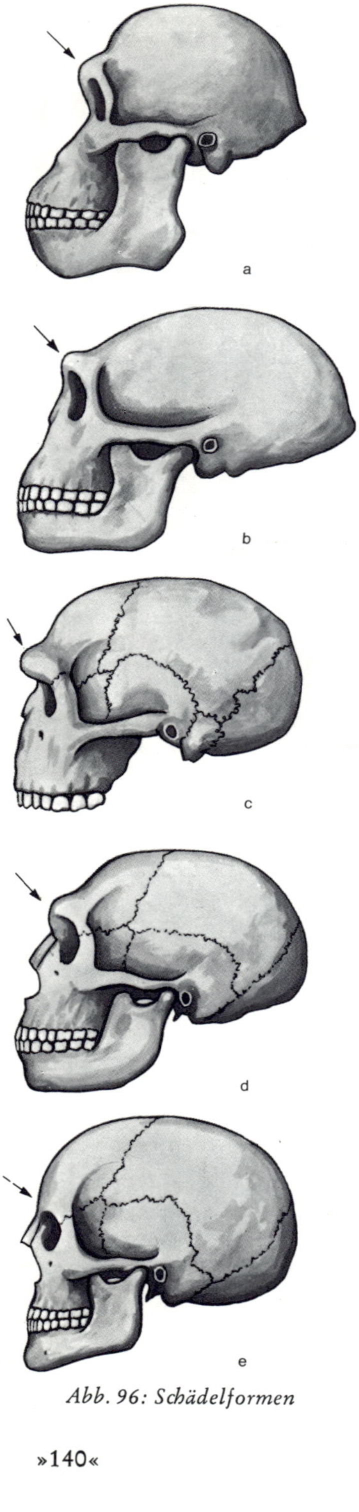

Abb. 96: Schädelformen

V. Auch der Mensch hat tierische Verwandte

Zu den tierischen Verwandten des Menschen zählt man die *Menschenaffen*, Orang-Utan, Gorilla und Schimpanse. Du kannst sie in jedem größeren Zoo beobachten. Der Name Orang-Utan bedeutet ›Waldmensch‹ – so nennen ihn die Eingeborenen von Sumatra und Borneo, in deren Urwäldern er lebt. Die Heimat von Gorilla und Schimpanse ist West- und Mittelafrika.

1. Die Menschenaffen haben wichtige *körperliche* Merkmale mit dem Menschen gemeinsam: das haarlose Gesicht, die nach vorn gerichteten Augen, die breiten Schultern, die 32 Zähne, die glatten Fingernägel, den abspreizbaren Daumen u. a. m. Sie sind, wie der Mensch, schwanzlos. Auf dem Boden können sie, wenn auch unbeholfen, mehr oder weniger aufrecht gehen – sie tun es meistens nicht –, und sie haben dieselben Blutgruppen und Blutgruppeneigenschaften wie der Mensch.

Gorilla, Schimpanse und Mensch stimmen überdies in nebensächlichen Merkmalen überein: sie haben eine Stirnhöhle; ihre Handwurzel (vgl. *Abb. S. 7)* besteht aus nur 8, statt 9 Knochen, und ihre Samenfäden (Spermien) sehen sich zum Verwechseln ähnlich. Gorilla und Schimpanse stehen dem Menschen somit näher als der Orang-Utan.

Noch mehr Merkmale aber hat der Schimpanse mit dem Menschen gemein. Er hat abstehende, menschlich geformte Ohren. Erwachsenen Menschen und Schimpansen fehlt der Zwischenkiefer, den alle anderen Affenarten haben. (In Wirklichkeit ist es so, daß im Laufe der Jugendentwicklung bei beiden dieser Zwischenkieferknochen nahtlos mit den beiden Oberkieferknochen verwächst.) Beide besitzen ›Weisheitszähne‹, die spät erscheinen und nicht lange halten. Beide haben ähnlich gebaute Nieren mit mehreren Nieren-Papillen (vgl. *S. 23);* der Gorilla hat nur eine. Und besonders wichtig: 89 % der Eiweißstoffe des Blutes sind dieselben bei Mensch und Schimpanse (beim Gorilla nur 64 %), und bei beiden sind mehrere Chromosomen von gleicher Gestalt. Zum Schluß noch eine Besonderheit: Menschenläuse und Schimpansenläuse sind einander so ähnlich, daß man sie kaum unterscheiden kann. Beide können auf beiden schmarotzen. Deutlich davon verschieden sind die Gorilla-Läuse.

Zu Abb. 96: a = Ur-Mensch, vor 2—3 Millionen Jahren. Gehirnraum 500—800 cm^3. — b = Früh-Mensch, vor 500 000 Jahren. Gehirnraum 900—1200 cm^3. — c = Steinheimer Mensch, vor 250 000 Jahren. Gehirnraum 1100—1200 cm^3. — d = Alt-Mensch (Neandertaler), vor 150 000—50 000 Jahren. Gehirnraum bis 1600 cm^3. — e = Jetzt-Mensch, seit 80 000—100 000 Jahren. Gehirnraum 1500 cm^3. — Beachte die Pfeile, sie deuten auf die „Überaugenwülste".

2. Der Schimpanse hat aber nicht nur körperliche Merkmale mit dem Menschen gemein – auch sein *Verhalten* zeigt menschenähnliche Züge. Schimpansen haben einen ausgeprägten Spiel- und Nachahmungstrieb, und sie sind sehr gelehrig. In Zirkus und Zoo fahren sie mit Roller, Fahrrad und einfachem Auto. Sie zeigen artistische Leistungen, lernen, beim Speisen mit Löffel, Gabel und Messer umzugehen, und sie gebrauchen, auch ohne Anleitung durch den Menschen, Werkzeuge und fertigen sogar einfache Geräte, wenn es etwa gilt, eine anders nicht erreichbare Banane zu erhaschen. Sie bedienen Automaten. Sie stellen Überlegungen an, können also, wenn auch in bescheidenem Maße, d e n k e n. Sie gebrauchen auch verschiedene (Forscher behaupten, bis zu 80) Laute, um sich gegenseitig zu verständigen. Eine Sprache im menschlichen Sinne aber besitzen sie nicht.

All dies – und anderes mehr – läßt vermuten, daß der Mensch und die Menschenaffen miteinander *verwandt* sind, d. h. von gemeinsamen *Ahnen* abstammen. Am nächsten verwandt mit dem Menschen ist der Schimpanse.

3. Worin sich der Mensch vom Schimpansen und anderen Menschenaffen unterscheidet: Nur der Mensch hat einen *aufrechten Gang*. Lies nach, was auf S. 9, und insbesondere in Merksatz 4 auf S. 10, über die Vorzüge und Folgen des aufrechten Ganges gesagt ist. Wie sich, als Folge der Aufwölbung des Schädels, der Gehirnraum vergrößerte, kannst du der *Bildfolge 96, a—e* entnehmen. Stelle die dort genannten Maße bildlich (Kurve) dar. Würdest du versuchen, in entsprechender Form die Entwicklung der geistigen Fähigkeiten des Menschen, wie sie sich in Wissenschaft, Technik und Kunst offenbaren, hinzu zu zeichnen, so bekämst du eine Kurve, die — beim heutigen Menschen — fast senkrecht in die Höhe schnellte. — So unvergleichlich weit überragt der heute lebende Mensch seinen Verwandten, den so ›menschenähnlichen‹ Schimpansen. Die Bildfolge zeigt zugleich, wie der bei den Menschenaffen schnauzenartig vorspringende Gesichtsschädel immer mehr zurücktritt, und wie sich das Kinn bildet. — Der aufrechte Gang bewirkte auch unterschiedliche Maßverhältnisse von Körper und Gliedmaßen. Sie deutet *Abb. 97* und die Tabelle an (Maßzahlen in cm = Durchschnittswerte).

	Rumpflänge	Schulterbreite	Beckenbreite	Oberarm	Unterarm	Hand	Schenkel Ober-	Schenkel Unter-	Fuß
Mensch	100	75,3	56,2	65	50,9	36,8	85	73,5	52
Schimpanse	100	54,6	52,2	63,3	59,3	57,5	61,2	52	57,5
Orang-Utan	100	59,8	52,8	80,1	80,1	63,4	58,2	53	71,6

Aufgabe:
Vergleiche und berichte. Versuche, die Maßzahlen der Tabelle bildlich (Kurven) darzustellen, und fertige eine entsprechende Strichzeichnung für den Orang-Utan.

Beim Gebiß der Affen sind die Eckzähne länger als deren Nachbarn. Die Tiere könnten den Mund nicht schließen, wenn im Oberkiefer keine Lücke wäre, in die der verlängerte Eckzahn des Unterkiefers paßt. Diese ›Affenlücke‹ fehlt dem Menschen. Sie wurde überflüssig; weshalb, das erkennst du, wenn du daraufhin dein Gebiß im Spiegel betrachtest. Dieser Unterschied zwischen Affe und Mensch ist für die Forscher deshalb so bedeutsam, weil ihnen das Bruchstück eines versteinerten Oberkiefers genügt, wichtige Schlüsse zu ziehen. Sie erkennen schon an der *lückenlosen Zahnfolge*, daß ihr Träger nicht mehr Affe, sondern ›schon‹ Mensch war. Ja, sie erkennen bereits am Bau eines einzelnen Zahnes (an der Zahnkrone), ob dieser von einem Affen oder von einem zu gleicher Zeit lebenden Menschen stammt (vgl. *Abb. 98 a—c*).

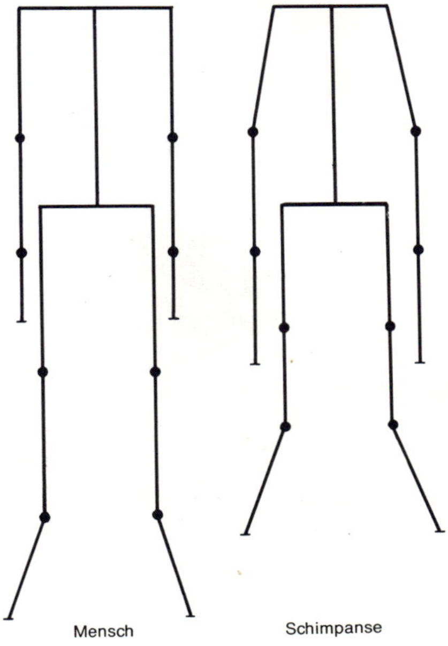

Abb. 97: Maßverhältnisse von Rumpf und Gliedmaßen bei Mensch und Schimpanse

Abb. 98: Oberkiefer von Schimpanse, Urmensch und Jetztmensch

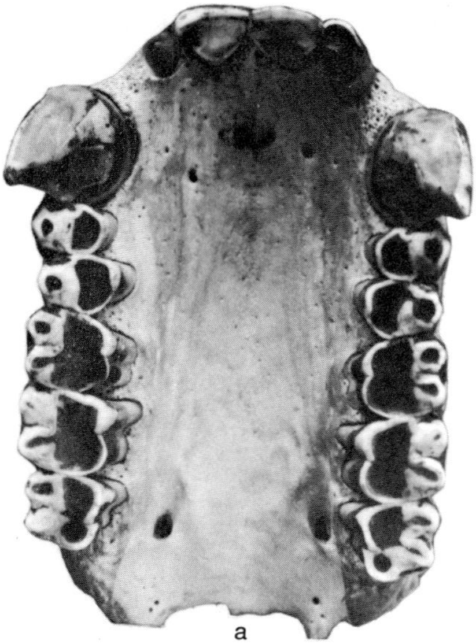

a

b

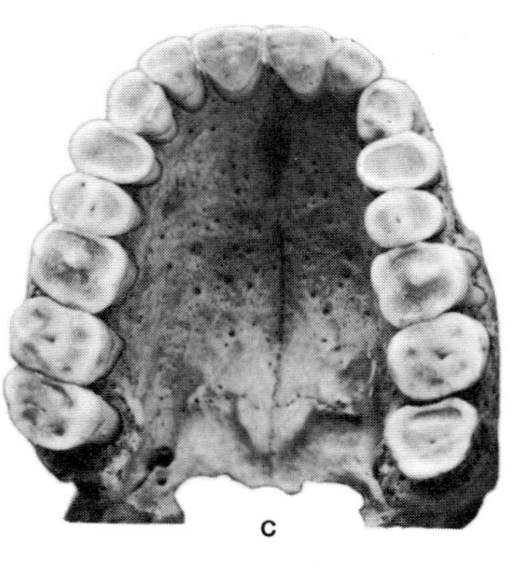

c

Die *Bildfolge 98* zeigt einen weiteren Unterschied zwischen Menschenaffe und Mensch. Du entdeckst ihn, wenn du die Umrißlinien der Gebisse mit verschiedenen Farben übereinander zeichnest.

Steht dem Forscher überdies noch das versteinerte Skelett eines Fußes zur Verfügung, so weiß er: Ein *Standfuß,* mit seinem charakteristischen Fußgewölbe (vgl. S. 5), ist typisch ›menschlich‹, ein *Greiffuß,* mit daumenähnlich gegenüberstehender Großer Zehe, dagegen ›äffisch‹.

Die Forscher kennen noch eine Fülle anderer Unterschiede. Dazu noch ein Beispiel: Beim Menschen bilden Kreuz-, Darm- (= Hüft-) und Schoßbein eine Art flacher Schüssel, das B e c k e n (vgl. *Abb. S. 7),* dazu geschaffen, die Eingeweide des Bauches zu tragen. Dies ist sinnvoll nur bei aufrecht gehenden, d. h. ›menschlichen‹ Wesen. Anders ist es bei den kletternd, hangelnd oder auf allen Vieren sich fortbewegenden Menschenaffen. Ihr Becken bildet keine Schüssel; es muß auch keine Eingeweide tragen.

VI. Die Stammesentwicklung des Menschen

1. Mensch und Menschenaffen haben gemeinsame Ahnen. Dies halten die Forscher auf Grund unzähliger Tatsachen für erwiesen. *Wann* dieser gemeinsame Ahn gelebt hat, und wie die Entwicklung im einzelnen verlief, ist nicht in allen Teilen geklärt; dazu reichen die gefundenen Versteinerungen nicht aus.

Man weiß, daß schon vor rund 25 oder gar 30 Millionen von Jahren Affen lebten, die unseren heutigen Menschenaffen ähnlich sahen, die aber noch keine Hangler waren, also nicht auf Bäumen lebten. Einen dieser Urmenschenaffen nannten die Forscher *›Proconsul‹,* weil sie glaubten, einen Vorfahren des im Londoner Zoo gehaltenen Schimpansen ›Consul‹ gefunden zu haben (›pro‹ heißt ›vor‹). Unter den damaligen *Ur-Menschenaffen* gab es auch solche mit ›typisch menschlichem Gebiß‹; das heißt, ihre Zähne reihten sich lückenlos aneinander, und die Zahnlinie der Kiefer verlief nicht gerade, sondern war, wie bei uns Menschen, nach außen gebogen (vgl. *Abb. 98 b).*

Zu den Zeitangaben der *Abb. 99:* Tertiär = 70 Millionen Jahre (berücksichtigt sind nur die letzten 30 Millionen Jahre); — Quartär = ab 1 Million Jahre; — Eiszeit = 600 000—20 000 Jahre v. Chr. — Man unterscheidet mehrere, mindestens 4, Eiszeiten, die jeweils durch wärmere Zwischen-Eiszeiten unterbrochen waren. In der Eiszeit lebte der Altmensch. Von ihm haben wir aus vielen Funden Kunde. Der Jetztmensch trat auf dem Höhepunkt der letzten Eiszeit auf. — Vergleiche an Hand der Abb. die Dauer der Entwicklung vom Vor-Menschenaffen zum Urmenschen, von diesem zum Früh-Menschen usw.

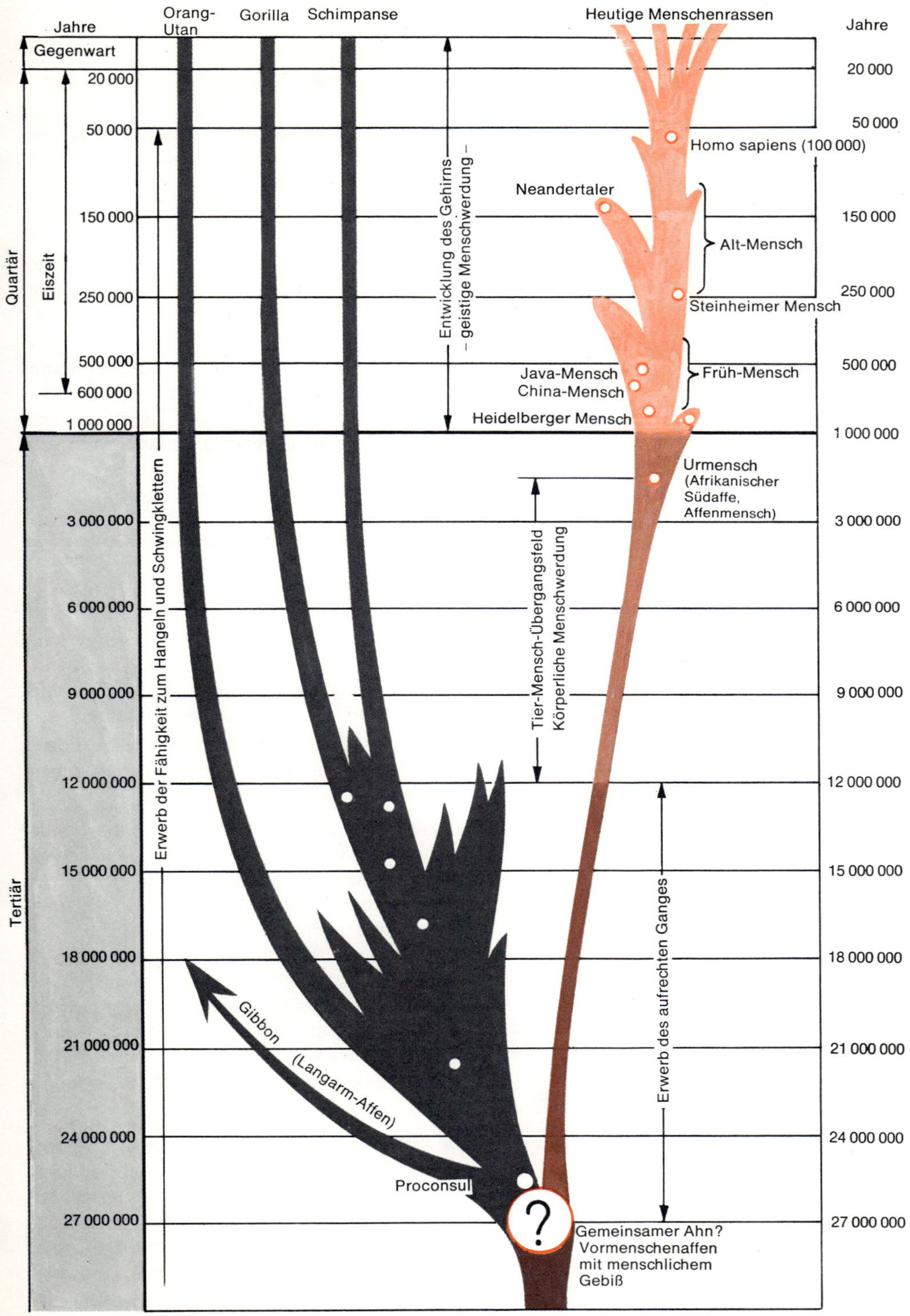

Abb. 99: Stammbaum des Menschen und der Meenschenaffen — nach Heberer — (vgl. auch Abb. 94: Wirbeltiere). — Beachte: Die Zeitabschnitte sind in verschiedenem Maßstab gezeichnet. Die jüngste Jahrmillion nimmt etwa denselben Raum ein wie 15 Millionen Jahre zuvor.

Wie so ein Ur-Menschenaffe ausgesehen haben mag, zeigt *die Tafelabbildung* nach S. 126. Er ging, halb aufrecht, auf allen Vieren, konnte auch Bäume erklettern, besaß jedoch eine der Menschenhand ähnliche Greifhand, und man nimmt an, daß einige seiner Verwandten in die Wälder abwanderten und sich dort zu Menschenaffen entwickelten, während andere in der Steppe blieben und dort – im Verlauf von Jahrmillionen – zum aufrechten Gang übergingen. Aufrecht zu gehen brachte dort Vorteile im Lebenskampf: sie konnten über das hohe Steppengras hinwegsehen und Feinde wie Beutetiere frühzeitig erkennen.

Der Erwerb des aufrechten Ganges brachte die entscheidende Wende. Denn dabei wurde, wie du weißt, das ganze Skelett, und auch der übrige Körper, umgebaut. Dies bedeutete die *körperliche Menschwerdung.* Der aufrechte Gang ermöglichte die Vergrößerung des Gehirns, und so folgte die *geistige Menschwerdung* der körperlichen auf dem Fuße nach.

Von dieser haben wir keine unmittelbare Kunde. Verstand (Intelligenz) und Geist kann man nicht als ›Versteinerung‹ ausgraben. *Denken* aber mußten diejenigen unserer Vorfahren gelernt haben, die nicht nur Werkzeuge benützten (das tun auch manche Tiere), sondern Geräte zu bestimmtem Gebrauch anfertigten; die verstanden, Feuer anzufachen und zu unterhalten und es sich dienstbar zu machen; die Fernwaffen (Speere, Pfeil und Bogen) erfanden, um auch schnelle Beutetiere zu erlegen; die zum Ackerbau übergingen, also seßhaft wurden, sich Häuser bauten u. a. m. Und von menschlichem *Geist* zeugen die Kunstwerke, die unsere Ahnen hinterließen, sowie die Art, wie sie ihre Toten begraben und sie mit Schmuck und anderen Beigaben ausgestattet haben.

2. Die Stufen der Menschwerdung (vgl. *Abb. 99)*

a) Den *gemeinsamen Ahn* von Menschenaffe und Mensch kennt man nicht. Doch vermuten die Forscher, daß ihm, wie dem Proconsul, Merkmale zu eigen waren, die auf beide hinweisen, und daß er frühestens vor 25–30 Millionen Jahren gelebt haben muß. Denn um diese Zeit trennte sich die Stammeslinie der Menschenaffen von der des Menschen.

Nach den ›Affen mit menschlichem Gebiß‹, in denen wir die Anfänge der menschlichen Stammeslinie vermuten dürfen, folgen Millionen von Jahren der Erdgeschichte, aus denen uns bis jetzt keine Funde bekannt sind.

b) *Der Ur-Mensch* (vgl. *Abb. auf der Tafel* zwischen S. 126 u. 127). Zahlreiche Funde (es sind Reste von etwa 80 Einzelwesen) stammen aus Afrika und zeugen von Lebewesen, die vor 2 oder 3 Millionen Jahren gelebt haben. Man nannte sie zunächst ›Süd-Menschenaffen‹ (erste Funde aus Südafrika). Doch hatten sie das *Übergangsfeld vom Affen zum Menschen* (vgl. *Abb. 99)* bereits durchschritten. Wir nennen sie Ur-Menschen; denn ihr Gebiß war ausgesprochen menschlich, und sie gingen aufrecht. Davon zeugen der Bau des Schädels und die Lage des Hinterhauptloches, die schüsselartige Form des Beckens, sowie der deutlich ausgeprägte Standfuß. Aber noch mehr: sie besaßen auch *Intelligenz;* denn sie verwandten nicht nur Knochen und Steine als Werkzeuge, sondern sie formten daraus gleichartig gearbeitete *Geräte* für vorbedachten, sinnvollen Gebrauch.

Ihre Maße: Körpergröße = 1,20–1,50 m; Rauminhalt des Gehirns = 700–800 cm^3, also mehr als die heutigen Menschenaffen (Schimpanse = 420 cm^3).

c) *Der Früh-Mensch* lebte vor ungefähr 500 000 Jahren und war weltweit verbreitet. Davon zeugen die Funde auf Java (= Java-Mensch), Peking (= China- oder Peking-Mensch) und Südafrika (= Afrika-Mensch). Zu dieser Menschengruppe gehört auch der im Jahr 1907 gefundene Unterkiefer von Mauer bei Heidelberg (= Heidelberger Mensch). Auch diese Frühmenschen gingen aufrecht, hatten aber eine niedrige Stirn, Überaugenwülste und ein schnauzenartig vorspringendes Gebiß. Diese Merkmale lassen erkennen, daß im Laufe der Menschwerdung zuerst der aufrechte Gang erworben wurde. Erst später erfolgte die Umformung des Schädels.

Der Rauminhalt ihres Gehirns umfaßte bereits 800–1200 cm^3. Sie stellten sauber gearbeitete Geräte (Faustkeile, Schaber und Schneider) her, und vom Peking-Menschen wissen wir, daß er das Feuer kannte und gebrauchte.

d) *Der Alt-Mensch.* Von ihm kennen wir 2 Formen.

Zu den berühmtesten Funden zählt der Schädel (ohne Unterkiefer) des *Steinheimer Menschen,* gefunden 1932 in einer Kiesgrube bei Steinheim an der Murr (Nähe Stuttgart). Sein Gehirnraum betrug 1100–1200 cm^3. Er lebte vor etwa 250 000 Jahren, in einer Warmzeit zwischen 2 Eiszeiten.

Zur selben Gruppe zählt auch der *Neandertaler Mensch.* Im Jahr 1856 wurde ein Schädeldach dieses Alt-Menschen in einer Höhle des Neandertales bei Düsseldorf gefunden. Seitdem kamen an die 100 weitere Funde aus verschiedenen Teilen Europas hinzu. Der Neandertaler (vgl. *Abb. 96 d)* war etwa 1,60 m groß. Sein Gehirnraum erreichte, ja übertraf den des heutigen Menschen. Er lebte vor etwa 150 000 Jahren und verschwand vor rund 50 000 Jahren. Weshalb er ausstarb, wissen wir nicht. Vielleicht wurde er von dem intelligenteren Jetztmenschen verdrängt.

Doch nun vergleiche an Hand der *Abb. 96* den Steinheimer, Neandertaler und Jetztmenschen (vgl. auch *S. 9, Abb. 10).* Achte auf die Form und Wölbung des Schädels, vor allem des Hinterhauptes, auf die Überaugenwülste (Pfeil in der Abb.), den Verlauf der Stirn und des Oberkiefers, auf die Zahnreihe, und du erkennst, daß der um 100 000 Jahre ältere Steinheimer Mensch dem heutigen näher steht als der spätere Neandertaler. Deshalb vermuten die Forscher, wohl mit Recht, daß der Weg zum heutigen Menschen über Formen führte, wie sie der Steinheimer Mensch darstellt. Den Neandertaler halten sie, wie in *Abb. 99* angedeutet, für eine heute ausgestorbene Seitenlinie.

e) *Der Jetzt-Mensch* lebte nachweislich schon vor 100 000 Jahren. Die Wissenschaft nennt ihn ›Homo sapiens‹, von Homo = Mensch, und sapiens = wissend, weise. Und die Entwicklung seines Geistes ist wohl auch sein wesentlichstes Merkmal. Wir wissen vom früheren Jetzt-Menschen, daß er viel bessere und vielseitigere Geräte aus Stein und Knochen herstellte als der Neandertaler; daß er die Fernwaffen (Speer, Pfeil und Bogen) erfand; daß er seine Toten mit Beigaben bestattete, also schon religiöse Handlungen vornahm; daß er künstlerisch tätig war, wie die zahlreichen Höhlenmalereien und die plastischen Kunstwerke, die er hinterlassen hat, beweisen.

Wie er sich vom Jäger und Höhlenbewohner zum Ackerbauer mit festem Wohnsitz, zum Pflanzen- und Tierzüchter, zum Techniker emporhob, darüber hast du im Geschichtsunterricht vieles gehört. Die treibende Kraft hierfür war der *menschliche Geist,* von dessen gewaltiger Entfaltung seine Werke zeugen.

Der Jetzt-Mensch hat sich in die heute lebenden Großrassen (Gelbe, Weiße, Schwarze) aufgespalten. Du hast sie in der Erdkunde kennengelernt. Bei diesen Großrassen unterscheidet man noch zahlreiche Klein- oder Unterrassen. Die Aufspaltung in Rassen läßt erkennen, daß die Entwicklung nicht zu Ende ist. Wie die Menschheit der Zukunft – in 1000, 100 000 oder gar 1 Million Jahren — aussehen wird (falls sie sich nicht selbst vernichtet), wissen wir nicht. Eines aber ist gewiß — auch für den Menschen gilt: die Schöpfung ist noch nicht zu Ende.

VII. Die Entwicklung des Lebens auf der Erde

Wie die Entwicklung des gesamten Lebens auf der Erde im einzelnen verlief, ist nicht in allen Teilen geklärt. Doch d a ß sie stattgefunden hat, und daß sie auch künftig weiterschreitet, ist gewiß. Die wissenschaftliche Forschung lieferte eine fast unübersehbare Fülle von Tatsachen, für die es keine andere Erklärung gibt, als die, daß die Lebewesen sich im Laufe der Erdgeschichte auseinander entwickelt haben. Ausschnitte aus dieser Entwicklung sind in den *Abb. 94* und *95* angedeutet.

Abb. 100: Die Entwicklung der Tiere (vermuteter Ablauf) — nach Linder

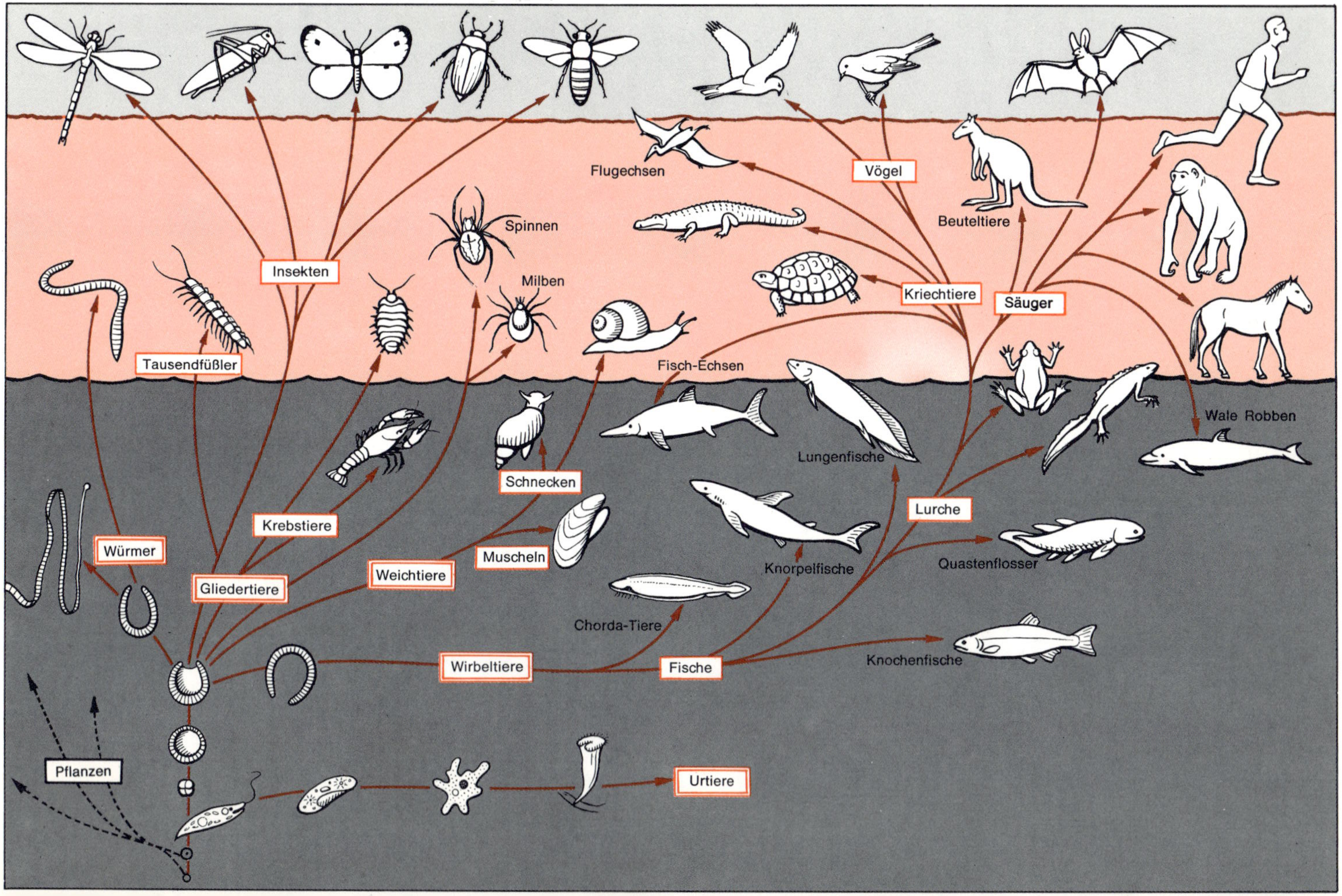

Beide Stammbäume beginnen mit dem *Kambrium,* also vor 600 Millionen von Jahren. Damals lebten bereits die Urfische, aber auch viele andere Tiere, wie Insekten, Krebse, Weichtiere, Würmer usw., und natürlich auch zahlreiche Pflanzen; denn diese mußten ja v o r den Tieren entstanden sein. Überlege, wieso?

Was geschah nun in der Zeit v o r dem Kambrium? Und überhaupt: wie entstand das erste Lebewesen, aus dem die übrigen sich herausentwickeln konnten?

Schlüssige Beweise hierfür gibt es nicht, jedoch eine Fülle von Erkenntnissen, welche die Forscher veranlaßten, folgende Deutung für wahrscheinlich zu halten:

Man schätzt das Alter der Erde auf etwa 4 Milliarden Jahre. Gesteine, in denen man die ersten Spuren des Lebens findet, haben ein Alter von $1^1/_2$ Milliarden Jahren. Also muß das erste Leben noch früher entstanden sein. Man nimmt an, dies könnte vor $2^1/_2$ Milliarden Jahren geschehen sein (vgl. *Abb. 101,* ›Geologische Uhr‹). W i e diese *Urzeugung* vor sich ging, weiß man nicht. Doch ist es den Chemikern gelungen, einige Grundbausteine des Lebens (man nennt sie Amino-Säuren – du wirst sie im Chemie-Unterricht kennenlernen) im Laboratorium herzustellen. Die Forscher mußten, damit dies gelinge, Zustände schaffen, wie sie in den Ur-Ozeanen der langsam erkaltenden Erde geherrscht hatten: warmes Wasser, sowie riesige elektrische Entladungen in Form von gewaltigen Gewittern.

Diese Amino-Säuren zu ›lebendigen‹ Eiweißkörpern zusammenzufügen, gelang bis jetzt den Forschern nicht. Doch hoffen sie, auch dieses Rätsel noch zu lösen.

Die *durch Urzeugung entstandenen ersten Lebewesen* waren sicher mikroskopisch kleine Einzeller, deren Zellkörper, wie bei den heute lebenden Bakterien und Blaualgen, noch nicht in Kern und Plasma (vgl. IV, 75) geschieden war. Der Erwerb des Zellkerns beanspruchte allein schon viele Millionen Jahre. Fossilien aus dieser Zeit sind nicht erhalten geblieben; dazu waren ihre Zellkörper zu zart. Deshalb sind wir auf Vermutungen angewiesen.

Unter den dann entstandenen Einzellern m i t Zellkern gibt es heute noch solche, die sowohl pflanzliche als auch tierische Eigenschaften haben, von denen man also nicht so recht sagen kann, ob man sie zu den Pflanzen oder Tieren zählen soll. Sie stehen z w i s c h e n beiden, und aus ausgestorbenen Einzellern solcher Art haben sich wohl letzten Endes alle heutigen Lebewesen herausentwickelt. Wie man sich den Verlauf dieser Entwicklung denkt, mag die nebenstehende, stark vereinfachte Darstellung andeuten *(Abb. 100).*

Aufgabe:

Halte die *Abb. 95* (Abstammung Pflanzen) daneben und versuche, ähnlich wie bei den Tieren, den Umriß der dir bekannten Pflanzen einzuzeichnen. Beispiel: Einkeimblättrige = Maispflanze (II, 66 + 119); Zweikeimblättrige = Bohne, oder Laubbaum; Farne = Wurmfarn (IV, 104); Nadelhölzer = Zweig der Tanne; Schachtelhalme = Ackerschachtelhalm (III, 46); Moose = siehe II, 140—141; Algen = siehe IV, 74.

Beachte dabei: Zu den Algen zählen auch die Tange der Meere. Sie bilden oft ausgedehnte Tangwiesen, die bei Ebbe sichtbar werden. Die größten Tange können über 100 m lang werden.

Spaltpflanzen sind die mikroskopisch kleinen Bakterien. Sie zählen zu den ältesten Lebewesen, sind allgegenwärtig und bevölkern seit Urzeiten das Wasser, leben aber heute auch im Boden und in der Luft. Manche von ihnen erreichen nicht einmal eine Länge von $^1/_{1000}$ mm.

Die Pfeilspitzen in *Abb. 100* weisen auf eine Auswahl heute lebender Tiere hin. Doch wisse: Was heute lebt, ist nur eine Momentaufnahme des gewaltigen Geschehens, das wir ›Entwicklung des Lebens‹ nennen. So, wie in früheren Zeiten andere Wesen die Erde bevölkerten, so werden es später andere sein als heute. Die Entwicklung schreitet fort. Wohin sie führt? – Wir wissen es nicht.

Die Entwicklung des Lebens erstreckt sich über mindestens $1^1/_2$, wahrscheinlich über $2^1/_2$ Milliarden Jahre. Diese unermeßlichen Zeiträume ›vergleichbar‹ zu machen, versucht *Abb. 101.*

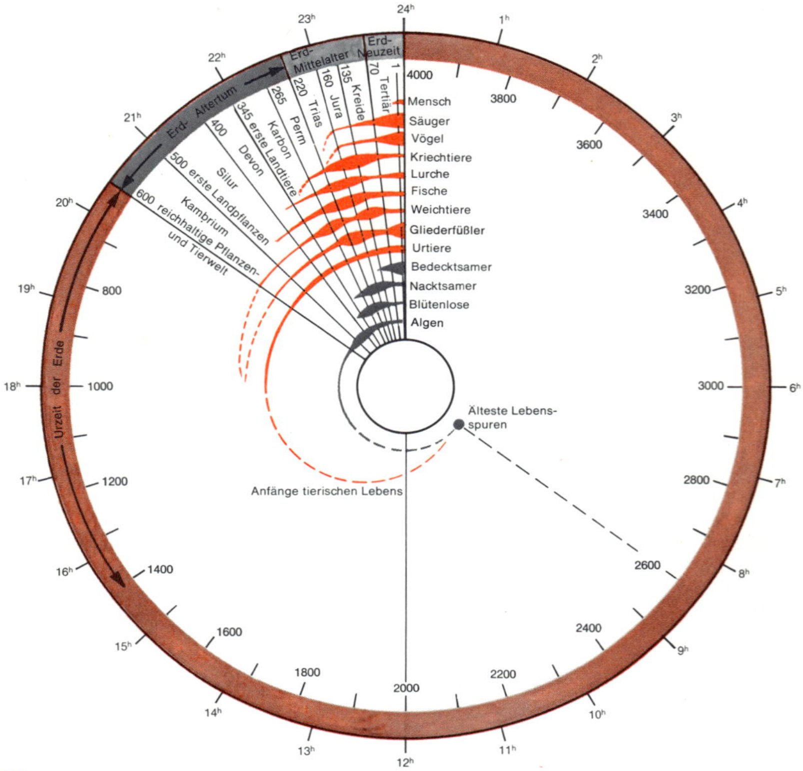

Abb. 101: Der zeitliche Ablauf der Erdgeschichte (Geologische Uhr) — nach Linder

Aufgabe:

1. Die *Abb. 101* gibt an, in welchem Erdzeitalter und vor wieviel Jahren die einzelnen Tier- und Pflanzengruppen erstmals auftraten, mit anderen Worten, wie alt sie sind. Berichte darüber. Beispiel: vor rund 350 Millionen Jahren (Karbon) traten die ersten Land-Wirbeltiere auf — es waren Lurche.

2. In der ›Uhr‹ wird die Erdgeschichte von rund 4 Milliarden Jahren in das Zeitmaß eines Tages (24 Stunden = äußerer Kreis) zusammengedrängt. Übertrage die unter 1) genannte Aufgabe in Uhrzeiten. Rechne um: Nimm als Alter der Erde 3,6 Milliarden statt 4 Milliarden Jahre — dies ist einfacher zu rechnen. Also: Erdalter = 3 600 000 000 Jahre. Auftreten des Frühmenschen = 1 000 000 Jahre. Dies wäre der 3600ste Teil. Ein Tag hat 24 Stunden: = ? Minuten, = ? Sekunden? Davon der 3600ste Teil? = ?

Du siehst: Man müßte das Alter der Menschheit schon mit Sekunden messen. Du kannst auch auf ein Jahr (= 365 Tage) umrechnen. Die Menschheit wäre dann, in dieses Maß gezwängt, knapp 2½ Stunden alt, und seine überlieferte Geschichte begänne wenige Sekunden vor Jahresende.

So ›jung‹ ist der Mensch, der letzte Sproß der Entwicklung. Und dennoch hat er sich bereits zum Beherrscher der übrigen Lebewesen gemacht. Er hat sich auf der Erde ausgebreitet (heutige Zahl = etwa 3,6 Milliarden Menschen). Er weitet seinen Lebensraum gewaltig aus. Er engt den Lebensraum anderer Geschöpfe ein. Er hat viele Tiere ausgerottet oder mit Vernichtung bedroht, und er ist, vom ›Fortschrittswahn‹ besessen, eben daran, seinen eigenen Lebensraum zu vergiften und sich damit selbst zu vernichten. N o c h ist es Zeit, sich auf den ›menschlichen‹ Auftrag zu besinnen und die Natur, dessen Glied er ist, zu achten und zu erhalten, damit er auch s e i n Wohlergehen und s e i n Leben nicht gefährde.

Gefahren, die dem Menschen und der Menschheit drohen

I. Infektionskrankheiten (Infektion = Ansteckung, infizieren = anstecken)

Ihre Erreger sind in erster Linie *Bakterien und Viren.* Du hast von beiden gehört. Lies nach, was in diesem Buche darüber gesagt ist. Benütze das Sachwortverzeichnis. Vergleiche auch IV, 77–81. Wie sie aussehen, zeigen die Abbildungen 102–106.

1. Bakterien

Hast du, wie in IV, 77 f. angegeben, die Kahmhaut des Heuaufgusses untersucht? Dann hast du Bakterien verschiedener Form und Größe gesehen. Oder wiederhole die Untersuchung von IV, 81: Schabe mit der Kante des Tragglases über die Innenfläche der Wangen, schiebe den trüben Schleim in die Mitte, gib 1 Tropfen Jodlösung zu, drücke das Deckglas leicht an und betrachte mit 500facher Vergrößerung. Die großen Gebilde sind Zellen der Mundschleimhaut, die gefärbten kleinen sind Bakterien verschiedener Größe und Gestalt.

Bakterien sind die kleinsten Lebewesen, die wir kennen. Manche Arten sind nicht einmal $^{1}/_{1000}$ mm lang. Da nimmt es nicht wunder, daß man sie so spät erst erkannte. Als erster entdeckte sie der französische Forscher Louis Pasteur (1822–1895). Er erkannte auch, daß diese ›Mikroben‹ (= Kleinlebewesen) durch Erhitzen abgetötet werden (= ›Pasteurisieren‹ der Milch und anderer Stoffe). Darüber hinaus stellte er Impfstoffe bereit gegen Milzbrand und Tollwut. Dem deutschen Arzt und Forscher Robert Koch (1843–1919) glückte die Entdeckung der Erreger des Milzbrandes, der Tuberkulose und der Cholera.

Man gab den Bakterien, je nach ihrer Gestalt, verschiedene Namen: Stäbchenförmige heißen ›Bazillen‹; ›Kokken‹ sind kugelig – bilden sie Ketten, so spricht man von ›Strepto-Kokken‹; die gekrümmten oder korkzieherartig gewundenen nennt man ›Spirillen‹ (vgl. Spirale).

Bakterien sind *Lebenskünstler.* Bei Trockenheit, und bei Mangel an Nahrung, können sie völlig austrocknen. Andere verdichten sich in diesem Falle zu winzigen *Sporen.* Sie werden durch Pasteurisieren nicht abgetötet. Ausgetrocknete Bakterien und Sporen sind federleicht. Sie schweben als unsichtbarer Staub in der Luft und werden wieder ›lebendig‹, sobald sie brauchbare Lebensbedingungen vorfinden. Sie vermehren sich durch Spaltung und werden daher *Spaltpflanzen* (auch *Spaltpilze)* genannt. Aus 1 werden 2, aus 2 werden 4, usw., und dies alle 20 Minuten, sofern die Umstände besonders günstig sind. Versuche, auszurechnen, wieviel daraus in 1 Tag (24 Stunden zu je 60 min) werden können. Du bekämst eine 2, die du mehr als 70mal mit sich selbst malnehmen müßtest – eine unermeßlich große Menge. Sie macht begreiflich, daß die Bakterien *allgegenwärtig* sind. Dazu ein paar Zahlen: Man zählte in 1 cm^3 Luft der Stadt München = 500, in anderen Großstädten bis zu 1500; in 1 cm^3 Abwasser bis zu 1 Million, und in 1 Gramm Humusboden bis zu 1 Milliarde Bakterien. Diese Zahlen zeigen zugleich, wie ›klein‹ diese ›Mikroben‹ sein müssen.

Abb. 102: Bakterienformen: verschieden begeißelte Stäbchenbakterien, Spirillen, Streptokokken

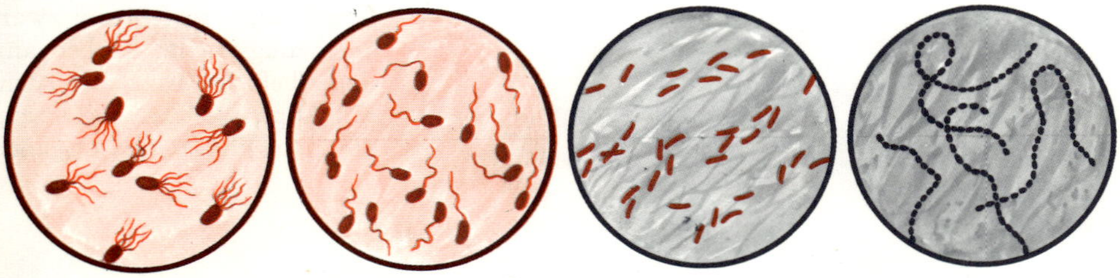

Erreger von

Typhus Cholera Tuberkulose Eitrige Entzündungen

Viele Bakterien sind *nützlich*. Sie zersetzen Tierleichen und Pflanzenreste und verwandeln sie in Stoffe, die die Pflanze verwerten kann, und die sie zu ihrem Leben braucht. (Pflanzen, die man zwingt, in ausgeglühter, also ›toter‹ Erde zu wachsen, kümmern oder gehen ein – vgl. dazu II, 72 u. 162.) Bakterien erzeugen die Stickstoffknöllchen an den Wurzeln der Schmetterlingsblütler (Erbse, Bohne, Lupine). Bakterien im Magen und Darm der Pflanzenfresser, und auch im Dickdarm des Menschen, unterstützen die Wirkung der Verdauungssäfte. Bakterien verwandeln Alkohol in Essig, Milch in Sauermilch und bewirken die ›Gärung‹ des Silo-Futters. Andere Bakterien machen in Biologischen Kläranlagen verschmutztes Wasser wieder sauber und helfen mit bei der Selbstreinigung der Flüsse und Seen. Solche Bakterien sind wichtige *Helfer des Menschen,* denn sie fördern letzten Endes seine Gesundheit.

Gefährlich sind die *Krankheitserreger* unter den Bakterien. Man nannte sie – mit Recht – ›Massenmörder der Menschheit‹. Sie verursachen lebensbedrohende Infektionskrankheiten, wie *Wundstarrkrampf, Ruhr, Milzbrand, Typhus, Aussatz (= Lepra), Fleckfieber,* sowie *Cholera und Pest.* Die beiden letzteren sind besonders gefürchtet. Sie haben Dörfer, Städte und Länder entvölkert. So raffte in den Jahren 1347–1350 der ›Schwarze Tod‹ (= Pest, wegen der schwarzblauen Verfärbung der Haut bei der Beulenpest) rund $^3/_4$ der europäischen Bevölkerung dahin. Auch spätere Pest-Epidemien, meist im Zusammenhang mit Kriegszügen (z. B. 30jähriger Krieg) suchten unser Land heim, und heute noch erinnern Stiftungen (Gedenksteine, Kapellen, Altäre, Kirchen), sowie Gelübde (z. B. die Oberammergauer Passionsspiele) an jene schrecklichen Zeiten. Ähnlich wie die Pest wütete die *Cholera.* Die letzte große Cholera-Epidemie suchte Deutschland im Jahre 1892 heim. Sie wurde von Matrosen nach Hamburg eingeschleppt und forderte mehr als 7000 Tote. Beide Seuchen haben bei uns ihre Schrecken verloren; doch sind sie heute noch in Ostasien verbreitet. Von dort ausgehend flackern sie gelegentlich wieder auf, so im Jahr 1970. Da drang die Cholera über Südrußland und Palästina bis nach Nord- und Westafrika vor, suchte Istanbul heim und nistete sich sogar in der Tschechoslowakei ein, stand also vor den Toren der Bundesrepublik. Der ärztlichen Kunst ist es gelungen, die Todesrate bei Cholera von 60 auf 1 % zu senken.

Die häufigste Krankheit in Deutschland ist die *Tuberkulose,* kurz *TB* genannt (vgl. S. 50). 1959 zählte man in der BRD 350 000 Tuberkulosekranke. Davon litten 297 000 an TB der Atemwege. Diese ist besonders ansteckend. Die TB-Bazillen setzen sich aber auch in anderen Organen fest. So gibt es eine Tuberkulose des Kehlkopfes, der Haut, der Knochen, der Gelenke, des Darmes (= besonders gefährlich!), der Niere, der Leber, der Hirnhaut (vor allem bei Kindern). Entsprechendes gilt für die durch Bakterien bewirkte *Diphterie* (vgl. S. 57 f.). Ihre Erreger siedeln sich zwar am häufigsten im Rachen an, doch befallen sie auch den Kehlkopf, die Nase, die Ohren, die Haut und andere Organe.

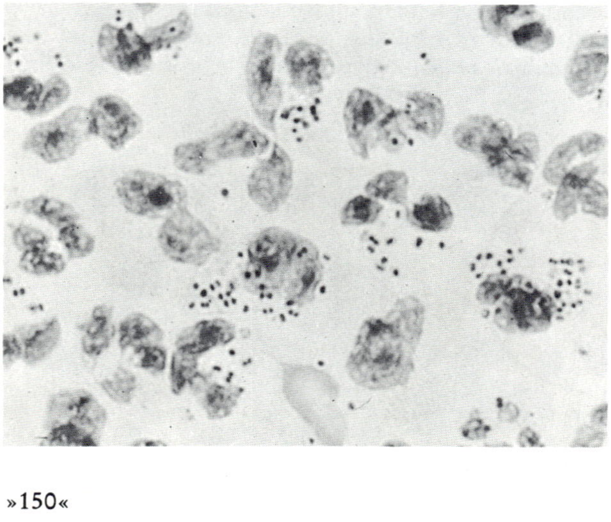

Abb. 103: Kugelbakterien (Kokken)

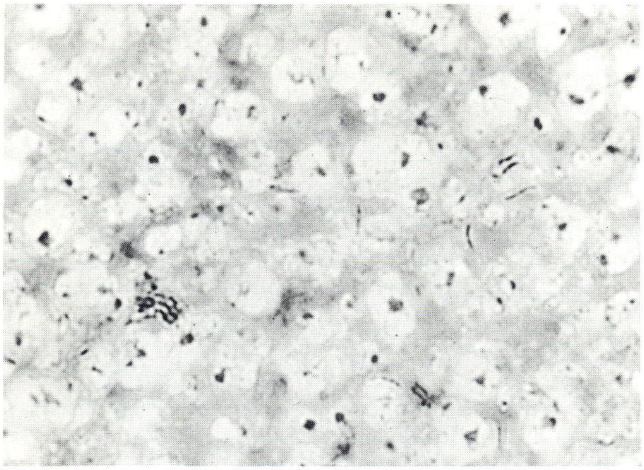

Abb. 104: Stäbchenbakterien (Bazillen)

Ansteckend sind auch die *Geschlechtskrankheiten.* Du solltest darum wissen.

Man nennt sie auch ›venerische Krankheiten‹. Sie werden fast ausschließlich beim Geschlechtsverkehr übertragen und befallen zunächst die Geschlechtsorgane. Die häufigsten – und gefährlichsten – Geschlechtskrankheiten sind *Lues* und *Tripper.* Beide sind anzeige- und behandlungspflichtig.

a) *Die Lues oder Syphilis:* Erreger sind längliche, schraubenförmig gedrehte Kleinlebewesen, die sich schlängelnd fortbewegen. Man nennt sie Spirochäten.

Inkubationszeit (das ist die Zeit zwischen erfolgter Ansteckung und Ausbruch der Krankheit) = 14–28 Tage. Die Krankheit verläuft in 3 Stadien (= Abschnitten, Entwicklungsstufen):

Erstes oder Primär-Stadium: Schwellung, dann schmerzfreies Geschwür mit hartem Rand, an der Stelle, wo die Ansteckung erfolgte, also beim Mann vorn am Penis, bei der Frau in der Scheide oder am Gebärmuttermund; meist auch schmerzfreie Schwellung der Lymphknoten in der benachbarten Leistenbeuge. Große Ansteckungsgefahr!

In diesem 1. Stadium kann die Krankheit *mit Sicherheit* geheilt werden. (Weil schmerzlos, wird die Krankheit von Frauen oft übersehen.)

Die Krankheitszeichen verschwinden auch *ohne* Behandlung von selbst. Doch nun breiten sich die Erreger mit dem Blutstrom über den ganzen Körper aus, und 4–8 Wochen nach der Ausheilung der Geschwüre folgt das

Zweite oder Sekundär-Stadium: Hautausschläge am ganzen Körper, bestehend aus kleinen, nicht juckenden Flecken oder Knötchen, verbunden mit Kopfschmerzen, Fieber und allgemeiner Übelkeit; oft auch mit Halsentzündung, Haarausfall; später Schmerzen in den Knochen und Gelenken, sowie wuchernde Geschwüre mit offenen Wunden – Ansteckungsgefahr! Diese Krankheitserscheinungen können 1–3 Jahre dauern; dann verschwinden sie von selbst. Heilung in diesem Stadium *noch möglich!*

Ohne ärztliche Behandlung folgt später – oft nach Jahren oder Jahrzehnten – das

Dritte oder Tertiär-Stadium (= Spät-Syphilis): Zerstörung des Zentral-Nervensystems – Gehirnerweichung (= Paralyse), Rückenmarkschwindsucht – führt zu völliger Verblödung, mit nachfolgendem Tod; oder (und) Lähmung von Gliedmaßen, Taubheit und Erblindung, Schäden an der Lunge, Leber, Nieren, Magen und Darm, Knochenfraß, schwere Schädigung des Herzens und nachfolgender Tod.

Heilung in diesem Stadium *unmöglich.*

Folgen bei erkrankten Frauen vom 1. Stadium an: Miß- und Totgeburten, Übertragung der Krankheit auf die Leibesfrucht schon im Mutterleib, mit entsetzlichen Folgen für das Kind.

b) Der Tripper (die Gonorrhö). Erreger sind Bakterien von doppelkugeliger Gestalt (Form ähnlich wie Semmeln oder Kaffeebohnen). Man nennt sie Gonokokken. Sie befallen *nur die Schleimhäute.* Heilung = leicht, wenn sofort zum Arzt!

Inkubationszeit = 2–5 Tage. Erstes Krankheitsbild:

Beim Mann = Juckreiz in der Harnröhre, eiteriger Ausfluß, heftig brennende Schmerzen beim Wasserlassen. – Wenn nicht gleich behandelt, dann Fortschreiten der Entzündung, mit Schmerzen und Fieber, bis auch Vorsteher- und Bläschendrüse, Nebenhoden und Harnblase befallen sind. Langwierige Entzündungen. Mögliche Folgen = Verschluß der Samenleiter, also Zeugungsunfähigkeit.

Bei der Frau = Entzündung der Harnröhre und Scheide, eiteriger Ausfluß, schwaches Brennen beim Wasserlassen; wenn nicht ärztlich behandelt, dann greift die Krankheit über auf Harnblase, Gebärmutter, Eileiter und Eierstöcke; langwierige, fiebrige Entzündungen und dauernder Unterleibsschmerz. Mögliche Folgen = Verschluß des Eileiters, also Unfruchtbarkeit.

Verschleppung der Erreger auf dem Blutwege führt bei Männern und Frauen zu sehr schmerzhaften Entzündungen weiterer Schleimhäute im Körperinnern, so der Sehnen und Gelenke (Versteifung!), Erkrankung der Gefäße, der Herzklappen, der Gehirnhäute, der Regenbogenhaut des Auges (Erblindung!). *Heilung* in diesem Spätstadium erschwert oder *unmöglich.*

Gelangen die Erreger während der Geburt in die Augenbindehaut des Kindes, so führt dies zur Erblindung. Um dies zu verhindern, sind die Geburtshelfer gesetzlich verpflichtet, *allen* Neugeborenen, auch denjenigen gesunder Mütter, vorbeugend eine Lösung von Silbernitrat (= $AgNO_3$) in die Augen zu träufeln. Diese Lösung tötet die Gonokokken.

c) Bei Verdacht auf Geschlechtskrankheiten gilt als *erstes Gebot:* Keine falsche Scham! Wer vermutet, daß er angesteckt wurde, gehe *sogleich* zum Arzt! Je früher, desto besser für ihn und für andere. Wer andere ansteckt, obwohl er weiß, daß er krank ist, handelt verantwortungslos.

2. *Viren* (von lateinisch virus = Gift, Einzahl *das* Virus, gesprochen Wirus)

Viren sind noch kleiner als die Bakterien, aber sie sind keine selbständigen Lebewesen: Sie atmen nicht, sie haben keinerlei Stoffwechsel, und sie brauchen, um sich zu vermehren, lebende Zellen und Gewebe fremder Lebewesen. Manche Arten sind so klein, daß 100 000, aneinandergereiht, erst 1 mm (1 Millimeter!) messen. Das dir bekannte Mikroskop (= ›Licht‹-Mikroskop) reicht nicht aus, um sie sichtbar zu machen. Dies gelang erst nach Erfindung des Elektronen-Mikroskops, das mehr als 100 000fache Vergrößerungen möglich machte. So wurde 1935 das erste Virus entdeckt. Seitdem lernte man eine Fülle von Virusarten kennen. Sie befallen Pflanzen, Tiere und den Menschen. Besonders anfällig sind *Kulturpflanzen,* wie Kartoffel (vgl. II, 168), Tomaten und Tabak (= verwandte Pflanzen), sowie Zuckerrüben, und auch Getreide. Heute kennt man mehr als 300 Viruskrankheiten an Pflanzen. Sie werden meist durch stechende Insekten, vor allem Blattläuse, übertragen. Der jährliche Schaden, der dadurch in der BRD angerichtet wird, übersteigt 1 Milliarde DM.

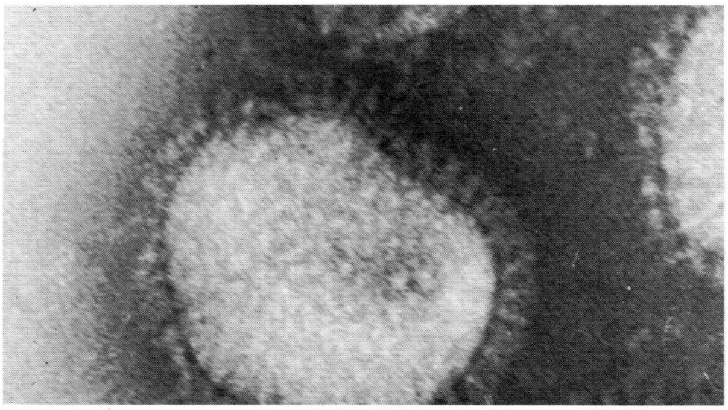

Abb. 105: Virus der Hühnerpest (300 000fach vergrößert)

Viruskrankheiten der *Tiere* (vor allem Haustiere) sind Schweine- und Hühnerpest, Kuhpocken (s. S. 57), Maul-

und Klauenseuche, sowie die Tollwut, die auch auf den Menschen übertragen werden kann und ohne Behandlung zum sicheren, überaus schmerzhaften Tode führt.

Abb. 106: Viren in Kristallform (60 000fach vergrößert)

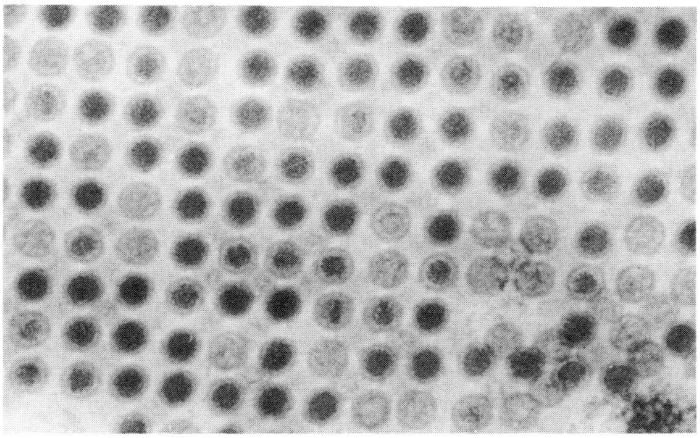

Viren, die den *Menschen* befallen, verursachen Schnupfen, Keuchhusten, Grippe (an ihr starben 1918/19 etwa 20 Millionen Menschen!), Masern, Scharlach, Röteln, Mumps, die harmlosen Windpocken, die gefährlichen echten Pocken (s. S. 57 f.), die Kinderlähmung, die von Tieren auf den Menschen übertragene Tollwut, u. a. m.

Mindestens 200 verschiedene Krankheiten des Menschen werden durch Viren hervorgerufen und können durch Ansteckung übertragen werden. Bis jetzt werden aber nur wenige durch ärztliche Kunst beherrscht. Doch glaubt man, ein wirksames Gegenmittel gegen die krankmachenden Viren insgesamt aufgespürt zu haben.

Viren sind einfacher gebaut als die Bakterien. Ihr Inneres besteht nur aus *Erbmaterial.* Es wird umgeben von einer schützenden Eiweißhülle. Viren heften sich an die Zellhaut ihres Opfers, lösen diese auf – ›bohren‹ sie gleichsam an – und schleusen durch dieses Loch ihren Inhalt, das Erbmaterial, ein. Dieses zwingt die befallene Wirtszelle, statt der körpereigenen Stoffe nur noch die fremden Virusteilchen zu erzeugen. Die Fülle der so entstandenen Viren bringt die Wirtszelle zum Platzen, und die freiwerdenden Schmarotzer stürzen sich auf neue Zellen, um sie in gleicher Weise zu zerstören. Die Vermehrung erfolgt also im Innern der Wirtszellen. Dort sind sie vor der Wirkung von Medikamenten geschützt, und deshalb sind die Viruskrankheiten so schwer zu bekämpfen.

Nützliche Viren sind bis jetzt nicht bekannt. Zwar weiß man, daß es unter ihnen ›Bakteriophagen‹ (= Bakterien-Fresser) gibt. Doch ist es noch nicht gelungen, sie für die Bekämpfung von krankheitserregenden Bakterien einzusetzen.

3. Andere Krankheitserreger

Zu ihnen zählen etliche *Urtiere.* Sie erzeugen die gefürchtete Afrikanische Schlafkrankheit, die Amöbenruhr, sowie die Malaria (= Wechselfieber). Die Malaria ist eine der großen Weltseuchen: 1965 erkrankten daran 365 Millionen Menschen; davon starben 2½ Millionen. Im 2. Weltkrieg erkrankten auch viele Soldaten und schleppten die Seuche nach Deutschland ein. Die Krankheit wird durch die Fiebermücke (vgl. III, 132), eine Verwandte unserer Stechmücke, übertragen.

Zu den tierischen Krankheitserregern gehören auch stechende und saugende Insekten, wie *Flöhe* (= Überträger der Pest und anderer Krankheiten), sowie die auf S. 34 f. genannten Schmarotzer.

4. Schutz vor Infektionskrankheiten

Sinnvoll schützen kann man sich nur, wenn man weiß, wie die Erreger übertragen werden. Berichte darüber. Stelle die Möglichkeiten der Ansteckung und der Abwehr, die dieses Buch nennt, übersichtlich zusammen. Benütze das Sachwort-Verzeichnis (unter »Krankheiten« und »Krankheitserreger«).

Für die Bekämpfung der Infektionskrankheiten gelten besondere *Gesetze:* Alle übertragbaren Krankheiten müssen vom Arzt, dem Haushaltungsvorstand oder der Pflegeperson innerhalb 24 Stunden dem Gesundheitsamt gemeldet werden. Der Erkrankte muß sofort abgesondert werden (eigenes Zimmer, oder Krankenhaus). Jede Berührung mit dem Kranken ist zu vermeiden (ausgenommen die Pflegeperson). Alles, was von dem Kranken kommt oder mit ihm in Berührung war, muß *keimfrei* gemacht, d. h. ›desinfiziert‹ werden; wie? – das sagt der Arzt oder das Gesundheitsamt.

Um die Ansteckung durch Berührung auszuschalten, werden bei besonders gefährlichen Infektionskrankheiten, wie Typhus, Ruhr, Pest, Cholera u. a., sowohl die Erkrankten, als auch solche, die mit diesen zuvor beisammen waren, räumlich abgesondert. Man sagt, sie kommen in *Quarantäne.*

Vor Seuchen, die durch *Tiere* übertragen werden – wie Pest, Tollwut, Schlafkrankheit, Malaria –, versucht der Mensch, sich dadurch zu schützen, daß er diese Tiere bekämpft.

Trotz aller Vorsicht gelangen Krankheitserreger in unseren Körper. Wir atmen sie ein; wir schlucken sie beim Essen und Trinken; wir kommen mit ihnen in Berührung, wenn wir in Garten und Feld arbeiten. Diese Krankheitskeime werden für gewöhnlich – bei gesunder Lebensführung – von den *Weißen Blutkörperchen* unschädlich gemacht, und zugleich bildet das Blut *Abwehrstoffe* für weitere Eindringlinge (vgl. S. 39, sowie S. 57 f.).

Einen wirksamen Schutz bildet die *Impfung* (S. 57 f.). Heute gibt es Impfschutz auch gegen so verheerende Krankheiten wie Typhus, Cholera und Pest.

II. Der Mensch gefährdet sich selbst

1. *Ungesunde Lebensweise* macht den Körper krank. Zwei Dinge vor allem schaden: Bewegungsmangel und Übersättigung.

a) *Mangel an Bewegung* läßt Muskeln, und vor allem den *Herzmuskel,* verkümmern, und die *Blutgefäße* verlieren an Elastizität. Bei stärkerer Beanspruchung versagen dann beide, Herz und Kreislauf. Schmerzhafte Beschwerden, die auch tödlich enden können, sind die Folgen (= Herzinfarkt, s. S. 156).

Dem ist leicht vorzubeugen: Spiel und Sport, Schwimmen und Wandern, im Winter Ski- und Schlittschuhlaufen stärken nicht nur Herz, Kreislauf und Muskeln, sondern steigern zugleich das Wohlbefinden und das Glücksgefühl.

b) *Überernährung* (Übersättigung) führt nicht nur zu Körperfülle, verbunden mit der Neigung zu Bequemlichkeit, sondern belastet auch den Kreislauf und verkürzt das Leben. Zu reichlich Fett in der Nahrung, insbesondere viel tierisches Fett, fördert die *Arterienverkalkung* mit all ihren Folgen (s. S. 43). Die schwerwiegendste ist der Herzinfarkt.

2. *Genuß- und Rauschgifte*

Zu ihnen zählen in erster Linie Nikotin, Alkohol und die Halluzinogene. Lies nach, was darüber auf S. 116 f. gesagt ist. Dabei ist eines klar: Die Leibesfrucht ist durch diese Gifte in ganz besonderem Maße gefährdet. Jedoch, was ihr schadet, schädigt letzten Endes auch dich und mich.

a) *Nikotin* – es ist das Gift der Tabakpflanze. Davon gibt es Sorten mit unterschiedlichem Giftgehalt. Als Genußmittel gelten Kau-, Schnupf- und Rauchtabak. Das Gift Nikotin wird mit Erfolg zur Bekämpfung von Schädlingen verwendet. Schon 50 Milligramm (= 50 Tausendstel-Gramm) töten auch den Menschen. Eine Zigarette enthält etwa 25 Milligramm Nikotin. Kinder, die nur 2 Zigaretten aßen, starben daran.

Beim Rauchen verbrennt ein Teil des Nikotins und entweicht in die Luft. Dafür werden etwa 500 andere Stoffe frei, darunter Gifte wie *Ammoniak* (= NH_3) und *Schwefel-Wasserstoff* (= H_2S) – du lernst beide im Chemie-Unterricht kennen –; ferner das *Kohlen-Monoxid* (= CO) – es blockiert die Roten Blutkörperchen, so daß sie keinen Sauerstoff mehr transportieren können (s. S. 38 und 171) –, sowie *Teerstoffe* – etliche davon sind ›*Karzino-Gene*‹, d. h. *Krebs* erzeugende Gifte. (Beim Zigarettenrauchen werden durch das Verglühen des Zigarettenpapiers noch zusätzlich solche Teerstoffe frei.)

Krebs ist eine der gefürchtetsten Krankheiten der Gegenwart, und er nimmt an Zahl ständig zu. Im Jahr 1969 gab es allein in der BRD 275 000 Krebskranke. Krebs ist die häufigste Todesursache. Ihm erlagen 14 % aller Verstorbenen. Täglich sterben bei uns 350 Menschen daran. Krebs heilt niemals von selbst. Aussicht auf Heilung besteht nur da, wo er früh erkannt wird. Dann wird er durch Operation oder mit Hilfe von Strahlen bekämpft. Meist wird er zu spät entdeckt. Krebs als Krankheit bedeutet ›bösartige Geschwulst‹. Die an Krebs erkrankte Körperzelle vermehrt sich ›unkontrolliert‹, d. h. zügellos. Sie folgt nicht der gesetzmäßigen, in IV, 126 dargestellten Zellteilung. Die Krebszelle wuchert schrankenlos weiter, greift auf die gesunde Umgebung über und zerstört auch sie. Krebszellen gelangen in den Blutstrom, überschwemmen den ganzen Körper, rufen dort neue Krebsherde hervor, und es kommt zum meist qualvollen Tod.

Krebs kann alle Organe des Körpers befallen. Die häufigsten ›Raucherkrebse‹ aber sind: Krebs der Mundhöhle, Lippen- (Zigarren- und Pfeifenraucher) und Lungen-, Bronchial- und Kehlkopfkrebs (Zigarettenraucher). Die Zigarettenraucher sind am meisten gefährdet, denn sie ›inhalieren‹, d. h. sie atmen den Rauch samt den darin schwebenden Giftstoffen ein. Wird – was selten geschieht – der Lungenkrebs rechtzeitig erkannt, so muß der befallene Teil durch Operation entfernt werden. Dazu öffnet der Chirurg den Brustkorb, d. h. er schneidet mit der Knochenschere Teile der Rippen heraus.

Lungenkrebs bewirkende Gifte enthalten auch die Abgase von Kraftfahrzeugen, Ölheizungen und Industriewerken. Vor ihnen kannst du dich nicht schützen. Diese Gefahren zu bannen ist Aufgabe der Regierungen. Was aber *deine* Gesundheit am meisten bedroht, ist das Zigarettenrauchen, und dafür bist du allein zuständig. Dabei mußt du wissen: Die bei Zigaretten verwendeten Filter halten höchstens den vierten Teil der Giftstoffe zurück.

Gelegentliches Rauchen bewältigt der Körper ohne nennenswerte Schädigung. Gefährdet aber sind die Gewohnheitsraucher. Das möchten die wenigsten werden. Doch wer mit Rauchen erst begonnen hat, wird gar zu leicht *süchtig*. Und gerade in jüngster Zeit haben sich immer mehr Jugendliche das Rauchen angewöhnt (unter den 14- bis 15jährigen = 41 % Jungen und 33 % Mädchen). Sie verfallen der törichten Meinung, Rauchen sei ›männlich‹, ja ›sportlich‹, und es zeuge von Kraft und Energie. Das *Gegenteil* ist richtig: Der Süchtige ist zu willensschwach, um auch nur für kurze Zeit auf die Zigarette verzichten zu können, und er mißachtet die Gefahren, die erst später wirksam werden. Er will vor allem nicht wahrhaben, daß Gewohnheitsrauchen Lungenkrebs erzeugt. Und doch ist *wissenschaftlich* folgendes erwiesen:

Die Sterblichkeit an Lungenkrebs ist bei Zigarettenrauchern 10mal, bei starken Rauchern (= täglich 20 und mehr Zigaretten) 20mal, bei sehr starken Rauchern (= 40 Zigaretten und mehr am Tag) bis 30mal so hoch wie bei Nichtrauchern. Dabei ist ungeklärt, wieviele dieser Nichtraucher zum ›passiven Rauchen‹ gezwungen waren.

Passive Raucher sind Nichtraucher, die in verrauchten Räumen (Büro, Gaststätten u. a.) arbeiten müssen. Sie atmen stündlich so viel Nikotin ein, wie beim Rauchen einer Zigarette frei wird. Längerer Aufenthalt in solchen Räumen führt zu Nikotinvergiftung. Hinzu kommt der Gehalt an CO und an Teerstoffen; sie verstärken die Giftwirkung. Goethe, unser größter Dichter, nannte Rauchen „eine arge Unhöflichkeit“. Du siehst: es ist weit mehr als dies. Längst erwiesen ist auch die Tatsache, daß mit steigendem Zigarettenverbrauch die Erkrankungen an Krebs der Atemorgane zunehmen.

Der Süchtige raucht ›um des Genusses willen‹ (Nikotin = ›Genußgift‹). Die Gewöhnung aber stumpft ab, und so verlangt es ihn, um die gleiche Wirkung zu erzielen, nach mehr. So wächst sein Verbrauch, und mit ihm die Zerrüttung seiner Gesundheit. Entsprechendes gilt für andere Genuß- und Rauschgifte.

Gewohnheitsrauchen – das weißt du – schädigt auch andere Organe, so vor allem die Nerven, insbesondere das Eingeweide-Nervensystem (s. S. 84), sowie das Herz und die Blutgefäße (s. S. 18). Damit aber wird der Kreislauf auf doppelte Weise belastet. Die Folgen sind schmerzhafte Beschwerden, die oft genug zum *Herzinfarkt* führen, einer Erkrankung, die in den letzten 20 Jahren in erschreckendem Maße zunahm und vielfach mit dem Tode endet. ›Infarkt‹ bedeutet ›Gewebstod‹. Ausgelöst wird der Herzinfarkt durch Verschluß der Herzkranzgefäße (s. S. 18), sei es, daß die Schlagadern, die den Herzmuskel mit Blut versorgen, sich infolge Verkrampfung verengen, oder sei es, daß sie durch ein Blutgerinnsel verstopft werden. Die Blutzufuhr wird plötzlich unterbunden, und die davon betroffenen Teile des Herzmuskels sterben ab. Sind wesentliche Bezirke betroffen, so stirbt der Erkrankte (= ›Herzschlag‹). Begleitet wird der Herzinfarkt meist von starken Schmerzen und dem Gefühl der Enge und der Todesangst. Man kennt etliche Ursachen des Herzinfarkts. Eine der wichtigsten ist ungezügeltes Zigarettenrauchen.

Wie sehr das Rauchen den Kreislauf schädigen kann, zeigt der folgende *Tatsachenbericht:* Rätselhafte Todesfälle bei der Bundeswehr erregten Aufsehen. Nach nur mäßiger körperlicher Anstrengung brachen knapp 20jährige ›kerngesunde‹ Soldaten plötzlich zusammen und starben. Nachforschungen ergaben: Die Verunglückten waren früher (also im jugendlichen Alter zwischen 14 und 18 Jahren) Zigarettenraucher. Als Todesursache wurde festgestellt: Herzversagen infolge krankhafter Verengung der Herzkranzgefäße, also unzureichende Versorgung des Herzmuskels mit Blut. Die Krankheit ist vorher nur schwer, oder nicht, zu erkennen.

In der BRD werden jährlich mehr als 10 Milliarden DM für Rauchwaren ausgegeben. Davon kassiert der Staat einen erheblichen Anteil als Tabaksteuer. Die durch Rauchen bewirkten Schäden verschlingen ein Vielfaches dieser Summen.

Aufgabe:

Stelle alle gesundheitlichen Schäden, die süchtiges Rauchen auslösen kann, übersichtlich zusammen (s. Sachwort-Verzeichnis unter »Nikotin«). Versuche, das Ergebnis bildlich darzustellen. *Abb. 22* mag dir als Vorwurf dienen.

b) *Alkohol.* Gemeint ist der Äthyl-Alkohol oder ›Weingeist‹ (= $C_2H_5 \cdot OH$ – es gibt zahlreiche Alkohole). Weingeist ist Genußmittel und Rauschgift. Mäßig genossen regt er an und enthemmt; zuviel davon wirkt lähmend und kann zur Alkoholvergiftung führen, und der Süchtige ruiniert Leib, Seele und Geist.

Genossener Alkohol tritt durch die Schleimhäute des Magens und Darms unmittelbar ins Blut über, im nüchternen Zustand rascher als nach einer Mahlzeit. 95 % des genossenen Alkohols werden in der Leber zu Kohlendioxid (CO_2) und Wasser (H_2O) abgebaut. Die restlichen 5 % werden durch die Lunge und die Nieren ausgeschieden. Bei Alkoholmißbrauch werden denn auch diese Organe, in erster Linie *Leber* und *Nieren,* geschädigt (Leberverhärtung, Fettleber, Schrumpfniere.) Die Mengen alkoholischer Getränke belasten *Herz und Kreislauf* und führen zu Herzerweiterung (›Trinkerherz‹) und Arterienverkalkung mit ihren möglichen Folgen. Magen und Darm antworten mit Schleimhaut-Entzündung; sie äußert sich in Übelkeit und Erbrechen und kann zum Krebs ausarten. Zunächst aber greift der Alkohol das *Zentral-Nervensystem* an. Dies siehst du am eindrucksvollsten (und beschämendsten!) bei Betrunkenen: Sie sind nicht mehr Herr über ihren Körper; sie schwanken, torkeln und lallen, und sie benehmen sich ungebärdig. Im weiteren Verlauf kommt es zu Lähmungserscheinungen und zu Bewußtlosigkeit.

Wie der Körper, so werden auch *Seele und Geist* in Mitleidenschaft gezogen. Der Betrunkene kann nicht mehr klar denken und urteilen. Er wird benommen, verliert jede Hemmung und begeht Handlungen, die er, wieder nüchtern geworden, verabscheut. (50–60 % aller Geschlechtskranken ›verdanken‹ ihre Ansteckung dem Alkohol – er führt Menschen zusammen, die sich bei klarem Bewußtsein meiden.)

Der *Trunksüchtige* gar hat die Kontrolle über sich selbst verloren. Das Rauscherlebnis führt ihn zum Trinkzwang, und – wegen der Gewöhnung und Abstumpfung – giert er nach immer steigenden Mengen. Er setzt den Hauptteil seines Verdienstes in Alkohol um, und darob kommt seine Familie in Not. Im Rausche gerät er in gereizte Stimmung, wird unbeherrscht, ja gewalttätig, und auf Klagen und Vorwürfe antwortet er mit Mißhandlung von Frau und Kindern. Im weiteren Verlauf folgen Gewalttaten und Verbrechen. (Die meisten Sittlichkeitsverbrechen werden im Rausche begangen; und längst ist erwiesen, daß mit Zunahme des Alkoholverbrauchs auch die Zahl der Verbrechen steigt.)

Am Ende steht der körperliche und seelisch-geistige Verfall der Persönlichkeit, der schließlich zu Wahnsinn (›Säuferwahn‹) und zum Tode führt. Eine Heilung ist nur möglich durch völlige Enthaltsamkeit. Sie muß in geschlossenen ›Trinker-Heilstätten‹ durchgeführt werden.

Der Alkoholiker untergräbt nicht nur seine eigene Gesundheit, und er bringt nicht nur sich und seine Angehörigen in Not – er bildet auch eine Gefahr für andere, vor allem im *Straßenverkehr.* Schon mäßiger Alkoholgenuß bewirkt eine Fehlbeurteilung der Wirklichkeit: Der Angeheiterte *unter*schätzt die Gefahr, und er *über*schätzt sein Können. Dies zu wissen ist für Menschen, die am Steuer eines Kraftfahrzeugs sitzen, von besonderer Wichtigkeit, und darum hat man die Giftwirkung des Alkohols an deren Verhalten gemessen. Dabei weiß man, daß der eine Fahrer mehr, der andere weniger ›vertragen‹ kann.

Man gibt den Alkoholgehalt des Blutes in ‰ (= Promille, d. h. ›vom Tausend‹) an. 0,03 ‰ ist ›normal‹ – so viel erzeugt der Körper als Zwischenerzeugnis des Stoffwechsels selbst. Was darüber hinausgeht, ist Folge des Alkohol-Genusses. Man hat festgestellt: Bei einem Blut-Alkohol-Gehalt

von 0,5 ‰ ist die Fahrtüchtigkeit herabgesetzt;

bei 0,8 ‰ versagen manche Lenker von Kraftfahrzeugen;

bei 1–1,2 ‰ sind fast alle fahruntüchtig, gefährden also andere Verkehrsteilnehmer, und natürlich auch sich selbst;

bei 1,5 ‰ ist jedermann, auch der an Alkohol Gewöhnte, fahruntüchtig;

2 ‰ bewirken Volltrunkenheit, und

2,5 ‰ den Vollrausch (= Alkoholvergiftung), verbunden mit Bewußtlosigkeit.

4 und mehr ‰ führen zum Tode.

In der BRD werden Fahrer mit 0,8 ‰ bestraft, und ihr Führerschein wird ihnen abgenommen – auch wenn sie keinen Unfall verursacht haben.

Im Jahre 1970 starben allein in der Bundesrepublik 19 123 Menschen den Verkehrstod. Die Zahl der Verletzten war fast 30mal höher. Bei 40 % der Unfälle war Alkohol mit im Spiel. Das sind rund 7650 Tote, darunter 2500 Kinder, und an die 212 000 Verletzte, meist Frauen und Kinder. Viele der Verletzten bleiben zeitlebens Krüppel. Das sind erschrekkende Zahlen. Sie steigen von Jahr zu Jahr an. Und dabei gibt es noch Männer, die das Fahren von Kraftfahrzeugen im Zustand der Trunkenheit für ein ›Kavaliers-Delikt‹, d. h. für ein ›ritterliches Vergehen‹ halten, und die sich damit gar noch brüsten. Fragt die Kinder, deren Mütter – und die Mütter, deren Kinder von solchen ›Kavalieren‹ zu Krüppeln oder zu Tode gefahren wurden, was sie dazu meinen.

Alkohol macht s ü c h t i g, lähmt also den Willen. So nimmt es nicht wunder, daß immer mehr Alkoholiker zu gefährlicheren Rauschgiften, den *Halluzinogenen*, greifen und ihnen verfallen.

c) *Halluzinogene.* Sie bewirken Sinnestäuschungen, gaukeln also dem, der sie zu sich nimmt, Dinge vor, die gar nicht wirklich sind, und sie versetzen ihn in einen Rauschzustand. Diesem folgt ein meist bitteres Erwachen, für viele Grund genug, erneut zum Rauschmittel zu greifen.

Die ›gebräuchlichsten‹ Halluzinogene sind:

Haschisch – gewonnen aus dem Indischen Hanf; es wird geraucht, gegessen und getrunken.

Wirkung: verführerische Sinnestäuschungen und Träume; Mißbrauch führt zu seelisch-geistiger Zerrüttung. Man schätzt die Zahl der Haschisch-Süchtigen auf 200 Millionen.

Marihuana – ist chemisch dasselbe wie Haschisch, jedoch 5mal schwächer; es wird aus einer mexikanischen Nesselpflanze gewonnen.

Meskalin (auch Mescalin) – gewonnen aus einer Kaktuspflanze (Mexiko); es wird eingenommen oder gespritzt.

Wirkung: zuerst Schwindel und Brechreiz, dann Rauschzustand mit farbigen Sinnestäuschungen (Halluzinationen); Bewußtseinsstörungen, geistige Verwirrung; macht widerstandslos; vorübergehende Persönlichkeitsspaltung, also Merkmale, wie sie bei Geisteskrankheit (Wahnsinn) auftreten. Suchtgefahr!

Opium – aus Mohnpflanzen gewonnen; wird in besonderen Pfeifen geraucht. Opium enthält 25 verschiedene Stoffe. Die wichtigsten sind *Morphin* = schmerzstillend (Arzneimittel) und *Heroin* = doppelt so wirksam wie Morphin; gefährliches Suchtgift.

Wirkung: Rausch, heitere, unwirkliche Träume; Erwachen ernüchternd, ja niederschmetternd; körperlicher und seelischer Zerfall. Man schätzt, daß rund 500 Millionen Menschen diesem Rauschgift verfallen sind. Allein in New-York soll es 25 000 Heroin-Süchtige geben, und im Jahr 1969 starben dort 224 Menschen am Heroingenuß.

Kokain – gewonnen aus den Blättern der Koka-Pflanze.

Wirkung: macht schmerzunempfindlich (Arzneimittel) und süchtig; ›Kokainrausch‹; schädigt das Nervensystem; Verwirrungszustände, Verfolgungswahn; körperlicher und seelischer Zerfall.

LSD (=*L*yserg-*S*äure-*d*i-aethyl-amid) – zunächst im Laboratorium hergestellt, später in den Samen amerikanischer Windengewächse wiederentdeckt; wird eingenommen und gespritzt.

LSD ist weit gefährlicher als Haschisch und 5000mal wirksamer als Meskalin, führt also zu schweren Bewußtseinsstörungen und zum körperlichen und seelischen Zerfall. (Katzen, mit LSD behandelt, fürchteten sich vor Mäusen. Versuche mit amerikanischen Soldaten: sie verweigerten die Ausführung von Befehlen, warfen die Waffen weg, stiegen auf Bäume, brachen in irres Gelächter aus, u. a. m. Es wurde bereits erwogen, Meskalin und LSD im Kriege als ›Waffe‹ einzusetzen, indem man das farb- und geschmacklose Rauschgift dem Trinkwasser des Gegners zusetzt und so die feindlichen Soldaten ›widerstandslos‹ macht.)

Die Zahl derer, die zu Rauschgiften greifen, nimmt auch bei uns in erschreckendem Maße zu. Vor allem Jugendliche, und auch Schüler, erliegen der Versuchung und ›haschen‹, d. h. rauchen heimlich Haschisch. Viele treibt die Neugier. Andere erliegen dem Geltungsbedürfnis und dem Zwang, der von Kameraden ausgeübt wird. Die meisten werden Opfer raffinierter Verführer und Betrüger. Sie malen das ›Wunder des Rausches‹ in lockenden Farben und reden vom ›paradiesischen Erleben‹. Haschisch – so behaupten sie – erweitere das Bewußtsein, erleichtere die Selbsterkenntnis, steigere die Leistung der Sinne, stimme hochgemut, helfe reifwerden u. a. m. Sie verschweigen, daß diese vielgepriesene ›Reise in das Innerste der Seele‹ zur eigenen Zerrüttung führt. (Im Jahr 1970 gab es allein in der BRD 60 000 Invaliden zwischen 15 und 30 Jahren. Sie hatten Leib und Seele durch Rauschgiftgenuß so zerstört, daß sie für immer arbeitsunfähig wurden. Für 1971 rechnet man mit doppelt so vielen.) Viele Rauschgiftsüchtige enden mit Selbstmord.

Von den genannten Halluzinogenen ist Haschisch das ›harmloseste‹. Es soll angeblich nicht süchtig machen. Doch ist erwiesen, daß ihm gewissenlose Geschäftemacher gefährlichere Rauschgifte, wie z. B. Heroin, beimischen und so ihre Opfer süchtig, d. h. hörig machen und dem Verderben ausliefern. Aber auch ohne diesen Betrug ist Haschisch gefährlich. Es ist ein Gift, das bei länger dauerndem Genuß die Gesundheit untergräbt. Hinzu kommt die ›Schrittmacher-Gefahr‹ – Haschisch ist ›Einstiegsdroge‹: Viele Haschisch-Raucher gehen, auf der Suche nach stärkeren Rauschmitteln, zu Heroin oder gar LSD über. Wer aber diesen verfällt, begeht seelischen Selbstmord, dem oft genug der leibliche nachfolgt. Eines ist erwiesen: Auf die Dauer erliegen der Verführung nur diejenigen, deren Seelenleben gestört ist. Der Lebenstüchtige greift nicht zu Rauschgiften.

III. Die Menschheit gefährdet ihre Umwelt

Das Jahr 1970 wurde vom Europarat in Straßburg zum *›Jahr des Naturschutzes‹* erklärt. In seiner ›Deklaration‹ (= grundsätzlichen Erklärung) an alle Staaten Europas heißt es:

„. . . Jeder Bewohner Europas kann heute die Zeichen der Verunreinigung und Zerstörung seiner Umwelt sehen. Diese Schädigung ist das Ergebnis unkontrollierter, rücksichtsloser Nutzung des Bodens und einer mißbräuchlichen Ausbeutung der natürlichen Hilfsquellen. Häufig ist der Boden der Erosion (= Abtragung durch Wasser und Wind) preisgegeben, das Wasser für viele Verwendungszwecke bereits unbrauchbar, die Luft gefährlich verschmutzt, ganze Landschaften gehen so zugrunde, wildlebende Tiere sind vom Aussterben bedroht. Abfallprodukte aller Art nehmen ein immer bedrohlicheres Maß an, das biologische Gleichgewicht ist gestört. Dies ist die bedenkliche Ausgangslage . . .“

Schlagzeilen in Zeitungen und Zeitschriften lauten:

„Die Menschheit bereitet ihren Selbstmord vor! Sie ist daran, den Raum, der sie umgibt und trägt, zu zerstören: Sie schändet die Landschaft, vergiftet den Boden, verschmutzt die Gewässer, verpestet die Luft; und der Lärm, den sie erzeugt, macht krank.“

Und kaum ein Tag vergeht, an dem nicht verantwortungsbewußte Menschen über neue Bedrohungen unseres Lebensraumes, dieser ›Kehrseite des Fortschritts und der Zivilisation‹, berichten und vor deren Folgen warnen.

Aufgabe:

Sammelt solche Berichte. Ordnet sie nach den verschiedenen Umweltbereichen. Stellt zusammen, was als Abhilfe geplant ist, und überlegt, was ihr dazu beitragen könntet.

1. Lärm macht krank, – noch mehr: Lärm kann töten! Das wußten früher schon die Chinesen. Sie benützten besondere Lärminstrumente, um Verbrecher auf möglichst qualvolle Weise hinzurichten.

Robert Koch – er entdeckte die Erreger der Tuberkulose und der Cholera – hatte die Lärmgefahr mit Pest und Cholera gleichgestellt. Und gerade in unserer Zeit mehren sich die Fälle, daß Menschen freiwillig aus dem Leben scheiden, weil sie keinen anderen Ausweg mehr sehen, um dem unerträglich gewordenen Lärm zu entfliehen.

Heute, da in den Wohngebieten der Lärm und seine Folgen in erschreckendem Maße zunehmen, gingen Ärzte und Forscher daran, die Wirkungen des Lärms auf die Gesundheit des Menschen genauer zu untersuchen. Dabei mußten sie zuvor die Lautstärke messen. Als Maßeinheit diente das *Phon* (= ph; griechisch = Laut, Stimme, Ton). Es wird abgelöst durch das *Dezibel* (= db, von dezi = Zehntel, und bel = Abkürzung des Namens Bell, eines amerikanischen Forschers). Die Maße Phon und Dezibel weichen wenig voneinander ab. Du solltest auch um dieses neue Maß wissen. Und dann beachte:

Jeweils 10 Maßeinheiten bedeuten eine Steigerung der Lautstärke um das 10fache der vorhergehenden. Beispiel:

1 ph oder db = Überschreitung der Hörschwelle
10 ph oder db = das 10fache
20 ph oder db = das 100fache
30 ph oder db = das 1000fache
100 ph oder db = das 1milliardenfache usw.

Der Preßlufthammer mit seinen 90 ph oder db wird also 100 000mal lauter empfunden als der tropfende Wasserhahn mit seinen 40 ph oder db.

Wir verwenden im weiteren Verlauf das bisher übliche Maß Phon.

Übersicht

Phonzahl	Schallquellen, in 7 Meter Entfernung
10	Blätter säuseln; leises Flüstern; normales Atmen
20	Blätter rauschen; Flüstern
30	Ticken eines Weckers
40	leises Sprechen, leise Musik, tropfender Wasserhahn
50–60	Normale Unterhaltung; Auto im Leerlauf
70	lauter Straßenlärm; Straßenbahn; Schreibmaschine
80–85	Schreien; fahrende Autos und Krafträder; Verkehrslärm der Städte; Rasenmäher; Teppichklopfer; Staubsauger
90–100	Preßluftbohrer, Autohupe; anfahrende Lastwagen; Hubschrauber in 100 m Höhe; Beat-Musik in der Mitte der Tanzfläche
110	Niethämmer, Kesselschmiede; Einflugschneise für Düsenflugzeuge und Nachbarschaft von Flughäfen; Propellerflugzeug beim Start
120–130	Düsenflugzeuge in 7 m Entfernung; Feuerwerkslärm; Beat-Musik dicht bei der ›Band‹
	Schmerzgrenze; Düsenjäger beim Start
über 130	Überschallknall (= 140–155 Phon); Dauereinwirkung führt zur völligen Taubheit.

Die Ärzte unterscheiden *3 Lärmgrade und deren Folgen:*

1. Grad = ab 40 Phon = unbewußte Minderung des Wohlbefindens; beginnende Erhöhung des Blutdruckes;

2. Grad = ab 60–65 Phon = *Gefährdung* der Gesundheit: seelische Belästigung, innere Abwehr, und damit Störungen des Vegetativen Nervensystems; Verengung der Blutgefäße, Durchblutungsstörungen (das Herz pumpt weniger Blut in die Arterien), und damit Minderung der Leistungfähigkeit;

3. Grad = *Schädigung* der Gesundheit. Ab 90 Phon beginnt die Zerstörung bestimmter Zellen des Innenohrs und damit Schwerhörigkeit oder gar Taubheit. ›Lärm-Krankheiten‹: Schädigung des Vegetativen Nervensystems (Eingeweide-Nervensystem). Da es wichtige Lebensvorgänge steuert (s. S. 83), leiden darunter Herz und Kreislauf, Atmung, Verdauung, Ausscheidung, Tätigkeit der Drüsen u. a. m. Es kommt zu Bewegungsstörungen, wie Handzittern, zu Lähmungen, ja zu inneren Blutungen, die zum Tode führen können.

Nicht vergessen werden darf die *seelische Belastung*. Durch unerträglichen Lärm bedingte Unlust, Mißstimmung und innere Abwehr, samt dem Bewußtsein der Ohnmacht, führen nicht nur zu Herz- und Verdauungsbeschwerden und Magengeschwüren, sondern können den also Bedrückten bis zur Verzweiflung und zur Flucht in den Selbstmord treiben, so erfahrungsgemäß Menschen, die in schlecht isolierten ›Mietskasernen‹ wohnen und dem Dauergeplärr der Rundfunk- und Fernsehgeräte von nebenan, von oben und von unten ausgesetzt sind.

Hinzu kommt: Lärm verschlimmert bei bereits Erkrankten deren Leiden und verzögert oder verhindert die Heilung.

Man kann sich an den Lärm so gewöhnen, daß man ihn kaum oder nicht mehr wahrnimmt. K r a n k aber macht er trotzdem, und Störungen bei Nacht sind noch schlimmer; denn auch der Schlafende reagiert auf Lärm, ja, er ist lärmempfindlicher als der Wache: Sein Körper wird abwehrbereit, gerät also ›in Spannung‹, die Schlaftiefe sinkt und damit der Grad der Erholung. – Und endlich: *Lärm schädigt das Kind im Mutterleib*. Es antwortet darauf mit krampfartigen Bewegungen, und im weiteren Verlauf kommt es zu Entwicklungsstörungen, zu körperlichen Mißbildungen und zum Absterben der Leibesfrucht, so z. B. in Wohngebieten, die starkem Fluglärm ausgesetzt sind. Dort brachten mehr als die Hälfte der Mütter tote Kinder zur Welt, und in gleichem Maße stieg die Zahl der Totgeburten auch bei den Haustieren (Vieh). – All das mußt du wissen, und folgendes dazu: Lärmempfindlich sind vor allem *Kinder*, *Kranke* und *Alte*. Du wirst auf sie Rücksicht nehmen und, soweit es an dir ist, nicht unnötigen Lärm machen. Die Betroffenen werden es dir danken. Tu es um ihret- und auch um deinetwillen! Wohl gibt es *Lärmschutz-Gesetze*, doch sie reichen längst nicht mehr aus. Wer es mit dem Nächsten gut meint, tut mehr, als die Gesetze vorschreiben.

Die wichtigsten *Lärmquellen* sind:

Alltagslärm – Gesetze schreiben für Rundfunk- und Fernsehgeräte, Plattenspieler, Lautsprecher und dergl. *Zimmerlautstärke* vor. Sie dürfen nicht bei geöffneten Fenstern oder im Freien betrieben werden. (Für Gaststätten und Rummelplätze sind gewisse, zeitlich begrenzte Ausnahmen zugelassen.) Für den, der Rücksicht kennt, bedarf es keines Gesetzes. Der Anständige zwingt andere nicht zum Mithören.

Verkehrslärm – Er nimmt, mit der Zahl der Kraftfahrzeuge zu Lande, zu Wasser und in der Luft, von Jahr zu Jahr zu. Man kann heute Motoren mit weniger Phonzahl bauen. Sie sind natürlich teuer. Und sie würden rücksichtslose Fahrer nicht hindern, die Türen ihres Wagens zuzuknallen, den Motor aufheulen zu lassen oder gar den Schalldämpfer auszubauen, nur um mehr ›angeben‹ zu können. – Besonders bedrohlich ist der

Fluglärm – Er forderte schon früher seine Opfer: Die amerikanische Luftwaffe hatte bereits im Jahr 1960 fast 100 000 ›Lärm-Invaliden‹ zu versorgen. Seitdem hat sich der Fluglärm vervielfacht, und er tut dies noch weiterhin. Geplant sind *Überschall-Großflugzeuge*. Unter dem ›Knallteppich‹ mit den rund 150 Phon, den eine solche Maschine hinter sich herschleppt, müßten bei jedem Flug mindestens 1 Million Menschen leiden. Drei solcher Flugzeuge, entsprechend verteilt, könnten alle Bewohner der BRD – das sind rund 60 Millionen Menschen – in Mitleidenschaft ziehen. Überschallflugzeuge zählen zum ›technischen Fortschritt‹. Er droht, die Gesundheit aller, der Lebenden und der noch Ungeborenen, zu zerstören.

Baulärm – 75 % aller Beton-Arbeiter sind lärmgeschädigt. Es gibt gewisse Berufe und Betriebe, bei denen es ohne Lärm nicht abgeht, z. B. Kesselschmiede, Spinnereien, Webereien u. a. Bei der Bundesbahn werden die Gleisarbeiter, die lärmstarke Maschinen bedienen, in kurzen Abständen auf Lärmschäden untersucht und notfalls anderen Arbeiten zugeteilt.

Zu einer weiteren Lärmquelle kann die moderne *Tanzmusik* werden. Die durch ›Verstärker‹ erzielten Lautstärken stellen die Geräusche von Niethämmern und Kesselschmieden in den Schatten, sind also in hohem Maße gesundheitsschädlich und gefährden vor allem auch das Kind im Mutterleib. Messungen in ›Beatschuppen‹ ergaben folgende Werte:

Nähe der ›Band‹ = 120 Phon (fast alle ihre Musiker leiden an Lärmschäden!);

Mitte der Tanzfläche = 106–108 Phon;

30 Meter außerhalb des Lokals = 90 Phon, also bereits innerhalb der Schädigungsgrenze.

Die gesundheitsschädigende Wirkung des Lärms wird seit einiger Zeit genauer untersucht. Die neuesten Ergebnisse veranlaßten einen Forscher aus den USA zu der Warnung: „Wenn der Umweltlärm in den nächsten 30 Jahren weiterhin so stark anschwillt wie in den letzten 30 Jahren – es wäre tödlich für uns alle.“ Deutsche Ärzte sagen, der Lärm sei die häufigste Krankheitsquelle der Gegenwart, und die Lärmkrankheiten hätten sich in wenigen Jahren um das Vielfache gesteigert. Die meisten Bewohner der BRD seien bereits ›angeschlagen‹, darunter viele Jugendliche. Ihr seid noch jung und wollt es wohl nicht so recht wahrhaben. Doch glaubt, was die Erfahrung lehrte! Es wird zu eurem Wohle sein.

2. *Natur- und Landschaftsschutz*

„Naturschutz tut not!“, und „Naturschutz ist Menschenschutz“ – So wird lautstark verkündet. Was so dringend geschützt werden muß, ist offenbar bedroht (– die Landschaft, die Felder, Wiesen und Wälder, die Täler und Berge, die Flüsse und Seen). Was ist geschehen und was geschieht heute?

Die Natur wurde und wird *mißhandelt.* Ganze Wälder wurden gerodet, so in den Ländern um das Mittelmeer, in den USA, in Rußland und anderswo. Diese Abholzung hatte verheerende Folgen. Das Regenwasser wurde nicht mehr gespeichert, der fruchtbare Boden wurde weggeschwemmt oder vom Winde verweht, und das Land wurde zur Wüste.

Flüsse wurden begradigt. Sie bekamen dadurch ein stärkeres Gefälle, ihr Wasser floß schneller ab, der Grundwasserspiegel sank, und die benachbarten Landstriche verödeten.

Das freie Land schrumpft: Die wachsende Bevölkerung braucht Wohnungen, Verkehrswege, Industriebetriebe und Sportstätten. Damit wird Jahr um Jahr – allein in der BRD – eine Fläche, etwa so groß wie ein Quadrat mit fast 20 km Seitenlänge, überbaut (wieviel täglich?). Sie geht dem Anbau von Feldfrüchten verloren, und dringend benötigte Erholungsgebiete, wie stadtnahe Waldteile, werden dafür geopfert.

Hinzu kommt das *Waldsterben,* das durch Abgase in Industriezentren, z. B. Ruhrgebiet, Weserbergland u. a., immer mehr zunimmt. Dabei sollten diese Wälder als Filter gegen die giftigen Industrieabgase dienen.

Sorgen bereitet der *Müll.* Jährlich fallen in der BRD 200 Millionen Kubikmeter Haus- und Industrieabfälle an. Sie landen auf Müllplätzen, von denen nur jeder 20ste so angelegt ist, daß seine Umgebung weder verunstaltet noch gefährdet ist. Hinzu kommen rund 1 Million Autowracks.

Vielfach wird die Landschaft *verschandelt:*

Müll und Schrott werden wahllos da abgelagert, wo Menschen ihre Erholung suchen.

Die Natur *verarmt.* Zahlreiche Lebewesen wurden ausgerottet, und andere sind vom Aussterben bedroht, wiewohl sie unter Naturschutz stehen. Seltene Pflanzen werden gedankenlos ausgemerzt, und Tiere fallen der Mode, den Geschäftemachern und der Prahlerei schießwütiger ›Jäger‹ zum Opfer.

Um genügend Nahrungs- und Futtermittel zu erzeugen, werden große Landflächen mit einerlei Pflanzen, z. B. Kartoffeln, Getreide, angebaut. Diese ›Mono-Kulturen‹ sind zwar leichter zu bearbeiten, saugen den Boden aber einseitig aus, und sie sind zusätzlich ein Paradies für Schädlinge. Deren Vermehrung ins Ungemessene einzudämmen ist den ›natürlichen Schädlingsbekämpfern‹ nicht mehr möglich. Zugleich nehmen die Pflanzenkrankheiten zu, und der Bauer ist genötigt, zu Pflanzen-Schutzmitteln zu greifen. Viele Schädlingsbekämpfungsmittel sind giftig und selbst für den Menschen gefährlich. Sie vernichten auch die Nützlinge. Sie zerstören dadurch das Biologische Gleichgewicht, und – was man zu spät erkannte – sie bewirken die

3. Vergiftung des Bodens

Dafür ein Beispiel: Ein hochwirksames, einst vielgerühmtes Pflanzen-Schutzmittel ist das *DDT* (= Abkürzung für das *Di*-chlor-*Di*-phenol-*Tri*-chlor-aethan; der Chemiker nennt das DDT einen ›chlorierten Kohlen-Wasserstoff‹). DDT wurde nach 1945 als ›Wundermittel‹ in immer steigendem Maße zur Bekämpfung von Schädlingen eingesetzt. Im Jahre 1967 wurden allein in der BRD rund 350 Tonnen verbraucht, und die bisherige Welterzeugung wird auf 1,5 Millionen Tonnen geschätzt. Heute hat man erkannt, daß das DDT ein Gift ist, welches das Leben der gesamten Menschheit bedroht.

DDT tötet rasch und sicher nicht nur die Schädlinge, sondern auch die *Nützlinge*, vernichtet die tierischen Kleinlebewesen im Boden, die für dessen Fruchtbarkeit so wichtig sind (vgl. III, 44 f.), und es bedroht sogar das Leben der Greifvögel und jener Wasservögel, die von Fischen leben – das DDT, das sie mit ihren Beutetieren aufnehmen, bewirkt, daß die Schalen ihrer Eier brüchig werden und daß sie unfruchtbare Eier legen, sich also nicht mehr fortpflanzen. Du siehst: Das DDT zerstört das *Biologische Gleichgewicht.* Es ist darüber hinaus auch ein schweres Gift für den Menschen: Es führt zu Störungen im Stoffwechsel der Leber und des Calcium- und Hormonhaushalts, und es steht im dringenden Verdacht, auch Krebs zu erzeugen. Wie aber kommt das Gift in den menschlichen Körper?

DDT wird nicht, wie viele andere chemische Substanzen, rasch ›abgebaut‹; es ist chemisch ›stabil‹, das heißt, es bleibt über Jahrzehnte unverändert erhalten, und es wurde in den 25 Jahren seiner Verwendung weltweit verbreitet. Selbst im Eis der Pole, sowie in den Lebewesen des Eismeeres wurde DDT festgestellt, wiewohl es niemals dort ausgestreut wurde. Verbreitet haben es Wind und Wasser – und die Lebewesen selbst. Denn DDT gelangte in die *›Nahrungskette‹* und wurde so von Glied zu Glied weitergegeben. Beispiel: Das ins Meer geschwemmte DDT wurde von den im Wasser schwebenden Kleinlebewesen, dem ›Plankton‹, gleichsam herausgefiltert und gespeichert. Vom Plankton leben die Insektenlarven. Sie dienen den Friedfischen, diese den Raubfischen und anderen Meeresbewohnern als Nahrung. Bei jedem Glied dieser Kette wird DDT angereichert und dann weitergereicht, und so auch einem der Endglieder dieser Kette, dem *Menschen.* Entsprechendes vollzieht sich zu Lande: Gräser (u. a. Kulturpflanzen) speichern das dem Boden entnommene DDT, geben es an das Weidevieh weiter, von dem es als Fleisch oder Milch der Mensch übernimmt. So kam es, daß es heute praktisch keine DDT-freien Menschen mehr gibt. Wir alle tragen also das Gift in uns, wenn auch noch in vertretbaren Mengen. Gefährlich kann es aber für Kleinkinder werden, die von ihren Müttern gestillt werden. Untersuchungen haben ergeben, daß täglich die Säuglinge in Schweden fast das Doppelte, die in West-Australien gar das 30fache der als unbedenklich geltenden Menge des Giftes mit der Muttermilch zu sich nehmen.

In etlichen Staaten ist oder wird das DDT verboten, so in den USA, in Schweden, und auch in der BRD. In den ›Entwicklungsländern‹ aber wird es in steigendem Maße zur Schädlingsbekämpfung eingesetzt. Man glaubt, dort ohne DDT nicht auszukommen. Die Folgen: Der Ertrag an landwirtschaftlich erzeugten Nahrungsmitteln ist gewaltig gestiegen, so daß der Hungertod nahezu bezwungen wurde. So kam es zu einer ›Bevölkerungs-Explosion‹. Würde man nun auf DDT verzichten, so würden, wie früher, Millionen Menschen – und vor allem Kinder – verhungern.

A b e r : Wird DDT in gleichem Maße weiterverwendet, so werden später weit mehr Menschen sterben müssen – Wieso? – Denke an die *Nahrungskette* zu Lande (= Vergiftung der Ernte-Erzeugnisse) und im Wasser: Fische sind wertvolle Eiweiß-Lieferanten; ihr Ausfall träfe gerade die Entwicklungsländer am schwersten.

Überlege: Wie könnte man diesen ›Teufelskreis‹ durchbrechen?

Das DDT hat etliche Verwandte (= chlorierte Kohlen-Wasserstoffe) mit ähnlichen Eigenschaften. Auch sie vergiften den Boden und die Pflanzen, die darauf wachsen. Und auch sie sind Anfangsglieder der Nahrungskette, die beim Menschen endet. Wie kann man dieser Gefährdung der Menschheit begegnen? – Drei Möglichkeiten bieten sich an:

a) *Verbot des DDT* und seiner Verwandten. Da Wind und Wasser diese Gifte weltweit verbreiten, wäre dies nur wirksam, wenn a l l e Staaten der Erde sich dem Verbot anschlössen;

b) *Ersatz* der ›chemisch stabilen‹ durch *›instabile‹ Schädlingsbekämpfungsmittel,* d. h. durch solche, die schon nach Tagen oder Wochen ›abbauen‹ und damit ihre Giftwirkung verlieren. Daran arbeitet die Forschung, und dies mit beachtlichem Erfolg;

c) *›Biologische Schädlingsbekämpfung‹.* – Dazu gehören

Schonung der heimischen Vogelwelt und der Fledermäuse – sie sind Schädlingsvertilger; Züchtung ertragreicher Nutzpflanzen, die gegen Schädlinge weniger oder nicht anfällig sind;

Züchtung und Verbreitung von Krankheitserregern (Viren), und von Parasiten (z. B. Schlupfwespen, vgl. III, 21 f.), die nur die Schädlinge und deren Larven befallen;

Bekämpfung der Schädlinge, indem man sie ihrer Schlupfwinkel beraubt, oder indem man sie daran hindert, sich fortzupflanzen – dafür ein Beispiel:

In den USA verursachte eine Fliege, deren Larven in den Wunden von Rindern schmarotzen, einen jährlichen Schaden von fast 400 Millionen DM. Heute ist dieser Schädling nahezu, in manchen Gegenden völlig ausgerottet. Wie ging dies zu? – Die Fliegenmännchen wurden in Massen gezüchtet, mit radio-aktiven Strahlen unfruchtbar gemacht (= ›sterilisiert‹) und dann – mit Hilfe von Flugzeugen – über den verseuchten Gebieten freigelassen. Die sterilen Männchen paarten sich zwar mit den Weibchen, doch wurden deren Eier dabei nicht befruchtet und starben ab.

Gefahr droht dem Boden von dem lawinenartig anschwellenden *M ü l l.* Man spricht vom ›Wohlstands-Müll‹. In der BRD wird er auf rund 300 000 offenen Müllplätzen abgelagert. Um ihn gefahrlos zu stapeln oder aufzubereiten, müßten 3,5 Milliarden DM bereitgestellt werden.

Die Müllhalden werden vom Regen ausgelaugt. Das verschmutzte Wasser versickert und verunreinigt das Grundwasser, dem wir das Trinkwasser entnehmen. Man schätzt, daß auf diese Art bei uns jährlich 200 000 t chemische Substanzen ins Grundwasser absinken.

Die im Müll enthaltenen Haushaltabfälle werden in kurzer Zeit von den Bakterien zersetzt; – anders die Kunststoffe (Milchbeutel, Einkaufstüten und -taschen aus Plastik). Sie bleiben Jahrzehnte, ja Jahrhunderte lang unverändert erhalten. Also versuchte man, den Müll zu verbrennen. Das ist doppelt so teuer wie das Stapeln, und der dabei entstehende Rauch belästigt die Umgebung. Schwierigkeiten bereiten da wiederum die Kunststoffe, insbesondere diejenigen, welche PVC (= Poly-Vinyl-Chlorid) enthalten. Werden sie verbrannt, so wird Salzsäure (= HCl) frei, und die damit gesättigten Rauchschwaden bedrohen das Leben der Pflanzen, der Tiere und des Menschen.

Den Boden vergiften auch solche Stoffe, die zunächst in die Luft entlassen (geblasen), durch Regen und Schnee ›niedergeschlagen‹ werden und in den Boden eindringen. Dazu zählen kanzerogene (= Krebs erzeugende) und radio-aktive (= strahlende) Substanzen (vgl. S. 118 und 172, sowie IV, 135). Auch sie können Anfangsglieder einer Nahrungskette werden und fortschreitend Unheil stiften.

Gefährlich werden Kohlen-Wasserstoffe: lecke Heizöltanks, sowie im Straßenverkehr verunglückte Tanklastzüge. Sie entleeren ihren Inhalt. Er versickert im Boden, und er vergiftet das Grundwasser. Dabei genügen schon 1 l Öl oder Benzin, um 1 Million l Trinkwasser ungenießbar zu machen.

Die Gegenwart brachte ein Neues: Die Pflanzenschutzmittel sind zu *Kampfstoffen* entartet. Man kann – mit chemischen Mitteln (= Giften) – Unkraut vertilgen, Schädlinge töten, Wälder entlauben, Getreide- und Reisfelder verwüsten, d. h. den Boden vergiften. Doch damit wird – dies lehrte die Erfahrung – zugleich der Mensch, und vor allem die Leibesfrucht, tödlich getroffen. Die Menschheit sollte endlich erkennen und darnach handeln:

Vergiftung des Bodens ist immer auch Vergiftung des Menschen!

4. Die Verschmutzung der Gewässer

Der Volksmund spricht: „Gesundes Wasser – gesundes Leben!“ Und Goethe sagt: „Alles ist dem Wasser entsprungen; alles wird aus dem Wasser erhalten.“ Doch wir sind dabei, eben dieses Wasser zu vergiften. Verantwortungsbewußte Männer und Frauen warnten schon seit Jahrzehnten vor dieser tödlichen Gefahr. Sie wurden kaum beachtet, bis zum Sommer 1969, als die Katastrophe vom Rhein zum Aufmerken zwang. Was war geschehen? – Eine am 18. Juni einsetzende Vergiftungswelle vernichtete vom Binger Loch bis zur Mündung den gesamten Fischbestand. Mindestens 40 Millionen übelriechender Fischleichen trieben dem Meere zu, vergiftet durch ein Schädlingsbekämpfungsmittel, das auf bis jetzt ungeklärte Weise in den Fluß gelangte. Es tötete also nicht nur schädliche Insekten, sondern auch die Fische, und dazuhin zahllose andere Lebewesen, die für die Reinhaltung der Flüsse so wichtig sind.

Dieses so eindrucksvolle Ereignis erregte weltweites Aufsehen. Es war *Alarmsignal*, und es öffnete die Augen für eine weit größere Gefahr: für die *dauernde*, von Tag zu Tag zunehmende Verschmutzung und Vergiftung unserer Gewässer – sie erregt weniger Aufsehen, denn sie vollzieht sich ›im stillen‹, doch mordet sie nicht nur Fische, sondern bedroht das Leben der Menschheit.

Unsere *Flüsse* sind verschmutzt. Das ›Muster‹ bildet der Rhein. Noch im Jahre 1948 konnte man in ihm baden. Heute nennt man ihn ›die Kloake Europas‹. (Schlage im Wörterbuch nach, was ›Kloake‹ bedeutet.) Sein Wasser ist trübe und stinkt an schwülen Tagen zum Himmel. Dabei entnehmen 19 Millionen Bewohner Nordrhein-Westfalens und der Niederlande eben diesem Rhein – nach gründlicher Reinigung natürlich – ihr Trinkwasser. Erheblich verschmutzt sind auch einige Nebenflüsse, wie Neckar und Main. Schaue im

Atlas nach (Wirtschaftskarte usw.), und du wirst erkennen, woher die Verschmutzung stammt.

Man hat festgestellt: Jährlich ergießen sich in den Rhein und seine Nebenflüsse rund 12 Milliarden m³ Abwässer, davon 10 Milliarden aus der Industrie. Die Schiffe, die den Rhein und seine Nebenflüsse befahren, entleeren mehr als 12 000 t Mineralöl in seine Fluten. Die Fische, die darin gefangen werden, schmecken so sehr nach Öl, daß sie als Speisefische kaum mehr verwendet werden können. An seiner Mündung führt der Rhein *täglich* 40 000 t Industriesalze mit. Ein Teil davon stammt aus den Kaliwerken bei Mühlhausen im Elsaß.

Den ›Ruhm‹, der verschmutzteste Strom Europas zu sein, machen dem Rhein andere Flüsse streitig. In die Elbe bei Hamburg ergießen sich täglich 300 000 m³ Abwässer und machen ihr Wasser zur Jauche. Die Donau ist schon 100 km nach ihrem Ursprung bedrohlich verseucht. Aber nicht nur die deutschen Flüsse stinken. Der Tiber unterhalb Roms ist eine ›Freiluft-Kloake‹. Er übernimmt den Unrat der Drei-Millionenstadt, und sein Wasser wurde zur graugrünen Brühe, die sich dick wie Öl dem Meer entgegenwälzt. In ihm, und am Meer in der Nähe seiner Mündung, zu baden ist gesundheitsschädlich und mußte verboten werden. Bedrohliches wird von der Wolga in Rußland, von den Flüssen Englands, Japans und der USA berichtet.

Aber nicht nur die Flüsse, auch die S e e n sind bedroht. Der *Bodensee,* Europas größter Trinkwasserspeicher, droht zu ersticken. Abwässer führen ihm jährlich 28 800 t Schmutzstoffe zu, davon 15 700 t stickstoffhaltige und 1400 t phosphorhaltige Verbindungen. Sie helfen mit, daß der See verkrautet und verschlammt. Zugleich werden ihm *täglich* 650 000 m³ Trinkwasser für mehr als 70 Gemeinden, darunter die Großstadt Stuttgart, entnommen. Die Gefahr des Erstickens (des ›Umkippens‹) wurde 1959 erstmals erkannt. N o c h kann sie abgewehrt werden, wenn rasch gehandelt wird, und wenn die Anliegerstaaten (nenne sie – Atlas!) sinnvoll zusammenarbeiten und die Kosten (etliche Milliarden DM) gemeinsam aufbringen.

Was für den Bodensee gilt, trifft auch auf andere Binnenseen zu. Der *Baikalsee* (Atlas!) ist von Abwässern der Industrie und von Erdölprodukten vergiftet. Das *Kaspische Meer,* bisher der ›Delikatessenladen der Welt‹ (= Kaviar) verfault langsam. Die USA rätseln um die Frage: ›Wer mordete den Erie-See?‹ – wohl wissend, daß, wenn der See stirbt, auch die Städte seiner Ufer sterben.

Auch *Meere* sind gefährdet. Die *Ostsee* droht, zu ersticken. Kenner halten sie für das am stärksten verschmutzte Meer der Erde. In ihren tieferen Tälern herrscht gefährlicher Mangel an Sauerstoff, und darüber schwebt der alle Tiere tötende Schwefel-Wasserstoff (H_2S). Schuld daran sind die Abwässer, welche die angrenzenden Länder (nenne sie!) ins Meer leiten. Auch Abfälle werden kurzerhand in die Ostsee gekippt, und Schweden benützt sie als Autofriedhof.

An den Küsten der *Nordseebucht* und seinen Inseln sind Teile des Strandes so verschmutzt, daß das Baden verboten werden mußte. Dennoch plant Holland, trotz des Protestes der Nachbarländer, durch eine Rohrleitung den Unrat von mehr als 10 Millionen Menschen in die Ems-Mündung (= Dollart – Atlas!) abzuführen. Dabei nennen Forscher die Nordsee schon jetzt die ›Jauchegrube Europas‹.

Von der 8000 km langen Küste Italiens sind nur 14 % sauber. 52 % sind mäßig, 16 % stark verschmutzt, und 18 % gleichen regelrechten Jauchegruben.

Ein Seefahrer berichtete kürzlich, der Atlantik sei stellenweise so verunreinigt, daß man sich nicht einmal darin waschen konnte. Und das *Sargasso-Meer* (Atlas!) verdiene den Namen ›Groß-Kloake‹ des Atlantischen Ozeans. Ein Forschungsschiff wollte dort das Plankton untersuchen. Es mußte aufgeben; denn es fischte zuletzt Riesenmengen von Öl-

und Teerklumpen auf, so daß die Netze verklebten. Das Sargasso-Meer ist ein riesiger, kreisender Meeresstrudel. Es sammelt, wie ein Staubsauger, die im Atlantik treibenden Öl- und Teermengen und hält sie sehr lang fest. Das Plankton wird dadurch vergiftet, und damit auch die Fische, die vom Plankton leben. Sie sind Glieder einer Nahrungskette, der auch der Mensch angehört.

Doch nicht genug damit: das Meer wird auch als *Müllplatz* für gefährliche Dinge benützt. Nach dem 2. Weltkrieg wurde wiederholt Giftgas-Munition in der Ostsee versenkt. England kippte Kanister mit Giftstoffen, um sie so zu vernichten, in den ›Kanal‹. Hunderte solcher Behälter wurden durch die unruhige See bei der Insel Wight angespült und gefährdeten Bewohner und Fischer. Die USA versenkten schon vor Jahren 50 000 mit Giftgas gefüllte Geschosse, und im August 1970 – trotz heftigem Protest – nochmals 12 540 Nervengas-Granaten in 4800 m Tiefe des Atlantik. Das Gas, das ausreichen würde, um viele Millionen Menschen zu töten, wurde in Stahl, Sprengstoff und Beton verpackt und samt dem Schiff, in dem es auf hohe See befördert wurde, versenkt. Dies geschah zu der Zeit, da die USA planen, rund 40 Milliarden DM bereitzustellen, um die Menschen von der Umweltvergiftung zu befreien.

Zusätzlich gefährdet werden die Ozeane durch alle Stoffe, die die Luft verpesten und den Boden vergiften. Auch sie landen letzten Endes im Meer; auf welchem Wege?

Zu den häufigsten Quellen der Verschmutzung zählen:

Abwässer der Haushalte und Gemeinden, die nicht genügend gereinigt wurden – sie enthalten Putz- und Waschmittel, menschliche Exkremente und anderen Unrat;

Düngemittel (vor allem Phosphate und Nitrate), sowie giftige Schädlings-Bekämpfungsmittel – sie werden vom Regen in die Gewässer geschwemmt;

der Abrieb geteerter Straßen – er enthält Krebs erzeugende Stoffe;

alles, was die Luft verunreinigt, z. B. Staub, radio-aktive Teilchen, die bei Atombomben-Explosionen in die Luft geschleudert werden, das Blei der Auto-Abgase, u. a. m.; – sie gelangen mit den Niederschlägen (Regen, Schnee) in die Gewässer;

Abwässer der Industrie – sie bilden den Hauptanteil; nicht ausreichend gereinigt, führen sie Hunderte von Schmutzstoffen mit sich, darunter Schmiermittel und Öle, Säuren und Laugen, zuweilen tödlich wirkende Gifte u. a. m.

Zu den übelsten Schmutzstoffen zählen die *Mineral-Öle* (Erdöl, Heizöle, Benzin), weil sie nur langsam abgebaut werden. Jährlich gelangen *1 Million Tonnen Öl* in die Weltmeere. Es stammt aus Raffinerien, lecken Ölbehältern, verunglückten Tankschiffen, versenkten Auto-Wracks. Hinzu kommen Ölrückstände, die auf hoher See beim Reinigen der Schiffe ins Meer entleert werden. Die Ölpest droht, das Leben der Ozeane zu vernichten. Durch Öl besonders gefährdet ist das *Trinkwasser*. Du weißt: 1 m^3 Öl macht 1 Million m^3 unbrauchbar. Die Geruchs- und Geschmacksschwelle liegt aber noch tiefer. Sie beträgt bei

Heizöl = 1 : 5 Millionen,
Mineralöl = 1 : 100 Millionen,
Benzin = 1 : 1 Milliarde.

Als besonders verhängnisvoll haben sich Industrie-Abwässer erwiesen, die *Quecksilber* (Hg) in Form löslicher Verbindungen enthalten. Quecksilber ist ein Gift, das zu schweren Gehirnschäden, verbunden mit tödlichen Lähmungen, sowie zu Mißbildungen und zum Absterben der Leibesfrucht führt. Quecksilber ist gefährlicher als das gefürchtete DDT, und es ist weltweit verbreitet. Vor etlichen Jahren schon starben in *Japan* 43 Menschen, weil sie quecksilberverseuchte Meeresfische gegessen hatten. In den USA wurden 1 Million Thunfisch-Konserven aus dem Verkehr gezogen, weil das Fleisch zu viel des Giftes enthielt. Zuvor schon wurde vor dem Genuß von Fasanen, Wachteln, Rebhühnern und Schnepfen gewarnt – sie hatten Saatgut aufgepickt, das mit quecksilberhaltigen Schutzmitteln gebeizt war. Und ein besonders eindrucksvolles Beispiel: Eine Fabrik in den USA stellte gesundheitsfördernde Tabletten (Stärkungsmittel) her. Als ›Rohstoff‹ diente die Leber von Seehunden. Um ganz sicher zu gehen, nur *giftfreie* Tiere zu verarbeiten, beschränkte man sich auf Seehunde, die auf Inseln im Bering-Meer (nördlich der Aleuten, also in der Nähe des Polarkreises – Atlas!) erbeutet wurden. Die Tabletten mußten aus dem Verkehr gezogen werden. Begründung: Die Lebern der Seehunde, die als Rohstoff dienten, enthielten das 116fache, die Tabletten selbst mehr als das 60fache des Quecksilbers, das die Ärzte noch für tragbar halten.

Aufgabe:

Wie kam das Gift zu den Seehunden des Bering-Meeres? — Die Industriewerke, die es mit ihren Abwässern ins Meer schicken, liegen doch Tausende von Kilometern weiter südlich. – Du kannst die Frage selbst beantworten. Denke an die ›Nahrungskette‹. Erläutere sie.

Gefährdet bleiben die Bewohner dieser Polargebiete. Ihre Hauptnahrung sind die Seehunde, und deren Leber, in denen das Gift gespeichert wird, gilt ihnen als Leckerbissen. So ist das Leben eines ganzen Volkes (welches?) bedroht.

Verschmutzt wurden die Gewässer schon immer. Geschieht dies in erträglichem Maße, so reinigen sie sich selbst. Diese *Selbstreinigung* besorgen unzählige Kleinlebewesen (Bakterien und Urtierchen). Sie nähren sich von den Stoffen, die das Wasser verunreinigen, ausgenommen Öl, und sie beseitigen sie auf ihre Art. Sie brauchen dazu *Sauerstoff*. Nehmen die Schmutzteilchen überhand, dann reicht der Sauerstoff nicht mehr aus, und die nützlichen Helfer ersticken. Dann nimmt das Unheil seinen Lauf: das Gewässer „kippt um“, d. h., es wird zum stinkenden Pfuhl. Dasselbe geschieht, wenn ein Ölfilm das Wasser bedeckt und die Zufuhr von Sauerstoff unterbindet, oder wenn – durch ins Wasser geleitete Giftstoffe – alles Leben abgewürgt wird. Gefährlich wird auch das *Kühlwasser*, das Industriebetriebe und Kernreaktoren in oft großen Mengen in Flüsse und Seen (z. B. Bodensee) leiten. Sie wärmen die Gewässer auf und stören deren Selbstreinigung.

Sauberes Wasser ist *lebensnotwendig*. Es wird ein immer kostbareres Gut.

Anteil des Verbrauchs:

Trinken und Kochen = 2,8 l je Tag und Person,	insgesamt = 3 %
Reinigung (Haus und Person) = 150–250 l,	insgesamt = 15 %
Landwirtschaft = 275–550 l,	insgesamt = 27 %
Industrie = 550–825 l,	insgesamt = 55 %

Manche Industriebetriebe brauchen 1500 m³ Wasser, um nur eine Tonne Ware zu erzeugen. Vergleiche. Stelle die Anteile bildlich (Kreis) dar. Auf den Kopf der Bevölkerung umgerechnet verbrauchen täglich

die Entwicklungsländer	=	40 l,
die Westeuropäer	=	1400 l,
die USA	=	4200 l.

Für das Jahr 2000 schätzt man den Verbrauch je Tag und Person auf 7000 l. Das sind gewaltige Mengen. Dabei reicht schon heute die Selbstreinigung der Gewässer nicht mehr aus. Was nottut, ist *umfassender Gewässerschutz* – überlegt, was man da tun müßte –, sowie der Bau von *Kläranlagen.* Heute werden immer noch etwa 70 % der Haushalt- und Industrie-Abwässer nicht oder nur mangelhaft gereinigt. Die Kläranlagen kosten Geld, viel Geld. Es muß aufgebracht werden, wenn die Menschheit überleben will.

Aufgaben:

1. Besucht eine Kläranlage. Laßt euch berichten, was man unter einer mechanischen und einer biologischen Kläranlage versteht und laßt euch noch erläutern, wie sie arbeiten.
2. In der BRD ist der Gewässerschutz (bis zum Jahre 1971) immer noch Aufgabe der Länder. Überlege, ob dies sinnvoll ist.
3. Zeichne den Rhein und kennzeichne die Anteile seines Laufes, für die die einzelnen Bundesländer »zuständig« sind. Streckenweise sind es zwei Länder zugleich, am Oberrhein sogar zwei Staaten (Frankreich und die BRD).
4. Überlege ferner: Unterhalb Emmerich überschreitet der Rhein die Grenze zu den Niederlanden. Der Unrat, den er dorthin führt, stammt aber aus der Schweiz (Basel), aus Frankreich (Elsaß) und aus der BRD.

Was also nottut, ist internationale Zusammenarbeit. Dies gilt nicht nur für die Flüsse, sondern vor allem auch für die Meere. Wie anders sollte man die weltweite Verschmutzung bekämpfen!

Was weiter nottut, ist die Erkenntnis:

Verschmutzung der Gewässer ist immer auch Gefährdung des Menschen.

5. *Verpestung der Luft*

Beschreibe das Foto der Umschlagabbildung. Es stammt aus dem Jahre 1964. Der Dunstschleier, der sich über die Wohngebiete breitet und den Himmel verdüstert, besteht aus Staub, Ruß, Rauch und Nebel. Heute wäre das Bild ›durchsichtiger‹; denn in fast allen Industriebetrieben sind nunmehr Filter eingebaut, die den meisten Staub und Ruß zurückhalten. Was aber schlimmer ist als eh und je, und was die Abb. nicht zeigen kann, sind die unsichtbaren *Abgase,* die zusammen mit dem Staub und Rauch entweichen und die Luft verpesten.

Die Gefahr der Verschmutzung der Luft wurde ebenso verkannt wie die der Gewässer. Hellhörig, ja aufgeschreckt wurde die Menschheit durch die sich häufenden Smog-Katastrophen. Die größte suchte London im Jahre 1952 heim. Dort starben binnen wenigen Tagen 4000 Menschen an vergifteter Luft.

›*Smog*‹ ist ein Kunstwort, zusammengesetzt aus ›smoke‹ = Rauch, und ›fog‹ = Nebel, also ›Nebelrauch‹. Wie kommt es dazu?

Für gewöhnlich nimmt die Temperatur der Lufthülle nach oben hin ab. Die warme Bodenluft steigt auf, führt die Schmutz- und Giftstoffe mit in die Höhe und verteilt und verdünnt sie dort, daß sie dem Menschen nicht mehr schaden. An Smog-Tagen aber erfolgt eine *Temperatur-Umkehr.* Da lagert sich in geringer Höhe (bis 150 m und darunter) eine wärmere Luftschicht – man nennt sie ›*Sprungschicht*‹ oder ›Inversionsschicht‹ (von Inversion = Umkehrung) – über der Bodenluft und verharrt dort unverrückt. Dies kannst du zuweilen – an windstillen Tagen – selbst beobachten. Da steigt der Kaminrauch als dünne Säule senkrecht empor. In der Höhe der Sprungschicht aber breitet er sich plötzlich waagrecht nach allen Seiten aus – es ist, als sei er an eine unsichtbare Wand gestoßen – und verharrt als Rauchdecke dort längere Zeit. Kommt noch Nebel hinzu, so verschlimmert sich die Smogwirkung. Rauch-, Ruß- und Staubteilchen, zusammen mit den unsichtbaren Giftstoffen, lagern dann unbewegt in oft so geringer Höhe, daß nicht einmal der Auswurf der Hauskamine entweichen kann. Die Schadstoffe werden eingeatmet und führen zur Erkrankung, ja zum Tode – so geschehen in London.

Ein Vorläufer der Katastrophe vom Jahre 1952 war die des Winters 1930 im belgischen Maastal. Damals erkrankten viele Menschen dieses Industriegebiets, und ein großer Teil des Viehs ging zugrunde. Weitere Smog-Katastrophen folgten nach. Sie häufen sich mit dem ›Fortschritt‹ der technischen Entwicklung. 1962 wurde abermals London heimgesucht, diesmal ›nur‹ mit 2600 Toten. Inzwischen blieb kein Industrieland verschont. Der Sommer 1970 brachte Alarmmeldungen aus weiten Teilen der Erde: Unter Smog-Wirkung standen die USA (mit New-York, Washington und Los Angeles), Japan (Tokio, Osaka u. a.) Australien (Sydney), aber auch aus der BRD (Ruhrgebiet, Hamburg, Köln, die Industriegasse des Neckars mit Stuttgart in der Mitte).

Die Luft der gesamten Erde wird durch jährlich *1700 Milliarden Kubikmeter* Abgase verpestet. Davon entfallen rund

40 % auf den Kraftverkehr,
35 % auf Industriebetriebe,
20 % auf Haushalte (Heizung),
5 % auf Sonstiges (z. B. Müllverbrennung)

Aufgabe:

Stelle die Anteile der Verschmutzung bildlich (Kreis) dar. Beispiel 25 % = 1/4 des Kreises.

Die Hauptgefahr droht also von den Kraftfahrzeugen. Wie ist dies möglich? – Bei Windstille wurden in den Großstädten 3 waagrecht gelagerte Abgasschichten festgestellt, die sich über Stunden oder gar Tage unverändert erhalten:

Höhe der Fabrik-Schornsteine,
Höhe der Wohnhauskamine,
Höhe der Auspuffrohre.

Die beiden oberen Schichten erreicht unsere Nase nicht; die Luft der untersten atmen wir ein.

Verschmutzt wird die Luft durch *Staub*, verpestet durch *Abgase.*

Staub und Ruß: Täglich rieseln auf die Stadt Berlin 1 Million kg Schmutz, Staub und Ruß nieder, auf das Ruhrgebiet jährlich 250 000 Tonnen. Die Stahlindustrie der BRD erzeugt jährlich 500 000 t Staub. Bei der Zement-Industrie und den Kraftwerken entsteht ein Mehrfaches davon. 9/10 des Staubes wird von eingebauten Filtern zurückgehalten. Der Rest entweicht in die Luft. In den Industriegebieten werden monatlich zwischen 15 und 25 t je km^2 abgelagert, und man hat dort *in 1 Liter Luft* 750 000, in Dortmund gar 20 Millionen Staubteilchen gezählt. Der eingeatmete Grobstaub wird in der Nase abgefiltert. Der Feinstaub (= kleiner als 5/1000 mm) und der Ruß dringen in die Lungen ein und schädigen die Atemwege (Bronchitis, Lungenblähung, Asthma, Lungenentzündung). Staub wird auch zum Wegbereiter der gefürchteten *Tuberkulose.* Im Ruhrgebiet erkranken Gastarbeiter 4mal häufiger an Tuberkulose als in anderen Teilen der BRD, und dem Arzt genügt ein Röntgenbild der Lunge, um einen Städter von einem Landbewohner zu unterscheiden (das Lungengewebe von Landbewohnern ist hell-rosa gefärbt, das von Großstädtern fast schwarz).

Die Abgase der Autos und Schornsteine: Erträglich wäre das ungiftige *Kohlen-di-Oxid* (= CO_2), das bei jeder Verbrennung entsteht. Doch stiften große Mengen Schaden. (Allein in den USA entweichen den Schornsteinen jährlich 3 Milliarden t CO_2.) CO_2 hält ultraviolette Strahlen (= Strahlen ›jenseits‹ von violett) zurück, und dies hat zur Folge, daß in Ballungszentren der Industrie (Ruhrgebiet) mehr Kinder an Rachitis erkranken als anderswo.

Schlimmer sind die *Giftstoffe*, die mit Abgasen der Autos, Fabriken und Hauskamine in die Luft entweichen. Von den 350 Giftstoffen, die in der Luft stark verschmutzter Industriegebiete festgestellt wurden, sind die häufigsten und gefährlichsten das Kohlen-mon-Oxid, das Schwefel-di-Oxid, die Stick-Oxide, die Kohlen-Wasserstoffe und das Blei, in geringen Mengen auch Zink, das hochgiftige Kadmium und das Fluor.

Im Juni 1970 waren in der BRD 13,9 Millionen Personen-Kraftwagen zugelassen. Von ihnen wurden im Jahr ausgestoßen – und zwar in Atemhöhe –

8 Millionen Tonnen Kohlen-Monoxid (CO) – 0,01 % sind schädlich, 0,5 % tödlich;
5 Millionen Tonnen Schwefel-Oxide (meist SO_2, davon 80 % allein in Nordrhein-Westfalen);
2,5 Millionen Tonnen Stickstoff-Oxide,
3 Millionen Tonnen Kohlen-Wasserstoffe, darunter das Krebs erzeugende Benz-Pyren;
7000 Tonnen Blei.

Hinzu kommt der Auspuff der Lastkraftwagen, Omnibusse und Flugzeuge. Mit einem weiteren Anstieg der Luftverpestung ist zu rechnen. Dabei ist die Bundesrepublik – neben Japan – besonders bedroht. Ihre Luft ist, auf das gesamte Staatsgebiet umgerechnet, 7mal verschmutzter als die der USA.

Die Giftstoffe im einzelnen:

Kohlen-Monoxid (= CO) – du weißt um seine Giftwirkung (s. S. 155). Es bildet sich bei mangelhafter Verbrennung. Das CO, das aus Schornsteinen steigt, entweicht für gewöhnlich in höhere Luftschichten. Anders ist es bei den Autos. Durch das häufige Halten und Anfahren vor den Ampeln steigt der CO-Gehalt in Atemhöhe so an, daß schon nach 1 Stunde die Vergiftung des Blutes wirksam wird. Verkehrspolizisten, die durch CO besonders gefährdet sind, werden schon nach einer halben Stunde abgelöst. Man kann heute die Auspuffgase weithin entgiften. Solche Motoren kosten nur wenig mehr. Sie werden bisher schon in diejenigen Wagen eingebaut, die wir nach den USA verkaufen, weil dort andere nicht zugelassen sind. Dies soll demnächst auch für unsere Autos vorgeschrieben werden.

Schwefel-di-Oxid (= SO_2) – du hast dieses stechend riechende Gas, das die Atemwege reizt, im Chemie-Unterricht kennengelernt, und du weißt, daß es sich mit Wasser zu Schwefliger Säure (= H_2SO_3) verbindet. Ein Teil des SO_2 oxydiert zu SO_3 und bildet mit Wasser zusammen die gefährliche Schwefelsäure (= H_2SO_4). Die Oxide des Schwefels sind bei Smog-Wetterlagen besonders gefährlich. Sie sind aber nicht nur gesundheitsschädlich für Menschen und Tiere – sie schädigen auch die Pflanzen (Ernte-Ausfall, Waldsterben) und zerstören Steine und Bauten, Denkmäler, Anstrichfarben, Gewebe u. a. m. Den jährlichen Schaden dieser Art in der BRD schätzt man auf 2½ Milliarden DM.

Oxide des Stickstoffs (N_2O, NO, N_2O_3, NO_2, N_2O_5) – N_2O_5 bildet mit Wasser die gefährliche Salpetersäure (= $2HNO_3$). Die Stick-Oxide können zu tödlichen Erkrankungen der Atemwege führen und sind bei Smog besonders zu fürchten.

Kohlen-Wasserstoffe – Mineralöle und deren Rückstände; sie enthalten krebserregende Substanzen (Benzole und seine Verwandten), so vor allem das gefährliche Benz-Pyren, ferner Teer und Pech. Sie entstehen beim Verbrennen von Holz, Kohle und Heizöl (Hausbrand und Industrie), sowie beim Tabakrauchen. Sie heften sich an feinste Rußteilchen, werden eingeatmet und bewirken Krebs der Atemwege. (Im Ruhrgebiet ist Krebs doppelt so häufig wie in industriearmen Gegenden.) Die Krebs erzeugenden Substanzen in den Kaminabgasen werden durch Filter nicht zurückgehalten, so wenig wie Kanzerogene im Zigarettenrauch. Wenn es der Forschung nicht gelingt, diese Stoffe auszufiltern, dann werden bis zum Jahr 2000 allein in der Bundesrepublik jährlich 18 Millionen Menschen erkranken und 12 Millionen daran sterben – so prophezeien international anerkannte Forscher.

Auspuffgase enthalten das giftige

Blei (= Pb). Eine flüssige Bleiverbindung (= Blei-tetra-äthyl) wird, um es ›klopffrei‹ zu machen, dem Benzin zugesetzt. In den Auspuffgasen entweicht dann das Blei in Form löslicher Salze (z. B. Blei-Chlorid = $PbCl_2$, Blei-Fluorid = PbF_2 u. a.). Der Bleigehalt der Luft wurde gemessen. Er hatte bei Spitzenverkehr in manchen Stadtteilen die Grenzen des Erträglichen um das 200- bis 300fache, in Unterführungen und Straßentunnel um das 1000fache überschritten. Das eingeatmete Blei vergiftet das Blut. Es ist zugleich Nerven- und Drüsenzellengift, und es kann zu Verdauungsstörungen, Koliken (= Anfall heftiger krampfhafter Schmerzen) und Lähmungen führen. Besonders gefährdet sind Müllmänner, Straßenwärter und Verkehrspolizisten.

In der Nähe von Autostraßen und -bahnen vergiften bleihaltige Autoabgase Gras und andere Futterpflanzen, Getreide, Gemüse (besonders empfindlich ist Spinat). Das Blei der Futterpflanzen gerät über das Weidevieh in die Nahrungskette, und wir essen es mit dessen Fleisch und trinken es mit seiner Milch.

Niederschläge und Flüsse schwemmen, infolge der bleihaltigen Auspuffgase, jährlich 500 000 Tonnen Blei in die Meere der nördlichen Erdhälfte. Auch dieses Blei wird in die Nahrungskette eingegliedert. Wo Blei- und Schwefelgehalt der Luft zusammenwirken, werden ganze Waldteile vernichtet. Zeugen dieses Sterbens sind die ›Geisterwälder‹ unserer Industriegebiete.

Geplant ist, den Zusatz von Blei auf 0,4 Gramm je Liter Benzin zu beschränken. Damit wäre die Gefahr nur wenig gemildert. (Manche Benzinsorten haben bis zu 0,65, andere nur 0,2 g Blei je Liter).

Radio-aktive Stoffe – sie werden bei Atomwaffenversuchen in die Luft geschleudert und bleiben dort jahrzehntelang erhalten. (Die als ›Atommüll‹ bei den Kernkraftwerken und -reaktoren anfallenden radio-aktiven Substanzen gelangen in die Gewässer.) Man schätzt, daß jede Atombomben-Explosion in der Luft das Leben von 20 000 Menschen fordert. Sie sterben an Blut- und Knochenkrebs. Zugleich werden – wie bei allen krebserzeugenden Stoffen – Mutationen ausgelöst, d. h. die Erbanlagen geschädigt. Das Unheil wird also auch auf die Nachkommen übertragen und pflanzt sich, von Generation zu Generation sich steigernd, in die Zukunft hinein fort.

Darum tut die Erkenntnis not:

Verpestung der Luft ist immer auch Vergiftung des Menschen.

6. Der Kampf gegen die Umweltgefahren

Die weltweite Gefährdung der Umwelt „. . . führt nicht nur zu vorzeitigem Sterben der betroffenen Menschen, sondern macht in naher Zukunft die Erde unbewohnbar“ – so Professor Ehrlich/Kalifornien. Und ein anderer Forscher warnt: „Wenn es wie bisher weitergeht, werden bald mehr Menschen an der Umweltverschmutzung und am Lärm sterben als in Kriegen, und dies auf qualvollere Art.“ Das heißt: *Der Menschheit droht die Selbstvernichtung.* Der *›Fortschritt‹* der Technik und der *›Wohlstand‹* schufen diese tödliche Gefahr. Was können – und müssen – wir dagegen tun?

Landschaftspflege und tätiger Naturschutz kosten G e l d. Noch mehr Geld verschlingt der Kampf gegen den Lärm und die Umweltverschmutzung. Es muß bereitgestellt werden, je früher, desto besser. Wir brauchen Kläranlagen für a l l e Abwässer, Staubfilter für Kamine, Entgiftungsanlagen für Kraftfahrzeuge und Fabriken, gefahrlose Dünge- und

Pflanzenschutzmittel – sie dürfen weder das biologische Gleichgewicht zerstören noch Menschen und Haustiere gefährden. Wir brauchen gesicherte Müllplätze u. a. m.

Und Geld ist nötig, um die durch die Umweltverschmutzung bewirkten Schäden und Krankheiten zu beheben. Und Geld, v i e l Geld muß bereitgestellt werden für

Forschungsaufgaben. Dazu gehören Untersuchungen der

Umweltgefahren insgesamt: Möglichkeiten, sie sicher zu überwachen und sie abzuschwächen oder gar unschädlich zu machen; erforscht werden muß die Wirkung der Lebensmittelzusätze, der Arzneimittel, der Insektenvertilgungs- und Düngemittel;

Lärm: Suche nach neuen Möglichkeiten des Lärmschutzes in Wohnungen und Wohngebieten; geräuscharme Motoren und Maschinen; Verkehrsplanung und Schaffung verkehrsarmer Wohngebiete, ohne die Versorgung mit Lebensmitteln und Verbrauchsgütern zu vernachlässigen;

Boden: Herstellung instabiler Insektenvertilgungsmittel; Suche nach neuen Formen der Biologischen Schädlingsbekämpfung – dazu gehört vor allem auch die Erforschung der Lebensgewohnheiten der Schädlinge, um sie auf eine wirksame, für Menschen und Nutztiere gefahrlose Weise zu bekämpfen; Züchtung widerstandsfähiger Nutz- und Zierpflanzen; wirksame Aufbereitung des Mülls, verbunden mit Einschränkung des ›Wohlstands-Müll‹;

Gewässer: Erzeugung phosphorfreier Waschmittel (Phosphor hilft mit bei der Zerstörung des biologischen Gleichgewichts); neue und bessere Verfahren zur Klärung aller Abwässer; Erforschung der Möglichkeiten, erkrankte (›umgekippte‹) Gewässer rasch und sicher zu heilen (krank machen kann man Gewässer in wenigen Jahren – um sie wieder gesund zu machen, braucht man derzeit 50 und mehr Jahre!);

Luft: Erfindung und Bereitstellung von Kontrollgeräten, um die Quellen und den Grad der Luftverschmutzung auch bei Nacht auszumachen, gekoppelt mit Alarmgeräten, die bei drohender Vergiftungsgefahr selbsttätig warnen; wirksamere Entgiftungsanlagen für Abgase der Kamine und Kraftfahrzeuge; neue, wirtschaftlich vertretbare Möglichkeiten der Energiegewinnung, unter Verzicht auf Kohle und Öl – dazu gehört auch der Ersatz der Verbrennungsmotoren durch abgasfreie (z. B. elektrische) Antriebsmotoren für Kraftfahrzeuge; vorbeugende Überprüfung möglicher Gefahrenquellen durch neu entwickelte Industriebetriebe, z. B. chemische Werke; u. a. m.

Du siehst: Aufgaben über Aufgaben! Doch nicht genug damit! Es wird von Tag zu Tag dringlicher, lärm- und giftfreie *Erholungsgebiete* zu schaffen. Zu allem dem sind die Forscher und Planer aufgerufen. Die Regierungen aber sind berufen, die Gelder dafür aufzubringen. Gleich wichtig aber ist, das *Verantwortungsbewußtsein aller Menschen* zu wecken und zu stärken – und dies geht auch d i c h an. Überlege, was du dazu beitragen könntest.

Was endlich nottut, ist die *internationale, d. h. weltweite Zusammenarbeit.* Für die Lösung der oben genannten Aufgaben – es ist nur eine Auswahl – müßte allein die BRD Hunderte von Milliarden DM aufbringen. Selbst wenn sie dies könnte, so würden die Erzeugnisse ihrer Industrie und Landwirtschaft um diese Summe verteuert. Im Wettbewerb mit andern Nationen wären wir hoffnungslos unterlegen, und die Folge wären Arbeitslosigkeit und allgemeine Not. Werden die Lasten gleichmäßig auf alle Industrie-Nationen verteilt, so wird diese Gefahr umgangen.

Zum andern: Es wäre *verschwenderisch,* auf diese Zusammenarbeit zu verzichten. Arbeitsteilung und Austausch der Erfahrungen kosten viel weniger Geld, sparen Zeit, nützen allen und fördern das gegenseitige Verständnis.

Ferner: Was nützte es uns, wenn w i r die Abgase des Ruhrgebietes entgiften, derweil der Westwind die Gifte des belgischen Industriegebiets zu uns herüberweht? – Ist es Aufgabe der Niederlande, das Rheinwasser zu säubern, das wir – und andere Länder – tagtäglich aufs neue verschmutzen? – Welchen Sinn hätte es, wenn wir deutschen Schiffen verbieten, ihren Unrat und die Ölrückstände ins Meer zu kippen, solange Schiffe unter fremder Flagge dies ungestraft tun dürfen? – Und endlich: Wie sollten sich die Menschen ferner Länder vor dem tödlichen Strahlenstaub schützen, der bei Atomwaffenversuchen immer noch die Luft verseucht?

Was letztlich nottut, ist die *Neubesinnung* über das, was ›Wohlstand‹ und ›Fortschritt‹ eigentlich ist. Sinnbild (Symbol) des *Wohlstands* ist ›das eigene Auto‹; Merkmal des *›Fortschritts‹* ist: immer mehr, und immer schnellere Autos und Flugzeuge. Die Folgen sind: Verkehrsbehinderung in den Städten, Zunahme der Verkehrsgefahren, Lärmbelästigung und Lärmkrankheiten, Verpestung der Luft mit krankmachenden, ja tödlich wirkenden Giftstoffen, Verschmutzung der Gewässer, und als Folge davon Krankheit und Tod vieler Menschen – kurzum: Minderung des *Wohl*befindens, also ***kein*** *Wohlstand!*

Aufgabe:

Was hier angedeutet ist, gilt für weitere technische und wissenschaftliche Errungenschaften. Einige nennt die folgende Übersicht. Sie soll dich zum Nachdenken anregen. Ergänze sie, und dann sage, was den Namen Wohlstand und Fortschritt nun wirklich verdient.

›Fortschritt‹ in Technik und Wissenschaft	mögliche Gefahren für die Menschheit, und möglicher Mißbrauch
arbeitssparende Maschinen	? ?
Schädlingsvertilgungsmittel	? - Störung des biologischen Gleichgewichtes, Vergiftung des Bodens und der Nahrungsmittel, Vergiftung der Gewässer u. a. m.,
Rundfunk und Fernsehen	? ?
neue chemische Werkstoffe	? ? Müllbeseitigung ?
Entdeckungen der Chemiker	? - neue Kampfstoffe für künftige Kriege;
Atomforschung, Kernkraftwerke und -reaktoren	? - Atom- und Wasserstoffbomben als Massenvernichtungsmittel,
Raketen und Weltraumfahrt	? ?
Erforschung der Erbvorgänge, ›gezielte‹ Mutationen	? - Möglichkeit, das Erbgut des Menschen zu ›manipulieren‹,

Du siehst: ›Fortschritt‹ ist nicht immer das, was Ingenieure, Erfinder und Forscher dafür halten. Es ist m e h r. ›Fortschritt‹ ist immer a u c h – und n u r –, was zugleich dem Wohlergehen und der Gesundheit aller dient.

Die Menschheit gefährdete ihre Umwelt. Wie schwer sie sich an ihr verging, hat sie nunmehr eingesehen. Das Jahr 1970 brachte die Wende, und der Wille zur Wiedergutmachung, d. h. zum Überleben, zeigt sich allenthalben:

Die USA wollen 40 Milliarden DM bereitstellen, um ihre Umwelt zu entgiften.

Japan hat ein ›Hauptquartier gegen die Umweltverschmutzung‹ gegründet.

Die BRD ernannte einen ›Beauftragten für Naturschutz‹, plant ein umfassendes Programm zur Beseitigung der Umweltgefahren und gab den Anstoß zu verstärkter internationaler Zusammenarbeit.

Die Welt horcht auf, und die Einsicht wächst allerorten: Die weltweite Gefährdung erfordert weltweite Zusammenarbeit. Nur sie kann die Menschheit vor ihrer Selbstvernichtung bewahren, und sie nützt allen; sie fördert auch das gegenseitige Verstehen und damit den Frieden unter den Völkern.

Sachwort-Verzeichnis